国家社科基金项目"藏彝走廊民族文化生态空间特征研究"资助

House and the Social Structure of Jyarong Tibetan

民族与社会丛书
MINZU YU SHEHUI CONGSHU
麻国庆 主编

家屋与嘉绒藏族社会结构

李 锦 著

社会科学文献出版社
SOCIAL SCIENCES ACADEMIC PRESS (CHINA)

献给我的家人

《民族与社会丛书》总序

麻国庆

记得20世纪80年代我读大学时，常常在西北大学的文科阅览室看一些非考古专业的著作，偶然中读到费孝通先生的《民族与社会》，书很薄，但里面所涉及的关于民族及其发展的思考，引发了我这个来自内蒙古的青年学生的浓厚兴趣。接着我以此书为契机，开始接触人类学、民族学的相关研究和介绍，并决定考这一领域的研究生。通过在中山大学跟我的硕士导师容观琼先生以及人类学其他老师三年的学习，我算是初步进入了人类学、民族学的学科领域。

之后我又很荣幸地成为了费先生的博士研究生。跟先生学习以后，我进一步理解了他的《民族与社会》的整体思考。我印象最深的是1991年我刚入北京大学一周后，先生就带我和泽奇兄到武陵山区考察。一上火车，他说给我们上第一课，当时正好是美国出现了黑人和白人的冲突，他说民族和宗教的问题将会成为20世纪末到21世纪相当一段时间内，国际问题的焦点之一。人类学在这一背景下如何面对这些问题，需要做很深入的调查和研究。通过近一个月的对土家族、苗族以及地方发展的考察，加上来自于先生对田野的真知灼见，使我对人类学的学科意识有了更加深刻的体验和领会。武陵山区的考察一直到今仍是我的一个学术情结。

非常巧的是当出版社同仁催我交这一序时，我正好从广西龙胜各族自治县的红瑶寨子里出来（1951年，费先生曾代表中央到该县宣布成立中国第一个少数民族自治县），来到武陵山区的酉阳土家族苗族自治县做关于土家族的调查。两地虽然相隔千里，但都留下了费先生的调查足迹。此次来到酉阳，时隔近二十年沿着当时先生的足迹调查之余，来撰写本丛书的序，坐在电脑旁，当年先生的音容笑貌不时地浮现在我的眼前……好像先生在他的那个世界里告诉我辈，要把"民族与社会"的研究不断地推动，进入更高的层次。由此我更加坚信该丛书以此命名，于情、于理、于学、于实都有其特殊的学术和社会意义。同时这也是把先生的"文化自觉"与"从实求知"思想，延续、深化的阶段性成果。

费先生的学术遗产可以概括为"三篇文章",即汉民族社会、少数民族社会、全球化与地方化。在费先生的研究和思考中,社会、民族与国家、全球被置于相互联系、互为因果、部分与整体的方法论框架中进行研究,超越了西方人类学固有的学科分类,形成了自己的人类学方法论,扩展了人类学的学术视野。他是一位非常智慧的把学术研究和国家的整体发展、多民族共同繁荣的理念有机地结合起来,达到对中国社会认识的学者。面对当前复杂的国际问题国内化、国内问题国际化的现状,费先生留下的学术遗产还需要我们不断地继承和发扬。而"民族与社会"可以涵盖先生的思想,我们以此来纪念费先生诞辰百年。

针对一套可以长久出版下去的丛书,我想从如下几方面来展开对于"民族与社会"的理解和认识。

一 民族的国家话语

"民族"与"族群"最基本的含义都是指人们的共同体,是对不同人群的分类。但是,当学者将"民族"与"族群"这两个词纳入历史经验与社会现实中加以研究时,它们随着时空的变化而有不同的表述和意义。在学科史上,"民族"作为人类认识自我的关键概念之一见诸各门社会科学,被赋予了多重涵义,尤其是"民族—国家(nation-state)""民族主义(nationalism)"这些概念,将民族学、历史学、人类学、政治学、社会学、社会心理学、语言学、国际关系学甚至文学等学科牵连在一起,形成了一个庞大的跨学科研究领域。

近代以来,随着西学东渐,当基于西方社会经验建构的"民族"概念及相关理论与中国的历史及现实发生冲突时,中国人对"民族"及其相关理论涵义的理解、诠释与实践又形成了一套与国际背景、国内政治、社会文化的特点等相联系的社会思潮和历史事实。概括起来,"民族"概念的发展变化其实是一个历史过程,也是一适应的过程。

在现代人类学研究中,"民族"有着相对明确的定义,指具有相同文化属性的人们的共同体(ethnos),文化是界定"民族"的重要标准之一。人类学对人们的共同体本质及关系的理解是一个逐步深入的过程。古典人类学将非西方社会的整体作为"他者",以"异文化"为研究旨趣,热衷于跨文化比较研究,并没有将某个具体的人群作为研究对象。现代人类学建立之后,虽然马林诺斯基式的科学民族志将某个具体的民族体作为描述对象,但是学术研究的问题意识在于探寻社会或文化的运行机制,而对"民族"本身的概念并没有加以讨论。

直到20世纪50年代,在美国诞生了"族群"(ethnic group)概念,人类学开始将不同群体的关系等问题作为研究专题进行讨论,并形成了人类学研究的一个新的理论范式。一般来说,族群(ethnic group)指说同一语言,具有共同的风俗习惯,对于其他的人们具有称为"我们"意识的单位。不过,这个族群单位中的所有的人们并非都拥有共同的社会组织和政治组织。而"认同"是存在于个人与某特定族群间的一种关系,它属于某特定的族群,虽然族群中的成员可能散居在世界各地,但在认同上,他们却彼此分享着类似的文化与价值观。民族或族群认同是认同的典型表现。

中国的民族问题到今天为止变成了国际话语,可以从两个方面来解释国际话语。

一种方法是纯粹从人类学学理层面解释民族的特殊属性,如林耀华先生提出的经济文化类型,虽然他受到苏联民族学的影响,强调经济决定意识,但是这套思想划分了中国的民族经济文化生态,这一点是有很大贡献的。另一个思路是费先生提出的中华民族多元一体格局。面对西方民族国家的理论,中国这么多民族要放在国家框架下,用什么来解释它存在的合法性与合理性?多元一体就提供了解释框架。多元一体理论并非单纯是关于中华民族形成和发展的理论,也非单纯是费先生关于民族研究的理论总结,而是费先生对中国社会研究的集大成。正如费先生所说:"我想利用这个机会,把一生中的一些学术成果提到国际上去讨论。这时又想到中华民族形成的问题。我自思年近80,来日无几,如果错失时机,不能把这个课题向国际学术界提出来,对人对己都将造成不可补偿的遗憾。"① 因此,费先生事实上是从作为民族的社会来探讨它与国家整体的关系,这是他对社会和国家观的新的发展。中华民族的概念本身就是国家民族的概念,而56个民族及其所属的集团是社会构成的基本单位。这从另一个方面勾画出多元社会的结合和国家整合的关系,即多元和一体的关系。

这两大理论是中国民族研究的两大基础。

其实,费孝通先生对"民族"的理解随着其学术思想的变化有一个演变的过程。20世纪30年代,费先生在清华研究院师从史禄国时主要接受欧洲大

---

① 费孝通:《中华民族研究的新探索》,中国社会科学出版社,1991,第27页。

陆人类学研究传统的学科训练，首先研习体质人类学。因而费先生在这一时期对民族问题的讨论集中在对中国人体质特征的讨论上，发表于1934年的《分析中华民族人种成分的方法和尝试》就是这一时期费先生讨论民族问题的代表作。在这篇文章中，费先生指出"中华民族，若是指现在版图之内的人民而言，是由各种体质上、文化上不同的成分所构成的"，而"要研究这巨流中各种成分的分合、盛衰、兴替、代谢、突变等作用，势必先明了各成分的情形"①。

20世纪50年代，费先生参与了中国的民族识别工作，积累了大量的研究经验。费先生回顾20世纪50年代民族识别时曾说，"民族这种人们共同体是历史的产物。虽然有它的稳定性，但也在历史过程中不断发展变化；有些互相融合了，有些又发生了分化。所以民族这张名单不可能永远固定不变，民族识别工作也将继续下去。"② 在此基础上，20世纪80年代初期，费先生又提出了"民族走廊"说，将历史、区域、群体作为整体，对专门研究单一民族的中国民族研究传统具有极大的启发意义。中国民族识别工作完成后，中国56个民族的格局最终确立，费先生也以《中华民族多元一体格局》一文系统总结了自己的民族学思想。

国外对中国民族的研究有几种观点。

第一种观点需要回顾1986年底《美国人类学家》杂志发表的澳大利亚学者巴博德与费先生的对话，对话的核心是讨论受意识形态影响的中国民族识别。巴博德批判受意识形态影响的民族学忽视了当地的文化体系，民族识别的国家主义色彩非常浓厚。但费先生的回答非常有意思。费先生说他们在做民族识别的时候并不是完全死板地套用斯大林的概念，而是进行了修正，有自己的特色。③ 在民族识别时期形成了中国民族学研究在特殊时期的特殊取向，这个遗产就是我们的研究如何结合中国特点和学理特点，不完全受意识形态制约。

与此相关的第二种质问是很多国外学者的核心观点，他们认为中国的民族都是在国家意识形态中"被创造的民族"。实际上，中国所有民族的构成与中国的历史和文明过程是有机地结合在一起的，这些民族不是分离的，而是有互

---

① 费孝通：《分析中华民族人种成分的方法和尝试》，载《费孝通全集》第1卷，内蒙古人民出版社，2009，第287页。
② 费孝通：《关于我国民族的识别问题》，载《费孝通文集》第七卷，群言出版社，1999，第202~203页。
③ 费孝通：《经历见解反思——费孝通教授答客问》，载《费孝通文集》第十一卷，群言出版社，1999，第143~205页。

动的关系。简单地以"创造""虚构"或"建构"的概念来讨论中国的民族问题是非常危险的。这里就回应了关于实体论和建构论的讨论如何在民族研究中进行分类并处理理论思考的问题。这可能会构成中国民族研究在国际对话中一个很重要的基础。

到今天为止，针对族群边界也好，针对民族问题也好，建构论和实体论是两个主要的方向。在中国的民族研究中，实体论和建构论会找到它们的结合点：实体中的建构与建构中的实体，有很多关系可以结合起来思考。在民族研究中，国家人类学（national anthro-pology）与自身社会人类学（native anthropology）在国际话语中完全有对话点。

1982 年，吉尔赫穆（Gerholm）和汉纳兹（Hannerz）发表了一篇名为《国家人类学的形成》的文章。作者在文中直言不讳地指出国家的国际处境与本国人类学的发展有莫大关系。在"宗主与附属""中心与边缘"的格局下，附属国家或者说边缘地区的人类学研究只不过是殖民主义的产物。以强权为前提，中心地区的出版物、语言乃至文化生活方式都在世界格局里占据主导地位，并大力侵入边缘地区。在这样的形势下，边缘地区人类学学科的发展、机构的设置、学员的训练等，都会带有中心的色彩，从而抹煞了本土文化研究的本真性[①]。

不过，在中国的情况却有所不同。特别是关于多民族社会的研究，体现出了自身的研究特点，在某种意义上恰恰反映了国家人类学所扮演的角色。而国家人类学是和全球不同国家处理多民族社会问题连在一起的，包括由此带来的福利主义、定居化、民族文化的再构等问题，这构成了中国人类学的一大特点。针对目前出现的民族问题，人类学需要重新反思国家话语与全球体系的关系。相信本套丛书会为此提供有力的实证研究实例。

二 民族存在于社会之中

我们知道，民族这个单位的存在尽管看上去很明显，然而，未必所有民族都拥有共同的社会组织和政治组织。而且，分散在不同地域上的族群甚至都不知道和自身同一的民族所居住的地理范围。另外，由于长期和相邻异民族的密切接触，某些民族中的一部分人采用了另一民族的风俗习惯，甚至连语言也随之发生了变化，但其社会组织常常不会发生很大的变化。与社会组织相比，语

[①] Gerholm, Tomas and Ulf Hannerz. Introduction: The Shaping of National An-thropologies. *Ethnos* 47, 1982: 1 (2).

言、风俗习惯的文化容易变化。因此，把文化作为研究单位，也未必是有效的手段。社会人类学之所以关注社会，是因为对于比较研究来说，希望以最难变化的社会组织为研究对象。客观上，作为民族是一个单位，然而作为社会它就未必是一个单位。因此，以民族为单位作为研究对象，如果离开对其所处社会的研究，并不能达到整体上的认识。

在多元一体格局中，汉族是一个凝聚的核心。在探讨汉族与少数民族的关系中，从历史、语言、文化等视角有了很多的研究积累。不过，以社会人类学的核心概念——社会结构为嵌入点来进行的研究，还不是很多。在中国多民族社会的研究中，正是由于这种多元一体格局的特点，作为多民族社会中的汉族社会的人类学研究，单单研究汉族是远远不够的，还必须要考虑汉族与周边的少数民族社会以及与受汉文化影响的东亚社会之间的互动关系。已故社会人类学家王崧兴教授将其升华为中华文明的周边与中心的理论，即"你看我"与"我看你"的问题。他的一个主题就是如何从周边来看汉族的社会与文化，这一周边的概念并不限于中国的少数民族地区，它事实上涵盖了中国的台湾、香港，以及日本、韩国、越南、冲绳等周边国家和地区。与此同时，少数民族的研究，离开汉族的参照体系，也很难达到研究的完整性。

在这一视角下，"中心"与"周边"在不同的历史和空间的背景下有着不同的含义。华南汉族聚居区相对于中原而言是周边，但却是华南这一区域内部的中心，特别是相对于周边山地少数民族时，又表现出华南区域内部的"中心"与"周边"的对应关系。此外，即使汉族内部，因为分属不同的民系，他们之间也存在着"周边"和"中心"的对应。这一点可以非常有效地衍生出在不同时空背景下"中心"和"周边"的转化。华南及其周边区域的族群分布和文化特征与秦汉以来汉人的不断南迁有着密切的联系，在某种程度上甚至可以说，华南地区的族群分布和文化特征是汉人和其他各个族群互动而导致的结果。

华南在历史上即为多族群活动的地域，瑶族、畲族、苗族等少数民族及汉族的各大民系（广府人、客家人、潮州人、水上居民）都在此繁衍生息，加上近代以来遍布于东南亚以及世界各国的华侨大多来自于这一地域，所以在对华南与东南亚社会及周边族群的研究中，应把从"中心"看"周边"的文化中心主义视角，依照上述个案中的表述那样，转为"你看我、我看你"的互动视角，同时强调从"周边"看"中心"的内在意义，即从汉人社会周边、与汉民族相接触和互动的"他者"观点，来审视汉民族的社会与文化。例如笔者通过在华北、华南的汉族、瑶族和蒙古族的研究以及对日本的家与社会结构的讨论，揭示了从周边的视角重新认识汉人社会的结构和文化的意义。这一研究在经验研究基础上，将历时性与共时性有机地结合起来，在社会、文化、民族、国家与世界体系的概念背景下，讨论了社会结构比较研究的可能性及其方法论意义。

关于民族问题，大多数国外学者没有抓到国家人类学的本质与根本问题。中国多民族社会应回应什么问题？我觉得有几个方面的问题值得关注。第一，中国民族的丰富多样性，涵盖了不同类型社会，这是静态的；第二，从动态的角度看，在民族流动性方面可以和西方人类学进行有效的对话；第三，关于文化取向，学者们常用文化类型来讨论"小民族"，却从作为问题域的民族来讨论"大民族"，这存在一定的问题。

从这个角度来看，海外的中国研究里面对于中国民族研究有两种取向。一种是偏文化取向，例如对西南民族的文化类型进行讨论。而另一种取向将藏族等大的民族放到作为问题域中的民族来讨论。这反映了人类学和民族学的两大取向：文化取向和政治取向。

但不论采取什么取向，我们首先要强调：任何民族研究应当是在民族的历史认同的基础上来展开讨论，不能先入为主地认为某个民族是作为政治的民族，而另一个民族则是作为文化的民族。相当多的研究者在讨论中国民族的时候，是站在一种疏离的倾向中来讨论问题，忽视了民族之间的互动性、有机联系性和共生性。也就是说，他们将每个民族作为单体来研究，而忘记了民族之间形成的关系体，即所有民族形成了互联网似的互动中的共生关系。这恰恰就是"多元一体"概念为什么重要的原因。多元不是强调分离，多元只是表述现象，其核心是强调多元中的有机联系体，是有机联系中的多元，是一种共生中的多元，而不是分离中的多元。

我以为，"多元一体"概念的核心事实上是同时强调民族文化的多元和共有的公民意识，这应当是多民族中国社会的主题。这也是本丛书着重强调"民族是在社会之中"的道理所在。因此，本丛书的"民族"并非仅仅是少数民族的"民族"，而是把汉族也纳入民族范畴来展开讨论。

三 民族的全球话语与世界单位

在全球化过程中，不同的文明之间如何共生，特别是作为世界体系中的中心和边缘，以及边缘中的中心与边缘的对话（如相对于世界体系西方中心的观点，中国这样的非西方社会处于边缘的位置。而在中国从历史上就存在着"华夷秩序"，形成了超越于现代国家意义上的"中心"和"边缘"），周边民族如何才能不成为"永远的边缘民族"的话题，越来越为人类学所关注。20世纪可以说是文化自觉被传承、被发现、被创造的世纪。这一文化也是近代以来"民族—国家"认同的一个重要源泉。在中国这样一个多民族社会中，不同文化之间的共生显得非常重要，事实上，在我们的理念中，又存在着一种有形无形的超越单一民族认同的家观念——中华民族大家庭，这个家乃是民族之间和睦相处的一种文化认同。

我记得 2000 年夏北京召开"国际人类学与民族学联合会（IU-AES）"中期会议前，费先生把我叫到家里，说他要在会上发言，他来口述，我来整理。在他的书房里，我备好了录音机，先生用了一个多小时，讲了他的发言内容。我回去整理完后发现，需要润色的地方很少，思路非常清晰。我拿去让先生再看一遍，当时还没有题目。先生看过稿后，用笔加上了题目，即《创造"和而不同"的全球社会》。由于当时先生年事已高，不能读完他的主题演讲的长文，他开了头，让我代他发言。

先生在主题发言中所强调的，正是多民族之间和平共处、继续发展的问题。如果不能和平共处，就会出现很多问题，甚至出现纷争。实际上这个问题已经发生过了。他指出，过去占主要地位的西方文明即欧美文明没有解决好的问题，就在于人类文化寻求取得共识的同时，大量的核武器出现、人口爆炸、粮食短缺、资源匮乏、民族纷争、地区冲突等一系列问题威胁着人类的生存。特别是冷战结束后，原有的但一直隐蔽起来的来自民族、宗教等文化的冲突愈演愈烈。从这个意义上说，人类社会正面临着一场社会的"危机"、文明的"危机"。这类全球性问题所隐含的危机，引起了人们的警觉。这个问题，原有的西方的学术思想还不能解决，而中国的传统经验以及当代的民族政策，都符合和平共处的逻辑，可以为解决这一问题提供有益的思路。

费先生在那次发言中还进一步指出，不同国家、不同民族、不同宗教、不同文化的人们，如何才能和平相处，共创人类的未来，这是摆在我们面前的课题。对于中国人来说，追求"天人合一"为一种理想的境界，而在"天人"之间的社会规范就是"和"。这一"和"的观念成为中国社会内部结构各种社会关系的基本出发点。在与异民族相处时，中国人把这种"和"的理念置于具体的民族关系之中，出现了"和而不同"的理念。这一点与西方的民族观念很不相同。这是历史发展的过程不同，历史的经验不一样。所以中国历史上所讲的"和而不同",也是费先生的多元一体理论的另外一种思想源流。承认不同,但是要"和",这是世界多元文化必走的一条道路,否则就要出现纷争。只强调"同"而不能"和",那只能是毁灭。"和而不同"就是人类共同生存的基本条件。

费先生把"和而不同"这一来源于中国先秦思想中的文化精神,从人类学的视角,理解全球化过程中的文明之间的对话和多元文化的共生,可以说是在建立全球社会的共同的理念。这一"和而不同"的理念也可以成为"文明间对话"以及处理不同文化之间关系的一条原则。

与这相关的研究是日本京都大学东南亚研究中心在20世纪90年代初就提出的"世界单位"的概念。所谓世界单位,就是跨越国家、跨越民族、跨越地域所形成的新的共同的认识体系。比如中山大学毕业的马强博士,研究哲玛提——流动的精神社区。来自非洲、阿拉伯、东南亚和广州本地的伊斯兰信徒在广州如何进行他们的宗教活动?他通过田野调查得出不同民族、不同语言、不同国家的人在广州形成了新的共同体和精神社区的结论。[①] 在全球化背景下跨界(跨越国家边界、跨越民族边界和跨越文化边界)的群体,当他们相遇的时候在某些方面有了认同,就结合成世界单位。项飙最近讨论近代中国人对世界认识的变化以及中国普通人的世界观等,都涉及中国人的世界认识体系的变化,不仅仅是精英层面的变化,事实上连老百姓都发生了变化。[②] 这就需要人类学进行田野调查,讲出这个特点。

流动、移民和世界单位这几个概念将会构成中国人类学走向世界的重要基础。这些年我一直在思考,到底中国人类学有什么东西可以出来?因为早期的人类学界,比方说非洲研究出了那么多大家,拉美研究有雷德菲尔德、列维-斯特劳斯,东南亚研究有格尔茨,印度研究有杜蒙,而中国研究在现代到底有何领域可进入国际人类学的叙述范畴?我们虽然说有很多中国研究的东西,但即使是弗里德曼的研究也还不能构成人类学的普适化理论。

我觉得这套理论有可能会出自中国研究与东南亚研究的过渡地带。在类似于云南这样的有跨界民族和民族结合的地带,很可能出经典。为什么?不要忽视社会主义意识形态。跨界民族在不同意识形态中的生存状态,回应了"冷

---

① 马强:《流动的精神社区——人类学视野下的广州穆斯林哲玛提研究》,中国社会科学出版社,2006。
② 项飙:《寻找一个新世界:中国近现代对"世界"的理解及其变化》,《开放时代》2009年第9期。

战"以后的人类学与意识形态的关联。许多人认为"冷战"结束后意识形态就会消失，但现实的结果却是意识形态反而会强化，这种强化的过程中造成同一个民族的分离，回应了"二战"后对全球体系的认知理论。同时，不同民族的结合地带，在中国国内也会成为人类学、民族学研究出新思想的地方。其实费孝通先生很早就注意到多民族结合地带的问题，倡导对民族走廊的研究。我们今天不仅仅要会用民族边界来讨论，也需要注意民族结合地带，例如中国的蒙汉结合地带、汉藏结合地带，挖掘其特殊的历史文化内涵。

此外，与中国的崛起和经济发展紧密相连，本丛书还会关注中国人类学如何进入海外研究的问题。

第一，海外研究本身应该放到中国对世界的理解体系当中，它是通过对世界现实的关心和第一手资料来认识世界的一种表述方式。第二，强调中国与世界整体的关系，这种关系是直接的。比如中国企业进入非洲，如何回应西方提出的中国在非洲的新殖民主义的问题？人类学如何来表达特殊的声音？第三，在对异文化的认识方面，如何从中国人的角度来认识世界？近代以来有这么多聪明的中国人，他们对世界的看法已经积累了一套经验。这套对海外的认知体系与我们今天人类学的海外社会研究如何来对接，也就是说，中国人固有的对海外的认知体系如何转化成人类学的学术话语体系。还有就是外交家的努力和判断如何转化成人类学的命题。第四，海外研究还要强调海外与中国的有机联系性，比如"文化中国"的概念，如何从人类学的角度来理解？5000多万华人在海外，华人世界的儒家传统落地生根之后的本地化过程，以及它与中国本土社会的联系，恰恰构成了中国经济腾飞的重要基础。我们可以设问，如果没有文化中国，中国经济能有今天吗？

在东南亚各国，华人通常借助各类组织从事经济活动。各国华人企业之间以及它们与华南社会、港台之间存在着一定的社会经济关系网络。共同的语言、共同的文化传统以及血缘、地缘关系的纽带，使得移居海外的人们很自然地与他们的同胞及中国本土保持联系。同时，他们在其社会内部保持和延续了祖居地的部分社会组织和文化传统。进入20世纪80年代后，人类学对于这一领域的研究兴趣聚焦于"传统的创造"。

对于"传统"的延续、复兴和创造以及文化生产的研究，是人类学以及相关社会科学的一个重要领域。这里的传统主要指与过去历史上静态的时间概念相比，更为关注动态的变化过程中所创造出来的"集团的记忆"。其他方面的研究还有海外华人的双重认同——既是中国人，也是东南亚人；城市中华人社区的资源、职业与经济活动、族群关系、华人社区结构与组织、领导与权威、学校与教育、宗教和巫术、家庭与亲属关系，进而提出关于社会与文化变迁的理论。

海外研究一定要重视跨界民族。这一部分研究的贡献在于与中国的互动性形成对接。此外，现在很大的问题就是中国人在海外，不同国家的新移民的问题，如贸易、市场体系的问题，新的海外移民在当地的生活状况亦值得关注。同时，不同国家的人在中国其实也是海外民族志研究的一部分。我觉得海外民族志应当是双向的。中国国内的朝鲜人、越南人、非洲人等，还有在中国的不具有公民身份的难民，也都应该构成海外民族志的一部分。这方面的研究一方面是海外的，另一方面又是国内的。海外是双向的，不局限于国家边界，海外民族志研究应该具有多样性。

四 民族的研究方法：社区调查与比较研究相结合

传统人类学的研究方法，是在一个村庄或一个社区通过参与观察，获得研究社区的详细材料，并对这一社区进行精致的雕琢，从中获得一个完整的社区报告。这样，人类学的发展本身为地方性的资料细节所困扰，忽视了一种整体的概览和思考。很多人类学者毕生的创造和智慧就在于描述一两个社区。这种研究招来了诸多的批判，但这些批判有的走得很远，甚至完全脱离人类学的田野来构筑自己的大厦。在笔者看来，人类学的研究并不仅仅是描述所调查对象的社会和文化生活，更应关注的是这一社区的社会和文化生活相关的思想，以及这一社会和文化在整体社会中的位置。同时，还要进入与不同社会文化的比较研究中去。因此，人类学者应该超越社区研究的界限，进入更广阔的视野。

笔者在研究方法上，是把汉族社会作为研究的一个参照系，从而认识受汉族文化影响的少数民族，从中也能窥得文化的分化和整合，这种研究方法最终是为了更好地反映包括少数民族在内的中国社会的结构特点。关于汉族的家观念与社会结构，可参看笔者的《家与中国社会结构》[①] 一书，在此不另赘述。

在中国的这样一个统一的多民族国家体制下，人们生活在这一国土上的多民族社会中，相当多的民族都在不同程度上接受了汉族的儒学规范，那么，其社会结构与汉族社会相比表现出那些异同？如我所调查的蒙古族，受到了汉族文化的强烈影响，这种影响导致他们的经济、社会、文化等发生了重大的变

---

① 麻国庆：《家与中国社会结构》，文物出版社，1999。

迁。因此，仅研究单一民族的问题，已显得远远不够，且不能反映社会的事实基础，需要我们从民族间关系、互动的角度来展开研究。

我写《作为方法的华南》时，很多人觉得这个标题有点怪，其实我有我的说理方式。一是区域的研究要有所关照，比如弗里德曼对宗族的研究成为东南汉人社会研究的范式[1]，他在后记里提到一个很重要的命题，就是中国社会的研究如何能超越社区，进入区域研究。有很多不同国别的学者来研究华南社会，华南研究在某种程度上形成了中国社会研究的方法论的基础，是很重要的基础，我是在这个意义上来讨论问题。并且，它又能把静态的、动态的不同范畴包含进来。在一定意义上，人类学传统的社区研究如何进入区域是一个方法论的扩展，用费先生的话来说就是扩展社会学的传统界限。人类学发展到一定程度后，如何来扩展研究视角，如何进入区域，是一个重要的问题。

与方法论相关的另一个问题是，作为民俗的概念如何转化成学术概念。在20世纪80年代，杨国枢和乔健先生就讨论中国人类学、心理学、行为科学的本土化，而本土化命题在今天还有意义。当时只是讨论到"关系""面子""人情"等概念，但在中国社会里还有很多人们离不开的民间概念，例如分家、娘家与婆家。还有像我们很常用的概念，说这人"懂礼"。那么，懂礼表现在哪些方面？背后的观念是什么？还比如说这人很"仁义"，又"义"在何处？这些都是中国研究中很重要的方面。藏族的房名与亲属关系相关，还通过骨系来反映亲属关系的远近。这些民俗概念还应该不断发掘。又比如日本社会强调"义理"，义理如何转换成学术概念？义理与我们的人情、关系、情面一样重要，但它体现了纵式社会的特点，本尼迪克特在她的书中也提到这一点。[2] 民俗概念和当地社会的概念完全可以上升为学理概念。

这也涉及跨文化研究的方法论的问题。就像费先生说的要"进得去"，还得"出得来"。一进一出如何理解？为什么跨文化研究和对他者的研究视角有它的道理，其实就是相当于井底之蛙的概念，在井里面就只能看到里面。还有"不识庐山真面目"的说法，都反映了这些问题。中国人这些传统智慧恰恰是和我们讨论的他者的眼光或跨文化研究是一体的，判断方式是一样的。

要达到对中国社会的认识，就要扩大田野。田野经验应该是多位的、多点的，这很重要。部分民族志之所以被人质疑，是因为民族志的个人色彩浓，无法被验证。但是如果回到刚才所讨论的人类学学理框架里面，回到人与问题域

---

[1] Freedman Maurice. *Lineage Organization in Southeastern China*. The Athlone Press，1958.
[2] 本尼迪克特：《菊与刀》，商务印书馆，1990。

的关系的状态里面,这些问题比较好解决。

　　本套丛书的意义,就是将民族研究在上述几个方面的取向以经验研究加以表现。行文至此,恩师费孝通先生在2000年夏天接受日本《东京新闻》记者采访时提到的"知识分子历史使命"的话语,又回响在我耳畔。费先生强调,"知识分子的本钱就是有知识,它的特点长处就是有知识,有了知识就要用出来,知识是由社会造出来的,不是由自己想出来的。从社会中得到的知识要回报于社会,帮助社会进步,这就是'学以致用',这是中国的传统。"这也正是先生所倡导的"阅读无字社会之书"、行行重行行、从实求知、和而不同与文化自觉的人类学的真谛所在。在这条路上,我们任重而道远。

目录

导论　人类学的家屋研究与嘉绒藏族社会结构 001

第一章　硗碛的地理环境与历史面貌 021
　第一节　地理位置与建制沿革 021
　第二节　汉藏边缘与硗碛文化的双重性 033
　第三节　1950年前的硗碛社会 048
　小　结 058

第二章　土地制度与房名的获得 059
　第一节　土地和生计 060
　第二节　房名的来源及意义 074
　第三节　土地制度与房名获得 085
　小　结 096

第三章　婚姻、居处与房名的继承 098
　第一节　婚姻 099
　第二节　家庭、居处与房名的继承 110
　第三节　房名继承与亲属关系 126
　第四节　象征性赎买：房名继承者的义务 136
　小　结 143

第四章　家屋中的社会关系 145
　第一节　家屋的建筑材料及建筑过程 146
　第二节　家屋空间中神、人、畜的上下关系 151

第三节　卡布阿乌：老人超越家屋的权威 …………………… 162
　　第四节　卡石库和卡地：社会性别关系的实践 ………………… 172
　　小　　结 ………………………………………………………… 189

第五章　山神信仰：家屋整合的纽带 ……………………………… 190
　　第一节　硗碛的神山和山神 …………………………………… 191
　　第二节　人、植物、动物共居于山神怀抱 …………………… 196
　　第三节　山神的神性 …………………………………………… 216
　　小　　结 ………………………………………………………… 221

第六章　家屋与村落：地域性的社会结合 ………………………… 222
　　第一节　家屋与村落的空间布局 ……………………………… 223
　　第二节　祭山会与家屋间的地域性社会结合 ………………… 226
　　第三节　永寿寺——村落间的公共信仰空间 ………………… 236
　　小　　结 ………………………………………………………… 248

结论　嘉绒藏族的家屋社会 ………………………………………… 250

参考书目 ……………………………………………………………… 254

附　录 ………………………………………………………………… 268
　　附录1　冰丰房名的国际音标和汉文音译对照表 …………… 268
　　附录2　冰丰十八家老房名的系谱图 ………………………… 269

后　记 ………………………………………………………………… 276

图目表录

表目录

表 1-1	硗碛乡 2009 年底行政建制和人口数	030
表 1-2	穆坪土司所辖头人	049
表 2-1	宝兴县三区硗碛药材出产情况	069
表 2-2	宝兴县零星药材出产情况	070
表 2-3	农事活动周期	073
表 2-4	冰丰 56 户房名的来源	075
表 2-5	却墨美姑（汉名核桃坪）地方的房名及来源	077
表 2-6	车来洼地方的房名及来源	078
表 2-7	呷尔布（汉名青杠坡）地方的房名及来源	078
表 2-8	达子坝地方的房名及来源	079
表 2-9	格日子达（汉名四家寨）地方的房名及来源	080
表 2-10	斑廓地方的房名及来源	081
表 2-11	冰丰房名的意义	083
表 2-12	丰收房名的意义	084
表 3-1	冰丰的通婚范围	103
表 3-2	1950 年冰丰的家庭结构	113
表 3-3	2009 年底冰丰的家庭结构	114
表 3-4	阿夸尔家建房参与者与相关活动	128
表 4-1	喇嘛与普通人一天的时间安排	160
表 5-1	房屋周边的植物种类	199
表 5-2	种植的农作物	200

001

表 5-3	药物种类	202
表 5-4	野生动物的分类	203
表 5-5	家养的动物	213
表 5-6	四种家养动物的分类	214
表 5-7	按照十二日计日法推算的周期示例	214
表 5-8	对各种属相的评价	215

图目录

图 0-1	田野点位置	018
图 1-1	宝兴县行政区划	025
图 1-2	硗碛藏族乡行政区划	027
图 2-1	森提家的系谱	095
图 3-1	硗碛的亲属称谓	117
图 3-2	下策尔斯基家的系谱	119
图 4-1	卧嘎龙家房屋的选址	147
图 4-2	硗碛的家屋外观	148
图 4-3	下策尔斯基家的锅庄房平面图	153
图 4-4	下策尔斯基家锅庄房三层的平面图	159
图 4-5	阿夸尔家的锅庄	163
图 5-1	硗碛的神山和山神分布	191
图 6-1	嘎日村冰丰组的示意图	223
图 6-2	冰丰家屋与村落的空间关系	224
图 6-3	杨明海喇嘛	234
图 6-4	永寿寺	239

导 论

人类学的家屋研究与嘉绒藏族社会结构

本书是关于中国西南青藏高原东南缘一个嘉绒藏族村寨中家屋与社会结构的民族志。

列维-斯特劳斯（Levi-Strauss, C.）在研究了中世纪欧洲的"家"和北美夸扣特人（Kwakiutl）的家以后，认为以世系和联姻关系为基础的研究范式无法解释这些社会，转而提出了家屋社会（House-based Society）的模式①。他认为，家屋社会是"一种处于转变中的、混合的社会形态，介于亲属基础（kin-based）与阶序基础（class-based）的形态之间，同时可见于复杂社会与无文字社会之中"②。对此，詹姆斯·福克斯（James Fox）认为，列维·斯特劳斯将家屋社会视为基本结构与复杂结构间的转折结构。就如同财富在了解复杂社会或工业社会、亲属在了解简单社会中的重要性一样，家屋是了解这类社会的关键概念。这是因为这些家屋社会的家屋有一些重要的特征：拥有一个包括物资性与非物资性的财富或名誉的领域；在联姻与收养上，广泛使用"拟制亲属关系"，所有财富或名誉领域（包括头衔、特权与财富）的传承是男女两可的。后来，C. Macdonaldhe 和 B. Sellato 都指出，列维-斯特劳斯的家屋概念比较适合有贵族而类似封建社会的阶级性社会，不太适合非阶级社会③。Janet Carsten 和 Stephen Hugh-Jones 则指出，家屋的研究要反映它如何以不同方式代表社会

---

① Levi-Strauss, C. *Social Anthropology*, New York: Basic Books, 1963. *The Future of Kinship Studies*, Proceedings of the Royal Anthropological Institute, 1965. *The Way of the Mask*, trans. S. Modelski, London: Jonathan Cape, 1983. *Anthropology and Myth: Lectures*, Oxford: Blackwell, 1987.
② Levi-Strauss, C. *Anthropology and Myth: Lectures 1951-1982*, Oxford: Blackwell, 1987, p. 151.
③ Fox, J. "Comparative Perspectives on Australian House: A Introductory Essay", in *Inside Austronesian Houses*, Canberra: The Australian National University, 1993, p. 9.

群体及表征他们周围的世界。因此强调研究者要关注建筑、人与观念之间的内在联系。以家屋为中心，综合家屋的建筑意义、社会意义和象征意义，来认识不同的社会[1]。

我在接受人类学系统训练之前，并不知道家屋社会这个概念，但是对嘉绒藏族的家屋及其名号有深刻的印象。我出生在四川省阿坝藏族羌族自治州，小时候生活在一望无际的红原大草原上，牧民的住屋是一顶顶黑色帐篷，周围是闲散的牦牛和忙碌的女主人。人们逐水草而居，只需要收起帐篷放到马背上，家就迁移了。六岁的时候，父母调动工作，我家搬到了马尔康，这里是嘉绒藏族的聚居区，山坡上一栋栋巨大的石砌房屋，给我留下了深刻的印象。每年学农的季节，我们都到农村帮忙挖土豆，挖好后，会被安排到每家每户吃饭。只有四五口人的家庭，热气腾腾的锅庄房也可以坐下20多个小学生，与我家只能放下下床的房间比，是很宽大的。

从事民族研究工作后，我在嘉绒藏族地区进行田野调查时发现，由于孩子都由僧人命名，大部分名字与藏传佛教的吉祥用语相关，名字重复率非常高，因此调查无法用姓氏来进行。代替它的，是一个词：房名，就是一栋房屋的名号。而在一个自然村寨里，房名是不会重复的，因此当人们谈论某人的时候，会在名字前面加上房名。在不同的自然村寨如果房名一样，就在他们的房名前再加上村寨名称。这样，就很容易把名字相同的人区别开来。在调查时，通过房名关系理清当地的亲属关系，成为我常常使用的方法。

在接受系统的人类学训练过程中，我逐渐认识到，房名不仅仅是嘉绒藏族居住的房屋的名字，其背后还隐含了一系列社会意义，是我们解释嘉绒藏族社会结构的关键性概念。因此，我就确定了以房名与嘉绒藏族社会的关系作为博士论文的主题，并在四川省雅安市宝兴县硗碛藏族乡进行了田野调查。

人类学话语中的家屋

在硗碛，嘉绒藏族的房名是房屋的名号。嘉绒语本身并没有一个"房名"的词，在嘉绒语中，每一座房屋都有专门的名字，这个房屋称为"某某则（ze）"，翻译为汉语就是"某某家"，如卧嘎龙家、森提家等。"ze"是一个包含一座房屋、居住在房屋中的家人，以及所有的财产、土地、赋税、差役等

---

[1] Carsten, J. and Hugh-Jones, S. (ed.) *About the House: Levi-Strauss and beyond*, Cambridge: Cambridge University Press, 1995, pp.1-2.

在内的概念，与人类学使用的家屋（house）概念一致。作为社会的基本单元，它在嘉绒藏族社会结构中的作用可以放在人类学家屋研究的脉络中进行讨论。

家屋：建筑和象征意义

在学术研究中，由于机构细分和专门化的影响，人们通过不同的路径研究家屋的建筑意义、社会意义和象征意义。家庭（family）和家户（household）是人口学和亲属研究的基本分析单位；经济人类学把家户当作生产和消费的基本单位；文化生态学把家屋当作对环境的适应；建筑学关注家屋的物质要素，涉及环境、资源、建筑技术、空间组织、象征主义和建筑审美……人类学家对家屋的研究，最初也是碎片化的，但其中一些著作已经有了整体的视角。

摩尔根（Lewis Henry Morgan）研究了美洲土著的房屋和家庭生活，指出这些体量庞大、居住者众多的房屋，都是"体现出社交、保卫和公社制等原则的公共群居大房屋"，其魅力在于他们是印第安人自愿地为了自己使用而建造的，人们按照完全平等的原则居住其中。他认为印第安人的长屋建造特点与其社会制度是完全协调的。"好客的风尚和共产主义生活，这两个原则是理解这种建筑的关键。"[1]

Gudman 和 Rivera、Kuper[2] 在不同社会的研究中，讨论到经济、亲属制度和政治组织中至关重要的实践和观念单位时，无一例外地将家屋置于较为重要的位置。Gudman 和 Rivera 的研究表明，整个拉丁美洲的大部分偏远地区都通过房屋进行物质实践，家屋既表示住处，也比喻经济[3]。Wilson[4] 和 Bourdieu[5] 都强调作为思想工具的家屋的意义，特别是在书写不发达的社会里。

人类学注重从象征意义上讨论家屋，特别是家屋与身体的关系。在象征的意义上，家屋与身体有密切的联系，家屋是个人身体的延展，就像人们的皮肤、衣物一样，对人的身体起到显示和展示或者隐藏和保护的作用。家屋、身体和精神一直都处于持续的互动过程中，家屋的物理结构、家具、社会习俗、

---

[1] 〔美〕路易斯·亨利·摩尔根：《美洲土著的房屋和家庭生活》，李培茱译，陈观胜校，中国社会科学出版社，1985，第305页。

[2] Kuper, A. *Wives for Cattle*, London：Routledge, 1982. "The House and Zulu Political Structure in the Nineteenth Century", *Journal of African History* 34（1993）：469-487.

[3] Gudman, S. and Rivera, A. *Conversations in Colombia*, Cambridge：Cambridge University Press, 1990.

[4] Wilson, P. *The Domestication of the Human Species*, New Haven：Yale University Press, 1988.

[5] Bourdieu, P. *Outline of a Theory of Practice*. Cambridge：Camberidge University Press, 1997, p. 87.

精神意象都在其中产生、塑造。Bourdieu 将家屋视为"生成图式的物化的根源地",指出在有序的空间里,身体"解读"着家屋,并担任个体表达的助记符号。通过习惯和居住,每个人建立了他们自己的文化基本体系的实践运用[1]。他关于卡拜尔人(Kabyle)家屋的经典论文指出身体与房屋的关系在实践的逻辑分析中担任着重要角色[2]。

家屋社会:一种社会类型

列维-斯特劳斯关于家屋的研究,受到了中世纪欧洲贵族家屋的启发。他在重新分析博厄斯(Franz Boas)的民族志资料时发现了博厄斯研究遇到的重大挑战。在当地重要的群体中,父系和母系的特点共同存在,而且不适用于任何宗教的、氏族的、部落的和亲族的传统亲属关系类型。因此,博厄斯也不得不使用当地的称呼"numayna"来表述。在将之与中世纪欧洲贵族家屋进行比较后,列维-斯特劳斯指出:

> 把它看成由一定数目的社会地位构成。每个社会地位都跟一个名号相联系,即一种"座次",一个"务必保有的位置",也就是一种地位及其特权。地位和特权的数目都是有限的,而且形成一个贵族的级次体系。……此乃 numayna 的基本框架。一个人在一生中可能占据不同的地位,肩负起与之相应的名号[3]。

列维-斯特劳斯把博厄斯的问题与克虏伯(A. L. Kroeber)对加利福尼亚尤豪克人(Yurok)人的社会组织描述联系起来:

> 尤豪克人自有支撑其社会的建制:首先是人口分布在 54 个"镇";其次是每一个"镇"都有一些"家屋"(maisons)。尤豪克人用这个词主要称呼那些永久性的建筑,根据原址、地貌、房屋正面的装饰或仪式功能,

---

[1] Bourdieu, P. *Outline of a Theory of Practice*, Cambridge: Cambridge University Press, 1997, p. 89.

[2] Bourdieu, P. "The Kabyle House of the World Reversed", in *The Logic of Practice*, Cambridge Polity Press, 1990.

[3] Levi-Strauss, C. *The Way of the Mask*, trans. by S. Modelski, London: Jonathan Cape, 1983, pp. 163–170.

每一座都有一个描写性的名字，家屋主人的名字也得自于它。①

列维-斯特劳斯进一步指出，在这样的社会中，家屋不仅仅是一种建筑，而且是他们社会组织的核心特点，采取行动的并非个人或家庭，而是家屋，因为后者才是权利和义务的唯一主体。因此他明确提出：

在有关社会建制的工具里，除了部落、村落、氏族和世系，当代人类学还有"家屋"这个概念可供使用。②

他认为家屋是这样的组织：

我们面对的是同一种建制：一个法人，拥有一笔用物质和非物质的财产构成的产业。这笔产业通过其世系名号、宝物和头衔传承下去，而建立自己的不朽。这个世系无论真实还是虚幻，被认定为合法的唯一条件是这一连续性必须能够使用亲属关系或者联姻的话语得到表达，而且往往必须二者兼备③。

在此基础上，他指出了家屋社会的特质：

亲缘（filiation）和居住（residence）法则之间的辩证关系构成了家屋社会的共同基本特质。

在所有社会生活的层面，从家庭到国家，"家屋"就是一种制度性的创造。这种制度性的创造允许多种不同的力量混合而同时存在。在别的地方，这些不同的力量，由于他们相互矛盾的特质，几乎都是排他性的存在。父系世系与母系世系，亲子传承与居住原则，女人的上攀婚和下嫁婚，近亲通婚和域外婚，世袭的权力和选举的权利，所有这些观念，本来是人类学家可以用来区分社会类型的，现在都在家屋社会中被联合在一

---

① Levi-Strauss, C. *The Way of the Mask* (trans. by S. Modelski), London: Jonathan Cape, 1983, p. 170.
② Levi-Strauss, C. *The Way of the Mask* (trans. by S. Modelski), London: Jonathan Cape, 1983, p. 174.
③ Levi-Strauss, C. *The Way of the Mask* (trans. by S. Modelski), London: Jonathan Cape, 1983, p. 184.

起。就好像最终这种制度的灵魂（就18世纪的意义来说）在表达一种超越，在生活的各个层面上，理论上来说是互不相容的原则间的一组努力，就是用这种"合二为一"的方式，家屋完成了一种从内到外的形制上的反转，它用外在的统一取代了内在的二分①。

之后，根据印度尼西亚的民族志，他再次指出：

在Timor和Atoni的例子里，有男与女、外与内、外围与中心、尊与卑的二元对立，这里面包含了一些矛盾……但这些矛盾并不能由系谱原则或者土地居住原则解决。因为这些都不是最重要的，重要的是这种空间的观念是两个群体之间关系的空间投射……为了建立一个如此虚构的统合（unity），而使家屋……能将对立的双方放在一起。所以在这些有家屋的社会里，真正发生的事是超越世系与联姻之间的对立而使其凝固、静止、稳定②。

人类学家一直错误地希望在这类制度里寻找如世系、财产和居住支配制度的基础。我认为现在应该让重心远离这些物质基础的想法而转向一种关系的物化（objectification of relation）观念。作为一种制度而言，"家"的角色就是巩固婚姻的不确定关系，即便只是一种幻想③。

家屋社会这一概念提出后成为人类学研究比分支型社会更为复杂的社会体系的有力工具。

家屋：一个社会的中心制度

家屋社会的理论提出后，其学术贡献得到人类学界的肯定和重视。但是，也有一部分人类学家发现，在东南亚和南美洲低地的田野调查证明了这一理论的模糊性，并指出将家屋社会视为亲属关系或者社会类型进行研究，限制了这一理论的发展。1990年，一批学者在家屋社会理论所依据的东南亚和南美低地社会进行的田野调查完成，他们在剑桥大学召开了一个学术会议，讨论家屋

---

① Levi-Strauss, C. *The Way of the Mask* (trans. by S. Modelski), London: Jonathan Cape, 1983, pp. 184-185.
② Levi-Strauss, C. *Anthropology and Myth: Lectures 1951-1982*, Oxford: Blackwell, 1987, pp. 157-158.
③ Levi-Strauss, C. *Anthropology and Myth: Lectures 1951-1982*, Oxford: Blackwell, 1987, p. 156.

社会的相关理论。1995年，剑桥大学出版社出版了这次会议的论文集，即由J. Carsten和S. Hugh-Jones主编的《关于家屋：列维-斯特劳斯与对列维-斯特劳斯的超越》，对这一理论进行了全面的推进。

该书的作者都对列维-斯特劳斯提出家屋社会理念的贡献进行了肯定，但是，他们根据自己的民族志资料，也在不同层面上对其进行了批评。批评集中在三个方面。

第一，重新验证了家屋社会与阶层社会和平权社会间的关系，提出家屋社会并不必然是一个阶层性的社会。Errington[1]、Carsten[2]、Gibson[3]的研究都发现，同胞关系与家屋意义的展现有密切的相关性，对于没有阶层的家屋社会，同胞关系才是家屋社会生活组织最重要的原则。

第二，批评家屋社会理论过于重视亲属关系，而忽略了家屋的物理结构特征，尤其对印度洋西部海岸地区来说，家屋的社会意义反映在对建筑的关注和重视程度上。Hugh-Jone[4]和Mckinnon[5]的研究都表明，房屋的内部特征，比如空间的分割经常担当等级体系的象征阐释载体。同时，对房屋外观装饰的阐释，有时会占据极端重要的地位，作为神话和纹章器具等特权符号的载体，也许是居民认同、财富和权力的体现。

第三，批评列维-斯特劳斯把家屋社会作为一种社会类型。他们指出，列维-斯特劳斯依然关注通过"家屋"来发现新的社会类型。然而，把他的模式应用到围绕那样的规则组织起来的社会，曾经依靠继嗣和世系来清楚阐释了的非洲社会，依据房屋也可以做有效的分析。因此，最终的问题并不是确定那个社会是不是"家屋社会"这种社会类型。

---

[1] Errington, S. "Incestuous Twins and the House Societies of Insular Southwest Asia", *Cultural Anthropology* 2.4 (1987): 403-44.

[2] Carsten, J. Woman, Kinship and Community in a Malay Fishing Village: on Pulau Langkawi, Kedah Malaysia, Ph. D Thesis, University of London, 1987.

[3] Gibson, T. "Haveing Your House and Rating It: House and Siblings in Ara, South Sulawesi", in Carsten, J. and Hugh-Jones, S. (ed.) *About the House: Levi-Strauss and beyond*, Cambridge: Cambridge University Press, 1995, pp. 129-148.

[4] Hugh-Jones, S. "Inside-out and Back-to-front: the Androgynous House in Northwest Amazonia", Carsten, J. and Hugh-Jones, S. (ed.), *About the House: Levi-Strauss and beyond*, Cambridge: Cambridge University Press, 1995, pp. 226-252.

[5] Mckinnon, S. "House and Hierarchy: the View from a South Moluccan Society", Carsten, J. and Hugh-Jones, S. (ed.) *About the House: Levi-Strauss and beyond*, Cambridge: Cambridge University Press, 1995, pp. 170-188.

我们不接受列维-斯特劳斯的观点——对没有书写的人们来说,"亲属是唯一可用的语言",一种可以选用的语言恰恰是他们的家屋。如果家屋的语言是"关于"亲属制度,那么不少部分是"关于"经济和"关于"财产,涉及联合生计、生产和消费。重要的是,这种语言也是关于共同空间和关于建筑的,它们是宫殿、庙堂,同样是居所和房屋①。

在这些批评基础上,他们指出:

列维-斯特劳斯关于家屋的观点,被证明用于思考这里所描述的社会是非常有用的。但本书的作者也发现,他的模式既是具体的,也是普遍的,受到了限制,所以有必要以不同的方式超越他②。

他们的超越,是将家屋作为一个中心制度,以整体观的态度将之前被人类学忽视和分别对待的社会生活的各个方面联结在一起。

一种强有力的、基于民族志的、在整体观中理解家屋的视角,其考虑到的生活过程也许可以说是普世性的。本书从不同的方面,试图整合建筑、亲属和文化类别,就像他们集合在家屋中,并探析人和家屋联结的不同方式。一方面,人与群体在家屋中被客观化;另一方面,作为建筑的家屋在思想和生命层面上被人格化和赋予生命。在一个极点,是无生命的祖先的家屋、群山或坟墓,在时间中冻结但生动地永存;在另一个极点,那些高度富有生机的家屋,处在一种不停变化的状态中,却在根本上是短暂的。不过,在这里,容器和所容之物作为不停的生活过程的一部分而相互联系③。

这些研究,主要的贡献有两点。第一,提出了具体的家屋社会的关键特质,包含四个方面的内容:一是家屋社会同样重视同胞关系;二是家屋是一个过程,

---

① Carsten, J. and Hugh-Jones, S. (ed.) 1995. *About the House*: *Levi-Strauss and beyond*, Cambridge: Cambridge University Press, 1995, p.19.
② Carsten, J. and Hugh-Jones, S. (ed.) 1995. *About the House*: *Levi-Strauss and beyond*, Cambridge: Cambridge University Press, 1995, p.20.
③ Carsten, J. and Hugh-Jones, S. (ed.) 1995. *About the House*: *Levi-Strauss and beyond*, Cambridge: Cambridge University Press, 1995, p.46.

与人的生长过程有着密切的联系;三是家屋社会阶序性产生的根源具有很大的异质性;四是家屋的空间秩序由不同的路径内化为人的类别秩序。第二,明确了以家屋为中心制度,探讨家屋、社会与象征之间有机联系的理论方向。

2004 年, Carsten 出版了 *After Kinship*,该书是一部通过家屋研究新亲属关系的著作,在书中,她使用了上述关于以房屋为中心制度的方式,讨论了房屋对于亲属研究的意义,指出"对于很多人来说,家屋的共同生活过程创造了亲属"[1]。

上述关于家屋社会的讨论,显然说明家屋仍然是一个较为模糊的学术概念,但同时也说明以家屋为中心讨论不同社会的建构,是一条可行的路径。

人类学对中国西南少数民族家屋及家屋社会的研究

中国西南少数民族的社会群体建构方式非常复杂,但其中许多社会都可以运用家屋社会的理论进行解释。因此,近年来,国内外学者的相关研究取得了很大进展。研究领域主要集中在以下几个方面。

家屋的空间与社会建构

人类学理论认为,空间与家屋是研究社会秩序、宇宙观的重要场域。布迪厄关于卡拜尔人(Kabyle)房屋空间的研究就是一个很好的范例。布迪厄认为人们借助日常生活中的所作所为,将社会结构内化在他们所居住的空间中,然后又借助他们的家屋空间以及其他行为再生产了社会结构[2]。用布迪厄空间与社会关系的再生产理论研究中国西南少数民族的成果较多。其中,孟彻理 (Charles F. McKhamn) 研究了纳西族的家屋空间,指出纳西族把自己的房屋视为广大宇宙的微观缩影和使世界得以运转的社会力量[3]。翁乃群分析了纳日人

---

[1] Garsten, J. *After Kinship*, Cambridge University Press, 2004, p. 55.
[2] Bourdieu P. "The Kabyle House of the World Reversed", in *The Logic of Practice*, Cambridge Polity Press, 1990.
[3] Charles F. McKhamn, "Fleshing Out the Bones: The Cosmic and Social Dimentions of Space in Naxi Architecture", In *Ethnicity and Ethnic Groups in China*, eds. by Chien Chiao and Nicholas Tapp, Hong Kong: New Asia College, the Chinese University of Hong Kong, pp. 157 – 177, 1989; Fleshing Out the Bones: Kinship and Cosmology in Naqxi Religion. A Dissertation of the University of Chicago, 1992.

母屋的象征,指出摩梭人的性别权力关系是平等而互补的①。穆格勒(Erik Mueggler)则分析了玉龙雪山下纳西族村寨的空间与国家权力间的关系,描述了国家权力对纳西族村寨空间的再建构②。上述研究都以家屋及其外部环境的空间作为中心,集中讨论这些群体内部及外部的空间与社会关系间的互动。

家屋与人观

何翠萍的研究主要集中讨论家屋的象征意义,她使用自己和学生在云南的景颇、载瓦、班洪佤族以及广西靖西壮的四个民族志材料,就家屋与人的生命之间的相互构成关系,家屋的生命阶段,家屋孕育力量的特质及其来源,人的价值、声望与家屋的声望等四个主题进行了研究。她指出,自己的目的是:

> 从家与人之间有相互比拟的关系、家是有生命的这个前提出发,描述几个西南族群的例子。描述将涵盖四个主题:1. 有生命的家屋,并集中描述家屋与人的生命之间的相互构成关系;2. 家屋生命阶段,如人一般,家有孕育的能力,也会衰败、凋零,同时,它也会再生;3. 对家屋孕育力量的特质及其来源的探讨;4. 人的价值、声望及家屋的声望。③

最终的目的是:

> 适度地从较正面积极的角度看待(家社会)模式提出的阶段性意义,并回归列维-施特劳斯对于东亚大陆联姻亲属模式及东南亚家社会的观点,及 Errington 对岛屿东南亚社会模式的观点的讨论。④

她明确指出两点:

---

① Weng, Naiqun, *The Mother House: The symbolism and practice of gender among the Naze in Southwest China*, The University of Rochester, 1993.
② Erik Mueggler, "Money, the Mountain, and State Power in a Naxi Village", *Modern China* 7.2 (1999): pp. 188-226.
③ 何翠萍:《人与家屋:从中国西南几个族群的例子谈起》,载张江华、张振国主编《区域社会与地方社会:区域社会与文化类型国际学术研讨会论文集》,学林出版社,2011,第307页。
④ 何翠萍:《人与家屋:从中国西南几个族群的例子谈起》,载张江华、张振国主编《区域社会与地方社会:区域社会与文化类型国际学术研讨会论文集》,学林出版社,2011,第307页。

第一，Shelly Errington 基于岛屿东南亚各社会对家屋孕育力量来源的不同建构模式——中心同一型与二分交换型——是相对有意义的模式。

第二，在《关于家屋》一书中，编者所提出的有关家屋建筑的深入研究，以及视家屋为身体是在每个社会中普遍而必要的研究课题……必须进一步思考有关人观，家屋与阶序的议题，以及不同文化接触所造成的族群文明化、族群国家化、族群殖民化等过程[①]。

衣辉锋对广西宜州百姓人家屋文化进行了研究[②]，指出家屋的建构和人观是叠合的。张海超对大理白族的住屋进行了考察，指出大理的传统民居在象征上构成一个微型世界[③]。高雅宁通过对靖西县大甲乡传统干栏空间两性区隔的描述和分析，认为它体现了当地壮人建构"无性家屋"的理想[④]。陆晓芹对高的观点进行了回应，指出吟诗的过程虽然无性，但家屋是"有性化"的[⑤]。陈默研究了西藏农区的家屋空间意义[⑥]。上述研究集中讨论了家屋空间的隐喻和象征，从一定意义上为藏族家屋社会的分析提供了许多新的参考。

家屋社会

按照列维-斯特劳斯所提出的人类学中"家屋社会"的概念，Janet Carsten 和 Stephen Hugh-Jones 指出，在列维-斯特劳斯之后，家屋社会的研究不应该局限于亲属研究的范畴，而可以向建筑人类学和象征人类学发展[⑦]。2000 年，Carsten 更提出以"亲缘"（relatedness）概念来取代"亲属"（kinship）概念，

---

① 何翠萍：《人与家屋：从中国西南几个族群的例子谈起》，载张江华、张振国主编《区域社会与地方社会：区域社会与文化类型国际学术研讨会论文集》，学林出版社，2011，第336页。
② 衣辉锋：《家屋的建构与人观的叠合》，《广西民族学院学报》2004年第11期；衣辉锋、徐杰舜：《宜州"百姓人"家屋文化及其变迁研究》，《广西右江民族师专学报》2005年第2期。
③ 张海超：《建筑、空间与神圣领域的营建》，《云南社会科学》2009年第3期。
④ 高雅宁：《广西靖西县壮人农村社会中魔婆的养成过程与仪式表演》，载《清华人类学丛刊七》，台北，唐山出版社，2002。
⑤ 陆晓芹：《歌唱与家屋的建构》，《民俗研究》2007年第1期。
⑥ 陈默：《西藏农区的家屋空间及其意义》，《中国藏学》2009年第1期。
⑦ Carsten, J. and Hugh-Jones, S. (ed.) *About the House: Levi-Strauss and beyond*, Cambridge: Cambridge University Press, 1995.

重点关注社会群体的实践活动①。到 2004 年，*After Kinship* 对上述理论做了系统的论述②。此后，研究中国西南少数民族家屋社会的学者，大多在上述理论范畴中开展工作。

Elisabeth Hsu 在研究摩梭社会时，采用了家屋社会理论作为解释工具，认为摩梭人对于 zi du 非常重视，而 zi du 可以分为两种，第一种的核心是火塘，着重表达人们在日常生活中和睦相处的社会关系，第二种的核心是联姻关系，体现了社会如何尊崇"骨"和"声望"，并导致阶级（hierarchy）出现③。

何撒娜从葬礼中各种亲属关系的动员，以及葬礼上家屋内的象征，来说明在家屋的名号下，摩梭人所形成的亲属制度④。郭立新对广西龙脊壮族村落进行了研究，对家屋生命体的构成、家屋与人的关系、家屋孕育力量的来源、举办风光和体面的丧葬仪礼的目的、家族和村落组织的构成及其运作等进行描述与分析，具体地呈现一个壮族地方社会家屋、家族与社会的建构逻辑。他的这三篇文章组成一个整体，对龙脊壮族的家屋社会进行了讨论，是目前对西南少数民族家屋社会进行讨论较为系统的研究成果⑤。

嘉绒藏族的家屋与名号

从成都出发，经过 284 公里的跋涉，就到达了四川省雅安市宝兴县的硗碛藏族乡，这里的居民有 5000 多人，均为嘉绒藏族。

嘉绒藏族的分布与语言

嘉绒藏族的历史非常古老，有学者认为，他们是岷江上游最古老的居民之一，属汉代史籍记载的西南夷"夷系"民族的一部分，也是羌人从河湟地区

---

① Carsten, J. ed. *Cultures of Relatedness：New Approaches to the Study of Kinship*，Cambridge：Cambridge University Press，2000.
② Garsten, J. *After Kinship*，Cambridge University Press，2004.
③ Elisabeth Hsu，1998."Introduction"，In *Naxi and Moso Ethnography：Kin，Rites，Pictographs*. eds. by Michael Oppitz and Elisabeth Hsu，Zürich：Völkerkundemuseum，1998.
④ 何撒娜：《"一根根骨"抑或是"死路一条"：从丧葬仪式与家屋象征看纳人的亲属关系》，林超民主编《民族学评论》，第二辑，云南大学出版社，2005。
⑤ 郭立新：《打造生命：龙脊壮族竖房活动分析》，《广西民族研究》2004 年第 1 期；《荣耀的背后：广西龙脊壮族丧葬仪式分析》，《中南民族大学学报》2005 年第 1 期；《劳动合作、仪式交换与社会结群》，《社会》2009 年第 6 期。

南迁时遇到的戈基人①。到唐代，他们居住的地方被称为"嘉良"，他们在唐代史籍中被称为"嘉良夷"②。唐代以后，由于吐蕃势力的进入，来自吐蕃"琼部"的移民成为这里的统治者，因此，嘉绒十八土司均有大鹏鸟卵生的祖源传说。与这些吐蕃移民共同进入嘉绒藏族地区的，还有他们信奉的本教。吐蕃分裂后，这些人留在这里，在统治的过程中与原有的属民相互融合。到明代，中央王朝在这里建立了土司制度，形成了嘉绒十八土司。虽然在不同的历史时期，各个土司的力量和势力范围变化很大，但嘉绒藏族的整体布局基本稳定。清乾隆年间，土司相互争夺权力，危害到嘉绒地区的社会稳定，清王朝进行了规模浩大的平定大小金川之役。平定大小金川后，清王朝采取了设土屯、以藏传佛教格鲁派取代本教等一系列措施，对嘉绒藏族地区进行了管理。

按照嘉绒藏族传统的划分，嘉绒地区共十八土司，其中讲嘉绒语的有十四土司。其领地以今天四川省阿坝州马尔康县梭磨乡马塘村为界，分为嘉绒本部和嘉绒冲部。嘉绒本部位于马塘以西，一直到大小金川，又分为三小部：（1）四土部——包括梭磨、卓克基、松岗、党坝四土司，均位于今阿坝藏族羌族自治州马尔康县境内；（2）大金部——包括绰斯甲、促寝、巴底、巴旺、丹东五土司，其中绰斯甲、促寝土司属地位于四川省阿坝州金川县境内，巴底、巴旺、丹东土司属地位于今甘孜州丹巴县境内；（3）小金部——包括攒拉、沃日、穆坪三土司地。其中攒拉、沃日土司属地位于阿坝州小金县境内，穆坪土司属地则位于今雅安市宝兴县、丹巴县和小金县。嘉绒冲部则指马塘以南，也分为三部：（1）来苏部——即原杂谷土司部，乾隆改土归流后，来苏部划入梭磨土司区，今属马尔康辖地；（2）杂谷部——即原杂谷土司部，乾隆改土归流后，建立了九子、上孟、下孟、甘堡和杂谷共五屯，今属理县；（3）瓦寺部——即瓦寺土司，今属汶川县。

在学术界，"戎"一直被认为是中国少数民族中一个重要的部分，历史上有东夷、西戎、南蛮、北狄之说。到20世纪三四十年代，在众多的西南少数民族研究者的著作中，"戎"与"嘉戎"都还是一个独立的族群③。1952年，

---

① 也称为"葛人"，主要指岷江上游实行石棺葬的族群，与同一区域内实行火葬的羌人有很大区别。在羌族的史诗《羌戈大战》中，他们被羌人打败后，被迫向海拔更高的地方迁徙。
② 石硕：《藏族族源与藏东古文明》，四川人民出版社，2001年2月，第193~209页。
③ 参见林耀华《川康北界的嘉绒土司》《川康嘉绒的家族与婚姻》，马长寿《嘉绒民族社会史》《缽教源流》以及庄学本《羌戎考察记》等。

在四川藏族自治区①成立时，根据嘉绒上层人士及民族代表的意见，嘉绒称为藏族，全称"嘉绒藏族"。对"嘉绒"这一族称的来源，有两种看法。第一种认为，"嘉戎民族称呼的来源，乃从藏语 Gia-rung 一词，直接译为汉音。按藏语 Gia 指汉族，rung 指溪谷，合称则谓近于汉族而住溪谷区域的民族。……此词实系根据地域观念而引申为民族团体的名称。"②马长寿更进一步指出，除由地理之名引申为民族之名外，"居于溪谷之民，大抵土质腴沃，水源昌盛，宜于稼穑，故嘉戎之民多业农"③。第二种认为，藏语中整个墨尔多神山周围地区都称为"嘉尔木·察瓦绒"，是指墨尔多神山周围的农区。"嘉尔木"就是墨尔多神山，"察瓦"指某一区域或居民区，"绒"指"低湿温暖的农区"④。二者的解释虽然略有不同，但都认为嘉绒是由地域名转为民族名的。

嘉绒藏族居住在大渡河和岷江流域，按照今天的行政区划，全部在四川省境内，主要聚居在阿坝州的金川、小金、马尔康、理县、黑水、汶川六县，甘孜藏族自治州的丹巴县，雅安市的宝兴县，甘孜州的康定县也有分布。据林耀华1945年对嘉绒地区调查的情况看，"嘉戎住处的范围较大，包括靖化、懋功全境、理县大部、汶川在岷江以西之地，以及康北丹巴、道孚、宝兴、金汤设治局等部分地。全部嘉戎人口，按作者考察估计，不过十五万人之谱"⑤。1950年以后，道孚和金汤设治局的嘉绒地区大部分并入康定县，其间人口的变化没有相关的统计。到2000年人口普查时，人口分布大致如下：金川县约4万人，小金县约3.9万人，马尔康县约4.2万人，理县约2.1万人，黑水县约3万人，汶川县约2.1万人，丹巴县约1万人，雅安市的宝兴县约5000人。共计约20.8万人⑥。

嘉绒藏族讲嘉绒语。语言学家认为，嘉绒语是汉藏语系藏缅语族中一种非常重要的语言，由于它是藏缅语族语言里唯一保留古老面貌特征最多的语言，

---

① 据《阿坝州志》记载，1952年12月，四川省藏族自治区首届人民代表会议召开，1953年1月1日成立。1955年11月19日，四川省藏族自治区更名为四川阿坝藏族自治州。1987年12月更名为阿坝藏族羌族自治州。阿坝藏族羌族自治州地方志编纂委员会编《阿坝州志》，民族出版社，第37~38、40、64页。
② 林耀华：《川康嘉绒的家族与婚姻》，见林耀华《民族学研究》，中国社会科学出版社，1985，第410页。
③ 马长寿：《嘉绒民族社会史》，载周伟洲编《马长寿民族学论集》，人民出版社，2003，第124页。
④ 雀丹：《嘉绒藏族史志》，民族出版社，1995，第50页。
⑤ 林耀华：《川康嘉绒的家族与婚姻》，见林耀华《民族学研究》，中国社会科学出版社，1985，第410页。
⑥ 此人口数为根据嘉绒藏族分布的乡镇人口数据进行的估算，并不准确。

因此也是一种有重要研究价值的语言①。国内外对嘉绒语的研究成果非常多。学者们一般认为：嘉绒语分为东部、西北部和西部三个方言区。东部方言以阿坝州马尔康话为代表，俗称"四土话"，它的通行面最广，硗碛的嘉绒藏族就使用这一方言。

作为嘉绒藏族的传统社区，硗碛对嘉绒传统文化保留得非常好。与它相比，位于大小金川和汶川理县的嘉绒藏族，受汉文化的渗透较多；位于传统四土地区，即今马尔康县的嘉绒藏族，则受藏传佛教的影响很深。而硗碛恰恰是汉藏两种文化交流的边缘地区，因而既能反映传统嘉绒藏族社会的特点，又能反映其作为汉藏交流边缘的特征。

家屋是嘉绒藏族社会的基本单元

要理解嘉绒藏族的社会结构，最重要的钥匙是理解家屋的名号——房名在嘉绒社会中的作用。林耀华认为"嘉绒家族为其社会组织的中心"，"戎人家族没有姓氏，但每家住屋必有专门名号。这名号的含义甚广，它代表家屋承继人的一切权利与义务，举凡住屋财产，屋外田园土地，粮税差役，家族世系，以及族内人员在社会上的地位等，莫不在住屋名号之下，而有传统的规定。质言之，屋名概括家族团体的物资方面与非物质方面的两重内涵"②。这个定义，是按照列维-斯特劳斯的"家屋社会"定义的，概括得非常准确。但他同时使用了"家族"这一概念，导致一些学者认为嘉绒藏族的房名就是汉族的姓氏，是嘉绒社会的家族传承的机制③，因此对嘉绒藏族房名的研究未进一步深入。

在实行份地制的藏族半农半牧区，房名广泛存在，但在不同的地区房名的含义是不同的。在西藏，贵族有房名，房名是一片封邑的权利和义务的象征，因此，不是通过继承关系取得房名的人，必须经过西藏地方噶厦政府的认可。例如，拥有阿沛这个房名的贵族，在政治斗争中失败被杀，其继承者由噶厦政府指定为在政治斗争中有功的人。除了贵族，获得份地并承担租税的差巴也有房名。在西藏不同的地区，这些差巴的称呼不同，例如，在日喀则位于中国和尼泊尔交界处的定日，这样的人称为"绒巴"，就是"支差交租"的佃农。他们在从政府或者其他地主那里承租来的土地上务农，"绒巴"有权"将自己承

---

① 参见林向荣《嘉绒语研究》，四川人民出版社，1993。
② 林耀华：《川康嘉绒的家族与婚姻》，见林耀华《民族学研究》，中国社会科学出版社，1985，第412页。
③ 赞拉·阿旺措成、夏瓦·同美：《嘉绒藏族的历史与文化》，四川民族出版社，2008。

租的土地传给自己的后代,有选举村长的权力,对村子内部的事务有发言权,他们也有从事贸易,扩充财产的机会"①。而在昌都左贡县军拥村,民主改革前有23户差巴家庭都有房名,"当时房名与社会和经济地位相关,特别是与社会地位相关,有高低之分,例如有什么事大家聚在一起时,会按照房名的高低排座位。现在房名已无高低的区分,但仍与名声相关"。改革开放后,一些原来没有房名的人家新起房名,"对这些新起的房名,很多群众都不承认,平时也不叫。"② 在西藏的调查显示,房名一般贵族和差巴才有,堆穷是没有的③,它成为藏族社会等级制度的一个标志。为了维持自己在这一等级制度下的位置,拥有房名的贵族和差巴都不轻易分家,这一家庭准则被戈尔斯坦称为"单一婚姻原则"和"单一婚姻主干家庭",即一代人只有一个家庭,而家庭的指称则是房名④。

根据嘉绒藏族形成的历史资料,明代土司制度确立时,嘉绒地区的房名就已经成为其社会组织的中心。在土司制度下,嘉绒藏族社会是一个严格的等级社会,社会上层是土司,他们占有所有的土地,实行严格的等级内婚制。社会下层的嘉绒民众领取份地耕种,承担差役,其份地和差役的权利义务均由继承房名的人承担。在传统的嘉绒藏族社会中,所有拥有一份份地的"绒巴"都有房名,没有土地打长工的人和必须租种别人土地的人,则都没有房名。一个房名的主人离开或者绝嗣后,土司可以指定别的绒巴顶替,也接受部分人通过购买土地顶替房名⑤。

在硗碛实行土司制度时,其房名的意义比家族要更加丰富。第一,房名是与份地制度相联系的,每一个房名都能得到一份份地,同时承担相应的差役。第二,由于各种原因一家人迁移或者绝嗣后,迁入该房屋居住的人同时就继承份地和差役,因此房名不变,而居住其中的主人不断在变。即使是搬迁而来,仅在原地基上修新房的人,仍然要使用原来的房名。房名不能反映其居住者之

---

① 巴伯若·尼姆里·阿吉兹:《藏边人家——关于三代定日人的真实记述》,翟胜德译,西藏人民出版社,2001,第71页。
② 张建世、土呷:《军拥村藏族农民家庭调查(上、下)》,《中国藏学》2005年第3、4期。
③ 根据对西藏封建农奴制度的研究,西藏的农奴按照其经济地位和社会地位不同,可分为差巴、堆穷和囊生三个等级。差巴有可以养活自己的份地,堆穷则没有足够的份地,囊生的地位接近家庭奴隶。
④ Goldstein Melvyn C. "Stratification, Polyandry, and Family Structure in Central Tibet", *Southwestern Journal of Anthropology*, 27 (1971): 64-74.
⑤ 参见陈永龄《四川理县藏族(嘉戎)土司制度下的社会》,见陈永龄《民族学浅论文集》,台北弘毅出版社,1995,第312~437页。

间的血缘联系。第三，一家之子，可能一个继承自己的房名，另一个迁入别家，继承他人的房名。因此，不同的房名之间往往有很近的血缘关系，是否通婚要视情况而定。第四，房名的继承，通常情况下由父系亲属继承，但如果父系亲属没有继承人，则可以由母系亲属继承，是一种两可的继承关系。因此，土司制度下嘉绒藏族的房名，既是一种家族结构，也是一种基于份地制的社会经济结构，是嘉绒藏族社会结构最重要的单元。正如费孝通在《云南三村》①、巴特在《斯瓦特巴坦人的政治过程》②中指出的一样，在传统农业社会中，土地所有权及其使用方式都是决定社会和经济结构的主导因素，嘉绒藏族的房名也不例外。

同样，房名还促进了嘉绒藏族社会的人口流动和社会流动。对西藏的研究认为③，通过份地制，农奴们就被固定在土地上，无法流动。事实上，由于房名制度的存在，流入的人口可以通过"顶房名"获得资源，因此，嘉绒藏族地区的人口流动是比较快的。虽然习惯上人们实行族内婚，但一直都有其他族群的人通过入赘、顶房名等方式融入嘉绒藏族社会。这实际上使嘉绒社会成为一个相对开放的社会。而许多人口众多的家庭，也通过让儿子顶房名来摆脱贫困。

由此可见，嘉绒藏族的房名是这一社会的基本单元，其地位与汉人社会的家④、日本社会的家元⑤具有同等重要的意义。

田野调查和研究框架

2005年，我在雅安市进行民族乡调查时，发现因为硗碛水库的修建，硗碛藏族乡面临场镇被淹没、部分居民移民的问题。考虑到这里历史上是嘉绒藏族穆坪土司辖地，20世纪50年代后未进行过民族调查，因此决定将这里作为田野点，进行调查。第一次田野工作开始于2005年9月，为期一个月。在此期间，我和我的三位同事带领四川大学的一位博士生、一位硕士生通过调查，掌握了硗碛乡的整体情况。此次调查结束后，硗碛乡成为我的跟踪调查点，2006年10月，我在这里又进行了一个月的田野调查。2007年开始博士阶段学

---

① 费孝通、张之毅：《云南三村》，社会科学文献出版社，2006。
② 弗雷德里克·巴特：《斯瓦特巴坦人的政治过程》，黄建生译，上海人民出版社，2005。
③ 多吉才旦主编《西藏封建农奴制社会形态》，中国藏学出版社，1996年5月，第77~78页。
④ 麻国庆：《家与中国社会结构》，文物出版社，1999。
⑤ 许烺光：《家元：日本的精髓》，于嘉云译，台北南天书局，2000年11月。

习后，我确定以嘉绒藏族为研究对象，并于2008年9~11月进行了开题前的田野调查，确定了以房名和嘉绒藏族社会结构为研究主题，2009年9月到10月进行了两个月的田野调查，2010年春节期间又进行了补充调查。本书的田野调查资料即来自这五年中的多次田野调查。在此期间，我还查阅了宝兴县档案馆和宝兴县县志办的所有资料，获得了当地1950年的户籍资料，在田野过程中进行了逐户核对。

图 0-1　田野点位置

在田野调查期间，我先后居住在泽根村泽根组和嘎日村冰丰组的农户家，主要对嘎日村冰丰组进行了逐户访谈。参与了当地一些重大的仪式活动，如春节、祭山会、永寿寺的活动、吃月母酒、房屋修建、房屋落成典礼、修建坟山、打斋等，但未能参加婚礼和葬礼。同时，访谈了一些嘎日村、泽根村、咎落村的老人及一些熟知当地历史和礼仪的报道者，访谈了熟悉手工艺的木匠、石匠、银匠和裁缝等，参加了硗碛乡的一些公共活动。因此对资料的分析主要基于访谈和观察的结果。

本书根据对四川省雅安市宝兴县硗碛藏族乡的田野调查资料，以房名的研究为切入点，对嘉绒藏族的社会结构进行讨论，以完成一篇有关嘉绒藏族社会结构的民族志，展现一个不同文化中的社会的特殊性。

本书首先希望能够清晰地描述嘉绒藏族社会最重要的社会单元——房名。为此，必须明确嘉绒藏族所居住的地理环境、嘉绒藏族形成的历史过程以及嘉绒藏族社会的基本面貌，理解土司制度和份地制度在嘉绒藏族社会的重要地位，从而为了解房名这一社会单元提供自然和社会背景知识。在这一背景下，本书从份地制度和房名之间的关系切入，依据20世纪初到2010年约100年间房名获得途径的变化情况，讨论在以山地农耕和高山放牧为生计的社会中，土地制度如何对房名获得起到决定性作用。本书进而讨论在已经获得房名的家庭中，房名如何继承，说明由于婚姻和居处的共同影响，嘉绒藏族社会所形成房名的继承原则。通过对房名与土地制度，房名与婚姻、家庭、居处间关系的讨论，说明房名所代表的是一个包含一座房屋、居住在房屋中的家人，以及所有的财产、土地、赋税、差役、声望等在内的物质和非物质结合的概念，与人类学使用的家屋（house）概念一致。因而嘉绒藏族社会呈现与列维-斯特劳斯所描述的"家屋社会"（house society）类似的特征。

在对房名进行了研究，并确定其具有"家屋社会"的特点后，本书希望通过对家屋内社会关系的研究，了解家屋对于嘉绒藏族社会的社会意义，从而解释人们为什么用家屋的名字作为社会单元的文化符号。本书通过对家屋与环境，家屋内的神、人、畜"三界"的空间安排，家庭生活的中心火塘边的空间及其社会意义的研究，帮助我们了解家屋内神圣和世俗的关系、代际关系、社会性别关系，以及这些关系通过什么途径超出家屋的范畴，并最终与嘉绒藏族社会的社会关系相对应。研究表明，家屋的名字不仅代表一个家屋物质和非物质的一切含义，而且反映嘉绒藏族社会的基本社会关系，因此被选择作为社会单元的文化符号。

最后，本书通过对宗教活动的考察，来探讨藏传佛教信仰和山神信仰怎样将家屋整合为村落和社区，并讨论当地社会结合的文化基础及社会结合的具体方式。同时本书通过对永寿寺和祭山会两个不同层次的宗教活动进行具体分析，说明在嘉绒藏族社会的社会结合中，宗教活动体现出其社会结合以地缘为主、以血缘为辅的特征。

本书共分七章。导论提出了本书的理论和视角。第二章是对语境的介绍，以便将对房名的研究放到历史上这一区域内族群、国家与社会的互动背景中进行观察。第三章和第四章是对房名制度本身的分析，重点在于通过土地制度、亲属关系、居住格局对房名的获得和继承的影响，说明房名本身的特征。第五章主要讨论人们为何选择家屋的名字作为其社会单元的文化符号，重点分析家屋中的社会关系，说明这一社会关系如何反映嘉绒藏族的社会结构。第六章和第七章主要分析嘉绒藏族的社会结合方式，说明形成社会结合的根基性观念还是地域性的山神信仰。

总之，本书希望通过对嘉绒藏族家屋这一基本社会单元的结构、功能、内部关系和外部功能的研究，揭示嘉绒家屋社会的特性。

第一章

硗碛的地理环境与历史面貌

藏彝走廊东缘紧邻成都平原，是走廊内部与成都平原发生文化接触较早、关系最为密切的区域。同时，走廊自身所具有的沟通南北文化往来的通道功能，更促进了其文化交流。故而在历史演进过程中，藏彝走廊东部边缘的文化呈现更加多元化的倾向。硗碛位于藏彝走廊东缘的中部，历史上的人群关系复杂，变动频繁。唐代以后，随着吐蕃势力进入，一些吐蕃移民徙入，并与当地土著居民融合，逐渐形成具有今天文化面貌的硗碛藏族。硗碛的统治者董卜韩胡宣慰司（穆坪土司）也在此过程中逐步形成，并最终于明代得到中央王朝的正式承认与册封，在清代成为中央王朝忠实的地方官员，硗碛民间的国家认同也由此形成。本章将以硗碛的地理位置和历史演变为中心，讨论其文化面貌形成的原因。

第一节 地理位置与建制沿革

一 宝兴县的地理位置与建制沿革

1. 地理位置

在中国，夹金山是大家耳熟能详的一座高山，因为它是红军在伟大的长征中翻越的第一座大雪山，作为红军爬雪山、过草地的代表性地标，夹金山在20世纪的中国历史上留下了不可磨灭的印记。但是，熟悉情况的人也知道，夹金山同时也是汉藏两大文化的交界点之一。

夹金山在清代文献中称"甲金达""甲金拉"或"甲金扎"，都是嘉绒语的汉译，"达、拉、扎"都是藏语土石山的意思；"夹金"是藏语"甲几"的译音，意为弯曲的道路。它属邛崃山脉南段支脉，位于四川省雅安市宝兴县与四川省阿坝藏族羌族自治州小金县、四川省甘孜藏族自治州康定县交界处，绵延宝兴县境,是一系列山岭的通称。从西南最为富庶的都市成都出发,公路仅约284公里就可以到达夹金山的南麓。雅安市宝兴县硗碛藏族乡就位于夹金山南麓的坡地上。翻越夹金山后,有两条道路通往西藏,一条是向西,经丹巴到川藏公路,通过四川甘孜州、西藏昌都、林芝,翻越米拉山口,就可以到拉萨。公路里程大约1900公里。另一条是北上,经小金、马尔康、红原、若尔盖到青藏公路,经那曲到拉萨,公路里程约3000公里。因此,硗碛是最靠近汉族地区的藏族聚居区,既是汉藏两个民族紧邻的区域,也是汉藏之间的边缘地区。

红军翻越的夹金山垭口,是宝兴县与小金县交界的一段,呈西偏南走向。由硗碛藏族乡经王母寨到小金县达维乡的道路,历来是从成都到大小金川的交通要道,无论是乾隆平定大小金川之役,还是1950年四川平定懋功(今小金)叛乱,这里都是最重要的运输道;2008年汶川大地震后,这里也成为通往灾区的唯一一条通道,被誉为"灾区的生命线"。而与康定交界的夹金山因海拔太高,道路险峻,很少有人经此与邻县交往。王母寨垭口是宝兴到小金途中翻越夹金山的最低点,海拔4114米,西侧山峰为4260米,东北侧山峰4514米,翻山后沿木城沟前行便到走小金县达维镇。山顶一年大部分时间积雪,尤其以春雪最大。过去大雪弥漫之时,为使路人不致迷路,在阴山道路边上设有高高矗立的"望杆",让人们能从被积雪填满的沟壑中寻找道路。1935年6月中旬,红军翻越夹金山时,就遭遇冰雹和大雪袭击,高高的"望杆"也几乎被掩埋。

宝兴县位于夹金山南坡,地势西北高、东南低,最高为陇东乡赶阳沟贵强湾与康定交界处的狮子山,海拔5328米;最低为灵关河谷,海拔750米,相对高差4578米。境内谷深坡峭,叠嶂重峦,地表起伏剧烈,山地面积占总面积的99.7%,是典型的山区县。山脉以南北走向为主,有海拔2000米以上山峰1311座。

宝兴县的河流主要是岷江支流青衣江上游的宝兴河,在县治所在穆坪镇的两河口以上称东河,发源于夹金山南坡的三道坪,在两河口与西河相汇,全长79.48公里,流域面积1396平方公里。西河是宝兴河最大的支流,发源于永富乡西北的灯笼沟,全长56.5公里,流域面积1350平方公里。东西两河于穆坪镇两河口相汇后称宝兴河,经灵关峡出县境与芦山河相汇,县境内全长104.38公里。宝兴河河谷深,落差大,支流短小众多,沿途纳入大小支流24条,水系多呈树枝状,径流丰富稳定。

宝兴县内山峰林立。除宝兴和小金相通的王母寨垭口所在的北部夹金山山岭外，还有西部与康定县交界的夹金山诸峰，东部从蜀西营南延至金台山，界于阿坝州汶川县和雅安市芦山县之间的邛崃山脉山峰。地貌以高山为主。全境褶皱密集，断裂发育，构造对地貌的影响十分显著。地貌中高山区30%，有海拔5000米以上极高山9座；低山区仅占4%，阶地平坝仅占1%。地势西北高、东南低，地表崎岖，常见相对高度1000米左右的"V"型深谷。地貌分区如下。

高山区，指海拔3500米以上的区域，主要分布于东经102°30′以西和北纬30°40′以北，以永富和硗碛两乡分布最广，在与康定县交界地带有点状分布的极高山。

中山区，指海拔1000米以上、3500米以下的区域，在高山区的东南面，占总面积的67%。

低山及河谷平坝区，海拔为750米至1000米，主要分布在东南角灵关地区，约占全县总面积的3%[①]。

2006年，宝兴县的蜂桶寨大熊猫自然保护区作为大熊猫栖息地，被列入联合国世界自然遗产保护名录。

2. 建置沿革和行政区划

宝兴古为青衣人居地。汉代为青衣县辖地，顺帝阳嘉二年（133）改青衣为汉嘉，境内为青衣夷长所辖。唐武德元年（618），改临邛郡为雅州，领县中有灵关县，是境内建县之始。天宝元年（742），改灵关县为灵关镇，隶属雅州卢山郡，灵关镇北部为部族羁縻州。元代，部族酋长勒杂纳金川贡请董卜韩胡宣慰使司印归，取六村抚而有之。境内为土司领地。明朝沿袭元制，设置董卜韩胡宣慰司。清康熙元年（1662），设四川穆坪董卜韩胡宣慰使司，简称穆坪土司，土司衙署设穆坪。雍正七年（1729），天全改流设州，穆坪属天全州。乾隆三十年（1765），颁给号纸，住牧穆坪，辖境东七百余里至卧龙，与今阿坝州汶川县境内的瓦寺土司界相交，西六百余里至色勒库谷，与今康定县境内的冷边土司界相交，北六百余里，与今小金县境内的沃日土司界相交。

穆坪宣慰使司下设六房三班，六房分别是：吏房、户房、礼房、兵房、刑房、工房；三班分别是：快班、壮班、皂班。土司独揽全区政事，对中央王朝而言，是地方政权的一级官吏，又是世袭的封建领主。

[①] 以上参见四川省宝兴县地方志编纂委员会编《宝兴县志》，方志出版社，2000，第49~52页。

光绪三十一年（1905），"严饬十八土司改土归流"，穆坪地处偏僻，未没收印信号纸，仍沿用穆坪宣慰使制度，直隶于四川成都将军府，统辖于北京理藩院。

民国三年（1914），改天全州为县，穆坪属天全县第六区。

民国十七年（1928），穆坪土司绝嗣。改土归流筹备设县期间，穆坪土司辖地设五个区：第一区（穆坪、盐井），第二区（硗碛），第三区（羊村，今五龙），第四区（陇东、赶羊），第五区（鱼通，今属康定）。区设正、副区团总各1人，下设团、保，称团保制度。

民国十八年（1929）十二月十八日设置宝兴县。因县境宝藏甚多，取"宝藏兴焉"之义。全县划为8个乡：黄公乡（今穆坪镇）、贡石乡（今民治）、盐井乡、自公乡（今硗碛）、五龙乡、陇东乡、阳溪乡（今赶羊沟）、明礼乡。乡设团总。村设团正，以调解民间纠纷，维持地方治安。

1935年11月，中国工农红军第四方面军攻占宝兴，成立了宝兴县苏维埃政府，受县委和四川省苏维埃政府领导，机关设县城关帝庙内（今县民政局）。县苏维埃内设指挥部、财政委员会、经济委员会、保卫局、交通局、革命法庭、土地委员会、劳工委员会、粮食委员会、内务委员会、文化教育委员会、工农监察委员会等机构。县苏维埃下辖灵关、陇东、硗碛、大池沟4个区苏维埃，陇东、明礼、五龙、硗碛、盐井、灵关、城北、城南8个乡苏维埃，44个村苏维埃。各级苏维埃政府设主席、副主席和委员。1936年2月，红军北上，撤离宝兴，苏维埃政权结束[①]。

民国二十五年（1936）七月，对基层实行行政改组，分设区署，全县划为三个区：第一区署设县城中街，辖南城、北城、五龙三个联保；第二区署设硗碛街上，辖硗碛、盐井、大池沟三个联保；第三区署设陇东场上，辖陇东、赶羊、明礼三个联保。区署设区长1人，指导员、事务员若干人。联保设办公处，设联保主任和文书各1人。全县设32保、128甲。

民国二十八年（1939），西康建省，宝兴属西康省第二行政督察区。

民国三十年（1941），联保更名为南城镇、北城镇、五龙镇、陇东镇、硗碛镇、盐井镇、明礼乡，联保主任更名为乡、镇长。后只保留南城镇和北城镇，其他镇全部改乡。

1950年5月15日，宝兴解放。1951年，第二行政督察区改称雅安专署，宝兴属雅安专署。

---

① 四川省宝兴县地方志编纂委员会编《宝兴县志》，方志出版社，2000，第36~37页。

1952年撤销川东、川西、川南、川北行署区,恢复四川省建制。1955年,撤销西康省,划归四川省,宝兴属四川省雅安专署。1981年,雅安专署改称雅安地区,宝兴属雅安地区。2000年,雅安撤地设市,宝兴隶属雅安市。

2000年,宝兴县辖3个镇、7个乡、1个民族乡,分别为穆坪镇、灵关镇、陇东镇、大溪乡、中坝乡、五龙乡、明礼乡、永富乡、民治乡、盐井乡、硗碛藏族乡。

2005年7月12日,由于硗碛水库蓄水,位于水库库区的硗碛藏族乡人民政府驻地由碛丰一、二组迁至咎落村朝霞组。

2006年7月31日,宝兴县乡镇行政区划建制由原来的3个镇、7个乡、1个民族乡调整为3个镇、5个乡、1个民族乡,即:第一,撤销民治、中坝2个乡;第二,扩大2个乡镇的行政区域,将原民治乡所属行政区域并入盐井乡,乡人民政府驻盐井坪村,将原中坝乡所属行政区域并入灵关镇,镇人民政府驻钟灵村;第三,盐井乡更名为蜂桶寨乡[①]。其行政区划如图1-1所示。

图 1-1 宝兴县行政区划

---

① 四川省人民政府:《关于同意宝兴县乡镇行政区划调整的批复》,川府民政〔2006〕43号。宝兴县人民政府提供。

3. 人口

宝兴在 1928 年前属穆坪土司管辖，境内的人口没有详细的统计，只有粗略的户数统计。据《宝兴县志》记载，穆坪土司在清康熙十九年（1680）辖 2000 余户[①]。从康熙三十九年（1700）至雍正十三年（1735）的 35 年间，穆坪土司为朝廷出兵，平均两年一次，共出兵 10650 人次。乾隆四十二年（1777），穆坪所辖汉牛[②]改为屯，穆坪人户骤减至 750 户。乾隆后期，外来人口增多，人口有所回升。1928 年"改土归流"时，穆坪人口已发展到 21213 人。民国十八年（1929），穆坪改设宝兴县，鱼通[③]划入金汤设治局，宝兴县总人口为 16561 人[④]。根据民国二十一年（1932）十月的一个户口概数表，全县总人口 18909 人，其中三区（硗碛）2382 人，藏民 2168 人，其余各区都有藏人血统，均已汉化。汉人来自省内天全、芦山、邛州、乐至、遂宁、南充等县；省外旅居穆坪的有秦、楚、吴、蜀、闽各路客商[⑤]。

根据第五次人口普查数据，全县总人口 56137 人，其中各乡镇人口为：穆坪镇 11221 人，灵关镇 10218 人，陇东镇 5615 人，民治乡 1915 人，盐井乡 3251 人，硗碛藏族乡 5126 人，永富乡 1906 人，明礼乡 1589 人，五龙乡 5971 人，中坝乡 5943 人，大溪乡 3382 人[⑥]。全县藏族人口 5000 余人，主要分布在硗碛藏族乡和县城所在地穆坪镇。

二 硗碛藏族乡的地理环境

岷江二级支流青衣江的上游，在雅安市宝兴县境内分作东河、西河两条支流，如同分叉的树枝，自北向南纵贯宝兴全境。硗碛藏族乡就位于东河流域最顶端、邛崃山脉支脉夹金山的南麓，是宝兴县唯一的民族乡，总面积 888.89 平方公里，距宝兴县穆坪镇 54 公里，距成都 284 公里。

[①] 当时穆坪土司辖地较大，除今宝兴县全境，还包括今小金县汗牛、康定县鱼通等地。
[②] 今属阿坝州小金县汉牛乡，总面积 810 平方公里，东与宝兴交界，西、南两面与甘孜州的丹巴、康定两县交界。隔蛇皮梁子、大哇梁子和枷但湾梁子与小金县美沃乡相邻。原为穆坪土司辖地，清平定金川后设置汉牛屯，为土屯，委任土守备，赐金姓，子孙世袭。至今从小金县到汉牛仍然道路险峻，遇雨雪天气，就必须绕道丹巴。嘎日村有许多亲戚都住在枷但湾，从宝兴到枷但湾走丹巴，比从小金去更方便，因此亲戚间走动非常频繁。
[③] 今属甘孜州康定县，为鱼通区。据 1935 年任乃强先生在《康藏鸟瞰》一文中的估算，其面积 1410 平方公里，人口 2678 人。载于《任乃强藏学文集》，中国藏学出版社，2009 年 8 月，第 444 页。
[④] 四川省宝兴县地方志编纂委员会编《宝兴县志》，方志出版社，2000，第 91 页。
[⑤] 四川省宝兴县地方志编纂委员会编《宝兴县志》，方志出版社，2000，第 104 页。
[⑥] 第五次人口普查数据，由宝兴县人民政府提供。

硗碛地处北纬 30°35′~30°37′、东经 102°28′~102°54′，属青藏高原与四川盆地之间的过渡地带，位于横断山脉的东部；地貌以中、高山为主，平均海拔 3000 米，海拔最高点 4880 米、最低点 1800 米。硗碛乡人民政府驻地原来位于省道 S210 线一侧，海拔 2060 米。2006 年 7 月后，因硗碛水库淹没，搬迁到泥巴沟咎落村朝霞组，海拔为 2400 米。硗碛四周雪山环绕，海拔均在 4000 米以上，东部为南北走向的邛崃山脉，西北部是邛崃山脉分支夹金山岭，西南则是鸡心梁子山岭，天然的地理屏障限制了硗碛与周边地区的交通往来，形成相对封闭的自然环境。硗碛的地理环境和行政区划如图 1-2 所示。

图 1-2 硗碛藏族乡行政区划

硗碛与邻县大多以山脉为界，北隔夹金山与小金县达维、日隆等地接壤，东北以蜀西营、二十四函与汶川县、芦山县为邻，巴朗山成为天然阻隔，西隔城墙岩、环山梁子与本县永富乡毗连，东南与蜂桶寨乡的屏障是白玉沟。境内山脉主要有松朗山（巴拉四神山）、嘎日中梁子、夹金山、蚂蟥中梁子、长海子山、老草坡等。

沟壑纵横是硗碛的自然地理特征。青衣江源头蚂蝗沟，发源于夹金山与巴朗山交汇处蜀西营南坡，最上游称三道坪沟，会合银台子沟、中梁子沟后称蚂蝗沟，南流汇合嘎日沟、泥巴沟、柳落沟于硗碛冲积平坝处，至此方称东河。从蚂蝗沟到东河，纵贯硗碛南北，沿途汇入的主要溪流还有新寨子沟、头道桥沟等。这些沟壑犹如枝蔓，铺展于硗碛山脉夹缝间，形成"两山夹一水，两水夹一山"的自然地理环境。诸沟汇集的硗碛冲积平坝成为整个硗碛地区的中心所在，蚂蝗沟、嘎日沟、泥巴沟、柳落沟四条沟自此中心向四方延伸，人群聚落，道路也随之向四方辐射。2006年底，位于硗碛冲积平坝的硗碛水库蓄水后，成为一个大的人工湖泊，被人们称为"五仙海"。藏族村落聚落大多就是沿沟壑及河流散布于沿岸的缓坡上的。

硗碛地处高寒，年平均气温仅为8.9℃，昼夜温差大，相差10℃以上。由于海拔较高，全年无霜期仅180天，5~9月为春、夏、秋三季，其余时段为冬季。年均降水量仅776.9毫米，年日照时数1500小时。就自然气候而言，并不适合农业发展，却利于林业发展。新中国成立初期，硗碛森林茂密，植被完好，以针叶林、灌木林、阔叶林为主，珍稀树种有云豆杉、红木等。据说有的树木直径可达到4~5米。林间盛产药材，以羌活、木香、大黄、天麻为大宗。从1953年开始，隶属于四川林业厅的宝兴森工局在硗碛地区大规模采伐林木。1968年森工局撤并入甘孜州色达县翁达森工局，后归入白玉森工局，仅留下宝兴育林处，负责人工造林。20世纪70年代该处与其他森工局合并，组成夹金山林业局，继续采伐林木，边采伐边进行迹地恢复，直到1998年国家在长江上游实行天然林禁伐的政策为止，现在大部分森林资源为人工林。林中动物种类较多，有金钱豹、华南虎、豺、狼、狐狸、熊（分棕熊、马熊、狗熊等）、大熊猫、小熊猫、猴（包括金丝猴、黑猴、山猴）、大羚羊、牛角羚、苏门羚等300多种。近数十年来当地生态环境遭到破坏，虎、豹、梅花鹿、马鹿等已绝迹。

近年来，国家对生态环境保护日益重视，当地相关部门制定了一系列森林管护措施。主要的思路是集体林社区管理，国有林由夹金山林业局管护。宝兴县林业局一般委托村民负责森林的管护工作，职责包括防止盗伐、滥伐和偷拉、盗运木材；防止毁林开荒、乱占林地；加强退耕还林的管理，防止复耕；注意森林防火和病虫害防治；保护珍稀野生动物、植物；防止牲畜践踏幼苗；禁止捕猎等。管护形式有封山设卡，定期巡护（做记录），24小时值班等。由于社区认识到森林资源对于硗碛的重要性，加之责任较为明确，整个森林管理难度不大。

三 硗碛的建置沿革和聚落

硗碛，嘉绒语称"遥济"或"夷基"，汉语四川方言谐音为"硗碛"（yaoji）。[①] 穆坪土司统治时期，分为五寨，即档巴寨、硗碛寨、登达寨、直扎寨、札角坝寨[②]。上述五寨究竟位于何处很难确认，但当地老人讲，用嘉绒语区别就很容易，硗碛五寨分别称为嘎依、车根觉、柳落、阿里嘎依和登达五个寨子[③]，分别与今天的嘎日村（嘎依、阿里嘎依）、泽根村（车根克）、咎落村和勒乐村（柳落）、夹拉村（灯光，即登达）对应。

在汉代，该地是汉人活动的边缘地区，先后隶属于沈犁郡、蜀郡西部都尉、汉嘉郡等。自晋代开始，长期游离于中央王朝统治力量之外，没有中原王朝郡县设置。唐代在该地设立雅州，属羁縻州。宋代属西山野川路诸部之地，仍然由雅州领有。元代董卜韩胡力量兴起，明清至民国初年长期为董卜韩胡宣慰使司穆坪土司辖地。清代，该地北与瓦寺、沃日、金川土司接壤，南与汉区相邻。1928年改土归流，1929年设自公乡。1935年红军长征途中经过该地，建立了硗碛区苏维埃政权。1936年，推行联保制，全县分为3个区，硗碛隶属第二区，区署设于硗碛。1939年西康建省，撤销区署，但硗碛仍保留区级建制。1941年，改行乡镇制，设硗碛乡。1950年，新中国成立后，宝兴县分作5个区，硗碛隶属于第二区。1952年改建为硗碛藏族人民自治乡。1958年建立硗碛藏族人民公社。1966年更名长征公社。1984年，改称为硗碛藏族乡。全乡辖夹拉、咎落、嘎日、泽根4个行政村，15个村民小组，分布在夹金山南麓蚂蝗、泥巴、嘎日、柳落四条主沟和东河上游两岸。2006年硗碛水电站建成后，一部分移民搬迁，为此，硗碛对行政村进行了一些小调整，现在共5个行政村、17个村民小组。2009年底的人口数如表1-1所示。

[①] 曹宏主编《雅安少数民族》，雅安市政协学习文史联络委、雅安市民族宗教事务局编印，2001，第153页。"硗碛"的含义说法不一：一说为"高峰""高地"之意，见硗碛藏族乡政府提供《"穆坪""硗碛"及其一些山水在藏文中的含义》；二说为"四方珠宝汇聚、拥集之地"（为硗碛永寿寺杨志全喇嘛介绍）。
[②] 四川省宝兴县地方志编纂委员会编《宝兴县志》，方志出版社，2000，第37页。
[③] 此处硗碛五寨名称为硗碛乡泽根村泽根组王开廷提供。

表 1-1　硗碛乡 2009 年底行政建制和人口数

行政村	村民小组	总人口（人）	藏族人口（人）
夹拉村	青龙	1369	1359
	和平		
	张嘎		
	灯光		
	硗丰		
泽根村	拉日	872	872
	泽根		
	夹金		
嘎日村	嘎日	1055	1055
	丰收		
	冰丰		
勒乐村	朵果	1411	1352
	夹果		
	旦扎		
咎落村	硗丰一组	615	592
	硗丰二组		
	朝霞		
合计		5322	5230

资料来源：根据硗碛乡 2009 年农村经济报表整理。

硗碛的行政村落名称，有的可以解释，如"泽根"在嘉绒语中意为"白水湾"，是根据泽根村所在地的河流水流湍急、瀑布较多、激起水花、色白而命名；咎落在嘉绒语中意为"交易场"，因为该村位于冲积平坝中心，有市场进行交易；灯光，又称登达，藏文意为"下村"，可能是据其位置处于东河下游而定名的。有的则无法解释。

硗碛藏、汉杂居，以藏族为主。在 1954 年第一次人口普查之前，没有准确的人口数据。据 1933 年调查，硗碛三区 390 户，2382 人，其中藏族占

90%以上。① 1937年，宝兴县调查少数民族人口，硗碛302户、1325人。② 新中国成立后，1954年第一次人口普查，硗碛有548户、2665人。到1982年，有5556人。1985年，有885户、4413人。2000年第五次人口普查时，有5126人。2004年底人口调查统计，有1351户、5192人，其中藏族人口4423人，约占总人口数的85.2%。汉族主要集中居住在硗碛乡政府所在的冲积平坝上，藏族则散布于沿河的缓坡上。

2006年12月硗碛电站蓄水，原来居住在冲积平坝上的汉族在得到搬迁赔偿后，一部分搬迁到宝兴县城，乡内的汉族人口减少，到2009年底，全乡有总人口5322人，藏族人口占95%。

四　连接汉藏的通道

过去，自宝兴通往硗碛的道路沿东河逆流而上，崎岖难行，陡峻悬绝，需借助蜂桶寨乡一带的长、短偏桥过河，因此，硗碛藏区有的人一生未去过宝兴县城。特别是在20世纪三四十年代，道路险峻，加上土匪横行，许多人没有离开过硗碛。南到锅巴岩、北到夹金山山口的界限，是大部分人都不敢逾越的。2009年已经87岁的杨明清老人讲，到1950年时，他还从来没有下过锅巴岩，解放了，才因为生病到成都治疗，那是第一次离开硗碛。但是，这条险峻的道路，在历史上却曾经是非常有名的通道，对于连接藏汉起着重要作用。

1. 道路

（1）灵关道

据历史学家研究，灵关道是我国西南最早通往东南亚、南亚的道路之一，是西南丝绸之路重要的道路。清代称为夹金山小路，即从雅安出芦山，经灵关、穆坪、硗碛、杂谷巴关（即杂谷坝），越王母寨（夹金山顶隘口）至小金，为宝兴南北方向的主干线。

（2）贡道

明代的朝贡体系，保持了土司统治区和中原王朝的密切联系，这一时期，董卜韩胡宣慰使司有三条贡道，一由杂谷坝出保县（今四川省阿坝州理县），二由清溪口出崇庆州（今成都崇州市），三由灵关出雅州。其中经杂谷坝出保县的贡道必须经过硗碛，这条道路为穆坪土司到成都最近的一条贡道。

---

① 周宝韩：《宝兴考察记》，《宝兴文史资料》，第3辑，1992，第56页。
② 杨世楂：《宝兴县从改土建县到和平解放大事记：1928年6月—1950年5月》，《宝兴文史资料》，第3辑，1992，第30页。

（3）支道

从宝兴穆坪出发，沿东河硗碛入柳落沟源头，翻巴朗山，顺野牛沟直下至邓池沟、汶川卧龙，北至汶川，南下灌县（今都江堰市），这是灵关道在宝兴的主要支线。由蜂桶寨乡邓池沟翻越瓮顶山，过大川，至成都市所属的大邑、邛崃，是川西地区物资过山的捷径，民国时期为鸦片烟贩运的主要通道，从宝兴出发，八天即可达邛崃。

（4）宝硗公路

从县城所在的穆坪开始，沿东河至硗碛藏族乡，全长54公里，途经兴隆、民治、蜂桶寨3个乡。1976年1月开始修建，1979年2月竣工通车。硗碛的许多人都记得这条道路修建的情况。特别是冰丰的森提家，他们家的男子大多在宝硗公路工地工作过，一次工地出现哑炮事件，在排险时，森提家的叔侄二人同时遇难。1979年宝硗公路（宝兴至硗碛）通车，大大改善了交通状况。省道S210线自宝兴经硗碛至小金，在"5·12"汶川大地震中发挥了"灾区生命线"的作用，2009年，交通部立项开始对这条道路改建。全路段拓宽至四车道，低海拔地段路面铺设沥青，高海拔地段路面铺设为水泥路。到2009年底，宝硗公路全部改造完毕，S210道宝兴境内只剩下夹金山上的盘山道路尚未完工。

（5）村组公路

硗碛乡境内地势险峻，道路崎岖。2009年底，所有的村组都已经通路，正在进行路面硬化。但由于地质结构复杂，时常出现塌方现象，有的通村组公路时断时续。同时，硗碛藏族居住分散，许多散居农户仍依赖山间小道保持与外界的联系。

2. 桥梁

（1）偏桥

即古栈道，建于道路经过的悬崖峭壁间。一般是在距离水面3至3.5米的岩壁上，按1米左右的横距，人工凿成40至48厘米见方的方孔，孔深10厘米，孔内插入长1.2~1.5米的坚硬粗木柱，柱上平置木条为梁，再横铺木板作为桥面，一般宽约90厘米，用藤条缚牢即成。在硗碛嘎日沟"一线天"尚保存一段古代的偏桥栈道。

（2）横河桥

硗碛境内的四条沟内，深谷高峡，溪流不宽，因而乡间使用的桥梁构造较为简单。一般是砍伐当地所产树木，数根并排横放于溪面上，在两端用大石块压牢，再用横木加以捆绑，固定好后，撒上少量土即可，民间称为横河桥，史书称为交桥。

（3）现代桥梁

硗碛乡场口、和平沟、灯光队曾建有铁索桥。今硗碛乡场口铁索桥已为20世纪90年代修建的钢筋混凝土桥梁——夹金大桥取代①。进入21世纪后，大量的钢筋混凝土桥梁修成，2009年，仅在五仙海环湖公路上，就有四座大的桥梁。

3. 运输

由于道路险峻，宝兴通过硗碛到小金、丹巴、康定的道路运输都是人力背运。运输工具是竹木结构的背夹子、一根丁型木制打拐棍、一个棕垫背。也有使用口大底小的竹篾背篓。每人背运量最多可以达到100公斤，一般人只能背75公斤，最少也要背60公斤，妇女和儿童也一样背运。长途运输一般是集体结队而行，日行15到20公里，每走数十步或者百步，就需要就地打拐歇息。在背夹子下垫上打拐棍，人的双脚与拐棍成鼎足三分之势，以平衡重心。就是用这种方式，在乾隆平定大小金川战役的过程中，大量的物资都是经硗碛运输的。1951年懋功（今小金）发生叛乱，硗碛人又是以这样的方式，背负大量粮食、弹药，支援前线。仅1951年，就运输了20万斤粮食到小金前线②。

自1955年起，随着小道拓宽，马驮、架车逐渐取代了人力背运。但硗碛乡间小道还是依靠背运。1979年宝硗公路通车，硗碛的运输得以改善。现在，在硗碛乡内，普通农户出行以摩托车为主，乡有通往穆坪镇的公共汽车，可以到穆坪换乘通往各乡各县的公共汽车。

第二节　汉藏边缘与硗碛文化的双重性

一　汉之边缘与唐之前的双重文明面貌

1. 唐代之前硗碛的文化双重性

据1976年到2004年的考古资料，早在商周时期，今硗碛地区就有人类活

---

① 四川省宝兴县地方志编纂委员会编《宝兴县志·交通邮电·桥梁》，方志出版社，2000，第281页。
② 《宝兴县第二区硗碛乡一年来的工作总结》，1951年1月12日，存宝兴县档案馆，2-1-26卷，第106~119页。

033

动的痕迹①。到汉代，出现了雅尔撒等人群聚落。雅尔撒遗址文化层位于硗碛乡泽根村泽根组的雅尔撒台地上，面积约1万平方米，文化层厚达4米，以两汉时期文化遗存为主体，共发现房屋基址12座，窖址1座，大石道路遗迹1处，灰坑4个及土坑墓2座②。雅尔撒遗址"以两汉时期文化遗存为主"，出土了盛行于西汉晚期的"剪轮五铢"，货泉为"新莽钱"，东汉早期的"摇钱树"、西汉早期的"蟠纹镜"，其中存在大量的汉文化因素。"遗址汉代遗存的年代范围应在西汉初年至东汉早期之间。"③ 同时，还发现不少砖石墓与崖墓④，其文化发展水平与汉文化因素的丰富程度表明，与汉代《后汉书·莋都夷》"至天汉四年，并蜀为西部，置两都尉，一居旄牛，主徼外夷，一居青衣，主汉人"的记载相符，表明这一时期汉人在青衣江上游也有一定的规模。而墓葬的多样性也说明，汉代涌入硗碛地区的汉人，既有普通百姓，也有社会地位较高的显贵，硗碛似乎成为此时汉人在边区的聚居地之一。

不过，硗碛地区的考古遗存在反映汉文化的同时，还明显具有土著文化的因素。雅尔撒遗址汉代遗存中的陶器明显可以分为红褐陶系和灰陶系两大类，灰陶系陶器均为典型的汉代汉文化陶器，可称为"汉系"陶器；红褐陶系陶器则与自新石器时代至春秋战国时期的川西高原考古学文化中常见的陶器群属于同一大系……表现出浓郁的地方文化特征，可称为"土著系"⑤。更为重要的是，"雅尔撒遗址自一期后段开始出现汉系陶器，后逐渐增多，但时值东汉早期仍远未占据主导地位"，"雅尔撒遗址土著系陶器至两汉时期仍然保留着许多新石器时代至商周时期的陶器特征……如不是有一群汉系陶器以及半两、五铢、货泉等典型汉代遗物与之共出，很难单独将这群土著系陶器与汉代这个时间概念联系起来"⑥。综上所述，相对于青衣江上游其他地区，硗碛考古遗存的汉文化程度更高，尽管其"土著系"文化因素明显，但至今还未发

---

① 雅安市文管会编《宝兴嘎日工喀遗址》，《雅安地区文物志》，巴蜀书社，1992，第28~30页。
② 四川省文物考古研究所、雅安市文物管理所、宝兴县文物管理所：《四川宝兴硗碛水电站淹没区考古发掘报告》，《四川文物》2004年增刊，第37页。
③ 四川省文物考古研究所、雅安市文物管理所、宝兴县文物管理所：《四川宝兴硗碛水电站淹没区考古发掘报告》，《四川文物》2004年增刊，第37页。
④ 宝兴县文化馆：《夹金山北麓发现汉墓》，《文物》1976年第4期；四川省文物考古研究所、雅安市文管所：《宝兴硗碛水库淹没区文物调查报告》，《四川文物》2003年第5期。
⑤ 四川省文物考古研究所、雅安市文物管理所、宝兴县文物管理所：《四川宝兴硗碛水电站淹没区考古发掘报告》，《四川文物》2004年增刊，第55页。
⑥ 四川省文物考古研究所、雅安市文物管理所、宝兴县文物管理所：《四川宝兴硗碛水电站淹没区考古发掘报告》，《四川文物》2004年增刊，第55页。

现代表这一区域文化特点的石棺葬等典型考古遗存。同时，雅尔撒遗址发掘的汉代民居中，"12座房屋基址中就有9座为石结构建筑，平面均为长方形和正方形，其中F3保存有完整单个房间，东北角朝北开有一宽度仅为50厘米的缺口，显然系牲畜房的门道"。① 这一房屋结构，与今天硗碛的房屋下层为牲畜圈，在东北角开牲畜道的结构完全一致。

上述事实说明，在汉代，硗碛已经有大量汉文化因素进入，成为与汉相邻的边缘地区。这与文献资料的记载可以相互印证。

《水经注·青衣水》认为，"安帝延光元年，置蜀郡，属国都尉，青衣王子心慕汉制，上求内附。顺帝阳嘉二年，改曰汉嘉，嘉得此良臣也"。关于汉代青衣江上游的土著居民，学术界一般认为是青衣羌②。蒙默先生据文献记载，指出汉代青衣江上游，特别是宝兴县灵关镇以北，还活跃着被称为"夷"系民族支属的青衣道夷，③ 而罗二虎则认为，汉代宝兴地区有徙人的活动，青衣江上游的石棺葬文化是"昆叟"属徙人的遗存。④ 任乃强认为硗碛保存了古代氐人的遗俗，硗碛藏族为氐人后裔。⑤ 因而，汉代青衣江上游的人群状况远较我们想象的要复杂得多，尚值得进一步探讨。

汉人在硗碛地区的活动，一直延续到三国时代。西晋末年李氏乱蜀，獠人北徙，"攻破郡国，为益州大患"，其分布范围较广，"自汉中达于邛、笮，川洞之间，所在皆有"。⑥ 这次动乱后，汉人丧失对硗碛地区的控制，因此，当地考古遗存中不见三国以后的遗物。与此同时，关于獠人在灵关的活动，记载却不少。《元和郡县图志·剑南道中》载："灵关道在县西北六十里，车灵山在下。山有峡口似门，阔三丈，长二百步。关外即夷獠界。"⑦ 《通典》卷一七六载：雅州"卢山，有灵山关，关外即夷獠界"。⑧ 《旧唐书·地理》记载：

---

① 四川省文物考古研究所、雅安市文物管理所、宝兴县文物管理所：《四川宝兴硗碛水电站淹没区考古发掘报告》，《四川文物》2004年增刊，第55页。
② 冉光荣、李绍明、周锡银：《羌族史》，四川民族出版社，1985，第100~101页。
③ 《后汉书·莋都夷》载：东汉安帝永初"二年，青衣道夷邑长令田，与徼外三种夷三十一万口，斋黄金、旄牛毦，举土内属"。蒙默认为青衣江上游发现的石棺葬与土坑墓是青衣道夷的遗存。见蒙默《试论汉代西南民族中的"夷"与"羌"》，《历史研究》1985年第1期。
④ 罗二虎：《试论青衣江上游的石棺葬文化》，《四川大学学报》1999年第3期。
⑤ 任乃强：《四川第十六区民族分布》，《康藏研究》第24期，1949；见《任乃强民族研究文集》，民族出版社，1990，第294页。
⑥ 《北史》卷九十五《獠》。
⑦ （唐）李吉甫：《元和郡县图志》，中华书局，1983，第805页。
⑧ （唐）杜佑：《通典》，中华书局，1988，第4630页。

"卢山,在县西北六十里章卢山下,有山硖,口开三丈,长二百步,俗呼为卢关。关外即生獠也。"灵山关、卢关均指灵关。由此可见,晋代以后獠人的确曾在青衣江上游活动,很可能北达硗碛地区。

獠人北徙进入青衣江上游的同时,羌人仍是当地主要的土著人群之一。《隋书》卷六十《崔仲方》记载:"时诸羌犹未宾附,诏令仲方击之,与贼三十余战,紫祖、四邻、望方、涉题、千碉、小铁围山、白男王、弱水等诸部悉平。"此类羌人小部落,居处"深山穷谷,无大君长。其风俗略同于党项"。① 更为重要的是,《读史方舆纪要》卷七十四《四川九》载:"志云:西北生番有孟、董二姓,十八寨,名董卜韩胡。唐时哥邻君董卧庭求内附,处其众于维、霸等州,居小铁围山……"② 首次出现董卜韩胡的记载,其居住范围小铁围山的地理位置也大致在今之宝兴,应当也包括硗碛在内,为羌人之一部。③

历史资料和考古资料显示,到汉代,硗碛已经与汉文化有了非常密切的接触,尽管中原王朝在当地的影响时大时小,当地的人群迁徙频繁,人群面貌也非常复杂,众说纷纭。但是,自汉以后到唐,硗碛已经变成了汉之边缘,汉文化与土著文化并存的状况是一直延续的。

二 乌斯藏琼部的进入和藏之边缘的形成

1. 吐蕃军事征服和噶马洛的形成

进入唐后,据《旧唐书》卷四十一《地理四》记载道:"雅州,都督一十九州,并生羌、生獠羁縻州,无州县。"可见唐代雅州的羁縻州是针对生羌、生獠而设置的,当地的人群构成主要是羌与獠。唐在雅州徼外实行羁縻统治,其中可能包括在青衣江上游羌、獠居住区域内设立的羁縻州。④ 唐代雅州羁縻州中有东、西嘉梁州。"嘉梁",学者们认为即阿坝藏族羌族自治州的四土和宝兴县的嘉绒藏族。⑤ 吐蕃势力进入对包括硗碛在内的青衣江上游人群面貌冲

---

① 《隋书》卷八十三《西域传·附国》。
② (明)顾祖禹撰,贺次君、施和金点校:《读史方舆纪要》,中华书局,2005,第3477页。
③ 李绍明:《唐代西山诸羌考略》,《四川大学学报》1980年第1期。景泰三年(1452),明廷宣敕董卜韩胡宣慰使克罗俄监粲云:"尔自我祖宗以来,世守西番,职贡不缺,称为忠孝土官,又称为迤西第一座铁围山。"可见,董卜韩胡地确有"铁围山"之称。见西藏研究编辑部编辑《明实录藏族史料》,西藏人民出版社,1982,第547页。
④ 郭声波绘制的《唐宋雅属集群羁縻州分布图》,标明在青衣江上游有盐井、夏梁二羁縻州,尽管这种确切界定唐代羁縻州位置的做法尚值得商榷,但唐代在青衣江上游设有羁縻州是毋庸置疑的。
⑤ 陈宗祥、邓少峰:《〈白狼歌〉研究》,四川人民出版社,1991,第160页。

击最大。7世纪时吐蕃崛起于青藏高原，并迅速向东扩张。公元670年唐蕃大非川战役后，吐蕃与唐界已经在剑南道松、巂诸州之间，与唐形成对峙之势。唐初在雅州设立的蓬鲁等32个羁縻州，大多被吐蕃占领。开元间，唐又重置嘉梁等19州，安史之乱后又废。至唐代中后期，吐蕃在雅州的活动逐渐见于史籍。大历十四年（779）"十月，吐蕃率南蛮众二十万来寇：一入茂州，过汶川及灌口；一入扶、文，过方维、白坝；一自黎、雅过邛崃关，连陷郡邑"。① 建中四年（783）唐蕃"清水会盟"，约以大渡河为界，以东为汉界，其西南为吐蕃界。《新唐书·南蛮传下》记载，唐代，雅州西有三条可通达吐蕃的道路，即夏阳路、夔松路、始阳路，"皆诸蛮错居"。其中，夏阳路从今宝兴县治穆坪镇经西河至康定瓦斯沟。而贞元十七年（801），雅州经略史路惟明领军由灵关、夏阳两路攻伐吐蕃。② 证明与夏阳路同时还另有灵关路，系自今雅安经由东河到硗碛而至小金。《新唐书》卷一五八《韦皋》记载："（贞元）九年……乃命大将董勔、张芬分出西山、灵关，破峨和、通鹤、定廉城，逾的博岭，遂围维州，搏栖鸡，攻下羊溪等三城，取剑山屯焚之。"此次军事行动系自雅州向西北，经芦山、灵关、宝兴，直抵杂谷脑河流域。③

唐代吐蕃向东的军事扩张，伴随着大规模的移民。众多吐蕃本土部落随之整体性迁徙至青藏高原东部，吐蕃王室还屡次调遣军队前往边境戍守。这些部落与军队长期在当地驻守，逐步形成新的群体，被称作噶马洛。9世纪中叶吐蕃分崩离析后，这些部落留居当地，并持续深入地与当地的土著居民相融合，带来雅州地区人群面貌的逐渐变化。宋元时代的记载颇为明显。成书于宋代的《武经总要》前集卷一十九载："唐初，立雅州都护府（应作都督府）。今管羁縻四十六州，吐蕃、生獠，置五砦守之。""卢山县西北六十里，章卢山下有石，阔三丈，长二百步，俗谓之卢门，关外硖口即生獠也。""灵关镇砦，在卢山县界南至县八十里，四面险峻，控带蕃界，今有土兵镇守。"④ 可见，宋代设立雅州羁縻州针对的对象转变为吐蕃与生獠，吐蕃取代生羌，与獠一起成

---

① 《旧唐书》卷一百九十六下《吐蕃下》。
② 郭声波：《唐宋集群羁縻州之典型——雅属羁縻州》，《中国史研究》2001年第3期。严耕望认为夏阳路与灵关路为同一道路，是自雅州西北行。严耕望：《唐代交通图考》，第4卷，《山剑滇黔区》篇叁叁，中研院历史语言研究所专刊之八十三，第1258页。
③ 严耕望：《唐代交通图考》，第4卷，《山剑滇黔区》篇叁叁，中研院历史语言研究所专刊之八十三，第1263页。
④ （宋）曾公亮、丁度等撰《武经总要》《前集》卷十九《边防》，《钦定四库全书·子部》，台湾商务印书馆印行，1983年。

为雅州地区主要的人群。到元代,青衣江上游的人群进一步被称为"蕃"。"灵关。在卢山县北。《蜀都赋》:'辟灵关以为门。'其地甚险,一人守之,可以当百,去蕃界旬日程,以绳为桥,外此不知里数。"① 这里的灵关即今宝兴灵关镇一带,此处"关外"所指模糊的地域范围,显然也应当涵盖硗碛地区。这一转变过程无疑是唐代吐蕃徙入并逐步涵化当地居民的结果,而那些为吐蕃戍守边疆的噶马洛部落则"成为噶萨尔、甲绒、居古默三个地区之主人"。② 甲绒,即今天的嘉戎藏族,董卜韩胡土司即属嘉戎本部之一部分。③ 这样,嘉绒取代羌人而成为青衣江上游主要人群。此后,"中国人很少称这地带上的异族为'羌',而开始称他们为'番'"。④ 总体而言,诸羌融合于藏族中,在公元 11～12 世纪才最终完成。⑤

2. 乌斯藏琼部与穆坪土司渊源

据地方志记载,明洪武六年（1373）,明廷召董卜韩胡土司始祖苍旺业卜到京师,授予敕印。⑥ 永乐十三年（1415）,明廷正式册封喃葛为宣慰使,授银印,赐冠带、袭衣,⑦ 标志着董卜韩胡土司在青衣江上游长达五百余年统治的开始。

有关董卜韩胡（清代称作穆坪）土司的渊源,史学界研究不多,却颇有争议,马长寿按照明代顾祖禹《读史方舆纪要》之说,认为其渊源与唐代哥邻董氏有关。同时又指出作为嘉戎土司之一,穆坪土司与乌思藏琼部三十九族东移部落也有渊源关系,是直接自琼部迁来者。⑧ 任乃强则认为董卜韩胡土司是青衣羌后裔。⑨

---

① 刘应、李原编,詹有谅改编,郭声波整理《大元混一方舆胜览》,四川大学出版社,2003,第 250 页。
② 达仓宗巴·班觉桑布:《汉藏史集》,陈庆英译,西藏人民出版社,1986,第 219 页。
③ 嘉绒藏区以马塘以西的十二土司地为本部,东起马塘,西达大金川流域至大渡河上游。又分作两部,大金川部和小金川部,穆坪属小金川部,但嘉绒本部与冲部是民国时期学者划分的。见雀丹《嘉绒藏族史志》,民族出版社,1995,第 90 页。
④ 王明珂:《羌在汉藏之间》,（台湾）联经出版事业公司,2003,第 182～183 页。
⑤ 石硕:《试论康区藏族的形成及其特点》,《西南民族学院学报》1993 年第 2 期。
⑥ （清）曹抡彬、曹抡翰纂辑《雅州府志》,台湾成文出版社印行,清乾隆四年刊本,第 265 页。雍正《四川通志》卷十九土司条称:董卜韩胡宣慰司设于永乐年间。转引自李涛、李兴友主编《嘉戎藏族研究资料丛编》,四川藏学研究所,1995,第 66 页。
⑦ 西藏研究编辑部编辑《明实录藏族史料》,西藏人民出版社,1982,第 159 页。
⑧ 马长寿:《嘉绒民族社会史》,《马长寿民族学论集》,人民出版社,2003,第 152～153、159 页。
⑨ 任乃强:《四川上古史新探》,四川人民出版社,1986,第 167 页;《羌族源流探索》,重庆出版社,1988,第 105 页。

嘉绒藏族土司中普遍流传着"大鹏鸟卵生"的传说，这一传说嘉绒十八土司中大部分土司都有自己的说法，是深入人心的土司渊源的表达。据马长寿考证，瓦寺土司系从穆坪土司分出，他不仅收集了瓦寺的卵生传说，而且在瓦寺官署看见其供奉琼鸟。因此，马先生虽然未曾到过穆坪地区，但他判断穆坪应该有此传说。① 根据硗碛妇女必备琼鸟作为头饰、穆坪土司官寨门首上方绘有大鹏鸟形象等线索看，马先生的判断应该成立。通过对比各土司中流传的传说及相关的文字史料，马长寿大致归纳出嘉戎土司世系渊源的关系，指出穆坪土司是由乌思藏琼部三十九族直接迁徙而来的。② 这一说法和前述唐代众多吐蕃本土部落或军队迁徙至吐蕃东部的史实相吻合。吐蕃政权崩溃后，这些部落各自为政，不相统属，其中部分统治者成为后来各嘉戎土司的渊源。

关于董卜韩胡之"董"，《读史方舆纪要》载："志云：西北生蕃有孟、董二姓，十八寨，名董卜韩胡。唐时哥邻君董卧庭求内附，处其众于维、霸等州，居小铁围山，去保县可七八日程，东抵杂谷八棱碉。"③ 根据其分布区域，马长寿认为，穆坪土司与唐代董氏亦有关系。而前述小铁围山在今宝兴境内，从小铁围山至保县（今理县）的距离，也和古灵关道的距离一样，看来董卜韩胡确与唐代哥邻有关系。④ 唐宋时期，董氏在川西地区影响较大，如唐代西山八国中，除哥邻君长为董氏外，还有弱水国王董辟和、咄霸国王董藐蓬，松州一带有黏信部落主董梦葱、龙诺部落主董辟忽等，宋代川西诸部落中董氏首领亦不少。闻宥先生认为，此川西董氏应为吐蕃四大部落之一的Stong。⑤ 关于Stong，石泰安认为是自吐蕃本土前往汉藏边界戍边的部落东族，与东藏土著董族（Ldong/Gtong）有着密切联系，它们就是屡见于汉文史籍中的"董"和"汤"两个姓氏。⑥ 上述互相印证的资料证明，东族来源于西藏本土，其状况恰好与嘉戎土司始祖来自西藏琼部的传说以及"噶马落"部落的史实相吻合。由此可知董卜韩胡与哥邻、东族与董族的关系，表明董卜韩胡土司渊源主要是唐代来自于西藏本部的部落⑦。

---

① 如今，穆坪土司后裔已绝嗣，土司官寨早已不复存在。调查中曾屡次询问当地老人是否有类似的传说，均无收获。
② 马长寿：《嘉绒民族社会史》，《马长寿民族学论集》，人民出版社，2003，第159页。
③ （明）顾祖禹撰，贺次君、施和金点校：《读史方舆纪要》，中华书局，2005，第3477页。
④ 李绍明：《唐代西山诸羌考略》，《四川大学学报》1980年第1期。
⑤ 闻宥：《记有关羌族历史的石刻》，《考古与文物》1980年第2期。
⑥ 〔法〕石泰安：《川甘青藏走廊古部落》，耿升译，四川民族出版社，1992，第54、73、75页。
⑦ 参见邹立波《一个"边缘"族群历史与文化的考察》，四川大学硕士学位论文，2006。

当我们在不使用汉语文的区域探讨一个土司渊源时，只依靠汉文资料的记载是不够的。谱系与传说都可以用来考察该土司亲属称谓、家族制度和历史概况。尽管可能面临比较复杂的甄别工作，其自我表述的文化内涵是无可替代的。嘉戎十八土司中许多土司有这样的谱系或传说，马长寿在《嘉戎民族社会史》一文中，便利用了谱系与传说资料。遗憾的是，马长寿调查并写作此文时，穆坪土司的谱系在民国改土归流时就"已遍觅不得"。[①] 1950年以后，据学者考证[②]，穆坪土司的世系大体如下：

穆坪土司自明洪武六年（1373）授封"董卜韩胡宣慰使司"，至明永乐十三年（1415），其间42年土司几任，姓名缺考。

永乐十三年六月命喃噶为宣慰使，并颁给银印。

宣德五年（1430），以喃噶长子班丹也失为喇嘛领僧众，次子克罗俄坚代为宣慰使治理人民。又于正统三年（1438），遣使敕宣慰使克罗俄坚诰命、冠带。在正统七年（1442）八月，策升克罗俄坚为镇国将军都指挥同知，掌宣慰使司，给诰命。

天顺元年（1457），嗣扎巴坚桑藏卜，官增其秩为都指挥使。

成化九年（1473），扎之子绅吾结言千袭职。

弘治二年（1489），绅之子墨扎恩巴丹巴藏卜袭土司职。

弘治十六年（1503），由墨之子喃呆袭土司职。

嘉靖八年（1528）至天启六年（1626），共98年，穆坪土司只有不断进京进贡方物之记，而无土司承袭册记。

顺治十八年（1661），由坚参喃哈袭土司职。

康熙十九年（1680），由乌儿结袭职。

康熙四十九年（1701），由坚参雍中七立袭职，不久身故，由其妻桑结袭位。

雍正三年（1725），桑故，由其子坚参达结袭位。

雍正十一年（1733），达结故，次妻王天天掌土司大权。

乾隆十一年（1746），王氏长子坚参囊康年岁合例，袭职。其名在汉文史籍中有嘉勒烂囊康、甲木参纳木等写法。他于1772年赏戴花翎，并赏"诚勤"名号。

---

① 周宝韩：《宝兴视察记》，《宝兴县文史资料》，第3辑，1992，第83页。
② 雀丹：《嘉绒藏族史志》，民族出版社，1995，第143~144页。

嘉庆初（1796），丹紫江初（甲凤翔）袭职，后由其子甲木参彭措袭职，后无册记。

这一谱系虽然很不完整，但其中也反映出如下信息，有助于我们理解硗碛的历史。

第一，董卜韩胡宣慰使司从明代开始，直至清末，其世袭基本没有中断过。在这个没有中断的世系中，出现了两次妻子袭职。因此，穆坪土司的承袭不绝对要求男性，也不绝对要求是土司父系血缘亲属，妻女均可承袭。

第二，董卜韩胡宣慰使司的统治，是政教合一的，在明代就出现了以喃噶长子班丹也失为喇嘛领僧众，次子克罗俄坚代为宣慰使治理该地的情况。只是此处的喇嘛，乃是本教喇嘛，而不是藏传佛教的喇嘛。

当然，董卜韩胡土司的渊源与其下辖的居民来源有所不同，相比较而言，后者的成分要较前者更为复杂。

3. 藏传佛教下路弘传和硗碛的宗教认同

吐蕃的军事扩张将羌人诸部落联结为一体，为实现民族融合提供了基础。藏传佛教的广泛传播成为最终将不同人群融合为藏族的关键性文化纽带。9世纪中叶，朗达玛在吐蕃本土大规模灭佛，迫使许多僧人携带经卷向吐蕃四境避难，其中就有部分僧人前往多康地区，[①] 成为藏传佛教向周边传播的动力之一，形成了10世纪以后藏传佛教后弘期的"下路弘传"。藏传佛教在硗碛的传播，是一个将本教佛教化的过程。据硗碛老人们回忆，穆坪土司地区最早的一座藏传佛教寺庙，就是由一位本教教徒建立的：

宝兴县治所在穆坪，在土司时期，有一座藏传佛教喇嘛庙，庙名藏语称为"南达楚臣林"（意为：净戒毗奈寺）。相传该庙系藏传佛教格鲁派（黄教）创始人宗喀巴·洛桑扎巴的弟子擦科·阿旺扎巴修建，他曾向其师傅发愿，要在四川、青海部分藏区修建一百零八座寺庙，穆坪的寺庙就是其中一座，已有500多年的历史。该庙取名为"南达楚臣林"（净戒毗奈寺）的原因，据说是擦科·阿旺扎巴起初是一名"本教"（黑教）徒，是根据"本教"教徒修行持戒的"净戒毗奈耶集"（藏语称为：南达楚臣都维本）经书书名而取的庙名[②]。

[①] 王森：《西藏佛教发展史略》，中国社会科学出版社，1997，第29页。
[②] 材料系硗碛藏族乡提供的《穆坪喇嘛庙简况》，2004年8月26日编印，打印本。

这个历史事件已经由后人进行了选择性的记忆。实际上，硗碛在乾隆平定大小金川时，还盛行本教。佛教进入穆坪土司辖地，经过了与本教斗法的过程。本教在当地被称为黑教，本教的喇嘛则被称为"黑经喇嘛"，在硗碛问到黑教，大家都说信黑教是在信黄教（藏传佛教格鲁派）之前，是很早以前的事情，现在已经不清楚，但一问到黑经喇嘛，人人都会给你讲这个故事：

嘎日有一个洞，黑经喇嘛在里面修行，这个地方有个门，里面可以住人。另一个地方还有一个洞，喇嘛的骨灰放在里面。卧嘎龙家的洒耳加和真夺家的仁坚都说他们小时候进去看过。"文革"的时候，有两个娃娃到里面去耍，结果把骨灰翻出来倒了，没多久，倒骨灰的娃娃就死了。

讲完这个故事后，他们都会补充：

据说黑经喇嘛很厉害，经书的字全部都是倒着的。

在这里，他们通过对本教经书的解释，实际上解释了本教与黄教在转经方向上的区别。与此同时，硗碛人认为，本教是很有法术的，而黄教是没有法术的，真夺家的仁坚老人给我讲了下面这个故事：

原来这个地方兴黑教。黄教来了以后，大家就斗法，看哪个厉害。黑教喇嘛是有法术的，黄教的喇嘛是没有法术的。两边斗法的时候，一边坐黑教的人，一边坐黄教的人，中间放个大石头，旁边坐一个裁判，比赛的内容是：看哪个可以把石头揉成馍馍。黑教里头站起来一个长络腮胡的人，把两手搓一下，在脸上一抹，就去揉石头，就把石头揉软了。黄教的就知道自己不会，就想："黑教那么多人，为什么是这个络腮胡？还要在脸上抹一把？肯定是脸上有法术。"黄教这个人也走过去，在络腮胡的脸上抹一把，也来揉石头，就把石头揉软了。这个事情以后黄教就兴盛起来了，黑教就衰败下去了。[①]

[①] 嘎日村的王忠银讲述。房名 zhen-duo，藏名仁坚。

上面这个故事，说明黄教与本教间的斗争和最后由群众选择黄教的经过，是藏传佛教"下路弘传"后，逐步替代本教，使本教的内容佛教化，最后取得胜利的过程的反映。当乾隆平定大小金川，强令这一区域的本教改宗黄教后，硗碛的寺庙也就改宗了黄教。为说明其在黄教中的重要地位，人们把这座本教寺庙的创始人与黄教宗师宗喀巴变成了师徒关系，而把这个本教寺庙变成了黄教寺庙。

黄教的进入，加快了硗碛居民融入藏族的步伐。为了帮助改宗黄教的寺庙培养僧人，黄教特意在拉萨哲蚌寺建立了嘉绒扎仓，专门培养嘉绒地区的僧人。在硗碛的永寿寺，寺内喇嘛多时曾达到五六十人，少时三四十人，只要家庭有条件，就要把喇嘛送到西藏拉萨哲蚌寺深造三年、五年或十年、八年，甚至二三十年。一家没有条件，可以好几家人共同出资，一旦学成回家，就会成为最受尊重的人。永寿寺先后获得藏传佛教"格西"（精通佛学经典的高僧学位）学位的僧人就有近20名。如：柳落的"久久格西""格施古格西"，丰收的"卦帝格西"和张嘎的"格顿木格西"，等等。学经的过程、喇嘛与拉萨的关系，都使硗碛人对西藏和拉萨有了更深的印象，藏传佛教这一宗教认同由此得以建立，而黄教学经必须前往的拉萨，则成为其宗教认同的文化符号。

由上述分析我们可以知道，硗碛的传统文化在唐代吐蕃进入后发生了很大变化，乌斯藏琼部的留驻和噶马洛部落的形成，使硗碛的统治阶层与藏文化间的深刻联系得以保留。而清代改宗黄教后，对藏传佛教格鲁派的宗教认同，使硗碛人在文化上深刻地认同藏文化。但是，其地处藏文化与汉文化的边缘的实际地位，加之藏传佛教认同出现的时间不过200多年，尚未彻底取代民间信仰，硗碛除保存自身的文化特征外，还吸收了大量的汉文化因素。因此，作为藏之边缘，其文化的特殊性也非常明显。

三　明清的土司制度与硗碛的国家认同

1. 穆坪土司与中央王朝的关系

自明代穆坪土司见于汉文史籍记载后，对硗碛的记载逐渐增多，几乎所有记载的内容都是围绕穆坪董卜韩胡土司展开的。事实上，正是由于穆坪土司与中原王朝建立了密切关系，硗碛人的国家认同才产生了。

有关明代董卜韩胡土司的史料，主要见于《明实录》《明史》等史籍中。由于明承元制，在西南民族地区广泛推行土司制度，因而"洪武初，西南夷来归者，即用原官授之"。① 董卜韩胡宣慰使即于此时得到明王朝的册封。明代初期是董卜韩胡辖地最为辽阔、势力最为强大之时。从范围来看，董卜韩胡北据大小金川流域，威胁明王朝对松潘及灌县一带的控制，东邻芦山县，西抵大渡河，南接灵关。② 所控制区域显然包括地处青衣江上游顶端的硗碛地区。明初董卜韩胡的扩张，尤其是与杂谷土司之争，成为正统（1436~1450）、景泰（1450~1456）年间川西地区最令明王朝头痛的边务，朝廷因而将董卜韩胡视作"门庭显祸"。③ 但与杂谷土司相比，董卜韩胡显得略为顺从一些，最后每每听从朝廷要求平息争端，因而其与明王朝的关系并未持续恶化，而是时好时坏，但两者始终保持密切的联系。据不完全统计，自永乐十三年（1415）至天启六年（1626），200 多年间，《明实录》共记载董卜韩胡向明王朝纳贡次数达 63 次之多，其中由地方头目、喇嘛纳贡者，占近三分之二。住在硗碛嘎日村的杨明才，其叔父为本地有名的喇嘛（已圆寂），他家经堂内，至今还保存有祖辈遗留的瓷器，其中一个瓷盘的底部写有"成化年制"字样。可见，明代硗碛境内的喇嘛，同样与中原王朝联系紧密。

在明代的朝贡体系下，政治交往与经济交流并举。明代治理诸番采用"多封众建，尚用僧徒"的抚羁政策，凡来朝贡者，一律给予厚赏，而朝贡者更是利用这一机会在内地进行商品交易，嘉绒地区的土司和僧人大多携带麝香、鹿茸及其他名贵药材，到内地交易茶叶、丝绸等物品。到明代中期，嘉绒朝贡使团往往多至数千人，甚至出现了冒充使团私携货物，以赚取厚利者。④ 董卜韩胡亦不例外。正统年间，董卜韩胡的朝贡喇嘛时常购买私茶至几千上万斤，还采购大量铜、锡、磁、铁等器物，沿途人民多受其累，以致明廷不得不赐敕切责。⑤ 在朝贡体系之下，硗碛人也是与中原王朝经济交往中的受益者。

这种与中原王朝间的关系一直延续到清代。明末清初，西南地区政局动荡，中原王朝对边疆的控制力严重削弱。但稍后清王朝势力抵达西南地区，穆

---

① 《明史》卷三百一十《土司传·序》。
② 邹立波：《略论明代董卜韩胡、杂谷二土司之争——兼论硗碛藏族文化中的羌文化因素》，《阿坝师范专科学校学报》2008 年第 2 期。
③ （明）顾祖禹撰，贺次君、施和金点校《读史方舆纪要》卷六十七《四川二》，中华书局，2005，第 3192 页。
④ 贾大泉：《川茶输藏的历史作用》，四川省社会科学院历史所编《四川藏学论文集》，中国藏学出版社，1993。
⑤ 西藏研究编辑部编《明实录藏族史料》，西藏人民出版社，1982，第 553~554 页。

坪董卜韩胡土司①即再次被纳入朝贡体制。顺治十八年（1661），坚参喃哈向清王朝输诚，表达了对中原王朝的认同。康熙元年（1662），清王朝授以原职，其再领宣慰司印信。待清王朝在西南地区的统治稳固后，穆坪土司便进入他在明代与中原王朝构建的关系模式中。曾经作为边地"强藩"的董卜韩胡，在清朝统治者眼中已是"忠顺有余，强悍不足"。②其疆域范围也大大缩小，"其地东至灵关小关子，与天全州接壤，南至鱼通蛇勒章谷，与岚州大冈接壤。西至汉牛，与合儿梭卜金川接壤，北至硗碛龙口右命番戎与阿日接壤"③。统治区域以今宝兴县境为中心，含今小金县汉牛和康定县鱼通两地。

领地的缩小并未妨碍其与中原王朝的密切关系。由于董卜韩胡地处汉藏间直接相接的地方，作为清王朝巩固在当地统治的代理人，穆坪土司充当了加强清王朝对整个藏区统治的助手角色。清朝康、雍、乾时期，穆坪土司先后出兵或出役，辅助清王朝平定藏区叛乱十三次。尤其是在金川之役中，从宝兴到小金是当时运输兵力和给养的南路通道，穆坪土司不仅提供大量人力、物力支应差役，还直接随征金川，为清王朝平定金川做出了贡献，为此，备受清王朝褒扬。乾隆三十七年（1772），清王朝钦赐甲木参纳木卡土司④"诚勒"名号，加恩赏戴花翎，军功加衔一等。乾隆四十一年（1777），他又蒙召进京瞻觐，被赏赐驻穆坪伯屯巴名号，赏二品红顶，绘像于紫光阁。为彰显其功绩，土司甲木参纳木卡立建功碑以纪之。⑤值得注意的是，"尧碛"的称谓首次出现在史籍中，是乾隆征讨金川之役的相关记载。即在乾隆三十六年（1771），四川提督董天弼议另开木坪尧碛一路，以攻金川，随后遣游击陈圣矩领军往木坪，驻守于甲金达（即夹金山）。后陆续派遣的军队前后相继，在小金，即甲金达对面山梁建碉房。⑥现在，硗碛泽根村夹金组还保留了一个四角残碉，旁有残垣，扼硗碛通往夹金山的要道，应当是于乾隆年间征讨金川之役时修建。在硗碛民间，还流传着乾隆妃子命丧夹金山，当地藏民建王母寨纪念她的故事。此后，穆坪土司与中原王朝的亲密关系逐渐渗透到硗碛社会。直至今日，藏族老

---

① "穆坪"（又作木坪）土司一称，藏语称为 lo po rgyal-po，此称大致始于清代乾隆年间。清代前期，尚沿用董卜韩胡的称谓，"穆坪"一称出现后，与董卜韩胡相混用，清代后期"董卜韩胡"之称消失。
② 《清史稿》卷五百一十三《土司传一·湖广传》。
③ （清）黄廷桂等修，张吾生等纂：雍正《四川通志》卷十九《土司》，乾隆元年增刻本。
④ 又作甲勒参纳木喀，或坚参囊康，均为音译。
⑤ 建功碑尚存于宝兴县中学操场入口处。
⑥ 西藏研究编辑部：《清实录藏族史料》，西藏人民出版社，1982，第1469页。

人还对昔日土司的荣耀津津乐道。认为穆坪董卜韩胡为嘉戎十八土司中地位最高、文化最盛者。

与中原王朝长期维系的朝贡体制,无形中对硗碛藏族理解国家与地方间权力构架产生重大影响,"皇帝最大,其次是穆坪土司""皇帝管土司"等表述,清晰地表明中原王朝统治中枢的统治核心——皇帝成为硗碛藏族思想观念中最高权力的代表,由皇帝代表的国家,成为统治穆坪地方社会的最高权力。因此,硗碛不仅流传着穆坪土司向清王朝上贡芫菁(园根)酸菜做的酸菜饼,得到皇帝嘉奖的故事,而且,硗碛的民间传说直接将明朝开国皇帝朱元璋表述为当地人。传说是这样的:

> 以前,我们穆坪羊村①出了一个能人朱洪武,后来当了明朝的皇帝。
> 他出生在一个贫穷的家庭里,父母刚刚生了他就死了。他的叔叔把他带去,带到四五岁,就给穆坪土司说:"这个人很吃得,又千翻②。我们有点困难,供不起他。"穆坪土司说:"你们供不起喃,就喊他给我放牛。"
> 朱洪武从那时候开始给穆坪土司放牛过生活了。他就在鱼洞子③和五龙那些地方放。平时没得事,就伙同另外几个放牛娃到五龙的"龙包"④上去耍。捡些石头在上面砌了一个尖石堆,就说是他们修的皇城。他到上面去坐起,那些娃儿在底下拜他。他坐得稳稳当当的,他喊那些娃儿到上面去坐起,他去拜他们。刚一躬身,那些娃儿就从上面滚下来了,都经不起他拜。
> 整来整去,土司给他的粮食,他不咋个够吃,吃不饱。就杀土司的牛吃。他杀牛不用刀,用一根茅草叶叶就把牛杀来剐了,剖开过后,就去找四根木桩来钉起,把牛的肚子翻转来绷在四根木桩上,掺起水,把牛肉装在里面就煮来吃了。
> 几个放牛娃把牛吃了过后才想到:我们是土司的放牛娃,把牛给他杀来吃了,是要杀头的。咋个办?没得办法了。朱洪武就把这根牛尾巴拿来,放在一个石缝头。他就给地脉龙神说:"如果有人来逮到这根牛尾巴

---

① 穆坪羊村:现在的宝兴县,旧时称穆坪;羊村是宝兴县五龙乡所属的一个村。
② 千翻:四川土话,指比较调皮,鬼点子多。
③ 鱼洞子:距宝兴县城四公里的一个溶洞,洞内有鱼。
④ 龙包:在五龙羊村有一个小山包,名叫"龙包"。

拉喃,你就要学牛叫唤哦!"

他回去就给土司说:"老爷,今天这条牛钻到岩里去了,只剩尾巴在外面。我去逮到尾巴拉,只听到牛在里面叫唤。就是拉不出来。"土司说:"这才奇怪,牛都会钻岩。钻得进去,咋个会拉不出来喃。"他说:"你不相信,明天你自己去看嘛!"第二天,土司就叫管家去看这条牛。管家去把这条牛尾巴逮到一拉,岩里就有哞哞的牛叫声,就是把牛拉不出来。

朱洪武长到几十岁,几个放牛娃轮换放牛,轮到他去放喃,这些牛都不吃草,在他周围给他跪起。土司的牛瘦得只剩下一张皮。土司就说:"你把牛给我放瘦完了。你再放,这些牛都要拿给你放死!"因此,就把他撵了,他就沿路讨口到成都去了。

成都有个人,名叫刘伯温,是个算命匠。在皇城坝摆起摊摊给人算命。他算到穆坪出了一个朱洪武,今后要当皇帝。将来他就是这个皇帝的军师。朱洪武讨口要饭也走拢①皇城坝,看到那儿摆得有一个算八字的摊摊,很多人在那里算命。他想,我这么穷,我也算一个命,看我的命好不好。走起去,刘伯温就问他叫啥子名字。他说:"我叫朱洪武。"刘伯温听了就说:"你这个命不要算了,我也不算八字,走,我们去吃粮投军。"他们两个就邀约起投军去了。

后来,朱洪武在北京当了皇帝。新皇帝登基,穆坪土司去上贡,走去一看,原来新皇帝就是他当年的放牛娃朱洪武,就有点瞧不起他。皇帝问他:"你服哪个管?"穆坪土司想说:"我服你管喃?你是我的放牛娃。"就不开腔。隔了一会儿,他抬起脑壳把天一看,侧转去,又把山看一眼。朱洪武就想:你这个人太可恶了,你不服人管,你要服天管、山管,那好! 就封天全、芦山管穆坪土司。

从此,穆坪土司就被天全和芦山一直统管②。

这一表述,表达了硗碛人对国家与地方间权力结构的认识,即最上层为皇帝,中间是天全、芦山的地方政府,最后是穆坪土司,而硗碛又是穆坪土司属民。这一国家与地方间权力结构的认同,实际上反映了硗碛国家认同的确立。

---

① 四川土话,意为"走到"。
② 四川省宝兴县民间文学三套集成编委会编印《中国民间文学集成·宝兴县资料集》,油印本,第45页。讲述人王开亮,53岁,硗碛人,藏族,农民。采集时间1986年5月。

第三节 1950年前的硗碛社会

一 土司统治时代的硗碛社会

从唐到明,从噶马洛部落到穆坪土司,硗碛社会经历了怎样的变迁?由于没有相关记载,我们无从讨论。但是,从明代穆坪土司的资料看,在与中原地区频繁的交往中,穆坪土司内部的各类统治机制逐渐完备。在政治体制、经济体制和文化特征上,既体现了与其他嘉绒藏区的相似性,又表现出一些独有的特征,对于此后硗碛的经济、文化习俗都产生了重要的影响。

1. 中原王朝—土司—头人—属民的政治统治体系

明代董卜韩胡宣慰司的确立,表明与之相适应的政治统治秩序出现。限于明代相关史料的匮乏,我们很难详述明代董卜韩胡宣慰司统治机构的具体状况。从零散的史料可以看出,明代,由于土司制度的确立,宣慰司应当已建构起自上而下的统治体系。其中,土司既是割据一方的最高统治者,也同时接受来自中原王朝的册封。土司之下诸番官,也接受明王朝的层层册封。按照明朝政府的规定,土官无俸禄,"凡土司之官九级,自从三品至从七品,皆无岁禄",允许世袭。[①] 明政府授予土司为银印、土官为铜印,铜印大小、厚薄依品级而定,另赐诰命或敕命及样式不同的冠带。[②] 也就是说,原有的各级统治者在经过明王朝的册封后,在等级与职权上得到厘清、划定。明代各级土官均有纳贡的义务,不仅土司频频朝贡,土司属下土官、头目也可单独入贡。[③] 也就是说,在明代,尽管土司与头人间是后者隶属于前者的关系,但后者也直接与中原王朝建立关系,如果需要还可以越过前者直接与中原王朝联系。田野访谈也证明了土司与头人间的这种关系。夏金安是与硗碛夹金周氏头人有亲戚关系的一位退休干部,他说,观音岩的头人周氏与灯光的头人王氏,世系均始于明代,且两家世代联姻。这一情况虽然没有相关记载,但说明中原王朝对硗碛地区的统治已经超出与土司的联系,进而深入与头人的联系。

清代,穆坪土司的统治体制更为完备。清承明制,在土司的职衔品级上有

[①] 《明史》卷七十二《职官一》。
[②] 赵云田:《中国治边机构史》,中国藏学出版社,2002,第262页。
[③] 《清实录》中已很少有穆坪董卜韩胡土司下属土官、头目或喇嘛单独向清王朝朝贡的记载。

第一章 硗碛的地理环境与历史面貌

所扩大，承袭制度更为完善。① 土司衙署大体相当于清代地方衙门，分三班六房。三班指快班、壮班、皂班；六房即吏房、户房、礼房、兵房、刑房、工房。② 三班六房分管各类具体事务，职官由各头人轮流担任，差役由属民轮流充当。下属各地则由土司任命头人管辖。而"头目、头人，父子世承，俱经详明文武，上宪签委。有土守备、千把之职"。③ 改土归流前，穆坪土司辖境内有大小头人共计二十二名，具体的分布如表1-2。④

表1-2 穆坪土司所辖头人

地名	头人名	地名	头人名
小穆坪	杨焕章	桥头口	董贤
冷木沟	马殿荣	水塘上	王锡三
苟罗	杨焕廷	大柏树	周辅臣
外廓	包福堂	邓池沟	乔焕章
观音岩	王代芳	登打	王代勋
杂谷坝	周代清	芝砻	包福祥
加夘	徐治国	瓦西	杨子逵
梅里川	包辅臣	格达	董洪章
苏村	杨启清	赶羊	樊子安
若笔	杨勋成	出居	王宝珊
中岗	邓国安	土巴沟	包华轩

硗碛由周头人与王头人世代统治，同时还在观音岩设立硗碛总管，由王氏世袭。周氏头人后裔周德明称，其家族一度显赫，曾在清代乾隆年间征讨金川之役中，屡立战功，受赐四品校尉，待遇级别高于县官。至周德明高祖周殿昆时，因土司身故，土司子嗣年幼，无法理政，周殿昆遂以前任土司之妻为其女的身份，代理土司职权，将代理土司衙门设于瓦斯沟（今康定县鱼通）。此后，周殿昆权高势重，成为四大头人（另三大头人为五龙包头人、灯光王头人

---

① 马菁林：《清末川边藏区改土归流考》，巴蜀书社，2004，第18~19页。
② 四川省宝兴县地方志编纂委员会编《宝兴县志·政府》，方志出版社，2000，第137页。
③ （清）曹抡彬、曹抡翰纂辑：乾隆《雅州府志》，台湾成文出版社印行，清乾隆四年刊本，第267页。
④ 《穆坪土司所辖头人一览表》，见中国人民政治协商会议宝兴县委员会文史组《宝兴文史资料》，第一辑，第26页，1988年，内部刊印。

和陇东的董头人）之一。此说从侧面反映了清代硗碛的头人在土司统治机制中的重要地位，而且说明头人的地位还来自其与中央王朝的密切联系。历经数百年的土司统治，加之与中原王朝的密切交往，硗碛逐渐形成皇帝—土司—头人—属民的等级式的统治秩序，这一统治秩序已经深深进入硗碛藏族对权力体系的理解中。此种权力统治模式在其他嘉绒藏区也是普遍存在的。

2. 以份地和差役为特征的经济体系

土司的政治统治还与对经济的控制紧密地结合起来。在经济生产技术落后的情况下，地方社会的经济生活模式受该地自然环境的影响至深。据《雅州府志》卷十一《土司》的记载，穆坪土司境内"七、八月即将霜雪"，① 系高寒之地。而硗碛在土司辖区内更是海拔相对较高的苦寒之区，自然环境恶劣。故而《雅州府志》记载：穆坪土司辖区除药材、矿藏、土产，主要的经济作物为麦、青稞等，不产稻谷，唯有杂粮，生产技术落后，"刀耕火种，全凭人力，难用牛犁"等，当时记载的情况与今天硗碛的实际状况基本相符。时至今日，硗碛除生产技术得以提高、作物种类稍有增加，其余条件都无大的变化。特殊的地理环境，使硗碛形成农、牧兼营的经济生产类型。清代，当地藏族"肉生熟俱食"，遇有喜事，待客即"宰杀猪、羊、牛"，可知其在种植农作物同时，亦兼营畜牧业。而土司所执行的份地制度，对硗碛生产资料的管理、继嗣制度的类型、人口和户数的增长都产生了决定性的影响。在穆坪土司统治下，"土民地土，听土官安插，给牛种、盔甲、房屋，充土兵，当差听调"。也就是说土地归土司所有，头人、属民耕种的土地，均由土司划予。领种约一石种的一股田地，每年需自带口粮往土司衙署当差四个月，称"歇班"。秋收后需献纳玉米、黄豆、小麦、荞子各三升，称为"草籽粮"。未去或者不愿去当差者，每年每股土地纳银四两。② 硗碛也不例外。因土司收取租税，均是依照份地数量，将租税按照户数摊派到不同房名的人家，当地土地资源非常有限，限制了分家的可能，控制了户数的增长，从而影响到硗碛的继嗣制度。

3. 藏传佛教格鲁派成为宗教信仰的主流

穆坪土司统治下的硗碛文化，一个突出特点是以藏传佛教信仰的形式表现出来的，这也是藏族地区普遍存在的文化现象。

---

① 此段以下未注明出处资料俱见（清）曹抡彬、曹抡翰纂辑：乾隆《雅州府志》，台湾成文出版社印行，清乾隆四年刊本，第267页。
② 刘秦均提供，宝兴县政协文史委整理《宝兴解放前的赋税概况》，《宝兴文史资料》，第3辑，1992，第107页。

第一章 硗碛的地理环境与历史面貌

　　硗碛人对藏传佛教的信仰，与穆坪土司对藏传佛教的提倡与扶持不无关系。据说穆坪土司坚参喃哈无子继承土司职务，其外甥鸟儿结及坚参朗吉为争夺土司职务互相残杀，只留下去西藏拉萨学习佛学的坚参朗吉之子"喇嘛曲培加布"，藏名坚参雍中七立。为平息争端，稳定穆坪的混乱局面，天全土司奉康熙皇帝之命，令喇嘛曲培加布从西藏拉萨还俗，归来任穆坪土司。他被迫还俗回乡接任土司职务后，为了消除还俗所造之孽，在位于硗碛中心的冲积平坝里，特意修建了硗碛的藏传佛教格鲁派寺庙，庙名取为"曲科绕杰林"，简称"曲林衮"，汉人译成"永寿寺"，以祝福佛教永远兴旺发达。① 另据杨国奇老人讲，这个喇嘛继任土司时，起初只念佛经，不理政务，后来认为这样做不对，遂改为白天处理政事，晚上念佛经。这一传说从侧面可以看出，当时的土司虔信藏传佛教。在土司支持下，永寿寺成为硗碛宗教生活的中心。

　　与此同时，寺院内部的管理体制也渐趋完善。永寿寺内，除主持大喇嘛外，还有二、三喇嘛为助手；下设铁棒喇嘛，主管喇嘛德行法纪；掌坛喇嘛，主管寺院祭祀活动；管家喇嘛，主管经营庙产；其基本职衔、责权与其他藏区的格鲁派寺院大同小异。② 清代，永寿寺的掌寺大喇嘛较著名者，有九九大喇嘛、卡二固大喇嘛、黑西二固大喇嘛、胡胡大喇嘛等。大喇嘛须在拉萨哲蚌寺学经，经哲蚌寺认定为喇嘛。光绪六年（1880），永寿寺盛极一时。宣统三年（1911），硗碛街上失火，殃及永寿寺。后来，在硗碛信众支持下，得以重修。直到改土归流后的民国二十一年（1932），永寿寺还有喇嘛30多人，土地2股，牦牛29头，生活自给有余。③

　　硗碛的普通民众均崇信藏传佛教，生活的方方面面均与其有着千丝万缕的联系。"死葬不穿孝服，惟延喇嘛念经。葬听喇嘛定法，或用棺埋，或应火化，或应弃河中，或应弃山上，惟喇嘛之命是从。吊问亲厚者，以紃布（原文如此，疑作紃）印番经插旗为重。有事疑心，延喇嘛打卦。"④ 宗教活动也成为民众的节日，如正月十七念菩萨经，四月十五日念哑巴经，十月二十五日念圆

---

① 硗碛藏族乡提供《硗碛喇嘛寺简况》，2004年8月26日编印，打印本。
② 参见四川省宝兴县地方志编纂委员会编纂《宝兴县志·社会风俗》，方志出版社，2000；周国康《喇嘛教在硗碛》，《夹金山下浪漫城——文化宝兴》，中国铁道出版社，2004；宝兴县志办公室编《宝兴县志·社会风土志》（草稿），1986年9月17日。
③ 四川省宝兴县地方志编纂委员会编纂《宝兴县志资料·社会风俗·喇嘛教（藏传佛教）》，方志出版社，2000。
④ （清）曹抡彬、曹抡翰纂辑：乾隆《雅州府志》，台湾成文出版社印行，清乾隆四年刊本，第267页。

根经等。硗碛人家中如果儿子较多，除留家继承的儿子，其余均送入寺院为僧人。为使出家为僧的儿子出人头地，家家都竭尽全力，送儿子去西藏哲蚌寺学经，以使其考取格西学位。

上述情况说明，作为穆坪土司属地的一部分，硗碛在土司统治时期其内部各类机制逐步完善的过程中，被逐步纳入土司统治的体系，并参与了与中原王朝之间密切的政治、经济、文化等方面的互动。

二 改土归流的历史记忆

清代后期，穆坪土司统治集团内部因为争夺权力，不断引发内讧，致使穆坪土司势力日渐衰落。这突出的表现在两件事情上。

第一，鱼通土司分立导致穆坪土司统治范围缩小。乾隆、嘉庆年间，穆坪土司丹紫江楚的妻妾包氏两土妇争嫡，长妻被迫携子移居鱼通。后在明正土司支持下，经雅州府禀明清政府，在道光十三年（1833）十一月授予其"鱼通长官司"职衔，其独立地位被清政府正式承认，从此由穆坪划分出去。①

第二，经济拮据。光绪十一年（1885），迫于经济困难，穆坪土司坚参俄洛邓得向直扎喇嘛借白银二百两，并立字为据，如到期不还，直扎喇嘛可征收穆坪土司属下外廊、邓池两村所收官项。② 以此可见，当时穆坪土司在经济上已窘迫到借钱度日的境地。

实际上，随着在穆坪土司境内的汉人日益增多，到土司统治后期，穆坪属地已变为"汉人管汉人，夷人管夷人"的统治格局。③ 清末川边改土归流时，穆坪土司因由雅州府天全县遥领，不在川边改土归流之列，得以苟延残喘。清末民初，政治局势风云突变，四川进入了军阀混战割据的时代，雅安也不断易主。此时，穆坪土司日渐衰微，已无力左右局势、统御属下。民国十六年（1927）六月，刘文辉袭占雅安地区。此时，穆坪土司绝嗣，经过头人们商议，决定自康定迎请明正末代土司之孙甲联芳前往穆坪，承袭土司职位。

甲联芳，是康区在改土归流过程中已被废除的明正土司后裔。民国九年（1920），穆坪第十一任土司坚衍熹病故，无嗣，仅存坚衍熹的嫂子坚周氏，

---

① 雀丹：《嘉绒藏族史志》，民族出版社，1995，第200～207页；吴吉远：《鱼通土司及其衙门考略》，《西藏研究》1991年第4期。
② 中国人民政治协商会议宝兴县委员会文史组编《宝兴文史资料》，第1辑，1988，第23～25页。
③ 刘德盛口述，曾英记录《关于穆坪的金、锑矿产兴衰拾遗》，《宝兴文史资料》，第1辑，1988，第48页。

但已年迈体衰，无力管理土衙政务。于是由坚周氏出面，派人去鱼通迎其女婿甲子云继任第十二任土司。甲子云在鱼通继任后，很快就病死在鱼通。至此，坚、甲两家都无后嗣。穆坪头人商议后，决定赴打箭炉（今康定）迎请已经被废除的明正末代土司孙甲联芳，来穆坪继任第十三任土司。

甲联芳来穆坪时，是民国十六年（1927）冬。这时，穆坪土司境内的民族成分已发生根本变化。原来的主要居民藏族，通过通婚等方式融合到汉族中，人口不断减少，仅剩东河硗碛一地的百多户人家。穆坪城（今宝兴县城）、羊村（今五龙乡）、初旭（今陇东乡）、盐井坪（今蜂桶寨乡）四个重要集镇，已是汉族人居住的地方。一方面，汉人之中豪绅并立，争夺崛起。另一方面，土司权力失控，无法左右局势。更重要的是，穆坪境内一万五千六百多名乡民（当时人口数，不包括上下鱼通人口）百分之九十都力求摆脱土司的"羁縻"，施行与内地汉人地区相同的政治制度，改制已是大势所趋、人心所向。

甲联芳继任穆坪土司，汉族豪绅张秉坤深感土司制度于己不利，又惧怕地方势力危及自己，于是计划挑起土司与地方势力之争，待双方火并，乘乱夺取土司印信，进而控制穆坪。于是，他向甲联芳告密，称地方乡绅对土司不满，又悄悄与地方乡绅密谋，称土司欲加害于地方乡绅。甲联芳年轻，轻举妄动，得到消息后，即召集头人商议，意欲使用武力剪除地方乡绅。地方乡绅闻讯，即提前行动，先发制人。民国十七年（1928）农历二月初七日，羊村彭德轩率西河民团阻击孙家湾（今宝兴县两河口大桥处），截断甲联芳退往鱼通之路；王国清带队伍驻扎冷木沟，阻断甲联芳败退芦山、太平之路；张秉坤坐镇穆坪，堵死甲联芳逃往天全县之路。甲联芳在土司衙内闻讯，率领警卫三人，携带土司印信，仓皇出逃。慌不择路，本想逃往芦山，于是取道冷水沟，但见冷水沟一路受阻，就改道从城内定西门去硗碛，想翻过夹金山，逃往小金。逃出不远，至凉水井（今宝兴县气象站所在地），隔河望见孙家湾人影晃动，于是翻进乱石墙埂内躲藏。因墙较高，甲联芳几次都爬不上去，一个持驳壳枪的警卫站在墙埂上，伸出左手去拉他，甲联芳脚下一滑，警卫情急，忙用右手去拉，驳壳枪失火，一梭子子弹从甲联芳头部左边太阳穴射进，使他当场毙命。三个警卫见主子已死，便携带土司印信逃回打箭炉，交给甲联芳继母[①]。民国十九年（1930）一月负责改土归流的黄煦昌特派人赴康定，与甲联芳的继母

---

① 周国康：《穆坪土司甲联芳之死》，《宝兴文史资料》，第3辑，1992，第33~35页。

交涉，以藏洋一千元，取回穆坪土司印信缴销。

甲联芳死后，刘文辉乘机加快了宝兴改土归流的速度。民国十七年（1928）六月，建昌道道尹黄煦昌奉国民党二十四军军部密令，率兵来穆坪，改土归流，在民国十八年（1929）建立了宝兴县。黄煦昌在穆坪进行的改土归流颇费周折。当年（1928）七月，张秉坤首先在硗碛发难，联络康定、鱼通等地的土司，策划夷汉纷争。十月至十一月，黄煦昌带二十四军大批人马到硗碛，终于平定纷争，于当年将穆坪土司的辖地划分为五个区，硗碛被划为第二区，土司统治至此结束。1930年，宝兴县正式成立。①

穆坪土司辖地改土归流的时间不长，历史事实也很清楚。但是，由于硗碛对土司制度的认同已经深入人心，在他们的记忆中，改土归流被称为"安汉事件"，其本质就是安排汉官来管理他们。因而，在硗碛年长者的记忆中，上述这些事件大多有另一种说法，并反映出人们对硗碛改土归流的态度。

卧嘎龙家的洒耳加老人说：

> 甲联芳是我们家老人到康定去接回来的。他年轻，说话没得轻重，不晓得尊重头人，不听头人的话，把头人都得罪了，最后才没得法。黄道尹②来安汉，他就跑，最后自己的人枪走火，把他打死了。
>
> 我们硗碛的人是给穆坪土司服兵役的，对土司忠心，所以我们不同意安汉，还和黄道尹打了几年仗，最后打败了，才没得法了。

下策尔斯基家的杨国奇老人说：

> 黄道尹打硗碛，宝兴赵孟清请黄道尹来打硗碛，硗碛不投降，要忠于土司，硗碛不同意安汉。当时是在民国时期，打了八年啊，几个公社一起打硗碛一个公社，最后投降了。黄道尹开垦穆坪，负责抵抗的头人马国梁，跑到小金去了。

以上两个回忆，与事实明显不符，特别是将原本持续几个月的硗碛改土归流时间延长为八年，但从中可以看出，当时硗碛人反对设乡安汉的情绪相当强

---

① 杨世槎：《宝兴县从改土建县到和平解放大事记：1928年6月—1950年5月》，《宝兴文史资料》，第3辑，1992，第23页。
② 黄道尹，即主持穆坪土地辖地改土归流的黄煦昌。

烈。在讲述黄道尹打硗碛时，杨国奇老人对于硗碛最后的失败流露出无尽惋惜之情，对当时"几个公社打硗碛一个公社"则表现出无比愤慨与无奈。杨明清老人1950年第一次到宝兴，在街上的人看见他后，说蛮子下来了，对此，他非常生气，说：

> 过去都是一个土司管的，安汉才20年，他们就喊我们蛮子了。

事实上，改土归流对硗碛产生了直接而重大的影响，从1928年到1950年，硗碛整体上进入了一个动荡不安的时代，而硗碛人就是将这种动荡不安与安汉联系在一起的。

三 改土归流后的社会动荡

1. 原有的社会秩序瓦解

在数百年的土司统治时期，硗碛已经形成较为稳定的社会统治秩序。政治上，由土司委任世袭的头人进行管理。硗碛有设在观音岩的硗碛总管，另有登达头人王氏、杂谷坝头人周氏。[1] 此外，可能还有一些地位较低的管事人，如杨国奇老人讲，他家的祖先杨德宝，原是土司贴身侍卫，后受封于硗碛地区。按照他所叙述的谱系，以每代25年计，杨德宝应当是清同治、光绪年间的人。此时要从清王朝受封，已经很不容易。所以杨应该是由土司委派的办事人员。经济上硗碛人由土司处获得生产资料，通过头人向土司缴纳租税，支应差役。除土司、头人，藏传佛教寺院在当地具有较高社会地位与影响力，在政治、经济上享有特权。寺院大喇嘛与头人共同掌握着社会的司法裁决权，依习惯法予以惩戒，大喇嘛的权力仅次于头人。在宗教活动中，其权力则大于头人。喇嘛享有免除差役、赋税的特权，还可占有土司、头人赠予的土地等寺属财产。20世纪50年代以前，永寿寺有土地七八十亩，并将土地租给别人耕种，还有寺属牲畜等。总体来说，硗碛形成了自土司至头人，再至普通藏民的等级式社会统治秩序，藏传佛教则控制宗教信仰领域，并享有一定的社会特权。土司拥有各类自然与社会资源，具有极高的社会权威，在硗碛社会占有主导地位。总体来说，土司统治下的硗碛社会是相对稳定的。

改土归流后，整个硗碛社会发生重大改变。民国十七年（1928），黄煜昌

---

[1] 周宝韩：《宝兴考察记》，《宝兴文史资料》，第3辑，1992，第84~85页。

消灭了反对改土归流的势力后,将原穆坪辖地划分为五个区,硗碛为第二区,以后又在硗碛设乡,实行乡政统治①。改土归流后还对土地制度进行了改革,由承种人缴纳一定的费用办理产权手续,发给《发垦证》。②

2. 社会的持续动荡

1928年以后,由于国民政府的实际控制力很弱,军阀混战,整个社会沉渣泛起,袍哥势力不断增长,匪患盛行,社会动荡不安。在此背景下,宝兴设县以后的一些措施,在一定程度上起到了促进当地社会发展的作用,表现如下。第一,改善生产条件。1931年7月,宝兴县创办"川康边防军屯殖司令部(简称屯部)第四试验农场",引进优良果木,在硗碛等地推广苗圃五处,并改良畜种及饲养方法。第二,促进民众教育。1930年,雅州屯殖司令部派服务员至宝兴硗碛等地,举办民众教育,开办识字班。1931年,清理了土司坚氏的遗产,作为教育经费,在硗碛等地开办了初级小学。1945年,在硗碛创办了边民小学。第三,促进商贸往来。川西平原的大米、盐、茶叶、麻窝草鞋等藏区所需生活物品源源不断地运入,并以此换取硗碛的药材。但是,由于社会治安局势不断恶化,鸦片的种植又导致大批枪支进入硗碛,给当地社会稳定带来严重的隐患,致使硗碛长期处于战乱、动荡的状态中。

清末民初,袍哥势力首先在宝兴逐渐发展起来,至民国二十四年(1935)之后,袍哥势力恶性膨胀。特别是1938年鸦片大规模引种到宝兴后,国民政府"明禁暗倡",致使烟祸泛滥成灾。③ 袍哥组织通过大量种植、贩运鸦片获利,并购置枪弹。与地方势力沆瀣一气,利用宗族等关系,独霸一方,相互械斗。④ 同时,匪患(当地称为"棒客")成灾,各地土匪不仅划分势力范围,而且出任地方"民团",打着维护社会治安的幌子,明火执仗地抢劫财物。县政的腐败,地方势力的膨胀,匪患与烟祸成灾使得社会动荡不安。时任国民党宝兴县党部书记长的唐绍炯总结道:"宝兴县自民国十七年改土设治以来,平均三年有一小乱,十年有一大难,如十七、八年汉夷相争,二十一、二年的二十八军攻扰,近几年来的地方私斗,已经弄得民穷财尽,在地广人稀的情形之下,要当富庶之县二十亿之损失。我县就像一个多灾多难的孩子。""因匪患严

---

① 据《宝兴县志·行政区划》载,1929年,在宝兴设八个乡,其中,自公乡西北靠小金,南连盐井、上三村,东界汶川县,应当主要是指硗碛藏族乡。
② 宝兴县志办公室:《宝兴县志·社会风土志》(草稿),1986年9月17日。
③ 杨国治:《西康省雅属的烟祸》,中国人民政治协商会议四川省雅安市委员会文史资料研究会委员会编辑《雅安文史资料选辑》,第3辑,1986,第27~41页。
④ 宝兴县志办公室:《宝兴县志·社会风土志》(草稿),1986年9月17日。

重，人民终日在恐怖中过活，如此情形，老百姓如何活得出头。"① 硗碛亦不能幸免。自改土归流至20世纪50年代，硗碛战乱不断，生灵涂炭，民不聊生。较大的战乱包括：1943年12月，因收公烟分赃不均，藏族乡长杨升安为头人杨升品暗杀；1946年7月，杨升安之子杨明儒与盐井李现春密谋，枪杀杨升品；同年，邓锡侯下属朱建武率领300余人企图抢劫硗碛，在凉水井遭到伏击，全军覆没；1947年6月，大邑郭保之率领1000余人，联合盐井地方武装抢劫硗碛，与夏吉三发生械斗，"兹经探明，受灾居民一百二十八户，损失财物逾亿。该乡（时名自公乡）各村中牛马牲畜、农物被褥、粮食家具均被抢劫，损失之重，还无统计"。② 硗碛人回忆，当时郭保之"打得很凶"，以致大家纷纷逃难到深山密林中，以炒玉米为食，死了很多人。1948年春，李现春袭占硗碛，大肆劫掠，并"欲于乡下每一藏族住户，将男丁杀毙，用自己匪众，挨户分配一人，实行繁衍匪类"。在西河杨克举援助下，夏吉三、杨福廷击溃李现春。③ 当时硗碛的地方武装，人数多时2000人，少时1000余人，④平时生产，战时打仗。硗碛战乱既有内讧，也有外地势力入侵，还有内外勾结，互相械斗，战乱连绵。这一段历史，被认为是硗碛历史上最乱的时代，硗碛人将之归结为土司统治的瓦解，杨明清老人说："以前土司在的时候，五寨（指硗碛五寨）不存在'你打我，我打你'的情况，现在土司不在了，就互相打。"历次战乱，硗碛人大受其害。战乱之虞，抢劫、绑架之事层出不穷，民众惶惶不可终日。杨国奇老人感慨地说，如果不是解放了，"民族人（称当地的藏族人）就要灭绝啦"。

从上述情况可以看到，民国时期，硗碛的改土归流是在特殊历史条件下进行的。当时川边大部分藏区已改土归流，土司制度在藏族地区全面瓦解，穆坪土司在改土归流前已经衰微，不能控御局面。改土归流后，由于整体社会秩序

---

① 《康乱微信录（张善）》，《新新新闻》民国三十六年（1947）三月二十七、二十八日。有关匪患，见《宝兴近况》，《西康日报》民国三十六年（1947）八月二日、八月三十一日；《宝兴土匪王永章、张树全抢劫杀人，畏罪潜逃》，《健康日报》民国三十五年（1946）三月十六日；《宝兴路断人稀，保哨抢劫商旅》，《新新新闻》民国三十六年（1947）九月二十九日；《夫妇相偕返里，中途遇匪拦劫》，《新新新闻》民国三十七年（1948）一月八日。以上均见《宝兴文史资料》，第1辑，1988，第71~74页。
② 《宝兴硗碛发生械斗，人民财产损失颇剧》，《西康日报》民国三十六年（1947）六月二十二日。见《宝兴文史资料》，第1辑，1988，第74~75页。
③ 《宝兴硗碛多难，杨升品被暗杀》，《西康日报》民国三十六年（1947）六月二十二日。见《宝兴文史资料》，第1辑，1988，第75~76页。
④ 此处数据由夏金安提供。

混乱，硗碛的地方势力逐渐兴起，独占一方,① 加之匪患、烟祸成灾，直接影响到社会的稳定，硗碛也深受其害。

小　结

硗碛位于汉藏边缘区域，历史上的文化面貌比较复杂，明代之前，与中央王朝的关系时断时续。唐代吐蕃势力进入之后，藏传佛教逐渐深入当地社会，在硗碛形成了对藏传佛教的宗教认同。明代以后，硗碛被纳入中央王朝的朝贡体系，土司制度的建立，逐步在当地形成了对于中央王朝的国家认同。

在 20 世纪，硗碛社会经历了剧烈的社会变革。20 世纪初，这里还保留着完整的土司制度，中央王朝—土司—头人—百姓的政治统治体系和藏传佛教的思想体系相互作用，形成其特有的社会面貌。1928 年改土归流后，硗碛社会制度变革，社会动荡，疾病流行，民不聊生。到中华人民共和国成立后，情况才逐步好转。

---

① 张启新提供，政协文史委整理《解放前宝兴县的行政及其它机构设置概况》，《宝兴文史资料》，第 3 辑，1992，第 9~12 页。

第二章

土地制度与房名的获得

硗碛藏族自称"绒巴",嘉绒语含义即农民,在我调查的过程中,人们总是反复强调农业为本的思想,在这样的社会中,土地制度总是影响社会结构和文化特征的关键因素。正如巴特(Barth)在研究了阿富汗山区斯瓦特巴坦人后所指出的,"人与土地之间的关系是理解这一关系网络的关键,因为地方群体的存在是以全体成员对土地的依赖为基础的"。[①] 根据对西藏的研究,西藏在1959年以前的土地制度可以概括为:"在中央封建王朝授予的权力下,西藏地方政府或其他直属中央的封建统治者掌握了西藏土地的实际控制权,他们再把全部土地分配给三种不同的占有者,即僧、俗领主及这些领主共同组成的行政机构,由这三种领主分别管理和经营。"这一土地制度决定了农奴对领主的人身依附,"他们在为领主服役之余,用自有牲畜和农具在领主分与的份地(或牧场)上经营自己规模不大的农牧业生产,并且依靠这些生产(或者再加上出卖劳动力)的收入来维持生活"。[②] 格勒在讨论阿里农村的传统土地制度和社会结构时指出,"封建"一词在藏语中有"封嗣"和"继承"的双重含义:"在封建社会中继承的主要财产必然是土地,因此当我们了解这种社会制度中人与人最基本的社会关系时,离不开讨论一个主题,这就是土地问题。在传统的西藏社会中,'封建'这个词包含的主要特点仍然与土地密不可分。在那里,土地不仅作为一种自然条件而存在,而且作为最重要的财产代代世袭。""换言之,土地制度是西藏传统社会中一切社会关系的继承。"[③] 这一土地制度也是房名获得的主导因素。阿吉兹对定日农民的研究表明:"房名常常体现出

[①] 弗雷德里克·巴特:《斯瓦特巴坦人的政治过程》,黄建生译,上海人民出版社,2005,第92页。

[②] 多吉才旦主编《西藏封建农奴制社会形态》,中国藏学出版社,1996,第57页。

[③] 格勒:《阿里农村的传统土地制度和社会结构》,载《格勒人类学、藏学论文集》,中国藏学出版社,2006,第337~338页。

家庭情况，在定日社区内，大部分人都知道当地各户人家的地位。他们知道，只占有房名，意味着绒巴地位。他们还能通过类似房名的称谓来断定这是一户新迁来的人家或是住在镇上的人。对于堆穷和流民也很好识别，他们根本没有房名。"[1] 由于房名与土地制度间存在紧密联系，而中国在20世纪内的土地制度经过了颠覆性的变化，因此，我们将在本章讨论土地、土地制度与房名的获得之间的关系。

第一节　土地和生计

硗碛是中国西南山地的一部分，由于位于青藏高原边缘，山高坡陡，土地贫瘠，农耕产出很少，因此拥有一定数量的土地就成为人们生存的必要条件。我们在上一章讨论了当时硗碛的土司制度，指出土司制度限制了人们获得土地的途径，从而使房名变成了其社会结构的单元。由于土司拥有全部土地，并将土地划分为份地分给每个房名使用，使用份地的人承担土司的劳役和差役，每一个房名都和土司给予耕种的这块土地密切相连，土地不能增加，房名也不能增加。所以，硗碛人的房名从一开始就与土地制度联系在一起，获得房名，就是获得土地使用权以及与此联系的社会地位、差役租税等，也是保证房名内家人共同生存的手段。为了说明土地作为生产资料在硗碛社会中的决定性作用，我们将在本节讨论硗碛的土地和"绒巴"们的生计问题。

一　耕地、草坡和林地的分布

在硗碛，土地被划分为一个的"山场"，一个山场由一条相对封闭的沟组成，村落与周边的资源划分按照水的流向和山脊决定，人们称为"山分梁子水分沟"。实际上就是一个小河流的集雨区都属于一个山场，而这个山场同时也就是一个村落。冰丰所在的嘎日沟就是这样一个村落。

嘎日沟是硗碛的四条沟之一，由"当木周"和"卡尔贡"两个山梁和嘎日河共同组成。嘎日河从西北向东南奔流，汇入硗碛水库。硗碛水库从西北到东南，地势的海拔逐渐降低。嘎日村分为冰丰组、丰收组和嘎日组三个村民小组。但从当地的称呼看，仅仅以嘎日河为界，分为文洁和嘎依两个部分，文洁所在的山梁东西向，为"阴山"，日照不充分，土地产出较低，居民较少；嘎

---

[1] 巴伯若・尼姆里・阿吉兹：《藏边人家——关于三代定日人的真实记述》，翟胜德译，西藏人民出版社，1987，第71页。

依所在的山梁南北向，日照时间长，气温较高，因此居民较多。1958年集体化时，嘎依被划分为嘎日和丰收两个队，文洁则被称为冰丰，既取其气温较低、冰霜较多的含义，也取希望其丰收之义。

整个嘎日沟就是一个小流域。大部分住户集中居住在海拔2400米以下的区域，我的房东卧嘎龙家居住地海拔2230米。在2005年水库蓄水前位于半山，蓄水后，库区水平面达到2000米，房东家的地势就不太高了。卧嘎龙家在全村最靠东南的位置，是嘎日沟最靠外的一户人家。从卧嘎龙出发，乘长安面包车顺环湖路到嘎日村的最后一户人家，大约有30公里路程。再过3公里后，就可以到夹金山林业局嘎日沟工程区城墙岩沟森林管护站，海拔2270米，当地人将这里简称为"九工段"。从这里开始，就进入夹金山林业局的封山育林区，除了采药人的工棚外，区内从来既没有住户，也没有农田。到九工段以后，顺嘎日河向西北，就只有可供徒步前进的小道了。徒步行走大约2小时，到达城墙岩沟与草棚沟的分界线。在这里，从东北向西南而来的草棚沟和从西向东而来的城墙岩沟汇合，开始称为嘎日沟，这里的海拔大约2400米。从这里开始，周边山上海拔为2500~3500米的高山草坡，就是整个嘎日沟居民的牧场。人们无法再沿山谷行走，放牧时必须翻越连绵不绝的高峰才能到达自己的牧场。沿城墙岩走约6个小时到达大湾工棚后，就可以看到照壁山，照壁山的山脊，就是宝兴和小金的边界了。

嘎日沟的居民点分布在夹金山林业局的封山育林区外，几乎没有房屋相连的聚居点，大部分的房屋零星地修建在自己的承包地旁边，房屋周围分布着林地。在夹金山林业局的封山育林区内，有丰富的动植物资源，如，国家一级保护植物水莲香、红豆杉等，还有熊猫等保护动物。而在海拔2500米以上的高山，是大片的草场。

在这样的自然环境中，农业是人们赖以生存的基础，当地居民以山地农耕为主，兼营高山牧业，在传统经济中，狩猎、采药都是非常重要的经济来源。

二 山地农耕

在硗碛人的观念中，农业是根本。当地谚语说："打枪放炮不经用，农业才有用。"[①] 含义是上山狩猎一次，可以获得非常丰厚的收入，但这些收入会很快用完，农业的收入才是最重要的。还说"农业与天一样大"[②]。林业在当

---

① 意译，硗碛语音为"daledalewagaba, daximadeqian"。
② 意译，硗碛语音为"simujiabu"，simu意思是"农业"，jiabu意思是"像当官一样"。

地也是重要的收入来源,但当地人还是讲:"砍木头挣短钱,种地挣长钱。"①农业在当地人的社会生活中也是最重要的活动。喇嘛在当地社会中人数不多,而社会的宗教需求很大,因此每个喇嘛都忙于到各家农户中从事宗教活动。且硗碛的喇嘛属于藏传佛教格鲁派,教规要求其脱离生产劳动。但当农事繁忙时,人们也会要求大家都来帮忙,所以有谚语说:"农活忙了,喊喇嘛来帮忙都不能推脱。"②

从土壤类型看,硗碛的土壤类型包括黄棕壤、山地暗棕壤、草甸土、黑毡土和高山荒漠土,缺乏适于农耕的优质土壤。这里气候高寒,土层浅薄,土质贫瘠,不利于农业发展。乾隆《雅州府志》称当地"不种稻,只有杂粮,刀耕火种,全凭人力,难用牛犁"。③ 以往农业生产技术落后,农业产量极低,至1952年,亩产量仅为37公斤。④ 近年来由于提倡科学种田,引进优质粮种,粮食产量有所提高,到2008年粮食平均亩产大约400公斤,全乡产量已达到356万公斤⑤。

硗碛山多田少,一般耕地均在山坡上,山势高峻而又紧凑,耕地面积总计10875亩。土地贫瘠,出产不丰。硗碛农作物主要有玉米、洋芋、荞麦、小麦、青稞、大白豆、豌豆、油菜、花椒、青菜、白菜、芹菜等。海拔较高,缺乏水稻土,均不利于稻作物生长。1972年开始曾在河坝试种水稻、旱稻,终因水质冷,海拔高,仅维持两三年,因此当地食用大米均从外地输入,每户每年要预留部分洋芋或大白豆等作物换取大米。所有田地依据亩产量分作五个等级:头等地亩产300公斤,二等地亩产225公斤,三等地亩产150公斤,四等地亩产100公斤,五等地亩产50公斤。一、二、三等地面积占到全部面积的80%,1982年土地承包到户时,是按照每户人口多少,分别分配不同等级的田地,因此各户之间土地质量的差距不大。

以上农田均实行套种,20世纪80年代后期开始使用地膜,现在已经普及。套种时一般是两行玉米中间种植洋芋等作物,先点种洋芋,再播种玉米,

---

① 意译,硗碛语音为"xieribaxierila"。
② 意译,硗碛语音为"genbagerila"。
③ (清)曹抡彬、曹抡翰纂辑:乾隆《雅州府志》,台湾成文出版社印行,清乾隆四年刊本,第267页。
④ 邓廷良:《明正土司考察记》,李绍明、童恩正主编《雅砻江上游考察报告》,中国西南民族研究学会、甘孜藏族自治州人民政府编印,1985年内部印刷,第46页。
⑤ 硗碛乡2008年农业经济统计报表提供的数据,亩产是一个平均数据,大体上海拔较低、日照较好的土地玉米可以达到400~500公斤。

玉米间距为1.5~1.8尺。以往种植玉米需育苗，现在直接点播即可。农事的安排都依据农历进行。育苗一般选在春分后，选取优质土壤，以肥料和匀，放入种子，半个月或二十天后成苗。一般农历四五月播种玉米，雨后覆盖地膜，播种时伴随使用草肥或化肥，六月再施肥，十月左右收获，收获后将玉米晒干后存放于锅庄房顶楼。二月种植洋芋，施草肥一次，洋芋苗出土时施农药，不薅草，种子自留，七八月收获，20世纪90年代后实行大面积套种洋芋。收获洋芋后，种植萝卜，一般十一月、十二月收获。玉米、洋芋、萝卜主要用于喂猪、牛、羊等家畜。以前也种植荞麦，因产量低，现在种植较少。小麦种植亦较少，每年每户需换取面粉。每年需耕地三次：冬耕在冬至时节，春耕在二月，三月还要耕一次。粮种大多由乡政府统计后统一于年初购买，玉米种为80年代自山东引进的良种，与当地粮种合用，使玉米亩产由200~300斤提高至上千斤。农户时常在高山地区与河坝地区互换粮种以提高产量。肥料分农家肥与化肥两类，农家肥主要是草肥、粪肥等，化肥则是1978年开始使用的。农户一般有自家林地，种植果木等，也有少量菜园地，蔬菜产量、种类较少，食用蔬菜大多购买。主要农具有犁、锄、镰刀、背篼等，常见牛耕，为二牛抬杠式（用两头牛共拉一架犁，俗称二牛抬杠）。[①] 现在普遍使用小型整耕机械。因田地大多分散在缓坡上，难以使用机械作业，收获时需用背篼将收获物从山坡上背至家中。除河坝外，田地灌溉多依靠自然降雨。从事农业的主要是女性，农忙时节，男性亦可帮忙。威胁当地农作物生长的主要病虫害有霍烟包、黑穗病等，其他自然灾害如风灾、雪灾、冰雹、霜灾均对农业构成危害。

由于农耕的需要，硗碛人根据农历对自己的农事时间进行安排，按照所种土地的不同，分为砍火地（刀耕火种）和种田地两种。

1. 砍火地

凡是未经垦种的零星土地或者石块太多的地，或海拔较高被野生灌木林覆盖的地方，都可以砍成火地。火地是指刀耕火种所使用的土地，砍火地一般是砍自家田地地边的坡地，不到别人家林地乱砍。20世纪70年代以前，硗碛人大部分耕种这样的土地。砍火地的前提是土地面积要广，因此人们以前都喜欢住在海拔比较高的地方，在这里砍火地可以向山上多砍一点，不会引起矛盾，加之海拔越高的地方越是地广人稀，便于广种薄收。

砍火地的时间安排，一般从农历七月中旬至八月中旬开始，将田地周边的

---

① 雅安市文管会：《雅安地区文物志》，巴蜀书社，1992，第193页。

灌木砍到。这时候砍，是因为砍晚了树叶就会从树上落下，不容易把树叶烧完。砍早了，气温高，湿度大，砍掉的树桩还要发芽。火地砍好后，让阳光将砍下的树木晒干。第二年正月底二月初开始烧火地，那时天气寒冷干燥，直接烧就可以了。烧过之后再放一段时间，让草木灰变成的肥料渗透到地里。三月初挖火地，挖好后撒播麦子或者苦荞。五月底六月初就开始收火地麦子、荞子，然后种冬荞。砍火地的劳动量集中在砍树木和挖火地两个阶段，田间管理主要是除草。整体讲不是太费劳动力。

火地一般比较贫瘠，都是轮作。第一年三月撒下荞子、翻土，五六月便可收获，到十月播下麦种、翻土，第二年夏天收获，秋天种下油菜籽，第三年三月又收获。种火地所费人工较少，除砍树烧灰肥而外，其他不须施肥，便可接连收三季庄稼。也有因地力太薄，只种一季或二季的。如三季收了地力未尽，就可以改为熟地，年年耕种。这种火地，可称为半耕地，因地力有限，须有"轮歇"期限。

到20世纪80年代，由于地膜玉米的栽种，粮食问题完全解决了，加上保护森林，大家都不再砍火地。

2. 种田地

由于硗碛的人均土地较多，砍火地和种田地的时间是错开的。种田地要深耕，土地要耕三次，第一次冬至前冬耕，清明前二道耕，清明三道耕。一般在正月底二月初就耖地、起肥、积肥等，做好准备工作。三月中旬开始点播玉米，从清明到谷雨都是下种季节。最重要的是三道耕，耕前撒豆子，第二天就耕地，过了三四天就种玉米。种玉米先打窝子，放种子，再放肥料。种下15~20天就开始除头道草，将长在玉米窝子里的豆子都拔了，让玉米长。玉米外的则保留。端午前就可以完成连续除三道草的工作。八月到九月，主要是收割玉米，种冬麦。十月，把玉米全部收完。到十一月，就进入农闲时节，人们打斋、接亲、修房造屋。唯一的劳动就是冬耕。到十二月，过年的气氛就很浓了，人们杀过年猪，走亲访友，迎接新年。

种田地比砍火地辛苦，不仅因为种玉米田间管理工作繁重，而且要防范野兽糟蹋庄稼。如果土地在高山台地上，就费事多了，因为耕地与非耕地之间，杂草丛生，野兽出没，基本上从庄稼发芽到收获，都需要在田间守卫，所以除非家里劳动力多，一般都不在高山台地种田。没有土地不得不在高山种地的人家，会非常辛苦。例如，泥巴沟柯家的女儿南卡曼，就是因为不愿意到高山守庄稼而选择嫁到冰丰的森提家来，做了当家的媳妇。她说：

> 我 21 岁的时候说亲，不认识爱人，与爱人家有亲戚关系，因为阿注（女曾祖）也是嫁到森提家，到我是第四代，再开亲是亲上加亲，比较好。说亲的是阿若（爱人的爸爸），来了两次后，妈妈才跟我说是来说亲的。之前，泥巴沟有家来说亲，从 13 岁就开始来说亲了，说了几次，都不同意，因为他家位置高、野猪多，嫁过去要守玉米地，有些害怕。森提家情况就要好些，不用守庄稼。

在 2008 年底，嘎日村有土地证的耕地为 1587.2 亩，但是当年实际耕种的土地达到 4891 亩。这是因为在 1983 年包产到户后，人们又陆续开垦了不少荒地。在这些土地中，4476 亩被用于种植粮食作物，主要是玉米 1993 亩，豆类 1148 亩，洋芋 1335 亩。剩余的 415 亩用于蔬菜种植。2004 年，人们开始退耕还林，耕地登记证上的土地数量年年在减少，但人们实际耕种的土地并未大量减少。因为人们一般是将开荒的土地先退耕还林，而保留距离家屋很近、质量较好的耕地。我的房东卧嘎龙家，土地承包证上只有 10 亩耕地，退耕还林证上就退了 10 亩，他们实际耕种的土地还有 10 亩多。

3. 养猪养鸡

对硗碛藏族来说，猪是必须养的，一是他们日常的肉食主要是猪肉，二是仪式性活动需要。如过年的时候必须用煮好的猪头、猪膘、香猪腿来敬家神和祖先，家里有婚丧等大事时，猪膘和香猪腿都是必备的。

2009 年 9 月底我在卧嘎龙家时，有一位客人想买硗碛非常有名的香猪腿，因为还没有到杀年猪的时候，卧嘎龙家没有。这时，女主人阿仲就帮我们联系她的亲戚，她首先信心满满地说：

> 阿太的大姐家肯定有。因为大姐的女儿 10 月 2 日结婚，原来说回来结，大姐就准备了好多香猪腿。后来男方家决定在雅安结婚，这些香猪腿就没用了。

然而她打了电话后，很懊恼地说，因为"十一"黄金周要到了，昨天有开藏家乐的人来，大姐把香猪腿都卖了。第二天，她高高兴兴地告诉我，嫁到嘎日的二姐家还有，因为：

> 二姐家的两个老人都已经 80 多岁，尽管老人都健康，但没有人敢说

他们不会生病或者出事,如果要办事(指丧事),必须要有香猪腿,所以他们家一定会留到快杀猪的时候。

卧嘎龙家养了6头大猪、1头母猪和10头小猪,每天要喂,阿仲很辛苦,根本不敢到其他地方去,当我很疑惑地问她为什么要养这么多猪时,她说:

> 两位老人都70多岁了,按照习惯,过了60岁的老人就要修坟山,今年冬天我们就要给两位老人修坟山,到时候要用很多猪膘和香猪腿,所以必须多养几头猪。

硗碛的猪大部分是散放,走在路上,常常在山坡上看到成群结队的猪。我们刚到卧嘎龙家时,她家的母猪下了一窝10头小猪,只要不下雨,阿仲就会把母猪牵出来,拴到能晒太阳的地方,小猪则自由地到处乱跑。在我们参加祭山会时,也有人将母猪和小猪牵到祭山会现场放养。猪也有圈养的,喂养的饲料主要是玉米或洋芋,也有从山上和地里打回来的猪草。卧嘎龙有六头猪是圈养的,每天阿仲要打三次猪草,把打回来的猪草和玉米一起喂猪。农忙时将玉米泡涨后喂,平时则将玉米磨碎喂。全村每户人家都养2头以上的猪,多的达到10头左右。养猪还有肥料可以肥田。所以全村2008年宰杀了1413头猪,还有1526头猪存栏。

农田的产出也用于养鸡。因为鸡是生活必需品,平时亲朋好友、长辈等贵客来了就要杀鸡,鸡大部分是自己吃,很少卖。有事情办席的时候,必须有鸡、鸭、鱼。因此硗碛养的鸡数量很多,仅仅在嘎日村,2008年,据村委会粗略估计,全年养鸡达到15000只。

三　高山畜牧业

硗碛草场资源丰富,牲畜种类主要包括牦牛、黄牛、奶牛、羊、马、猪等。畜牧业成为当地主要的经济收入来源。大多数家庭均有数十头牦牛,牦牛一年四季放养于高山草场上,放养牦牛一般由男性担任。冬天,将牦牛驱赶至较低矮的山地处放养,因草料不足,需背负粮食,以玉米面喂养牦牛。在提供肉、奶等食用品同时,每户每年出售部分牦牛,这是当地多数家庭的主要现金收入来源。黄牛半山放养,以玉米皮和玉米秸为主要饲料,9月玉米收割后,将玉米秸晒干、储备,以用于冬天黄牛圈养时食用。羊群放养于山坡上,晚上驱赶回羊圈，羊只主要用于取毛皮纺织制衣。马匹属小金马型，放养于山上，主要作为短途骑驾、运输之用。

嘎日沟的草场究竟有多大面积，无论是村里、乡里还是农户都不清楚，因为从来没有实地测量过。但整个硗碛乡的草场是60.9万亩，嘎日占到约25%，超过15万亩。在这里，人们放牧牦牛、黄牛、羊、马等牲畜。2008年年底存栏的牦牛有10277头、黄牛757头、马212匹。在当地人看来，畜牧业是主要的现金来源，达尔嘎美地家的郭志中老人说：

> 我们硗碛人以种地为主，养牛是附带的，主要是为了挣钱，一般自己家里宽裕的，八月十五就杀一头牛来自己吃，其他都是拿来卖。马和骡子主要是用来做交通工具，上山的时候驮饲料、人骑，现在也卖马肉。我家现在养了十五六匹马、两头骡子。
>
> 旧社会要有本钱、有能耐的人才买得起牦牛，现在要有经济来源、有劳动力的人家牦牛才多。

牦牛耐寒，一年四季都在高山牧场放养，一般采用委托放养的方式，即一个村落有一户人专门放牧，称"牛头"。"牛头"一年四季都在山上。这户人的粮食、生活用品都由入股委托代养的人家集体供给。高山牧场一般距离村落很远。例如，卧嘎龙家的高山牧场，从嘎日沟的红旗苗圃开始，就需要登山，经过割牛背、茅子棚、盆盆湾、小牛湾、大湾、干沟、五道槽、活种、门的尔卡、干草林、可把可、双海子、小沟、城墙岩、新棚、牟思白、大印山，才能到达。已经是在宝兴与小金的边界了。当地人从冰丰出发要走约24小时，途中要搭棚子住一夜。因此，家里劳动力少，就不能在高山牧场放牧。现在因为在山上放牧太苦，已经没有人家愿意整年待在山上，山上的牦牛多数没有人看管，经常被盗。2008年，嘎日草棚沟的牦牛被偷的多，后来大家就把牛杀了卖了，"一场牛"①就没有了。再后来，因为小金的牧民到草棚沟只要半天，比嘎日近得多，所以大家和小金的牧民商量，让他们越界过来放牧，嘎日的牦牛也请他们代养，双方五五分成，这样草棚沟才重新开始养牛。

黄牛和犏牛在硗碛具有很重要的地位，因为土地面积较大而且分散，三次耕地都需要耕牛，所以每家都必须养牛，否则就无法完成农业生产。黄牛和犏

---

① 硗碛人把在同一个高山牧场放养的牛称为"一场牛"。

牛都不能在高山牧场过冬，每年春季会放养到高山牧场，冬季则赶回居所放养。放牧的季节，以农历三月三为分界。因为三月三前，两次春耕都已经完成，不再需要牛。而且庄稼会很快发芽，也容易被牲畜糟蹋。每年三月三祭山会结束后，黄牛、犏牛、羊、马就开始被赶上山场。过去在山场，牛采用厂养制，即大家推荐一个有经验的人任"牛头"，一直负责放牛，牛头的报酬由有牛的人家根据牛的数量提供。同时，要有两个"协帮"，一般10天一轮，由各家各户轮流派出。如果牛群遇到野兽或者被盗，协帮要帮忙去找，找不到，"牛头"就会被责备，甚至要赔偿。到了秋末，根据高山牧场的气候和海拔，也根据放牛的关栏情况来决定牛下山的时间，高山下山早，低山稍晚，一般农历八月十五后开始下山，九月初、十月初下山的也有。到了约定的下山时间，主人家要上山去点清自己的牛赶走，否则牛头就不管了。现在已经没有牛头制，各家各户的牛都是自己养，有劳动力的就多养，没有的就少养。卧嘎龙家的老人洒耳加说：

> 硗碛还是嘎日沟牦牛最多，有几千头，几乎每家都有牦牛。嘎日的牛场与小金的牛场以山梁为界。牛场远的要走两天才到，近的要走半天。各人（每家）想养好多头，就养好多头。嘎日村平均一个人有十头左右。我家牛场有几千亩，寡岩（悬崖）、峡谷多。牛是下户（指包产到户）的时候分的，一个人一头半牛，下户时折价犏牛100元左右，上山的牦牛50~60元。山场没有分给个人，每个村以沟沟为界，各村在各村的沟沟头放。牛场是自己去占的。

后来得知，卧嘎龙家养了200多头黄牛和牦牛，为此，专门请了一个外地的汉族为他们放牛，仅2009年就支出工资1.15万元。因为牛场太远，每年到冬天，当家的儿子阿太就到牛场去，把需要卖的牛赶到小金汉牛镇全部出售了。其他的牛就放养在山上。现在因为牛太多，草场退化，所以他每年都控制牛群的规模，一般是生了多少小牛，就卖掉多少大牛。2008年就卖了46头牛。

达尔嘎美地家郭志中老人的儿子也在山上看牦牛，他家自己有20~30头牦牛，和其他三家人轮流看。牦牛的奶制品，主要是酥油和奶渣，是硗碛人日常生活的必需品，从前每天每头牛都要挤奶，每天挤两次，现在因为没有劳动力，养牦牛已经不挤牛奶了。卧嘎龙家的酥油，是他们在小金县枷但湾的朋友每年送来的。其他人家，则到小金购买。

四 采药和造林

1. 采药

硗碛的林地按照海拔高度不同分为三类，林中的木材和药材资源均十分丰富。第一类是落叶、阔叶混交林区（海拔1800~2800米），主要分布在夹拉、嘎日、泽根三个村，林中主要药材有牛膝、白术、党参、天麻、大力子、川姜朴、黄檗、厚朴、杜仲、云木香、五味子、红毛三七、鹿含草、白芨、七叶一枝花、黄精、鸡血藤、香巴戟等。第二类是针叶、阔叶混交林区（海拔2800~3800米），主要分布在长崖屋、城墙崖，主要药材有川贝母、川赤芍、绿升麻、独活、泡参等。第三类是高山草甸灌丛区（海拔3800~5000米至5000米以上），主要分布在三道坪、中梁子、六房沟、银台子沟、波日沟、双海子、草棚子、铜槽子等地。主要药材有大黄、川木香、羌活、黄芪、雪莲花、佛掌参、雪上一枝蒿、草乌等。因此当地人非常善于利用药材。民间常常讲"人穷山不穷"，到没有收入的时候，人们往往上山采药换取现金。

早在民国十四年（1935），周宝韩就记载[①]了宝兴药材出产情况和宝兴县零星药材出产情况（见表2-1、表2-2）。

表2-1 宝兴县三区硗碛药材出产情况

药名	产量	产地每斤售价
羌活	万余斤	一吊六
木香	二万余斤	九百
大黄	二千斤	八百
独活	二千余斤	八百
升麻	数百斤	七百
前柴胡	千余斤	六百
天麻	百余斤	七百
赤芍	千余斤	八百
贝母	三百斤	三元

注：每元值二十余吊。

---

① 周宝韩著，宝兴县志办录《宝兴视察记》，连载于1935年《边事研究》，中国人民政治协商会议四川省宝兴县委员会文史资料委员会编《宝兴文史资料》，第三辑，1992，第62~63页。

表 2-2　宝兴县零星药材出产情况

药名 \ 产地产量	各区均有	三区硗碛	每斤价值
当归	百余斤	—	—
黄檗	数十斤	—	—
枝紫皮	六百斤	—	—
官桂	数十斤	—	—
泡参	二千余斤	—	二三吊
瓜蒌	数十斤	—	二三吊
续断	数百斤	—	五百
麻黄	—	三百斤	二吊余
香本	千余斤	—	六百
黄芪	—	百余斤	一吊余

从表 2-1、表 2-2 中可以看到，硗碛出产的大宗药材有羌活、木香、大黄、独活、升麻、前柴胡、天麻、赤芍、贝母等，零星药材有当归、黄檗、枝紫皮、官桂、泡参、瓜蒌、续断、麻黄、香本、黄芪等。

1951 年 1 月 21 日《宝兴县第二区硗碛乡一年来的工作总结》[①] 记载，当地居民"除耕种外，从事挖药打猎以补助生活，药材以大黄、贝母为大宗，次为木香、羌活等。大黄能年产三万斤，约值人民币一亿多元[②]，木香三十万斤，约值人民币十亿元，此外还有天麻、独活、泡参、赤芍等蕴藏也不少。山货出产种类很多，估计每年可以猎取鹿茸三十架，麝香五十个左右。其他还有各种兽皮，据说以金线猴皮[③]的价格最高，产量很多，但不易猎取。此外还有大量的蜂糖、黄蜡、木漆等出产"。

到 20 世纪 70 年代，因为生活困难，大部分硗碛人的现金收入都靠药材。嘎日组的王组长在带我们去嘎日沟深处时，一边走一边说：

我十几二十岁时，每天都在山上，一年四季都可以挖药或者打猎，就

[①] 存于宝兴县档案馆 2-1-26 卷，第 106~119 页。
[②] 后来人民币币值改革时，1 万元旧币兑换 1 元新币，约合 1 万元，下同。
[③] 指金丝猴。

是靠这个买盐吃啊。

按照当地的习惯，挖药是男人的事情，但是，迫于生活的压力，20世纪70年代也有许多女性加入挖药的队伍中，阿仲就是其中的一个。她告诉我，挖药是最稳定的赚钱方式：

> 有一段时间，大哥去当兵，小弟上学，家里只有三姐妹，大姐做家里的活路，二姐下地干活，我就上山挖药。我第一次上山是11岁，挖贝母。我记得特别清楚，那个时候人小，背了30斤粮食，还有铺盖，还有一些做饭的工具。有一个老辈子①是男的，带我们七八个女娃娃，我是最小的。走一天路到山场上，然后老辈子就帮我们搭棚子，第二天开始就各自去挖，晚上回来一起煮饭吃。挖了40天，我是最小的，挖得最多，挖了2斤多，下山卖了200块钱，给了妈妈100块，自己留100块。过节的时候去宝兴就有买东西的钱了。挖完贝母过一段时间又上山去挖其他药材，下山卖了300块，给了妈妈150块，自己留了150块。我最喜欢挣钱的活路。所以没有觉得挖药很苦。

2. 林地和造林

嘎日沟的林地分为两部分，一部分是村的集体林，在实行土地承包制的时候一起承包给了村民；另一部分是国有林，由四川省夹金山林业局管理。

嘎日沟的工业化伐木开始于1955年，当年12月成为雅安森工局102伐木场，1956年，整个硗碛成为刚成立的"四川省森林工业局宝兴森工局"采伐地，1965年，可以采伐的原始森林采伐完后，该森工局搬迁到色达县，硗碛的工业性采伐结束。1978年夹金山林业局再次进入，将曾经采伐过的沟槽尾部和原来由于交通条件无法采伐的区域再次采伐殆尽。1980年，夹金山林业局在上述地方开始迹地恢复，人工造林。到1998年，夹金山林业局改为全部从事造林护林的林业企业。现在嘎日沟大部分林地已经郁闭。

在夹金山林业局实施采伐期间，大部分的采伐工人来自当地群众，因此，嘎日沟45岁以上的人都有采伐的经历，雍仲错告诉我们：

---

① 指长辈。

12岁（1978年）的时候到夹金山森工局砍木头，力气小砍不动，就和幺爸的老丈人一起，他砍后，我就把砍下的木头从山上拖下来，到泥巴沟有水的地方，做个记号堆好，堆到10根就顺水放下，到平坝的时候就用抓钩捞上来，就算5根是他的，5根是我的。那时宝兴河水大得很，淹过我的胸口，当时只顾挣钱了，其他没有想太多。

以前，硗碛人对山梁上的百年老树、千年老树，或者是奇怪的树都爱护，一般认为是神树，不能乱砍。如果树的直径到了20厘米左右，就是已经在山神那里有名号的树，要砍这些树，就必须给山神打个招呼，说"这棵树老了，挡了路，送给我啦……"等话，烧些纸、香还给神。到1958年破除迷信的时候，大砍树木，因为有的树太大，就在树的中间用斧头挖一个洞，把火药放进去，点燃炸，把上好的大树炸成片，只能用来烧火。以前的大树，现在基本上砍完了。卧嘎龙家的洒耳加老人告诉我们：

> 硗碛人不喜欢栽树，因为树的生长期长，三四代人才能长成材。解放后就开始号召造林，但是现在还是没有很多树子。大兴安岭着火那年，林业政策变了①，造林的人也跟着变了，不管理，能活的就活，死的就死了。有的树直径已经有大约五厘米粗，也因为周围种了庄稼，得不到日照死了，现在觉得很可惜。现在（1998年以后）造林政策好，还有补助。不允许砍树，自己造林，自己用。我家造了70多亩林，今年已经开始挣钱了。以后硗碛的老百姓肯定会从造林中得到很多好处的。

2009年，因为落实林权改革制度，政府给大家换发林权证，我得到了每一户的林权公示材料。从这份材料可以看到，除了因为水库淹没了林地的个别人，大部分人家的林地面积约每户50亩。这些林地，一般用于薪炭消费、林间放牧，可以满足每户人家的基本需要。

养蜂也是林业资源利用的方式，多数人家都有数个蜂桶，蜂种为中蜂，体型较小，适应高山环境。蜂群饲养为圆筒式，蜂筒多放于山崖处，或者在自己

---

① 1981年四川大洪水后，四川省曾经实行退耕还林，以粮食换森林，这实际上是1998年实行的退耕还林政策的一次试验。宝兴县规定，凡荒山成片造林面积在30亩以上，每亩补助粮食指标50斤，对退耕还林的也给予粮食指标补助。遗憾的是仅仅两年后，由于粮食价格大幅度上涨，退耕还林停止。由于时间正好与大兴安岭火灾相符，所以老人记忆深刻。

的林地旁边，以所产蜂蜜出售，一般每桶7斤，多者至14斤。

对林间资源的利用，也是重要的生计来源。日常生活中，他们有采食野菜、菌类等的习惯。野菜的采集时间在每年初春四五月，野菜种类包括蕨基苔、野生芹菜、山白菜、鹿耳韭、豆芽花、龙宝尖等，采集来的野菜晾干后用水泡好，可素炒、凉拌、煨砂锅、炒肉等。采集野生菌类一般在每年的农历三四月、五六月、八月。种类有红菌、刷把菌、羊雀菌、牛屎菌、革登菌等，采集的菌类晾干后即可食用。此外还有八月瓜、山枣等野生瓜果。

综合上述情况，我们大体上可以将人们一年的农事活动周期用表2-3表示。该表同时也清楚地说明了硗碛农牧兼营、重视林下资源利用的情况。

表2-3 农事活动周期

时间（农历）	农事活动
正月底、二月初	田地秒地、起肥、积肥；种土豆，烧火地
三月初	挖火地、种苦荞；采集菌类；牛马上山
三月中旬	田地玉米下种，二道耕
清明到谷雨	下种季节；清明前三道耕，耕前撒豆子，第二天耕地，过三四天种玉米
端午前后	玉米下种15~20天就开始除头道草，长在玉米窝子里的豆子都拔了，只留下外面的，连续除三道草，就到端午，端午后开始采集菌类
五月底六月初	收火地麦子、荞子，种冬荞；挖贝母
七月、八月	砍火地；采集菌类
八月、九月	收割玉米，种冬麦子；收土豆
十月	收玉米的扫尾工作
十一月	打斋、接亲、修房造屋；翻冬地
十二月	杀过年猪，走亲访友

综上所述，硗碛是一个以山地农业和高山牧业为主要生计的区域，因为广种薄收，加之牧场距离遥远，家庭生产对劳动力的需求很大。家庭内的分工一般为女性在家种地、养猪，男性上山放牧、采药、拣菌等。一般没有人在外打工。2006年硗碛水库蓄水后，淹没了一部分最好的土地，导致一部分农村人口处于半失业状态，外出打工的人增加。

第二节　房名的来源及意义

房名作为一个家屋的名号，对居住在社区中的每一户人都很重要，正如阿齐兹在定日调查的情况一样："一个人在当地和更广阔的定日社区内为人所知的名字是他所出生的那座房子或者姻亲家房子的名字。在定日，无论哪一种房子都有它的名字，正是这个房名连同村名属于这座房子的占有人所有。虽然家庭单位是一个亲属集团，同时也是一个居住单位，可是这户人家的名字并非氏族、世系之类的表示亲族关系的名称。那些分享同一房名的人都是共同居住在那座房子里的人。他们之间可能有亲属关系，也可能没有。"对于定日农民而言，"房名比个人的名字更重要……人名只与某人自身有关，而根据实际居住地起的房名则使占有者取得某种社会及经济地位"[①]。硗碛的房名，其社会意义与阿齐兹所描述的基本相同，其区别则在于由于土地制度变化，今天硗碛的房名含义已经不再如此完整。在本节，我们将对硗碛嘎日村的冰丰和丰收两个组的房名及其含义进行讨论，主要关注房名间的关系、房名与地名间的联系，以此作为我们理解土地制度与房名获得关系的基础。

一　冰丰的房名及来源

冰丰是嘎日村的一个组，位于嘎日河南岸的卡尔贡山上，嘉绒语称文洁。文洁在嘉绒语中的含义是"有人家的地方"。在1950年时，仅有18户人，18个老房名分别是卧嘎龙、阿夸尔、森提、呷尔达、达尔嘎、蚌如、达尔嘎美杜、策棱木雅、洁布若、雅它、贝尔纳、贝尔杜、贝尔洛、卡若、阿利、得拉、阿强、特克若。

到2009年，从这18家老房名中分出了许多新的房名，整个文洁已经有56户人家，每户均有自己的房名，共56户房名。从表2-4可以看到，在56户房名中，没有新房名从中分出的，只有卧嘎龙、阿夸尔、蚌如、洁布若新家、特克若、阿强、阿洛六户人家。其他的人家或多或少都有分家。其具体的分家情况从表中可以看到：

[①] 巴伯若·尼姆里·阿吉兹著《藏边人家——关于三代定日人的真实记述》，翟胜德译，西藏人民出版社，1987，第71页。

第二章 土地制度与房名的获得

表 2-4 冰丰 56 户房名的来源

编号	老房名	分出的新房名	与老房名的关系
1	卧嘎龙		
2	阿夸尔		
3	森提		
4		安佳安地	儿子分家
5		喔给	儿子分家
6		蚌给	儿子分家
7		但底谷	儿子分家
8		阿尔查	兄弟分家
9		森塔给	阿尔查家的儿子分家
10	呷尔达		
11		龙普	女婿另娶以后分家
12		龙普美谷	龙普家的儿子
13		嘎炯	女儿招婿分家
14	达尔嘎		
15		森塔丽	弟弟分家
16	蚌如		
17	达尔嘎美杜		
18		达尔嘎美地	三弟分家
19		达尔吉	二弟分家
20		吉姆（登干）	儿子分家，取房名吉姆，后搬迁，另取房名登干
21	策棱木雅		
22		策涅阿美杜	兄弟分家
23		策涅阿美地	侄儿
24	美地（洁布若新家）		已经搬到卧嘎龙下方，取新房名美地。而老屋基已经有人使用，并使用洁布若作为房名

075

续表

编号	老房名	分出的新房名	与老房名的关系
25	达呱尔		
26		嘎当库	弟弟分家
27		嘎哟谷	哥哥，本来留家，后分家出来。现为侄儿当家
28		达尔嘎	弟弟分家
29		洁布若（新家）	达尔嘎的儿子
30		洁布若地	达尔嘎的儿子
31	雅它		
32		美洛	儿子分家
33	巴尔马		
34	贝尔洛		
35		但底扎（原为贝尔洛美谷）	儿子分家，取房名贝尔洛美谷，后搬迁，新房名为但底扎
36		贝尔洛美地	弟弟分家
37		贡东巴	贝尔洛女儿留在娘家的儿子，结婚时分出
38	卡若		
39		卡若美洛	外孙子
40	阿利		
41		但底日库	同父异母的兄弟
42	得拉		
43		策棱库	弟弟分家
44		洁拉	兄弟分家
45		洁达	四弟分家
46		卡利卡拉	三弟分家
47	阿强		
48	特克若		
49		特克若美洛	弟弟分家
50	贝尔纳		
51		贝尔纳美地	妹妹分家

续表

编号	老房名	分出的新房名	与老房名的关系
52	贝尔杜		贝尔杜是老房名,解放前就破产了。后卡若家的二女儿,在这里修房,使用这一房名
53		贝尔杜美洛	儿子分家
54		贝尔杜美杜	儿子分家
55		贡东巴美地	儿子分家
56	阿洛		原来有房基,后来绝户了。阿洛家嫁到贝尔纳家的大姐,带着贝尔纳家的儿子回来继承。自己又招了上门女婿

二 丰收的房名及来源

嘎日村另一个组丰收组,嘉绒语称为下嘎依,按照嘎日村丰收组当地藏民的地域观念,丰收组又可划分为六个较大的区域,分别是却墨美姑、车来洼、呷尔布、达子坝、格日子达和斑廓。因兴建水电站,呷尔布的一部分和斑廓地方为淹没区。目前,淹没区原有住户已搬迁往他处。此处搜集的房名资料仍以淹没前情形为准,在反复核实和整理资料的基础上,依据当地的地域划分,将嘎日村丰收组的房名情况整理如下(见表2-5~表2-10)。

表2-5 却墨美姑(汉名核桃坪)地方的房名及来源

编号	房名	新或老房名	备注
1	来孟	老	
2	达拉	新	由"来孟"家分出,叔侄关系,叔叔留守老屋
3	墨觉	老	
4	墨觉美杜	新	由"墨觉"家分出,兄弟关系,长子留守老屋
5	查吉	老	
6	查吉美诺	新	由"查吉"家分出,姊妹关系,长女留守老屋
7	梅洛	新	男方由嘎日组迁来,女方是本地人,原来的房名为"杰布罗"
8	文扎	老	
9	文扎美地	新	男方由嘎日组迁来,女方为"格日子达"地方人,原来的房名"达拉阿利"
10	旦底梅洛	新	由嘎日组的"马利"家分出,父子关系

077

表 2-6　车来洼地方的房名及来源

编号	房名	新或老房名	备注
11	增地	老	
12	辰美杜	老	
13A	车美诺	老	两家，兄弟关系，长子留守老屋，次子另建新家，尚未取新房名
13B	车美诺	新	
14A	车达拉	老	已搬走
14B	车达拉	新	20世纪30年代来自芦山县大川的杨姓汉族，一直没有房名，2005年在车达拉老屋基上建的新屋，沿用老房名
15	旦底美洛	新	由已经搬走的老"车达拉"家分出，兄弟关系，长子留守老屋
16	黄基地	新	20世纪30年代末来自芦山大川的汉族，层基所在地汉名为黄基坪
17A	久久	新	两家为兄弟关系，现住同一房屋，只是将房屋隔为两部分
17B	久久	新	
18	镇得儿库	老	
19	根达地	新	由"呷尔布"地方的"袁"家分出，兄弟关系，长子留守老屋，次子新建房屋，取房名根达地，三子新建房屋，取房名"钱洒耳"
20	钱洒耳	新	
21	空洒耳	新	由"呷尔布"地方的"结博罗"家分出，兄弟关系，长子留守老屋
22	结拉	新	由"增地"家分出，兄妹关系，长子留守老屋，妹妹房名为"结拉"

注：另有四户汉族家庭，均无房名。

表 2-7　呷尔布（汉名青杠坡）地方的房名及来源

编号	房名	新或老房名	备注
23	挂地	老	
24	斯朋	新	由"挂地"分出，叔侄关系，叔叔留守老屋
25	结博罗	老	

续表

编号	房名	新或老房名	备注
26A	袁	老	两家，兄弟关系，长子留守老屋，次子另建新屋，未取房名
26B	袁	新	
27	没尔拔罗	老	
28	帕西么	新	由"没尔拔罗"分出，兄弟关系
29	阿安来夸	新	由"没尔拔罗"分出，兄弟关系
30	没尔布	老	
31	美杜	新	由"没尔布"分出，兄弟关系，长子留守老屋
32	却洼美诺	老	
33	却洼美杜	老	
34	真所	老	
375	达贡卓	新	由"真所"分出，兄弟关系，长子留守老屋
36	代哦	老	
37	肯故	老	

表2-8 达子坝地方的房名及来源

编号	房名	新或老房名	备考
38	聪	老	
39	够绒	老	
40	聪洼里	新	由"够绒"分出，兄弟关系
41	墨嘎尔	新	由"够绒"分出，姐弟关系，系姐姐分出另取房名
42	色尔龙	新	由"够绒"分出，兄弟关系
43	曾库	新	由"够绒"分出，兄弟关系，系长子分出另取房名
44	曾杜	老	
45	都雅利	老	
46	都雅罗	老	
47	木故	老	
48	木故梅洛	新	由"木故"家分出，兄弟关系
49	森库尔	老	
50	库尔罗	新	由"森库尔"分出，叔辈兄弟关系

续表

编号	房名	新或老房名	备考
51	拉瓦达	新	由"森库尔"分出,叔辈兄弟关系
52	拉瓦罗	新	由"森库尔"分出,叔辈兄弟关系
53	拉瓦利	新	由"森库尔"分出,叔辈兄弟关系
54	文觉	新	由"森库尔"分出,叔辈兄弟关系
55	觉	新	由"车来洼"地方的"增地"家分出
56	格雷没尼阿	新	20世纪50年代由泽根村迁来,为泽根老房名
57	森库尔利	老	
58	波杂阿罗	老	
59	龙阿利	新	由"波杂阿罗"分出,父子关系
60	波杂阿达	老	
61	木故觉	新	由"车来洼"地方的"增地"家分出,兄弟关系
62	木故觉美杜	新	由"车来洼"地方的"增地"家分出,兄弟关系
63	木故觉梅诺	新	荥经汉族迁来定居于此
64	达格	新	由"墨噶尔"分出,母子关系

表2-9 格日子达(汉名四家寨)地方的房名及来源

编号	房名	新或老房名	备考
65	美地	老	
66	森婷	新	由"美地"分出,兄弟关系
67	森婷美地	新	由"达子坝"地方的"波杂阿达"家分出,兄弟关系,长子分出另取房名
68	琼拉	新	由"嘎日"组的"格日琼拉"家分出,父子关系
69	但扎罗	新	由"达子坝"地方的"诚笃"家分出
70	岗坝	新	由"达子坝"地方的"都雅利"家分出,父子关系,幼子分出另取房名
71	但咱	老	
72	代拉	老	
73	代拉阿里	老	
74	墨捏	新	由达子坝地方的"都雅利"家分出,父子关系,次子分出另取房名

表 2-10　斑廊地方的房名及来源

编号	房名	新或老房名	备考
75	车宁库美诺	新	兄弟关系，由大邑迁来的汉族入赘，分别娶当地藏族女子为妻，前者是兄长，后者是弟弟
76	车宁库美杜	新	
77	斑廊美杜	老	斑廊地方最早的房名
78	斑廊美诺	新	由冰丰"特克若"家分出，父子关系，20世纪50年代以前在此安家
79	斑仲	新	由"达子坝"地方"都雅利"家分出，父子关系
80	阿里美杜	新	由"车来洼"地方"增地"家分出，兄弟关系
81	阿里美诺	新	
82	布泽尔	新	不详
83	阿罗	新	由"冰丰"地方"特库若"家分出，父子关系
84	扎尔结美诺	新	两家父辈从小金迁来定居于此，兄弟关系
85	扎尔结美杜	新	
86	布拉故美诺	新	兄弟关系，从卧龙迁来
87	布拉故美杜	新	
88	贝尔杜	新	由"冰丰"组的"贝尔杜"家分出
89	来孟扎	新	由"车来洼"地方"增地"家分出，父子关系
90	马参	新	由"呷尔布"地方"代哦"家分出，姐弟关系，姐姐分出另取房名
91	建旦	新	由"呷尔布"地方"挂地"家分出
92	坝斯叠	新	宝兴县陇东乡汉族迁来定居于此
93	达给美地	新	兄弟关系，由"梅洛"家分出
94	达给美诺	新	
95	美拉里	新	系泽根村男子入赘，房名"青青"家，女方为本地人
96	孟龙	新	由"来孟扎"家分出，父子关系
97	梅洛	新	汉族
98	达雍	新	汉族

由上述诸表可见，丰收组房名有新、老之分。所谓"老房名"是1950年以前就存在的房名，其渊源大多已无法追溯。而新房名则多数是在新中国成立

081

后出现的。据统计，丰收组房名共计102个，其中老房名33个，占32.3%，斑廓地方仅一户为老房名，其余全部为新取房名。

三　房名的意义

按照硗碛的习惯，房屋修好后，就必须取一个房名，取房名的方式很多，但基本的途径有以下几种。

一是根据土地名来取。在土司统治时期，每一块土地都有名字，当土司将这一块土地分给某户人家耕种时，就会在地图上标出土地的名称，而这些名称往往就成为房名。二是根据地形和地势来取。房名往往是周边地形和地势的表达。如在最高的山上，就叫"达尔嘎"，有泉水的地方就叫"阿尔查"等。三是根据土地的来源取。比如因为给土司放鸡得到奖赏，就叫"特克若"。转卖了几次的土地叫"雷孟"等。四是根据房屋的相对位置取。在丰收组的69个新房名中，由组外迁徙而来的18个，占26%，其中有的来自本村嘎日、冰丰两组，有的来自泽根村，较远者从宝兴县境内其他地区或小金、卧龙等地迁来；由组内老屋分出的新房名49个，占71%，其中39个新房名是从22个老房名中分出的；不详者2个。可见，新房的选址大多数是在本地范围内，通常距离老屋不是特别远。因此，可以老屋为坐标点，根据新房相对于老屋所在的方位，来取新房名。也有的房屋，建在其他人家的旁边，然后通过与该家的相对位置来取得房名。如以"车宁库"为例，若在该家的上坡新建一家，其房名可称作"车宁库美杜"，"美杜"即上面的意思；若在其下坡新建一家，其房名可称作"车宁库美诺"，"美诺"即下面之义；在其房左侧新修房屋，可取房名为"车宁库美故"，"美故"意为左边；若在其房右侧新建房屋，可取房名为"车宁库美地"，"美地"意为右边。这种以房屋间的相对方位来获取房名的做法，在丰收组编号72和编号73两个房名的含义中也得以充分体现，代拉的"拉"是那半边（左）之义，后者代拉阿利中的"拉阿利"意为这半边（右边），与"美地"相比，"拉阿利"的位置距离坐标点老屋更近。在两个房屋中间则称"得拉"。如果山上有一排房屋，自己的房屋在中间一间的下方，就叫"得拉美诺"。当然，以方位关系确定房名的方法并不是一定被采用的，有的房名即便是建在老屋的周围，也可以取与方位无关的房名。

为了弄清这些房名的意义，我在反复向老人们询问不得其果的情况下，特意约了永寿寺的杨明全喇嘛和杨明海喇嘛，经过他们两人的努力，大致弄清了冰丰房名的含义，也有一些房名的意义，据他们判断应该是藏文，但不知道其准确含义。冰丰房名除了我们刚才介绍的用方位表示意义外，还有如下含义（见表 2-11）。

表 2-11 冰丰房名的意义

房名汉语音译	意义
特克若	因为放鸡得到土司奖励的土地
阿洛	那边，指位于几间房屋中最前面的房屋
阿强	不详
得拉	一排并排的房屋中位于中间的房屋
阿利	这边，指位于几间房屋末尾的房屋
卡若	多事之地
得拉	建在一排房屋靠中间的房屋
贝尔洛	铧匠，指做犁铧的匠人的家
贝尔纳	中间，指位于一排房屋中间
雅它	高山上好放牲口的地方
嘎当库	位于路边有个小水潭的地方
达呱尔	几个兄弟一起修的房屋
达尔嘎	位于最高的山上
洁布若	在山上有个塔的地方
嘎哟谷	土地的名字叫嘎哟谷
策棱木雅	修房屋的地方有梨树
呷尔达	房屋在不高的山梁上有个台地的地方
嘎炯	房屋在台地下面
森提	一棵古树倒了，在原来古树位置上修的房屋
森塔丽	森提旁边的房屋
但底谷	土地的名字叫但底谷
蚌给	在有个草坪，白石头很多的阳山上
喔给	在小山包的下面
贡东巴	土地的名字叫贡东巴
策棱库	在一棵大梨树的旁边
阿夸尔	在土司关牲畜的地方修的房屋

续表

房名汉语音译	意义
卧嘎龙	位于龙神岗的山梁上
安佳安地	土地的名字叫安佳安地
森塔给	森提家最下方的房屋
洁拉	一排房屋中位于中间的房屋
龙普	位于龙神岗山上的一个凹地里
洁布若地	土地的名字，在洁布若的下面
达尔吉	在地形较陡的岩下修的房屋
阿尔查	建在古时候有个泉水、很清凉、牲畜喜欢喝水的地方
洁达	一群房屋的上面
达尔嘎美杜	在达尔嘎家上面

在讨论冰丰的房名时，我们也讨论了相邻的丰收组的房名，表2-12就是我们讨论的一部分房名的意义，这些房名与文洁的房名有同样的特点。

表2-12　丰收房名的意义

房名汉语音译	汉语意义
达拉	很好的房屋在这里
来孟	经过几家人买卖的土地
墨觉	房屋位置最低，地势又平又矮
查吉	长尾锦雉特别多的地方
梅洛	位于很多房屋下面的房屋
文扎	主人最有钱、最有威信的房屋
车美杜	最上面的房屋
车达拉	最中间的房屋
旦底美洛	房屋所占土地的名字叫旦底
久久	房屋所占的土地的名字叫久久
镇得儿库	逐步扩大的房屋
钱洒耳	刚开始新修的房屋
空洒耳	原来没有房屋，修了就有了
结拉	一排房屋的中间的房屋

续表

房名汉语音译	汉语意义
结博罗	建在山梁上略凹的地里的房屋
没尔拨诺	山梁右边的房屋
没尔布	山梁正中的房屋
阿安来夸	青冈树边的房屋
却注美杜	从山梁上往下的第二家的上面

上述房名的意义大部分是直接反映该房屋所处地点,但隐含其中的,是人们对房屋所占据的这一地点的土地所有权的表达。这一情况,与定日农民取房名时"用房名所在地的自然特征加上一些美好的词汇组成"① 的情况是一致的。

由于房名的意义与土地的地形地势、附近的房屋布局有很大关系,因此,不同村落中的房名往往有相同的,如"得拉"在文洁和丰收都有。但在同一村落中,绝不会出现相同的房名,人们在区别两地不同的房名时,在前面加上这一村落的名称,如"文洁·得拉家"和"嘎依·得拉家"。

房名与土地间的这种密切关联,也使我们必须从土地制度入手,来观察房名的获得情况。我们将在下一节讨论土地制度变迁与房名获得途径的变化。

第三节 土地制度与房名获得

上两节的讨论使我们明白,对于硗碛这种依靠山地农耕和高山牧业为生的社区而言,有一块土地是人们生存的必要条件。而通过获取土地,人们才能获得房名。在本节,我们将讨论今天居住在冰丰的人们,是通过何种途径取得房名,也就是取得与土地相联系的一切义务和权利。正如我们在本章开始时提到的一样,这需要对冰丰56户房名进行逐户的调查,调查中所做的系谱显示,除个别记忆力特别好的老人,大部分人对自己这一房名的系谱只能向前追溯三代左右,因此我们将以1900~2009年冰丰的系谱变化为重点来讨论房名的获得问题,对于此前的情况,在获得资料的情况下会有所涉及。在这100多年间,冰丰的土地制度发生了怎样的变迁,这些变迁又如何影响到房名的获

---

① 巴伯若·尼姆里·阿吉兹:《藏边人家——关于三代定日人的真实记述》,翟胜德译,西藏人民出版社,1987,第131页。

得呢？

一 土司时代的土地制度与房名的获得

在 20 世纪初仍然统治冰丰的是穆坪土司。以往对嘉绒藏族地区的研究中，对土司统治区的土地制度有明确的描述："嘉绒藏族土司为土地、山林的所有者。……土司非但掌握土地，也占有百姓。百姓分住各寨，寨众对山林、草场保有公共使用权的习惯。……土司下的百姓，每户向土司领取土地一份，每份合 15 亩到 20 亩，包括房屋及其附近一块柴山，并规定'房屋只能修不能拆，土地只能挖不能卖'。"①

当时，冰丰的所有土地都属于土司所有，再由土司分给当地的居民耕种。乾隆《雅州府志》卷十一有关于木（穆）坪土司的记载："土民地土，听土官安插，给牛种、盔甲、房屋，充土兵当差听调，头目、头人父子世承，俱经详明文武上宪札委，有土守备、千把之职。"② 土司的土地，可以分为以下几种。

1. 官地。土司官寨附近有少量土地由百姓无偿耕种，收获后，全数交给土司。穆坪土司的官寨在今穆坪镇，今天的公路距离硗碛有 52 公里，因此硗碛没有官地。

2. 头人的土地。大头人、二头人和一部分小头人，由土司给以一定的土地，一般在三份以上，多的达到数十份，世代承袭。这是给他们管理百姓的报酬。硗碛在土司时代只有两个大头人，都不在今嘎日村。但硗碛分为五寨，每寨应该有寨主，目前只有朝霞的杨国奇老人记得硗碛的寨主是丰收的马国林（音译），其他人都不记得有哪块土地是头人或者寨主的，冰丰的人也没有相关记忆。

3. 份地。穆坪土司辖地又称"田地"，由土司给予百姓的土地，每户一份，大小不等，按其大小好坏上粮并当差。硗碛的份地按"股"计算，也称为"架"，因为当地耕地使用耦耕，俗称"二牛抬杠"，两头牛一天所耕的地就称谓"一股"或者"一架"地，15～30 亩不等。百姓最少有 1 股地，多的达到十多股。绝户及孤寡老弱无力担负差粮者，其粮差由寨众分担，土地仍由土司收回，由头人或寨众代管，以后有成立新户者，可以请领，请领土地必须

---

① 西南民族大学西南民族研究院编《川西北藏族羌族社会调查》，民族出版社，2008，第 66 页。

② （清）曹抡彬、曹抡翰纂辑：乾隆《雅州府志》，（台北）成文出版社印行，1969 年，据乾隆四年刊本影印，第 267 页。

缴一定的银两，至少在五两以上。冰丰的大部分土地都是这种土地。也有少数汉人请领土地，请寨上百姓帮忙修房子，供给种子、口粮和农具者，成为土司百姓。份地制度是造成"顶房名"的主要原因，因为份地的差役是固定的，绝户太多，就会加大其他各户的差税负担。

4. 佃户地。穆坪土司辖地又称"客地"，汉人从事经商的小贩或匠人，流落于嘉绒地区后，向土司领种土地，自建房屋，有农具并能自备口粮者，按汉族的租佃办法，只向土司上粮，不当差，但要服兵役。硗碛的佃户地，主要集中在冲积平坝里，即今天的咎落村的碛丰组，其他地方较少。

5. 寺庙属地。为了永寿寺活动方便，穆坪土地特意划给2股土地，由村民自愿耕种。收入用于寺庙僧人的日常生活和宗教活动。

承耕官地的农民，均向土司衙门交纳官租（即官粮），按股计交。缴纳的官租分为两类：一类是要当差的人家，每年轮换派劳力为土司当差服役歇班外，每股地于秋后缴纳地产实物4~5升；另一类是未当差者，每年纳地产折银4两。到民国时期，大量汉人进入穆坪土司辖地，不少人向土司购买了土地，在客地农户向土司购买土地并经交银立约过契后，由土司发给谕单，每年只纳门户钱数百文。同时，土司时期，也已设"五行"，对粮食、生漆、药材、清油、草碱五类产品征税，同时开征猪厘金、烟厘金、过道税、契税、门户钱等项目。

因此，在硗碛每一份土地都和这家人的差役赋税联系在一起。为便于管理，土司将每一块耕地都进行了登记，而得到这块土地耕种的人家，在耕地名册上是和土地联系在一起的，土地名称就成为这家人的房名。土司管理土地的办法，主要就是管理房名。

由于穆坪土司的属地广大，土司自己并不直接管理这些土地和属民，而是委托当地的头人收取差税。在穆坪土司辖区内，硗碛是土地产出最少的地区，因此，硗碛主要的差役是负责土司的安全，也就是支兵差。《宝兴县志》记载：宣慰使司武装名"安勇"，又称土兵，由兵房负责管理其日常事务。土司所辖成年男丁均为土兵，战时奉调出征，战事平息，各自回家生产。维护治安和警卫土司衙门等任务，由土兵轮流担负，兵力约50人[①]。对这样的差役，硗碛的老人都非常熟悉。杨国奇老人是这样讲的：

---

① 四川省宝兴县地方志编纂委员会编《宝兴县志》，方志出版社，2000，第163页。

清朝的时候，硗碛人要到穆坪土司那里当差，一年要有 90 个人去，三班轮作，每班去 30 名，守土司衙门半个月。为什么要 90 个人去守土司衙门呢？因为硗碛人忠诚，是土司的贴心人。硗碛的寨主马国林是丰收的人，他家房名是日国（ri-guo），硗碛土司的时候他就管硗碛的兵，每家都要出一个劳力去当兵差，需要的时候就全家男女老少都去。

这样的差役，在嘉绒藏族地区的诸土司中还算比较少的。特别是与康区的乌拉差相比，就非常轻松。因此，硗碛人并不觉得很难负担。其他地方很容易出现的由于无法负担差役而逃亡的现象，在这里很少出现。

南希·列维妮在研究了阿里地区的传统税收制度后指出，阿里地区的传统税收制度是"特殊农作制度的产物，而这种农作制度则又以大规模的农业、土地使用权的限制、低下的生产力、有限的货币体制和市场体系等为其特点。在传统的西藏社会中，税收对于巩固农作制度及其相关的社会制度方面起着关键性作用"。① 而对待差税，人们一致认为："无论怎样艰难，一旦人们支差纳税就可得到住房和父子相传的土地。如果人们没有差地，一切都将化为乌有，连社会对他们基本的尊重也将失掉。"② 南希的看法和戈尔斯坦对这一土地制度的看法完全一致，戈尔斯坦认为："这种制度同经济生产和劳动力有着内在的密切联系，这是一种颇有成效的经济剥削制度，他保证西藏僧俗贵族阶层不但拥有土地和耕种土地长期而稳定的劳动力，而且他们无须直接负责其属民的日常管理工作。"③ 嘉绒藏族土司区的差税制度和西藏的基本一致，因此我们可以知道，这种差税制度对人的控制力是很强的，所以，土司虽然不直接派差收税，却直接管理土地的分配。

硗碛人人皆知的水海子的传说就反映了这个过程。在嘎日组和丰收组之间有一个水海子（指湖泊），但是最早的水海子是现在的干海子（位于水海子的上方）。最早的水海子边住了一户人家诚笃家，他们家在水海子边放牛。水海子里住着一头非常凶猛的犀牛，每次它都将诚笃家的头牛打得遍体鳞伤，浑身是血。这家人就觉得很奇怪，早上出去的时候头牛吃得饱饱的，晚上回来为什么身上有那么多伤？一天，诚笃家把牛放在海子边上，就远远地看着牛，想找

---

① 南希·列维妮：《西藏阿里传统税收制度之比较研究》，格勒等译，载《格勒人类学、藏学论文集》，中国藏学出版社，2006，第 351 页。

② 同上，第 371 页。

③ Goldstein, Melvyn C.：《对西藏社会制度中的依附与统治："附加税"与其他无地农奴的抽样复查》，《西藏研究》1986 年第 11 期，第 90 页。

第二章 土地制度与房名的获得

出原因。结果看到犀牛从海子里出来,跟他们家的头牛打架,头牛打不过犀牛。诚笃家的人很生气,于是第二天就去打造一对非常锋利的刀,然后把牛圈起来喂面。五个月之后,他们将刀绑在牛的角上,烧了香,然后对牛说:"牛呀,牛呀,你今天就去打犀牛吧!"果然牛打死了犀牛。犀牛非常大,它的肉能装十二背篼,诚笃家还把一些肉上贡给穆坪土司。把犀牛的肉背回来后,海子就干了。

诚笃家有不少良田,多达十二架(架是当地面积单位,一架等于二牛抬杠一天耕的地)。现在的水海子就是他们家的地。一天他家请了五架牛来犁地,发现有一个猪尿泡(指猪膀胱)在地里滚来滚去。有的小伙子不高兴地说:"这个尿泡讨厌得很,把它打爆算了。"老年人不准打,但小伙子不听,一锄头打下去,把猪尿泡打破了,顿时洪水泛滥,耕地变成水海子,所有耕地的人、牛都淹没在水海子里。在硗碛,耕地的全部是男人。儿子和耕牛都没有了,土地也被淹没了,诚笃家的生活就无法维持。于是,诚笃家的当家人只好去找穆坪土司:

诚笃家向土司哭诉:"我没有牛了,娃娃也全部是女的。"因为(汉话)不好,结果说成"母牛我的娃娃全部是"。土司听了很奇怪,就来看他家的母牛娃娃。到水海子边后,见诚笃家没有地,家里没有牛,也没有儿子,才明白了。还有一户人家住在最早的水海子另一边,但是这家是绝户了,没有人住了。就把绝户人家的土地划给诚笃家种①。

在这个故事里,诚笃家这样的人家由土司分配土地,无论出现了什么意外,必须得到土司允许才能拥有新的土地。而新的土地的来源,则是由于各种原因没有继承人的闲置土地。

在冰丰,有一户大家公认历史悠久的房名——阿夸尔。当地人都讲,阿夸尔的祖先是大金川的一个头人,在乾隆打金川时参与叛乱,因为战事失败在当地无法立足,逃到硗碛,被穆坪土司收留,给了他一个牛栏住,并把牛栏周围的土地划给他耕种,他们的房名意义就是建在牲畜圈地基上的房屋。一直到今天,阿夸尔家仍然住在最早的地基上,房名也没有变化。

但是,尽管土司制度一直严格控制土地买卖,每个土司对于私卖土地都有

---

① 访谈人:杨文清,男,83岁,现在的房名仍然是诚笃。

089

很重的惩罚，但由于土司实际是通过头人进行间接统治的，因此，只要得到头人许可，私卖土地的事情还是会发生。特别是对土司而言，最重要的是这个房名可以按时支差，至于支差的是谁，也是比较容易蒙混的。所以，通过私买土地来"顶房名"的事情，还是不断发生。冰丰的策棱木雅家，现在当家人的高祖，本是宝兴五龙乡人，四兄弟逃难到了硗碛，最后老四买了策棱木雅家的土地和房屋，通过顶房名留在了这里。策棱木雅现在的当家人51岁，按照25年一代人计算，其高祖迁来的时间应该是150年前。由此可见，在土司制度时期，仍然有外人通过顶房名进入这一社区。

总体上讲，在土司制度对土地流动的高度控制下，除了部分因为土司给予土地耕种增加的房名，整个硗碛的房名是比较稳定的。我们问到18家老房名的来历，除了阿夸尔家，其他的人都说不上来，最后都说这些老房名有千千年的历史，一直传下来的。

二　改土归流后的土地制度和房名的获得

1928年，穆坪土司因为绝嗣和争袭导致辖地改土归流，土司对土地的所有权被废除，民国政府采取登记地权的方式，实际上确认了硗碛每户对土地的所有权，并且允许民间自由买卖和租佃土地。宝兴县志办编印的《宝兴县志·社会风土志》收录了1930年的一份《发垦证》[①]，记录了这一过程：

> 垦字第486号　　发垦证
> 国民革命军二十四军边区垦务处
> 为发给发垦证事
> 照得穆坪土司原系官产，前由土司自由分处，仅以简单发给汉夷民承种，人民无永远管业权，土司有任意收回之力，甚至保障物权之义，非所以垂永久也，前值改土归流，除旧布新，本处呈奉。
> 国民革命军第二十四军军长指令规定：凡穆坪汉夷人民从前承种之地，一律换给发垦证，仿照内地买卖土地过奖办法，由本处制定印行，每股取发垦证税银捌元，自今纳税之后，准由承垦人永远管业，不得另取他费，并限人有自由转移之权。只能转移本国人，不能转移外国人，政府不加干涉，用资保障。前处穆坪贡石乡逐池沟民杨国桢承垦贡石乡土地一股，地名庄子

[①] 宝兴县志办办公室存：《宝兴县志·社会风土志》（草稿），1986年9月17日，第15页。

上,当处缴来发垦税银捌元,为数讫,合行填证管业,此据计开。

两等土地壹股,租叁石,地名庄子上。

界址:东至　　　南至

　　　西至　　　北至

带粮壹钱

右给承垦人杨国桢执处

中华民国十九年三月十八日

总办黄煦昌

除这份文件,《宝兴县志》中还记载:

> 民国二十二年(1933)四月中旬,宝兴县成立地权局。对全县"改土"中存在问题再次清理,对官地、耕农地权属具体界定,继原已发"发垦证"、"管业证"外,由屯部制定"官约"发给官租收益人执存。此项工作动用了全局工作人员38人,7乡各设登记员1人,历时4个月撤销。[①]

虽然此后土地可以自由买卖,但因为社会动荡、文化隔阂,加上社会组织的差别,特别是由于硗碛土地贫瘠,农耕产出较低,土地买卖并不是很频繁,因此,房名的变化也不是很大。只有不多的人通过土地自由买卖获得房名。嘎日村的"嘎依·车美杜"家,就是通过土地买卖获得房名的。嘎依·车美杜家的主人叫侧娘,2009年已经92岁,原来是下策尔斯基家的大女儿,因为购买土地得到现在的房名。据她自己讲述,这一伴随一段不平常婚姻而来的房名,颇有传奇色彩。故事如下。

民国二十四年(1935),国民党的二十四军来撵红军,红军过了草地,二十四军就走了,二十一军来换防。二十一军的一个旅长姓彭,来了后没有打过仗,平平安安地住了七个月。当时硗碛已经有很多地方势力发生争端和仇杀,特别是杨升品、杨升安、杨绍武三股势力。彭旅长想把他们三人的势力结合起来维持治安,就把他们三个叫到一起喝血酒、赌咒,说他们"要像锅庄架上的三个脚一样",共同维护硗碛治安。在这个过程里,硗碛由彭旅长全权负责,

---

[①] 四川省宝兴县地方志编纂委员会编《宝兴县志》,方志出版社,2000,第10页。

杨升品、杨升安、杨绍武就想给彭旅长纳妾，在张嘎、大板桥的大户人家都去找了，不合适，最后就把彭旅长带到下策尔斯基家。侧娘老人说："他到我家来，给了我一包针，我不接，彭把针放在桌子上就走了。"

第二天，她和妹妹去帮妈妈的老家干活，回来就看到妈妈在家大哭，因为妈妈有心口痛的病，她以为妈妈病了，就问妈妈，妈妈说："不是生病，是今天汉人派人来说媒、送聘礼了。"说媒的人是青龙一户大户人家，叫陈德贵，他带了十多根腊肉，十多把面条，还有酒和糖，摆了一桌子。她妈妈就说："我女儿不嫁，格巴（汉人）我们见不得。"

当时天已经黑了，她妈妈打起火把叫陈德贵走。陈德贵说："天都黑了，我走不了，我就在你家借个铺睡。"实际是要逼迫她妈妈答应，于是她妈妈只好把他留下了。晚上，她和姐妹们抱在一起哭："汉人狡猾，嫁给他没有好结果。"不料，晚上狗把两根腊肉偷吃了，人家送的礼不全了，不好还给人家。她妈妈就说："你干脆跑了，到中岗的亲戚家躲一下。"晚上，她就从厨房翻到牛圈里跑了。第二天天亮，彭又派了一个人来说亲，因为彭势力大，老人害怕了，就叫她回去，说："礼已经退了，用一根猪膘抵了两根腊肉，没事了，你回来挖野菜。"她一回来就被扣了起来。她家里就给彭旅长说："本来是不想把女儿嫁给你的，你实在想要的话，就要给她买房子买地，让她这辈子都有着落。"彭就花钱买了车美杜地方的房子和地，把她安顿下来了。

> 三五天后，我的长辈和兄弟姐妹就送我回成都。彭有小老婆，其中一个老婆就见不得我，随时找茬欺负我，骂我是蛮子婆娘。我的汉话不好，每次吵架就说："我有五十两银子，你连锅魁（四川土话，指面饼）都买不起。"吵到第三句，我就不会讲了。过了两天，彭的大老婆告诉我，说有个小老婆准备用镪水泼我，把大家吓着了。大老婆说："彭旅长女人也多，娃娃也多，反正他在那里给你买得有田地，你想回去就自己回去。"于是我就回硗碛来了。①

土地自由买卖带来的另一个后果是租佃关系的普遍存在。据 1944 年关于硗碛土地问题的调查，"北部宝兴硗碛溪，情形就略异，在八零七农户中计地主九八户，占百分之十二，自耕农四八九户，占百分之六十一，半自耕农六六

---

① 讲述人，嘎依·车美杜·侧娘，女，92 岁。

户，占百分之八，佃农一五四户，占百分之十九"。① 这一情况说明，此时硗碛的土地租佃现象已经非常突出。到1950年，根据人民政府的统计，硗碛乡全乡约461户，藏族占63%，汉族占37%，有租佃关系的土地占全部土地的24.7%。其中，地主租佃出的土地已经占到全部租佃土地的66%②。

对于土地集中，社会动荡和鸦片种植起了重要作用。1928年改土归流后，部分藏族头面人物也参加了袍哥组织。当地发生纠葛往往请袍哥组织出面解决；外出贸易，也从较有名气的袍哥大爷处"请片子"③。于是加入袍哥者越来越多，没有加入袍哥的被称为"空子"。出门经商或者当背夫的人，不加入袍哥组织就不安全，而一旦冒充袍哥，回来后也脱不了干系。1935年后，硗碛大量种植、贩运鸦片，乡、保长和舵把子从中渔利，购置枪弹，扩充私利，袍哥组织恶性膨胀，与地主政权结为一体，不同地域的袍哥组织联为一体，争名逐利，独霸一方。他们常因宗族联系，一地械斗，互相倚援，牵动全县，甚至涉及相邻的天全、芦山等县。袍哥首领——舵把子，想方设法要多积累财产，用搜刮来的钱财蓄养的"兄弟伙"，多者几百人，少者几十人。这些人嫖娼、吸毒贩毒、设关立卡、明抢暗偷、敲诈勒索等无所不为，任意鱼肉百姓，受害者苦不堪言。

仅在1943年到1947年四年间，硗碛就发生了四次大的械斗。1943年12月，硗碛乡乡长杨升安因收公烟分赃不均，被本乡民团大队长杨升品所杀。杨升品掌权后，相邻的宝兴县盐井（今蜂桶寨乡）李现春在硗碛之势力被排除，致使盐井和硗碛之间私仇械斗连年不断。硗碛人不能越过两地交界的锅巴岩，去往宝兴县城穆坪的道路完全被封。1946年7月15日，杨升安之子杨明儒为报父仇，与盐井李现春密谋，将当任乡长杨升品枪杀。继任乡长为张继中，副乡长李丙章、周待清。地方势力由乡自卫中队长杨福廷掌握，杨委任夏吉三为分队长，驻硗碛街上。1947年3月19日，川西区匪首郭保之以夹金山防火队长名义带领二百来人、二百余条枪到宝兴，与盐井李现春勾结，纠集地方武装共六百余人围攻硗碛，意欲歼灭杨福廷和夏吉三。当日将硗碛攻克，杨、夏脱逃。进入硗碛的匪徒纵火，将硗碛全街焚烧殆尽，随即下乡大肆抢劫民财④。

---

① 吴文晖、朱鉴华：《西康土地问题》，《边政公论》1944年第3卷第6期，第8页。
② 《宝兴县第二区硗碛乡一年来的工作总结》，1951年1月12日。存宝兴县档案局2-1-26卷，第106~119页。
③ 请求保护。
④ 以上参见四川省宝兴县地方志编纂委员会编《宝兴县志》，方志出版社，2000，第14~16页。

硗碛种植大烟以来,一些土豪劣绅、地方恶势力,借收"烟金"搜刮民脂民膏,大量购置枪支弹药,拉山头,自立为王,独霸一方,号称"舵把子"。他们盘踞要街,明"保商"抽税,实拦路抢劫。凡来往客商,言语不顺,招呼不到,稍有迟延,赔财事小,往往生命难保。上至尧吉(硗碛)、中岗,下至灵关各乡,他们只要探得有贵重物资、又无"方手"①者,就将其财物抢劫一空。有的人不放财物,当场毙命;有的人被捆绑于大森林中,口塞棉花等物,无人知晓,久之饿死,俗称"干老鸦"。还有打家劫舍者,结伙于夜间,头插"明子",将脸抹花,明火执仗进行抢劫。更有甚者,"拉肥猪"、"抱童子",探知无势力殷实人家(土老肥),借种种机会,将家中主要成员,捆绑拉走,隐藏于秘密之地,作为人质,通知该家限期到指定地方交出钱财,如能按时按数交付,人质放回,若不付钱或少付钱,人质将遭杀害,抢劫者还大言不惭地说"抢人是袍哥的后路"②。

1950年前,宝兴藏汉三万余人(含灵关各乡),吸毒人数不少……吸毒者是无职业出卖劳动力的劳动者,地方豪绅和有点名气的袍哥大爷都是在家摆烟盘吸毒,有的还要选择"懋功烟③",并备有烧烟"枪手"④。

在宝兴,袍哥和棒客⑤本为一体,袍哥组织兴盛自然造成匪患猖獗。上至懋功,下到芦山,土匪出没无常,恣意劫杀行商,仅县城至双河场40公里,土匪经常出现之地达12处之多。1946年冬天,二十四军团长刘体忠率武装300余人,去懋功贩运鸦片返回途中,在盐井崔店子被土匪李现春拦路抢劫,30余人被打死,20余担鸦片及长、短枪100余支被抢走,刘团长气得抱头大哭,面对这群土匪无可奈何⑥。

在土地集中的过程中,越来越多的藏族居民失去了土地,成为佃农。加之匪乱造成人口损失,因此,这段时间,硗碛的人口不断下降。

三 新中国成立后的土地制度和房名的大量增加

中华人民共和国成立后,1950年9月,硗碛解放。1956年6月至12月,

---

① 即押送者。
② 宝兴县志办公室:《宝兴县志·社会风土志》(草稿),1986,第40页。
③ 懋功烟,即今小金县所产的鸦片。
④ 宝兴县志办公室:《宝兴县志·社会风土志》(草稿),1986,第40页。
⑤ 棒客为当地汉语土语,意为土匪。
⑥ 四川省宝兴县地方志编纂委员会编《宝兴县志》,方志出版社,2000,第147页。

硗碛乡进行民主改革，全乡共没收征收土地1136亩，分给无地或少地的264户人①，增加土地的户数占到全乡545户的48%。在这一土地被平均分配给所有的居民的过程中，许多佃客获得了土地，并借此取得了房名。卧嘎龙家的洒耳加老人对我们说：

> 我们喜欢住在山上，因为当时种荞子、麦子，要砍火地（刀耕火种），住在山上就很方便，河流两边的土地都佃给佃客种，他们要守庄稼，就在地边搭个棚棚住。解放后分田到户，这些佃客都分到了他们种的土地。现在碛丰一队、二队的房名，都是那个时候才有的。
>
> 解放前我们老家（策棱木雅家）的父亲抽大烟，把土地房屋都抵押给其他人了，幸好解放了，不然我们也变成佃客。

1958年，硗碛开始实行人民公社化，土地全部归集体所有。1982年，硗碛完成了家庭联产承包，每个人都有了自己的承包地和林地。从此以后，房名的获得就只与房屋的建造相关了，硗碛的房名开始大量增加。现在冰丰人口最多的大家庭是森提家，我们做了森提家五代的谱系，基本情况如图2-1。

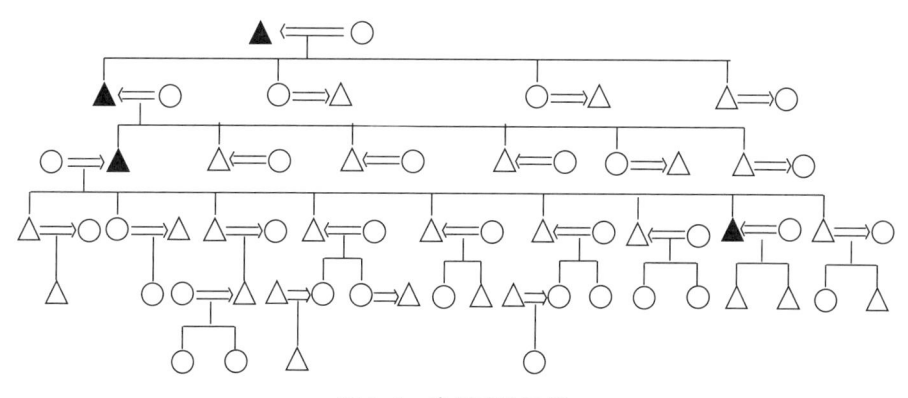

图 2-1　森提家的系谱

从图2-1可以看到，该家族第一代有四个儿女，老大汉名杨国清，继承了森提家的房名。杨国清有两个妹妹，一个嫁到冰丰，另一个嫁到张嘎，弟弟杨国明上门到硗丰。这一代人，因为受到只有一份份地的制约，只有老大继承了

---

① 四川省宝兴县地方志编纂委员会编纂《宝兴县志》，方志出版社，2000，第213页。

森提这一房名及其名下的土地和差役,四个兄弟姐妹只有一个房名。

第二代全部是杨国清的子女,共五人:四个儿子一个女儿。除老大杨明久和老二杨明志外,都出生在1950年以后,已经有了自己的土地。其中,老大杨明久继承了森提家的房名,住在森提家的老房子中。老二杨明志,在已经绝户的阿尔查家地基上修了自己的家,现在房名为阿尔查。老三杨明良则到洁布若家顶房名,现在房名洁布若。老四为妹妹,出嫁到本队森塔给家。老五杨明成,到卡若家上门。这一代的五个人中,老二是利用被废弃的老地基修房获得了自己的房名,其他儿子则都是通过上门或者顶房名的办法,获得了自己的房名。

到第三代,杨明久有九个孩子,其中八个是儿子。他们大部分在改革开放后陆续成家,并逐步从家中分出,在自己的承包地上修建房屋,获得了自己的房名。老大杨朝中上门到八日马美地家,但其妻子前夫留有一儿一女,将继承八日马美地的房名。杨朝中在2009年利用汶川大地震的灾后重建机会,修建了自己的新房,将传给他的儿子,目前新房还没有取房名。老二兰卡仲是女儿,嫁到阿夸尔家。老三杨明清上门到贝尔纳美地家。老四杨朝云,分家建立新家,房名但底谷。老五杨朝康,分家在妻子的承包地上建立新家,房名安佳安里。老六杨朝学,分家在自己的承包地上建房,房名蚌给。老七杨朝良,分家,房名喔给。老八杨朝兵,继承了森提家的房名,与父母居住在一起。老九杨朝全,上门到八日马家。这一辈的人只要有能力建房,就可以在自己的承包地上建房,并获得房名。因此,单是森提一家,在这一代人中就增加了五个房名。

第四代中的大部分人都没有结婚,由于计划生育的原因,每个家庭只有两个孩子。因此,硗碛房名急剧增加的现象将不再出现。

小　结

从上述调查资料可以看到,最早的房名,是由土司按照份地的划分给予百姓的。房名的获得,必须依靠土地的获得,同时完成附着于土地上的各种封建义务。因此,一家人只有一个房名,实行长子或者长女继承制,幼子或幼女没有继承权。这期间,通过在头人的默许下私买土地和房屋来"顶房名",外人可以进入社区。

1928年改土归流后,土地可以买卖。按照硗碛的情况,购买土地也就同时购买了土地上的房屋，从而获得房名的使用权。但如果是租佃，仍然不能获得房名。1956年民主改革以后，土地被平均分配给各家各户，1958年集体化后，实行土地集体所有制，1983年后，又实行土地承包制。之后，每个人都有自己的承包地，包括土地和林权。特别是在老屋较近地区建新家的，都可以分得。因此人们只要有经济能力建房，就可以取得房名。

由于土地与房名间的紧密联系，硗碛的房名都与地形、地势和位置密切相关。房名的获得，早期受土地制度的影响，后来变成受是否有足够的经济能力建房的影响，在今后一段时间内，将主要受人口的影响。

我们从硗碛的份地制度与房名之间的关系可以看到，格勒认为西藏"人与人之间围绕着土地的使用、占有、支配、分配等问题结成的各种各样的互助和依存关系，并由此引导出西藏传统社会的基本结构，包括家庭结构"[①] 的看法，同样适用于嘉绒藏族社会，适用于对于房名这一基本社会单元的分析。

---

① 格勒：《阿里农村的传统土地制度和社会结构》，载《格勒人类学、藏学论文集》，中国藏学出版社，2006，第338页。

第三章

婚姻、居处与房名的继承

在硗碛社会中,房名的继承是关系到一个人经济地位和社会地位的大事。继承房名的人,首先是继承了房屋、土地,以及家里所有的不动产,还同时继承了这一房名下的所有租税差役,也继承了这一房名的声望等。房名的继承,与婚姻和居处两个问题相关。从婚姻看,成年的子女结婚后,除了留家继承房名的子女,其他人则使用结婚后居住其中的房屋的房名,这个房名可能是其丈夫或者妻子的房名,也可能是为婚姻新建的房屋的房名,他们不再使用自己父母的房名。从实际居处看,居住在一个家屋中的居住集团,一般而言,是一个核心家庭或者一个主干家庭,通常会包括一对夫妇及其父母和儿女,也会包括尚未婚出的子女,还可能包括同住的亲属和非亲属。这些人居住在同一房屋中,并使用一个房名。因此,在这个社会中,对人们而言,亲属与居处都是同样重要的问题。

亲属与居处这两个原则,是东南亚学者解释家屋社会时摇摆的两极。James Fox 曾经倾向于使用亲属研究的概念和语汇,认为家屋这个范畴常被用来界定提供居处给一个处于分支结构中某一等级的继嗣集团,但他后来又用"起源地"(place of origin)观念,强调地点的意义。而 Ward Goodenough 讨论 Malayo-Polynesian 的社会组织时,就指出了居处选择在决定成员身份时的作用[1]。而依照列维-斯特劳斯自己的观点[2],家屋本来就是一个包容并超越多种二元对立原则的文化范畴,社会集体生活中不相容的原则——父系/母系、亲缘/居处、升级婚/降级婚、近婚/远婚、世袭/成就——家屋都加以统合,并且

---

[1] 转引自蒋斌、李静怡《北部排湾族家屋的空间结构与意义》,黄应贵主编《空间、力与社会》,中研院民族学研究所,1995,第 178 页。
[2] 列维-斯特劳斯:《面具之道》,张祖建译,中国人民大学出版社,2008,第 115~134 页。译本中将 house 译为"家宅",本书中使用人类学使用的"家屋"。

表达出一种对矛盾的超越。家屋具有这种"合二为一"的作用,通过单一而具有包容性的建筑结构,将内在的二元转化为外观的一元。事实上,列维-斯特劳斯提出"家屋社会"的概念,原意是将其作为一个介于简单交换结构与复杂交换结构间的中介类型。蒋斌等在研究台湾的排湾族时,也注意到这一问题,从而指出:"家屋的讨论一方面无法完全摆脱亲属研究的语汇,一方面,家屋又接近关系的客体化,甚至是商品化。"① 因此,婚姻与居处都是研究家屋社会必须重视的问题。林耀华研究了嘉绒的家庭与婚姻后,认为嘉绒藏族"屋名承继与家族承继相配合,实际上乃是二而一的东西。承继方法为双系制,男女皆可传代,但每代只传一人"。② 本章将根据婚姻、家庭、亲属和居处的情况,来讨论房名的继承。

第一节 婚姻

婚姻是影响人们继承房名的首要因素。前一章我们讨论过,在土司时代,由于土地制度的限制,房名很难增加,因此,长子或长女有继承房名的优先权,其他的子女必须通过婚姻获得房名。不能通过婚姻获得房名的人,则只能出家为僧,或者成为佃农。通过房名的继承,人们之间的经济地位和社会地位会将发生变化。即使在土地制度的制约已经消失的情况下,婚姻仍然是人们继承房名的重要途径。因此,对择偶产生影响的关键要素是房名继承权,在此基础上,人们确定了禁婚范畴,并形成了以硗碛乡内通婚为主的通婚范围。

一 婚姻规则和通婚范围

乱伦禁忌是人类学研究亲属关系最重要的概念之一,"人类学家最关切的是乱伦禁忌,即禁止血亲家族、世系或其他亲族成员之间发生性关系,并且试图对它加以解释"。研究乱伦禁忌的目的,则是通过外婚制讨论"由姻亲关系联系起来的广大社会"。③ 外婚制的目的在于排除血亲通婚,与一些地方外婚

---

① 蒋斌、陈静怡:《北部排湾族家屋的空间结构与意义》,黄应贵主编《空间、力与社会》,中研院民族学研究所,1995,第178页。
② 林耀华:《川康嘉绒的家族与婚姻》,载林耀华《民族学研究》,中国社会科学出版社,1985,第412页。
③ 芮逸夫主编《云五社会科学大辞典第十册·人类学》,台湾商务印书馆,1971,2000年1月第6次印刷,第256页。

制集团为地域共同体的情况不同[1]，嘉绒藏族还是实行血亲禁婚的。硗碛人通过父系"骨"和母系"肉"的概念，确定了自己的禁婚范畴，排除了父系三代之内、母系两代之内的血亲通婚。

1. 婚姻规则

硗碛的禁婚范畴非常明确，就是按照父系是"骨"即骨头，母系是"肉"即血肉[2]的分别，实行父系三代不婚，母系两代不婚的原则。他们认为，必须换过了"骨头"才能开亲。换骨头有两个标志。第一，父系血缘到三代以后，骨头换过了，到第四代就可以结婚，而且亲上加亲，是最理想的结婚对象。在出嫁的姐妹与留家的兄弟的子女间在第三代也不能通婚。因为姐妹与兄弟间的骨头是一样的，同样要到第四代才能通婚，也同样是最理想的通婚对象。第二，亲姐妹间的孩子，由于女性出嫁后，他的孩子的骨头就已经换过了，因而是不同的骨头，在第三代就可以通婚了。例如，如果一家有三兄弟和两姐妹，老大留守老屋，其余儿子另建房屋取新房名，或上门到其他地方，这种情况下，三兄弟的子女和孙子女均不能通婚，三兄弟的曾孙辈才可以通婚，而且以此为最佳通婚对象，也就是所谓的三代以外开亲，亲上加亲。如果在兄妹或姐弟之间，只要有一方是男性，则上述禁忌仍然有效。但两姐妹之间，由于大家嫁到不同的人家，骨头都不同了，虽然并不提倡，但其子女却是允许通婚的。同样，男子到别家去上门，在锅庄旁举行"接进来"仪式时，卡布阿乌也会说"萨扎嘎纳时泽尔"[3]，意思是"男的上门，这家人就换了骨头了"。要求上门的男性，为女方家努力，解决全家生计问题，希望靠他兴旺发达。可见，在其表述中，"骨"是一个父系血缘关系的概念。在这一概念下，人们确定了禁婚范畴。

例1 森提家的南卡曼——第四代通婚

森提家留守老家的儿子，娶了朝霞柯家的南卡曼。在南卡曼21岁的时候，森提家当家的男人——南卡曼的老公公到柯家说亲。按照硗碛的习惯，说亲的人应该是男孩的同辈大哥，不应该是长辈。但是，柯家和森提家是亲戚，因为森提家的阿注（曾祖母）也是从柯家嫁来的，与南卡曼的曾祖是亲兄妹，到南卡曼正好是第四代，开亲是最好的。

---

[1] 麻国庆：《走进他者的世界》，学苑出版社，2001，第57页。
[2] 意译，嘉绒语音分别是骨 sha-ri 和肉 da-kuer。
[3] 音译，嘉绒语音为 sa-za-ga-na-si-zher。

但是，这一原则也不是绝对遵守的，如下例。

例 2 呷尔达家的婚姻

呷尔达家现在有 5 口人。老人的根根是汉人，从外地来的，大概是荥经，一起来了几弟兄，一个在柳落阿尔查家安家，一个在冰丰洁布若家安家，一个在冰丰呷尔达家安家。现在的当家人是杨木全，58 岁。

杨木全的祖父是三兄妹，大哥留家继承家业。二哥即杨木全的亲祖父，离开家去上门。幺妹在出嫁前有一个女儿，出嫁时将女儿留在娘家。女儿长大后，招了一个女婿，然后将其从家中分出，房名嘎炯。大哥去世早，无子女，二哥就将自己的儿子，即杨木全的父亲过继给大哥，继承了呷尔达的房名。杨木全长大后，娶了嘎炯家的女儿。

按照辈分算，杨木全和他的妻子是兄妹间的子女到第三代开亲。这在硗碛虽然少，但仍然存在。

做出这样的安排，也是有原因的。因为嘎炯家的女主人本是妹妹的女儿，和大哥一家生活很多年，其大哥也为她招赘了女婿，想让她继承呷尔达家的房名。但按照硗碛的继嗣原则，寄养在家的孩子是没有继承权的。因此在离家上门的二哥强烈要求下，大哥只好将她分出去，把二哥的儿子过继回家，继承了房名。但全家因此觉得也亏欠了这个女儿，最后通过让她的女儿嫁回的方式，让她拥有对呷尔达家的继承权。

对于两姐妹的孩子，人们认为在第三代开亲是最好的。如下例。

例 3 阿占的婚姻

阿占的爱人是冰丰阿尔查家的小儿子杨朝军，分家单过，长年在外承包工程。阿占的娘家在嘎日组，原来的房名美诺，在高山上，后来山下的真夺家绝户，他爸爸就把全家搬到山下，房名也改为真夺。

阿占的奶奶和杨朝军的奶奶是亲姐妹，阿占 20 岁时，杨朝军家就找人上门说亲，因为大家认为亲姐妹的子女到第三代结婚是最好的。

由此我们可以看到，硗碛人反复强调的"骨"的概念，和藏族牧区的"骨系"概念既有相同之处，也有不同之处。

从血亲禁婚的原则看，其与骨系的相同处颇多。在藏族牧区，"骨系"是每个人将自己归纳入一个群体的标志，大多数的研究表明，骨系最突出的一个功能即严格的血亲禁婚，"骨系传承的主要功能并不是认同亲属关系范围，而是规定通婚范围和非婚两性关系范围，也就是说，同属一个骨系的男女严禁结婚和发生非婚两性关系"①。按照这一原则，禁婚的范围是很大的，但在具体生活中，究竟有多大，各地的标准是不同的，在藏北，"有九代、七代、五代、四代之内禁婚的四种说法。也有人说，这种亲戚过几代变来变去就算不清楚了，但只要知道互相是亲戚，不管隔了多少代，也不能通婚"②。在西藏柳溪卡，"女的要经过7代，男的要经过21代才行。实际上是要人遗忘这两家有过血缘关系才能提亲"③。硗碛的禁婚范畴尽管只有3代，但从血亲禁婚的角度看，硗碛的"骨"的概念与"骨系"的概念所起的作用是类似的。

但是，从传承上看，硗碛的"骨"却与"骨系"有着本质的区别。骨系禁婚集团范围的确定"是根据父母双方的血统确定的。它包括人们所有的有血缘关系的亲戚，母方亲戚与父方亲戚在血统上同等重要"④。同时，它与氏族从实际或者虚拟的祖先开始一代一代往下计算不同，是从自己开始，根据父母双方的血统向上计算。在藏北牧区，"一般认为，结婚应该考虑八个骨名，即按照父系和母系同时向上追溯三代，如果FFF、FFM、FMF、FMM、MFF、MFM、MMF、MMM（F代表父亲，M代表母亲，FF代表祖父，MF代表外祖父，其他类推）。8个骨名中任何一个骨名与对方考虑的8个骨名中的任何一个相同，就严禁结婚。可见，一个人传承的骨系不止一个骨名。不过，在实际生活中，由于各种原因，很少有人知道以上全部8个骨名，一般只知道父亲和母亲的骨名。这两个骨名都不知道的人也是极少数。如果知道同属一个骨系的男女结婚或者发生非婚性行为，社会舆论的谴责是严厉的"⑤。也就是说，在藏北牧区，骨系的获得和传承是双系的，但在硗碛，"骨"的传承却是单系的，即只顺着父系的血缘向下传递，母系的血缘变成了"肉"，因为换了骨头而不再重要。

---

① 包智明、万德卡尔：《藏北牧民亲属结构——对藏北牧区社会的实地调查》，载《西藏社会发展研究》，中国藏学出版社，1997，第359~360页。
② 格勒等：《藏北牧民》，中国藏学出版社，2004，第205~209页。
③ 《西藏社会历史调查资料丛刊（第五册）》，西藏人民出版社，1988，第322页。
④ 巴伯若·尼姆里·阿吉兹：《藏边人家——关于三代定日人的真实记述》，翟胜德译，西藏人民出版社，1987，第140页。
⑤ 包智明、万德卡尔：《藏北牧民亲属结构——对藏北牧区社会的实地调查》，载《西藏社会发展研究》，中国藏学出版社，1997，第359~360页。

2. 通婚范围

在土司时代，嘉绒藏族是实行严格等级制度的社会。在婚姻上，实行等级内婚，土司之间世代联姻，土司和头人间也可以通婚，但绝不与百姓通婚。作为百姓，硗碛人之间的婚姻，主要是在硗碛内部缔结的。由于文化差异较大，大多数人也实行民族内婚。硗碛隔夹金山与阿坝州小金县相邻，两地都是嘉绒藏族，语言相通，文化相同，也有许多人与小金通婚，通婚的对象都在小金县达维乡和日隆乡两地。1928年改土归流后，等级内婚消失。1950年后，随着民族平等的影响日益深入，民族内婚的影响也逐渐减弱。但是，由于婚姻关系到房名的继承，硗碛的通婚范围仍然是以硗碛乡内通婚为主。

表3-1是冰丰组通婚范围的数据。数据统计的对象包括嫁入的女子和入赘的男子。

表3-1 冰丰的通婚范围

硗碛乡内	行政村地名	村民小组地名	通婚人数	合计
	夹拉村	青龙	0	10人
		和平	1	
		张嘎	4	
		灯光	1	
		硗丰	4	
	泽根村	拉日	0	4人
		泽根	4	
		夹金	0	
	嘎日村	嘎日	3	85人
		丰收	17	
		冰丰	65	
	勒乐村	朵果	4	4人
		夹果	0	
		旦扎	0	
	咎落村	硗丰一组	0	21人
		硗丰二组	0	
		朝霞	21	

续表

硗碛乡内	行政村地名	村民小组地名	通婚人数	合计
宝兴县	县城穆坪镇		1	9人
	五龙乡		2	
	蜂桶寨乡		6	
雅安市			1	1人
小金县			2	2人
东北			1	1人,目前在东北当兵
合计				137人

在土司制度下，由于土地不能分割，硗碛实行长子继承制。一般情况下，房名由长子继承，他同时继承土地及差役，其他儿子中，去上门的则离开老屋，去当喇嘛的由老屋供养，寺庙没有法事活动时也住在家里。家里都是女儿的，就留一个女儿招上门女婿，其他女儿则出嫁。上表统计的时间长度是能够做出谱系的家庭，由于大部分家庭第四代都还未结婚，因此只有三代人的数据。从表中可以看到，在冰丰组内通婚的占47%，在嘎日村内通婚的占62%，在硗碛乡内通婚的占91%。其通婚范围显然是以嘎日村冰丰组为中心，以嘎日村为外围，基本在硗碛乡内。硗碛乡内，除了嘎日村，就是咎落村朝霞组最多，达21人。如果我们把冰丰和朝霞的通婚人口加起来，就达到85人，占全部的63%。这是因为冰丰和朝霞位于卡尔贡山的山脊两侧，共同祭祀雅西拉姆山神，如果没有行政区划的分割，本来是一个整体。不在硗碛乡内的地方，蜂桶寨乡最多，有六人，但五人都集中在雅它家，雅它家有四个女儿嫁到蜂桶寨，之后，又有一个儿子到蜂桶寨乡上门。

由此我们可以看到，冰丰的人们基本在硗碛内部通婚，通婚最为频繁的，还是同一条沟的人。冰丰大部分人的通婚对象都在嘎日沟内部的冰丰、嘎日和丰收三个小组，以及相邻的朝霞组。少量与其他村落和小金县的达维、日隆两乡通婚。还有几例与相邻的宝兴县蜂桶寨乡通婚。2004年硗碛水库开始施工后，有一些硗碛女子嫁给前来打工的男子，使通婚范围略有变化。

二 恋爱与择偶

"人类的大多数婚姻关系都是和交换行为联系在一起的，作为婚姻的条件或者结果都要进行和财富有关的赠予和交换。在很多社会中，这种交换不仅仅是婚姻当事人两人之间的事情，而且与他们各自所属的集团紧密地联系在一起了。恋爱与择偶就是这一系列交换行为的开始。"① 在硗碛，与婚姻联系在一起的交换，不仅是财产的交换，更为重要的是对房名继承权的交换。如果一个家庭的幼子不能寻找到可以交换的女子，又不能出家当喇嘛，他就会沦落为佃户，硗碛人称为"客户子"。因此，作为父母，为幼子寻找可以继承房名的机会是最重要的事。硗碛过去的婚姻大部分是父母包办，包办的对象一般都是亲上加亲。认为最理想的婚姻是"姨表亲""姑表亲"，在门当户对的条件下尽可能亲上加亲。1950年以前，80%的包办婚或娃娃亲，均是在亲戚中选择对象。② 这种对房名继承机会的交换，可能是两家之间同时进行的，如一家有两个女儿，一个出嫁给对方的长子，其子女取得对方房名的继承权，另一个让对方的幼子入赘，其子女也取得房名的继承权。也可以延迟进行，例如第一代有一个女儿嫁入另一家，第二代这家的男子会被优先选择入赘到女儿嫁出的家庭。因此，虽然在硗碛恋爱是自主的，择偶也比较重视当事人的感受，但大部分的择偶也会考虑房名的继承问题。

土司制度废除后，硗碛青年结婚对象的选择一般由父母进行。在孩子20岁左右，父母会给他们说亲。在这之前，藏族青年男女在跳锅庄、唱歌中双方如有意，男方可赠送女方手镯、花草鞋，女方赠送花带子等。由接进来的一方请媒人到放出去的一方提亲。一般放出去的一方不主动找接进来的一方。双方父母同意后，需请喇嘛算男女属相是否相配。若无问题，双方即开始交往。生育孩子后正式接亲的比较多。

今天，在硗碛40岁以上的男女中，大部分还是父母帮助择偶的，有的甚至是包办婚姻。

例4　阿仲姐妹兄弟四人的婚姻

阿仲的大姐叫德司满，第一次婚姻就是包办婚姻。她的父母看上了一个人，性格很好，家族也和睦。但是德司满不喜欢，父母先是说，然后打，最后只有嫁了。结果儿子才三个月，男人就被惊了的牛挑伤，很快去世了。德司满因此就怪父母，把三个月大的儿子留在家里，自己到锅巴岩的汉白玉矿上开饮食店。后来，家里帮她修了房子，儿子都自己当家了，她才再婚。

---

① 麻国庆：《走进他者的世界》，学苑出版社，2001，第67页。
② 宝兴县志办办公室：《宝兴县志·社会风土志》（草稿），1986年9月17日。

德司满的事情以后，阿仲的爸爸妈妈就不敢干涉他们的婚姻了，二姐撒曼的丈夫是自己找的，阿仲和阿太的婚事是爸爸妈妈说的，小弟的媳妇阿占也是爸爸妈妈说的，但这都是结婚的两个人都同意的。

就这样，包办婚姻退出了阿仲一家的生活。

由于硗碛实行长子继承制，幼子没有对房名和财产的继承权，因此在选择婚姻对象时，能否继承房名就非常重要。今年92岁的车美杜家的侧娘老人讲：

那个时候，以包办婚姻为主，不听父母的，父母就打骂、强迫。包办婚姻的都是挂角亲，讲继承的多，嫁的那家是亲戚，就去继承家产。

可见，当时对通婚对象的选择，是以房名及房名所代表的土地、差役、房屋的继承为目的的，婚姻是继承房名的主要途径。因此，硗碛人将婚姻作为安家的手段。过去，长子一般是继承家业，不用为他担心。但如果儿子多，家长就会很辛苦。为了给他们找出路，很早就会去找合适的人家，争取让他上门。但是，按照硗碛的习惯，被"放出去"（出嫁或者上门）的人是不能主动找人家说亲的，家长一般就安排幼子学一门手艺，让他到别人家中能够撑得起门户。儿子比较多的家庭，送幼子到寺庙做喇嘛也是不错的选择。喇嘛的社会地位较高，而且能够跟着师傅念经，也有一定的收入，如果能够学成大喇嘛，就会出人头地。

为了给幼子寻找招赘的机会，人们往往选择家里女儿较多的人家娶媳妇。例如，冰丰的贡东巴家有三个女儿，一个女儿嫁给雅它家留家的儿子，一个女儿招了雅它家另一个儿子作为上门女婿，另一个嫁到了龙普家。因此，硗碛婚姻中的挂角亲很多，这些挂角亲，就是在我们刚刚讨论过的禁婚原则之外，一切有亲属关系的人都可以成为婚配对象，姑表亲和姨表亲均在其中。对此，洒耳加老人很多次感概说："女儿多不怕，女儿总之有人要，儿子多就不行了，没有人要。"当为儿子或者女儿找好婚配对象后，老人们心中的大石头才落地了，这时，在接亲的仪式上，卡布阿乌就会恭喜他们说："今天你们安家了，从此以后，你就像谁也搬不动的大石头，放在这儿了，就像根深叶茂的大树，栽在这儿了。"①

---

① 意译，嘉绒语音为 na-ka-da-a-jiong（大石头一样的放在这儿），na-ka-cuo-a-xie（栽了一棵树在这里），意思是"帮你安家了"。na-ka-da 意思是"放在这了"；na-ka-cuo 意思是"栽在这儿了"。

如果说亲的人是儿子很多的人家，双方就必须事先商量娶过去的媳妇是否当家，如果不能当家，不能继承财产，人们就不会把女儿嫁过去。在冰丰的系谱上，经常可以看到，一家人的媳妇来自别的村落的同时，这家也有一个儿子到对方村落入赘，实际上，这正是说亲时人们商量的主要内容。不过，有时候说好的情况也会发生变化。

例 5　南仲的婚事和分家

南仲是卧嘎龙家唯一的女儿，22 岁时，森提家的妈妈看上了她，上门说亲。丈夫杨朝康是森提家的老五，比她大一岁。南仲和杨朝康自小一起长大，彼此熟悉，杨朝康去当兵的时候，是南仲给他献的大红花。说亲后，父母还问她同不同意，她同意了，说亲之后，就开始来往。到 23 岁生第一个孩子，坐月是在娘家坐的。满月后，按照选定的日子小接①，去了森提家，跟森提家的父母住在一起。

森提家来说亲时，本来说好杨朝康是留家的。但因为下面还有四个兄弟，他们就自己分出来单独过。分出来的时候，森提家没有资助他们，房子是小两口自己盖的。盖在南仲的承包地上。

对这次分家，南仲几次提到，从不认为森提家对她有何不公，而且，这也不妨碍她与后来嫁进森提家并当家的南卡曼的和睦。

三　婚姻仪式的程序

硗碛的婚姻仪式比较繁复，大体上经过说亲、订婚、选日子、备礼品、接亲、进门、拜堂、跳锅庄、回门等程序。无论接进来的是男是女，程序都完全一样。下面我们以接进媳妇为例说明婚姻仪式过程。

1. 说亲

有意说亲的一方，会先到对方父母处征求意见，如果双方父母都有意，就选个日子请媒人上门说亲。媒人首选男方的哥哥或者同辈的直系亲属中的兄弟。说媒的人，带八个鸡蛋、两瓶酒、一碗猪油，到对方家的时候，就打开一瓶酒，媒人和女方的老人一起边喝边谈。如果父母不同意，就说："我们大人

---

① 硗碛的婚礼分为大接和小接。大接的程序复杂，花费很大，后面有详细介绍。小接是在孩子满月后请双方亲友办一个简单的仪式，将女方和孩子接回家。1978 年前，因为经济条件限制，大多数的家庭只有能力选择小接。

之间是通过气，之前没有和娃娃（孩子）商量过，后来我们和娃娃商量了，不同意。"媒人就把礼拿回去，事情就算了。如果不是这样一下子回绝，说亲的人就会继续谈，争取机会。如果父母双方同意，就痛快地收下八个鸡蛋、一瓶酒、一碗猪油。如果还想商量一下，就只收一部分。但一般都不会痛快地收下，媒人要跑三到四次，对方才会收下礼物，表示应允。媒人来的时候，女方的父母和祖父母就会提要求，主要是说清楚接过去的孩子将来当不当家、分不分家，如果要分家，就会要求父母为他们修房。一般来说，大家都不愿意把女儿嫁给要分家的儿子，除非父母说好会给他们修新房，同时说好接进来的人带什么嫁妆。说好了以后，两个青年男女就来往，如果发现合不来，也可以退婚，退婚只需要退礼品。但如果有了孩子，就成为一家人，不能再退婚了。没有经过说媒就生的孩子，男方又不认，即是非婚生子女，是没有继承权的。

　　说亲以后，如果一方家里劳动力多，一方缺劳力，劳动力多的一方就会常到对方家帮忙。卧嘎龙家的阿仲和阿太订婚后，阿太家缺劳动力，弟弟到宝兴工作，姐姐出嫁了，家里只有阿太和他爸爸，还开有一个瓦厂，地又很多，阿太就很少到阿仲家去帮忙，而阿仲在农忙的时候都会过来帮忙。

　　2. 订婚

　　嘉绒语为"扎玛斯"，意为要对方的人。订婚日期为农历每月初八。若是男方娶媳妇，届时，由男方、男方父母一起，特意邀请一位善于言谈，熟悉程序的红爷，红爷最好是自己家里的人，如果自己家实在找不到，就在寨子里请一位。四人一起到女方家后，取出携带的礼品，一般是八个鸡蛋、两罐酒、两把挂面、两碗猪油。礼物都必须是双数的，寓意成双成对。到女方家后，主要由红爷说明来意，分送礼品。双方再商议婚期。

　　3. 选日子

　　一般由双方父母先商量一个时间段，然后到永寿寺请喇嘛根据双方生辰八字，择取吉日。也有的直接由双方父母和红爷选定吉日。

　　4. 备礼品

　　女方要先算好自己的家人、长辈、亲戚人数，告知男方。男方就按照这一数量，根据家庭经济情况而定，备好礼品。一般要送女方男性长辈一双鞋袜，女性长辈一碗猪油，或者一瓶酒和一把挂面；给女方父母的礼品包括从头到脚的全套新衣服、一碗猪油和一个面粉做的大馍、八个鸡蛋、一只前猪腿、两把挂面、两瓶酒、六尺布或者一些钱，所有礼物加上，必须将接亲人背着的背篓装满；还要给女方兄弟姐妹准备礼品，通常是男性送一顶帽，女性送一张头帕；过去新娘的全套衣服自己准备，现在则要为新娘准备一套衣服，新娘首饰由女方自备。

5. 接亲

一般是天刚亮，由男方兄弟姊妹组成的接亲队伍就出发。到达女方家后，将带来的礼物摆出，边摆边交代是送给谁的，如果礼品不够或者不合礼数，就会引起不满。卡布阿乌就会训斥红爷，严重的甚至会要求他们回去重新准备。之后，按照事先算好的时辰接新娘出门，天黑以前，新娘必须到达男方家。

6. 进门

男方会事先在家门口摆一个凳子，上面放置一杯水，水杯上放柏树枝，寓意清净；一把锁好的锁，寓意管家的权利；一盏松油灯，寓意光明。将盛有核桃、水果的果盘和四杯酒、两双筷子，放在门右侧，酒用于敬神，筷子寓意男女成双成对。送亲队伍到男方家时，男方先放三声炮，再由男女双方各出一位能言善辩的兄弟主持仪式，二人先敬拜东、南、西、北四方神，然后用柏枝沾水杯里的净水洒向四方除秽。新娘上前将锁打开，寓意得到管家的权利。由男方母亲送给新娘一只手镯，将她迎进屋。

7. 拜堂

新娘与新郎跪在男方父母、长辈前，由卡布阿乌用四言八句祝愿新婚夫妇白头偕老，教导他们，要孝敬父母，善待长辈，团结邻居，勤劳致富。之后新娘上楼到自己房间。其余人大开筵席。

8. 跳锅庄

晚宴后，往往通宵跳锅庄。贺新婚有专门的锅庄调，通常是先跳嘉绒切列，到天快亮时，再跳绒巴切列。

9. 回门

次日，由女方兄弟姊妹随同新婚夫妇返回女方家。携带的礼品有一罐酒、八个吹风馍馍。到女家后，全家一起进餐，当天返回男方家。女方家准备八个吹风馍馍和酒带回男方家。三年内，新婚夫妇都要给红爷拜年，礼品为半个猪头、酒、吹风馍馍，以示感谢。

婚礼上需熏三种烟进行烟祭，即将柏树、白桦树、水桦树三种树枝混合，点燃后以烟敬三种神：一敬奉天神；二敬半空中神，主要是山神，即按东南西北的方向顺序敬东、南、西、北四山神，包括四川峨眉山、南海普陀山、云南鸡足山、湖广武当山的山神；三敬三代以内祖先。

现在经济条件改善后，婚礼要比以前复杂，男方要为女方家所有长辈备礼。

婚礼时也会有一些禁忌，个别人家去参加婚礼前会请喇嘛算日子，若不吉，则只参加婚礼而不进餐，也不观看整个结婚过程，尤其是回避新娘。

硗碛婚事的程序看起来很复杂，实际上，过去因为经济条件不允许，人们很少大操大办。现在40岁左右的人，基本没有办过婚礼，而是请喇嘛择一个好日子，由男方接过去即可。近年来，大办婚礼的人才比较多了。

例6 南卡曼的婚礼

南卡曼结婚的时候，选了日子来接亲，是小接（简单办）。男方来了八个人接亲：一个是说媒的，一个是红爷，森提家兄弟姐妹多，他姐姐来了，其他五个都是他的亲兄弟。一早过来接，吃了午饭接走。南卡曼送亲的人，只有自己的一个姐姐、一个妹妹去送亲。陪嫁的首饰有：甲琼①一个，马达子6个，奔空子②2个，日谷子（手镯）1个。还有长衫衣服30件，有布衫子和毪衫子，有自己织的，也有妈妈帮忙织的。比如9件毪衫子，就是自己织的4件，妈妈织的5件。另外还有铺盖5床；床单7个；装衣服的柜子1个。花带子都是自己织的，有宽的8条，窄的十五六条。

到2009年11月阿尔查家将孙女婿接进来的时候，由于家庭经济条件很好，就大操大办，不仅完全按照上述标准程序进行，而且被接进来的女婿还带来了五万元现金、四十头牦牛，以及洗衣机、冰箱、电视机和一套组合家具，这成为人们津津乐道的话题。

第二节 家庭、居处与房名的继承

嘉绒藏族的房名是由长子继承的，家庭和居处都会影响到房名的继承。林耀华先生指出："婚姻居处与家族双系制发生密切的关系……戎人家族男女皆可承继，所以夫居妇居两方皆可。如果家族由男子承继，娶妇居于夫家，是为

---

① 音译，嘉绒语音为 jia-qiong，是一个金翅大鹏鸟的形象，硗碛妇女出嫁时必须有的头饰。
② 音译，嘉绒语音分别为 ma-da-zi 和 song-kong-zi，均为头饰。戴的时候甲琼戴在中间，右边是马达子，左边是奔空子。

夫方或父方。如果家族由女子承继，赘婿住于妻方，是为妻方或母方，妇女于夫死后，改赘夫婿承袭前夫名号产业者，仍为妻方。"① 在本节中，我们将观察不同的家庭与居处对房名继承的影响。

一　家庭

1. 1950 年的十八户家庭

硗碛的家庭，传统上大部分是包括祖父母、父母、子女三代在内的主干家庭。根据 1950 年的户籍资料，笔者在访谈中逐户进行了核实和修正②，冰丰十八家老房名的家庭结构和房名使用情况如下。

（1）卧嘎龙家

1950 年时，卧嘎龙家只有三口人，即 55 岁的婆婆阿卡、34 岁的儿媳洒耳中，还有阿卡的外孙胆巴，阿卡的一个女儿嫁到蚌如家，女儿去世后，外孙回来和阿卡一起生活。大约在 1956 年，洒耳中和胆巴相继因病亡故。卧嘎龙家无人继承，阿卡的另一个女儿嫁到朝霞，有七个孩子，阿卡将第四个孩子——外孙女安卡接来，与自己同住。她去世后，安卡继承了卧嘎龙的房名，就是今天卧嘎龙的女主人。

（2）阿夸尔家

1950 年，阿夸尔家有四口人。实际当家的是 30 岁的哈母。那时哈母的丈夫贝尔佳已经去世，没有子女。雷振冬是当地民团的头子，就到阿夸尔家上门。雷振冬本来有家有妻子，到阿夸尔家上门意在占有阿夸尔家的产业。他并不住在阿夸尔家，也不使用阿夸尔家的房名。1950 年底，他因为参与小金（懋功）叛乱被镇压。

与哈母同住的是阿夸尔家的佃户折启处和长命夫妻二人，他们使用阿夸尔的房名。1951 年，两人分得土地离开阿夸尔家。哈母一人生活，最后从哥哥家过继杨朝华来继承房名。

（3）呷尔达家

呷尔达家的户籍上共七人。其中，实际当家的是 45 岁的天秀。呷尔达家继承房名并守家的是天秀的丈夫。天秀的丈夫去世后，汉族罗么哥带着自己的妈妈到呷尔达家上门。与他们共同生活的还有天秀丈夫的幺妹留在家里的女儿

---

① 林耀华：《川康嘉绒的家族与婚姻》，林耀华著《民族学研究》，中国社会科学出版社，1985 年 9 月，第 425 页。
② 户籍资料现存宝兴县档案馆。

章满。佃户张满带着自己的妹妹和妹夫与他们同住。1953年，天秀去世，罗么哥母子也分得土地，于是从呷尔达家分出，建立了新房名龙普。章满招婿后也从其家分出，房名嘎炯。张满及妹妹一家分别分得土地，迁到碛丰一组。呷尔达家出去上门的老二的儿子回来继承了房名。

（4）达尔嘎家

达尔嘎家共七口人，其当家人因病去世，家里只有40岁的女主人泽良带着自己的六个孩子共同居住。

（5）蚌如家

蚌如家有六口人，其当家人王银中本是喇嘛，父亲去世后，因为家里没有了继承人，为了传承蚌如家的房名，不得不还俗娶妻生子，与母亲、妻子和三个孩子共同生活。

（6）策棱木雅家

1950年，策棱木雅家全家八口人，当家人折良已经60岁，老婆去世后，留下一个女儿、三个儿子。他1948年再婚。再婚的妻子勒马31岁，是小金人，几个姐妹逃难到了硗碛，嫁到和平，生有两个女儿，后丈夫去世。后来折良和勒马又育有一子，共同使用策棱木雅这一房名。大女儿出嫁后，第一次婚姻的大儿子继承了房名，二儿子到卧嘎龙上门，三儿子原本为喇嘛，1950年后还俗，也去朝霞上门。1959年，折良去世，勒马带着和折良所生的儿子从策棱木雅家分出，房名策涅阿美杜，两个女儿先后出嫁。

（7）洁布若家

洁布若家此时只有3口人，即年龄很大的母亲阿粗和40岁的女儿哈母，35岁的女婿长明一起生活。到1956年，哈母和长明先后病故，阿粗成为孤寡老人。阿粗一个人生活艰难，森提家的老三便去帮忙，平时料理她的生活，阿粗去世时为她办丧事。在洁布若绝嗣后，他继承了洁布若这一房名。

（8）雅它家

雅它家是五口之家。36岁的丙丙和33岁的洒司满夫妻二人，与三个未成年子女共同生活。

（9）得拉家

得拉家共6口人，45岁的王青明和妻子及4个儿女共同生活。

（10）贝尔洛家

贝尔洛家有七口人，52岁的母亲洒司满是贝尔洛家的女儿，丈夫从泥巴沟来上门，后因病去世，洒司满与6个孩子同住。

(11) 卡若家

卡若家只有三口人，30岁的勒仁乓和28岁的容中满带着独生女儿克斯满生活。

(12) 阿利家

阿利家有四口人，40岁夫妻二人与两个儿子同住。后来大儿子因病去世，现在由最小的儿子富贵继承房名。

(13) 贝尔纳家

贝尔纳家共8口人。54岁的郭甫呈到贝尔纳家上门，不久妻子去世，留下两个女儿。他之后再婚，娶了朝霞的卡母，生有一子三女。

(14) 阿强家

阿强家共七口人，36岁的长明夫妻与59岁的母亲能尖施满及四个子女共同生活。

(15) 特克若家

特克若家共四口人，李洪山夫妻与两个儿子同住。

(16) 贝尔杜家

贝尔杜家共四口人，父亲与女儿夫妇和孙女同住。

(17) 森提家

森提家共七口人，家里除46岁的父亲和五个儿子，还有嫁出去的姑姑留在家里的17岁女儿张满同住。

(18) 达尔嘎美杜家

达尔嘎美杜家因为父母、大哥均在地方武装势力的火拼事件中死亡，家里只有年迈的祖父母和三个年幼的孙子共住。

对上述情况进行统计，1950年冰丰的家庭结构情况如表3-2所示。

表3-2 1950年冰丰的家庭结构

人口数	核心家庭（户）	主干家庭（户）	其他家庭（户）
3人及以下	2		1
4人	2	1	2
5人	1	0	0
6人	2	1	0
7人	1	1	2

续表

人口数	核心家庭（户）	主干家庭（户）	其他家庭（户）
8 人	2		
合计	10	4	4

从统计结果看，硗碛的主要居住模式还是核心家庭，18 个家庭中，有 10 个为核心家庭，家庭人口最多为 8 人，最少为 3 人。主干家庭有 4 户，4 人以下 2 户，6 人和 7 人分别一户，家庭人口数并不多。其他家庭中，除一户为祖孙共居，其余家庭均有寄养的子女或者佃户同住。

上述分析证明，在 1950 年，硗碛的家庭还是以核心家庭为主，主干家庭次之，家庭人口不多，家庭成员间的关系较为简单。

2. 2009 年底冰丰 56 户的家庭结构

经过 60 余年的发展，整个冰丰的家庭数量增加到 56 个，其家庭结构中，主干家庭为 25 个，核心家庭为 30 个，其他家庭 1 个。

表 3-3　2009 年底冰丰的家庭结构

编号	老房名	分出的新房名	家庭结构
1	卧嘎龙		主干家庭
2	阿夸尔		其他家庭
3	森提		主干家庭
4		安佳安地	核心家庭
5		喔给	核心家庭
6		蚌给	主干家庭
7		但底谷	主干家庭
8		阿尔查	主干家庭
9		森塔给	核心家庭
10	呷尔达		主干家庭
11		龙普	核心家庭
12		龙普美谷	核心家庭
13		嘎炯	核心家庭
14	达尔嘎		主干家庭
15		森塔丽	主干家庭

续表

编号	老房名	分出的新房名	家庭结构
16	蚌如		核心家庭
17	达尔嘎美杜		主干家庭
18		达尔嘎美地	主干家庭
19		达尔吉	核心家庭
20		吉姆（登干）	核心家庭
21	策棱木雅		主干家庭
22		策涅阿美杜	核心家庭
23		策涅阿美地	核心家庭
24	美地（洁布若新家）		主干家庭
25	达呱尔		核心家庭
26		嘎当库	主干家庭
27		嘎哟谷	核心家庭
28		达尔嘎	核心家庭
29		洁布若	核心家庭
30		洁布若地	核心家庭
31	雅它		核心家庭
32		美洛	核心家庭
33	巴尔马		扩大家庭
34	贝尔洛		核心家庭
35		但底扎（原为贝尔洛美谷）	核心家庭
36		贝尔洛美地	主干家庭
37		贡东巴	主干家庭
38	卡若		主干家庭
39		卡若美洛	核心家庭
40	阿利		核心家庭
41		但底日库	主干家庭

续表

编号	老房名	分出的新房名	家庭结构
42	得拉		主干家庭
43		策棱库	主干家庭
44		洁拉	核心家庭
45		洁达	主干家庭
46		卡利卡拉	核心家庭
47	阿强		核心家庭
48	特克若		主干家庭
49		特克若美洛	核心家庭
50	贝尔纳		主干家庭
51		贝尔纳美地	主干家庭
52	贝尔杜		核心家庭
53		贝尔杜美洛	核心家庭
54		贝尔杜美杜	核心家庭
55		贡东巴美地	主干家庭
56	阿洛		核心家庭

把1950年的家庭结构和2009年的相比较，我们可以看到，其家庭构成的基本原则没有太大变化。所有家庭如果老人健在，则与子女同住。不同的是，在1950年时，硗碛受到疾病及社会动荡等因素的影响，人口不多，人的寿命不长，因此主干家庭较少。而到2009年，大部分主干家庭都有70岁左右的老人，也就是说，由于平均寿命提高，硗碛的主干家庭增多。只有近年来不断分家出来、子女年龄较小的家庭，才会形成核心家庭。

二 亲属称谓

"亲属称谓是指因为要表示由亲子关系及婚姻关系而产生的人际关系有别于一般生活关系的用语，以及由此扩展到由其他方式所产生的关系之用语。"[①]亲属称谓不仅与婚姻相关，而且与居处习俗、继嗣方式、财产的继承与保有，

---

① 芮逸夫主编《云五社会科学大辞典第十册·人类学》，台湾商务印书馆，1971年12月版，2000年1月第6次印刷，第283页。

以及亲属集团的类型等相关。硗碛的亲属称谓如图 3-1 所示。从图中可以看到，硗碛的亲属称谓具有以下特点。

重视核心家庭成员。即特别强调父母和兄弟、姊妹，而不大重视其他亲属，从而严格地将核心家庭以内的亲属与核心家庭以外的亲属区分开来。在核心家庭以内，亲属称谓是描述性的，如阿爸（父亲）、阿妈（母亲）、阿泽尔（兄）、阿依（姐）、额吉（弟妹）、额扎（儿子）、额米（女儿）都有所区分。但在核心家庭以外，亲属称谓则是概括性的，旁系亲属的同性长辈（如对伯父叔父与姑夫姨父，伯母叔母与姑母姨母）、同辈（如堂兄弟与表兄弟，堂姊妹与表姊妹）、晚辈（侄儿女与外甥外甥女）则不加区分。

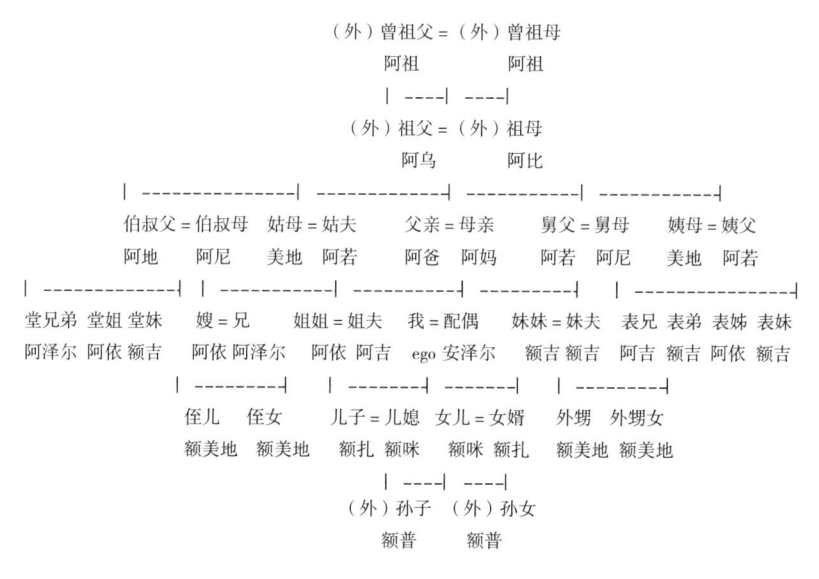

```
                    （外）曾祖父 =（外）曾祖母
                        阿祖         阿祖
                        |----|----|
                    （外）祖父 =（外）祖母
                        阿乌         阿比
|--------------|------------|-----------|-----------|
伯叔父=伯叔母   姑母=姑夫    父亲=母亲   舅父=舅母    姨母=姨父
阿地  阿尼    美地  阿若    阿爸  阿妈   阿若  阿尼   美地  阿若
|------------|  |----------|  |-------|  |----------|  |----------|
堂兄弟 堂姐 堂妹  嫂=兄      姐姐=姐夫  我=配偶   妹妹=妹夫  表兄 表弟 表姊 表妹
阿泽尔 阿依 额吉  阿依 阿泽尔  阿依 阿吉  ego 安泽尔  额吉 额吉  阿吉 额吉 阿依 额吉
              |--------|    |-----|  |-------|  |---------|
              侄儿  侄女    儿子=儿媳 女儿=女婿  外甥  外甥女
              额美地 额美地  额扎 额咪  额咪 额扎  额美地 额美地
                            |----|----|
                          （外）孙子（外）孙女
                            额普       额普
```

图 3-1 硗碛的亲属称谓

强调长幼有序。在同一辈人中，特别强调长幼区别，如哥哥称"阿泽尔"，姐姐称"阿依"，姐夫及妻兄称"阿吉"，弟弟、妹妹、妹夫、妻弟则统称"额吉"。孙辈也不分男女一概称为"额普"。对男女双方同辈血亲的长幼区别，反映了硗碛社会长子继承的原则。因为长子有继承房名的优先权，故而在日常生活中也要对其地位进行确认，幼子则不需要这种确认。

对儿子和女婿统称"额扎"，对女儿和儿媳统称"额咪"，这反映了硗碛婚后居处和房名的使用情况。在硗碛的婚姻用语中，只有"接进来"和

117

"放出去"①两个词，没有娶媳妇、上门②这样的说法。"女孩子接进来"，就叫"纳玛嘎库"，"女孩子放出去"就叫"纳玛嘎勒儿"③，"男孩子接进来"，就叫"意扎嘎库"，男孩子放出去，就叫"意扎嘎勒儿"④。在婚礼过程中，也只按照接进来和放出去两种方式对待新婚的男女，而不论其性别。因此，当一个核心家庭因为子女的婚姻变成主干家庭时，进入家庭的新人立即享有房名的使用权，因此他或者她的地位和原来家庭中的子女完全相同，亲属称谓也就相同。

父辈祖辈男女有别，父辈和祖辈的称谓具有男性或女性的性别差异。向上从第三代开始即没有男女之别。在硗碛社会中，人们认为祖先与人的直接联系一般不超过三代，三代以外的祖先应该已经进入轮回，投生到了另一家人，因此，对祖先的记忆一般停留在见过面的老人身上，即使现在已经进行土葬，也只给三代之内自己认识的老人扫墓。对其他的祖先，则不再重视。这一观念反映在亲属称谓中，就是三代以外，就不再区别老人的性别了。

内外无分。内外无分是指亲属称谓中父系母系不加区分。硗碛的亲属称谓中父系的祖父（母）与母系的外祖父（母）、父系的姑父（母）与母系的姨父（母）、父系的堂兄弟（姊妹）与母系的表兄弟（姊妹）、父系的侄子（女）与母系的外甥（女）、父系的孙子（女）与母系的外孙子（女），没有区别，均采用同一称谓。

邹正中在对汉族和藏族的亲属称谓进行比较后，按照默多克的亲属称谓分类模式，认为"我们可以发现藏族亲属称谓与爱斯基摩式亲属制度是十分接近的。首先，在单偶制婚姻家庭中，藏族的父辈亲属称谓明确区分直系和旁系，在同辈亲属中，同胞弟弟和同胞妹妹有其独有的称谓，明确地区别于旁系的表弟、堂弟、表妹、堂妹。其次，对父系和母系亲属的区分十分模糊、不确定。这两个特点正是爱斯基摩式亲属制度的显著特点。再次，藏族家庭在居住方式和生产劳动上十分重视核心家庭，核心家庭成员同吃、同住、同劳动，核心家庭成员联系也要强于其他亲属关系，这一点也是爱斯基摩式的特征"。⑤ 上述结论中，第二点和第三点与嘉绒藏族完全相符，但第一点中，嘉绒藏族的同辈亲属称谓因为有长幼之分显然更为复杂。其实亲属称谓的变化是无穷尽的，但

---

① 意译，嘉绒语音分别为 ga-ku 和 ga-ler。
② 即入赘，为方便叙述，本书所有论及入赘的，均使用此词。
③ 音译，嘉绒语音 na-ma-ga-ku、Na-ma-ga-ler，Na-ma 是指女孩。
④ 音译，嘉绒语音 yi-za-ga-ku、Yi-za-ga-ler，yi-za 是指男孩。
⑤ 邹正中：《汉族和藏族亲属称谓的比较研究》，四川大学硕士学位论文，2003 年 4 月 30 日，第 27 页。

从硗碛的亲属称谓，我们可以更好地了解其亲属关系。

三 房名的继承

林耀华研究了嘉绒藏族社会后指出："戎人家族没有姓氏，但每家住屋必有专门名号。这名号的含义甚广，它代表家屋承继人的一切权利与义务，举凡住屋财产，屋外田园土地，粮税差役，家族世系，以及族内人员在社会上的地位等，莫不在住屋名号之下，而有传统的规定。质言之，屋名概括家族团体的物质方面与非物质方面的两重内涵。"① 这高度概括了嘉绒房名继承的重要性。为了保证房名可以一直传承下去，嘉绒藏族实行了继嗣与居处并重的继承原则。在以下个案中，我将讨论具体的继承制度。

1. 一夫一妻家庭及房名的继承

一夫一妻家庭是硗碛基本的家庭形式，在一夫一妻家庭中，又有两种居处：娶进媳妇的从夫居和女婿上门的从妻居。

在一个历史较长的老房名中，往往同时出现不同的居处方式，我们以下策尔斯基家为例，来看看在不同的居处下房名的继承情况：

例7 下策尔斯基家房名的继承

杨国奇家的房名是下策尔斯基，他的曾祖母是朝霞土生土长的人，继承了下策尔斯基的房名，曾祖父是鱼通嘎哟家的三儿子来上门的。

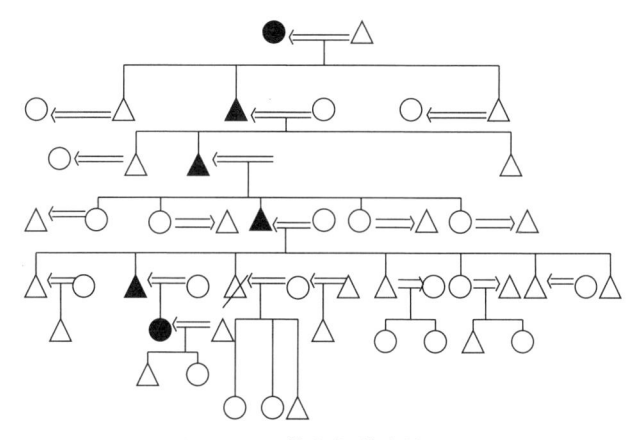

图3-2 下策尔斯基家的系谱

---

① 邹正中:《汉族和藏族亲属称谓的比较研究》，四川大学硕士学位论文，2003年4月30日，第27页。

祖父一辈有三兄弟，老大藏名策棱，到硗丰上门；老二即为杨国奇的爷爷，藏名嘉木错，留家继承房名；老三藏名达克特儿，也到硗丰上门去了。

父亲一辈有三兄弟，老大藏名劳绒，本来是当家的，后来去上门了，由杨国奇的爸爸杨生龙——藏名长寿来当家；老三藏名龙特尔，出家当了喇嘛，后到西藏大昭寺学了10年经，回来后曾当过永寿寺的当家喇嘛，90多岁去世。

杨国奇一辈，只有他一个儿子，排行老三，就继承了房名。他的大姐曾嫁给国民党的彭旅长，彭旅长在硗碛待了七个月就走了，大姐没有跟彭旅长走，后来又嫁人了。二姐嫁到冰丰阿夸尔家。三妹嫁到硗丰。四妹嫁到朝霞组。

杨国奇自己有七个孩子，老大男孩，藏名叫泽朗，因为杨国奇的二姐家没有孩子，八岁时他就去姑姑家顶了阿夸尔家的房名，汉姓也是杨姓。老二男孩，继承了他家的房名。只有一个独生孙女，继承了下策尔斯基的房名，招朝霞组达拉美诺的儿子上门，上门女婿是个皮匠。老三男孩，结婚后就分了家，房名是达给，意思是"坎下有块土地"。他已经去世，有三个孩子，小儿子叫肯崩特尔继承了房名；他去世后她爱人又结了婚，是邛崃的汉族来上门，生了一个儿子，现在有五六岁。老四是儿子，到硗丰上门，有两个女儿。老五是个女儿，嫁到雅安市的蒲江县去了，女婿是汉族，是个手艺人，来硗碛打工认识的，他们有一儿一女。老两口经常到女儿那里去玩。老六是个儿子，分了家，房名钱木森儿，是"新房子"的意思。老七是个儿子，分了家没有结婚，分家的时候给他分了2匹马、4头牛、10头牦牛、承包地4亩，山林名义上是分了五六亩，但实际有上百亩。

从下策尔斯基房名的继承，我们可以看到以下几种居处对房名继承的影响。第一代人中，杨国奇的曾祖父上门到下策尔斯基家。这时，下策尔斯基家的居住是从妻居的。我们不知道当时家里有几口人，但肯定没有其他儿子。到第二代和第三代，房名都传给了家里的儿子，也就是说，从妻居的杨的曾祖父，他的子女对于下策尔斯基的房名具有共同的继承权，但长子具有优先继承权。其中，第二代杨生龙继承房名，还有一个故事：

下策尔斯基家到了杨国奇父亲一辈，就应由大哥劳绒继承家业。他的父亲是二哥，没有继承权，就到处去当佃客。继承家业的人要派捐、派税，当佃客就不用做这些事情。他的父母很勤快，慢慢地就吃得起饭了。大哥后来上门去，他的爷爷就问他父母回不回来继承家业，如果不回来就到土司那里把户销了，把土地交了，就不用上差。但是土司还是要问罪："家里实在没有人就另行安排，但是家里有人，为啥不继承？"这样说了后，他的父母才回老家继承家业。起初父母不愿回来的原因是，当时的传统是包办婚姻，他的父母是自愿结合的，他的爷爷不喜欢，是有了娃娃后才回的家。回来后，父母又勤快、又能干，家务慢慢就好了。

可见，杨国奇的父亲回来继承家业，是由于大哥主动放弃了继承权，自己出去上门了。而杨国奇的父亲因为不接受父母安排的婚姻，与心爱的女人结合，由此失去了家里的一切支持，成为在硗碛地位最低的佃户。直到他们有了孩子，大哥又离家，才得到父母的谅解。杨国奇的三叔是僧人，大部分时间仍然住在下策尔斯基家，由家里人供养。

第三代人中，只有杨国奇是儿子，因此，姐妹们均出嫁，他继承了房名。到了第四代，下策尔斯基家有六个儿子，除老二继承房名外，一个出去顶了房名，一个上门，其余的都分家了。到第五代人中，下策尔斯基家只有一个独生女儿，因此招赘女婿上门。下策尔斯基的房名由女儿继承。现在下策尔斯基家有八口人，即杨国奇老人夫妇、他的二儿子夫妇、孙女即上门女婿夫妇，还有他们的两个孙子。

从上述情况可以看到，在一夫一妻的家庭中，长子对房名的继承具有优先权，其次是幼子，如果没有儿子，则长女成为优先继承者。这些原则，无论其居住格局是从夫居还是从妻居，都没有大的区别。

2. 一夫多妻家庭与房名的继承

1950年以前，硗碛也存在一夫多妻的家庭，但数量不多。在这样的家庭中，房名的继承情况见以下案例。

例8　硗丰策励家[①]

策励家的杨和清，有三个妻子。第一个妻子是和平的，房名为策励，

---

① 音译，嘉绒语音为 ce-li。

121

他去和平上门，有一个孩子。他死后，他的儿子继承了房名。第二个妻子是丰收的，房名是麿尔巴①，由他娶到和平，共同居住了一段时间。后来这个妻子的兄弟死了，姐姐瞎了，她就回到娘家生活，杨和清经常到丰收住，他们有五个孩子，他的大儿子继承了麿尔巴房名。第三个妻子是先嫁到柳落的达拉②家，丈夫死了后，杨和清又到她那里上门，有三个孩子。第三个妻子的前夫留有一个儿子，继承达拉的房名和财产。杨和清的孩子没有继承权。

从这个案例我们可以看到，一夫多妻的情况下，从妻居的男子，其儿女的继承权取决于拥有房名的一方的地位。具体说来，如果女方是房名的继承人，丈夫的儿子就可以继承房名。如果女方不是房名的继承人，而从夫居的一方，其继承房名的前夫又留有儿女，则后来上门从妻居的丈夫，其儿子没有继承权。

例9　嘎日文扎家③

嘎日文扎家的赵清林，是硗碛五寨最有势力的保长，也有很多家产。他有两个老婆，大老婆是娶进门的。第二个老婆是策德拉④家的，家里的哥哥、兄弟都死了，有房子和田地，赵就到她家上门，她有三个儿女，儿子继承了策德拉家的田地和房名。

文扎家的这种做法，人们一般视为势力较大的人的做法，即当别人家留下孤儿寡女无法应付繁重的劳动和差役时，通过上门去获取别人家产。其房名的继承也是遵循以下原则：从夫居，丈夫的儿子继承房名；从妻居，女方房名无人继承则由丈夫的儿子继承。

3. 过继与房名的继承

如果一家没有子女，只剩下老人，就会过继自己亲戚的孩子，来继承房名。

例10　冰丰的阿夸尔家

现在阿夸尔家的当家人，汉名杨朝华。从杨朝华往上三代关系很复

---

① 音译，嘉绒语音为 me-er-ba。
② 音译，嘉绒语音为 da-la。
③ 音译，嘉绒语音为 wen-zha。
④ 音译，嘉绒语音为 ce-de-la。

杂。第一代为两子一女,大儿子藏名木泰,二女儿藏名安卡,三儿子藏名阿太。木泰继承了阿夸尔家的房名,在安卡嫁到卧嘎龙家不久,木泰就去世了。阿太继承了家业,不久阿太也去世了。阿夸尔家没有了继承人,就将安卡的小儿子贝尔佳派回继承阿夸尔家房名。贝尔佳娶了下策尔斯基家杨国奇的二姐,由于贝尔佳去世很早,没有孩子,只剩杨国奇二姐一人,于是将杨国奇的大儿子泽朗即杨朝华过继给她,杨朝华八岁就从朝霞到阿夸尔家来顶房名,顶了房名后没有改口,仍然喊他的姑姑为阿尼①。杨朝华27岁与兰卡仲结婚,兰卡仲没有生育,就抱养杨朝华弟弟家的女儿德热错②做继承人,抱养后,德热错仍然叫他的叔叔杨朝华为阿地③。

在阿夸尔家的世系中,出现了两次过继的情况。两次过继的都是自己很近的亲戚。但从过继的具体过程看,与汉族父系血缘家庭的过继是完全不同的。首先,过继所选择的人选,男女均可。其次,过继之后,并不需要改变原来双方的称呼,不需要在新的家庭内形成新的亲属关系。

4. 绝嗣后的继承方法

硗碛人把房名继承看得很重,他们常说"有千年的房名,但只有百十年的人"。就是说一个老房名经过的年代久了,其中的人就会经常换,绝嗣就是换人的重要原因。

一般来讲,继承房名的长子或者长女绝嗣后,就由原来从这家出嫁或者上门的人回来继嗣。例如,如果这家人有三个女儿或者儿子,长子长女留家继承房名,其余的分嫁到两家或者是两个儿子都去上门。留家的去世后,亲戚朋友就要商量,如果有嫁出或上门的,可以回来继承就回来继承,如果大家都不能回来继承,就由他们的下一代回来继承。如果相隔的代数比较远,就由兄弟的后代回来继承,让姐妹的后代和他结婚。谁来继承是由亲戚们商量决定,一般是找年龄相当的,属相相和的。由于旧社会疾病流行,匪患严重,死亡率很高,所以绝户的多。只要"骨头"不一样,很近的近亲都可以结婚,然后回来继承财产。

---

① 音译,在硗碛的亲属称谓中特指上一辈的父系女性亲属中除妈妈之外的人。
② 音译,嘉绒语音为 de-re-cuo。
③ 音译,在硗碛的亲属称谓中特指上一辈父系男性亲属中除爸爸之外的人。

例11　嘎日的文吉格尔达家①

文吉格尔达家有兄弟姐妹4人。老二为儿子，留家继承家产，但他家因为倒家病（流感）全家都死了，亲戚们一起商量谁回来继承。大姐嫁出去后，家境不错，不需要回来继承；老三为儿子，藏名肯蚌特尔，出去上门，有个儿子，家境不好；老四为女儿，藏名张满，嫁得很好，也不回来继承；老五也是女儿，藏名克司满，有一个女儿，家里很困难；肯蚌特尔是出去上门的儿子，他的儿子理应回来继承家业，但克司满的家境很不好，让她的孩子回来继承家里的财产，可以改善她的处境。最后大家商定就由肯蚌特尔的儿子回来继承，克司满的女儿回来嫁给他。

从上述例子看，在商量由谁回来继承时，在两辈之内，男女的继承权是完全一样的。人们在考虑继承者时，首先考虑禁婚原则，即如果在"骨头"一样的人之间，即两兄弟的儿女之间，三代之类绝不能开亲。而如果有一方换了"骨头"，即便是兄弟之子与姐妹之子，也可以结婚。其次考虑家庭状况，显然家庭经济状况较好的人家是不考虑回来继承的，选择继承者的人们首先考虑通过继承，使两家亲戚的经济状况都得到改善。最后才考虑回来继承的双方年龄和属相是否相符。

5. 寄养在家中的侄儿侄女的继承权

在两种情况下，硗碛的女人会把儿子或者女儿留在父母家。一种是结婚前的孩子，大多数情况下是非婚生子女。另一种是改嫁时，将前夫的孩子留在家中。这种情况下，这些子女都会由继承房名的儿子或者女儿养大，但他们没有对房名的继承权。待他们成人后，即必须靠自己的力量建房分家，自立门户。

例12　贡东巴家

贡东巴家的当家人杨志明，藏名肯崩。他的母亲是贝尔洛家的大女儿，与朝霞的一个男子说亲后来往，生下了杨志明。但后来二人性格不合，就未结婚，他的母亲后来另外说亲，嫁到朝霞的另一家，将杨志明留在贝尔洛家。由继承贝尔洛家的舅舅抚养长大。待他长大后，其舅舅就让他从贝尔洛家中分出，自己在地名为贡东巴的地方建房，并以此地名为房名。

---

① 音译，嘉绒语音为 wen-ji-ge-er-da。

此外，我们在例 2 中提到呷尔达家的小妹留在家中的女儿不能继承的例子，也可以证明这点。

6. 再婚和房名的继承

在硗碛，人们第一次婚姻所生的孩子，对房名具有优先继承权。再婚后所生的孩子，则没有继承权。

例 13 策棱木雅家

策棱木雅家在陈银良父亲一辈时，只有他一个独子，他结婚后，与妻子有三个孩子，老大是女儿，老二、老三都是儿子。1948 年妻子去世，第二年他再婚，再婚的对象是小金人，几姐妹逃难到了硗碛，嫁到和平，生有两个女儿，后来丈夫去世。两人结婚后，妻子把两个女儿带来与他共同生活，后来又与他育有一个儿子。孩子们长大后，老大嫁到朝霞，策棱木雅家的房名，传给了老二。老三到卧嘎龙上门。最小的儿子分家，取了新的房名叫策涅阿美杜。

这个例子说明，如果继承房名的男子再婚，其房名继承权，归于第一次婚姻所生育的儿子，第二次婚姻所生育的孩子没有继承权。

例 14 达给家

达给家的男主人本来是下策尔斯基家的第三个儿子，汉名杨朝军。结婚后分家，因为修的新房在一个石坎下，所以起房名叫达给，意为"坎下一块地"。杨朝军的三个孩子中，老大、老二均为女儿，小儿子肯崩特尔继承了房名，娶妻生子，育有一子。后来其在 41 岁时，因病去世。他的妻子又结了婚，丈夫是邛崃的汉族，来上门。两人有了一个儿子，今年 6 岁。当我问到达给家的房名会由谁继承时，人们都说，这个汉族在老家有房子，有地，将来肯定要把孩子带回去。这些话的潜台词，显然是这个房名会由肯崩特尔的儿子继承，肯崩特尔的妻子再婚后的孩子，是没有继承权的。

这一例子说明，如果房名的继承者为男性，与妻子有子女，他死亡后妻子再婚，妻子与再婚丈夫的孩子没有房名的继承权。

列维-斯特劳斯（又译：列维-施特劳斯）在描述欧洲和印第安人的家屋社

会时说："我们面对的是同一种建制：一个法人，拥有一笔用物质的和非物质的财产构成的家业。这笔财产通过其世系名号、财富和头衔传承下去。这个世系无论是真实还是虚幻，被认为是合法的唯一条件是这一连续性必须能够通过亲属关系或者联姻的语言得到表达，而且往往二者兼备。"[①] 从这些房名的继承例子看，有亲属关系的人是处于继承优先地位的。为了确保亲属关系的存在，人们在亲属称谓中将因联姻进入家屋的人与原来居住在家屋的人一视同仁，这样，通过亲属和联姻两种语言的共用，保证了家屋社会的延续。这进一步验证了列维-斯特劳斯的看法："无论是否代表一种殊途同归的趋势，继嗣和居所之间一种辩证关系终究构成了一个共同的特征，而且肯定是家屋社会（house society）的基本特征。"[②]

第三节　房名继承与亲属关系

当我们讨论了房名的继承后，还必须观察房名继承对亲属关系的影响，以了解在以房名为单元的社会中，社会单元间怎样发生联系，从而形成嘉绒藏族的社会结合。

一　房名继承与亲属关系的确定

1943年，林耀华先生对今马尔康县梭磨土司官寨东面的卡色尔登寨做了调查，他指出：房名毛挨的人家"有兄弟二人，长名班马，次名王尔甲。班马娶妻并生有子女，乃继承毛挨家屋。其弟王尔甲入赘隔村，就不能再享有毛挨的一切权利，唯兄弟感情至笃，日常往来极密，耕种农作皆彼此协助。毛挨家屋乃从父传子，但不能兄弟并传，故只一系承继。从家族立场而言，班马、王尔甲已非家族的属员，住屋名号亦各不同，但从亲属立场而言，兄弟二人仍为血亲，彼此保持密切联系"。紧接着，他又分析了安培家的情况，指出安培家的户主阿斯塔有两个女儿，长女留家招赘，次女嫁给本寨柯谢家屋，"两女与父亲血统关系相同、称谓名称相同，但因屋名不同，婚姻方式不同，亲属间的

[①] 列维-斯特劳斯：《面具之道》，张祖建译，中国人民大学出版社，2008年7月第一版，2009年1月第2次印刷，第124页。
[②] 列维-斯特劳斯：《面具之道》，张祖建译，中国人民大学出版社，2008年7月第一版，2009年1月第2次印刷，第129页。

责任与义务也就不同了。由此可见屋名承继对于亲属关系，发生如何重大的影响。"① 这一描述表明，房名继承对于亲属关系有着重大的影响。这不仅使人们在亲属网络中的地位发生变化，而且决定了互助关系的变化。

由于建筑房屋对人力、物力的需求很大，因而硗碛人非常注意对互助网络的维护。建房成为一个社会交往的过程。在这一过程中，不同关系的人们发挥了不同的作用。硗碛受到2008年"5·12"汶川地震的影响，2009年是灾后重建过程中建房的高峰，所建新房从2月陆续开工，到9月底基本结束，我们看到了很多建房的互助活动。下面，以阿夸尔家建房的过程做一个个案分析。

例15 阿夸尔家建房时的互助网络

阿夸尔家是从金川搬来的，因为乾隆打金川打了十三年，金川战败后就有一个头人从金川逃亡过来，被穆坪土司收留，住在这里，即阿夸尔家。他家现在的主人汉名杨朝华，藏名泽朗。

安汉的时候（1929），道尹黄煦昌带部队攻入硗碛，将阿夸尔家的房屋烧毁，杨朝华的二姑姑孤身一人，后来接来杨朝华顶房名。一个弱女子带着一个小孩，艰难地重建房屋。几十年间仅仅修好一个当地人称为叉叉房的房子，即只有半截围墙，约一人高，用木棒作立柱，上面覆盖杉木板。改革开放后，阿夸尔家经济条件好转，又重修房屋，直到1982年，杨朝华才将老房子建好。房屋长、宽都是3.6丈，除畜圈外是两层，1个锅庄房、1个经堂、1个厨房、7个房间。经堂坐西朝东。杨朝华说到自己的老房子，很是自豪，说仅石工就请了六个月，用了很多风化石，所有地方都是满泥满衔（指石头全部互相衔接，并用泥填好每个缝隙）。但他后来在瓦厂烧瓦，干了十几年，现在身体不好，只种了承包地8.7亩，有4头牛、几只羊，没有养牦牛，有林地100多亩。家庭的经济条件不好。

2008年"5·12"汶川大地震后，杨朝华家房屋墙体开裂严重，部分墙体垮塌，成为危房，8月获得国家灾后重建补助资金支持开始重建新房。新房的锅庄房长、宽都是二丈七，二楼连经堂共五间，上下约200平方米。获得的现金补助有灾后重建房资助1.6万元（家庭人口三人以下，含三人），过渡房补助2000元，工商联补助2000元。此外，国家将补助18吨水泥，两道圈梁的钢筋费用，由个人先垫付，建成后报销。整个房

---

① 林耀华：《川康嘉绒的家族与婚姻》，林耀华著《民族学研究》，中国社会科学出版社，1985，第427页。

屋建设目前已经花了 8 万多元，预计到建成，所有花费的现金会超过 10 万。

整个建房过程中，背砖、挑泥巴、砍木头，都是由亲戚邻居帮忙。按照正常的估算，杨朝华家的新房面积约为 200 平方米，仅背石头用工就要 800 个。杨朝华家现在只有三口人，他自己有肾病，妻子兰卡仲有妇科病，都不能干重活，过继的侄女才 20 岁，也干不了许多活。这样的家庭，要自己修建房屋几乎是不可能的。所以从 2008 年 8 月修路、修房到 2009 年 10 月基本完工，经常都靠亲戚邻居来帮忙。

我请杨朝华按照帮忙的重要性的顺序，列出帮忙者的情况，得到下面这个表格（见表 3-4）。

表 3-4　阿夸尔家建房参与者与相关活动

姓名	与杨朝华的关系	所做的工作
杨朝军	杨妻兰卡仲二叔的儿子，即叔伯弟弟，嘎日村村长	1. 免费把所有木料拉到 14 公里外的新场镇，加工成木板，又拉回来，分文未取 2. 修路、挖屋基的时候派了他的挖掘机来，共收了 3600 元钱
杨朝兵	杨妻兰卡仲继承老家房名的弟弟	垫支了所有水泥、木头、砖的材料费和运费。一部分有国家承诺要补贴，另一部分等杨朝华有钱了再还
杨朝学	兰卡仲的弟弟	做石匠、木匠活，每天只收 50 元钱
王学华	远亲	做石匠活。每天收 60 元钱
郭光全	远亲	做木匠活。每天收 60 元钱
众人	邻居	打地基的时候来了七八个人，一天就倒完了。倒二楼圈梁的时候，来了十七八个人帮忙，也是一天就倒好了
	亲戚邻居	背石头、挑泥巴、修路时挖路
外人	来自相邻的芦山县	请来刮墙，每天 70 元，干了 15 天

从表 3-4 我们可以看出，对杨朝华来讲，最重要的帮助来自需要开支现金的项目，在这些项目中，亲属网络无疑是最为重要的。

杨朝华从朝霞的下策尔斯基家来阿夸尔家顶房名，对于下策尔斯基家而言，他已经不是自己家的人，因此，这里来帮忙的亲戚，并不包括下策尔斯基家的亲戚。而阿夸尔家人丁不旺，没有人来帮忙。但杨朝华的妻子兰卡仲是冰丰人口最多的森提家唯一的女儿，因此，在金钱上帮助他们最多的人，都是兰卡仲的兄弟。其中，杨朝军是兰卡仲二叔的儿子，自己长期在外承包工程，家中有挖掘机、汽车等，经济条件很好。杨朝军的父亲是兰卡仲父亲的弟弟，妈妈是兰卡仲妈妈的妹妹，这样父母双方都是亲兄弟姐妹的关系，使杨朝军对兰卡仲的事全力以赴。

杨朝兵是森提家留家的儿子，与父母在一起生活，从他垫付的资金看，会有一部分是无法收回的。我向他的妻子南卡曼侧面打听他为什么这样做，她说，是因为继承了老屋。因此，可以理解为兰卡仲在离家时并未带走财产，因此作为留家的儿子，继承了父母的责任，在关键时候要帮助离家的子女。

杨朝学是森提家的老六，虽然自己分家单过，但毕竟家庭条件一般，不可能拿出钱来给自己的姐姐家。但是，他是很好的匠人，石匠、木匠的活都会干。因此，他主动以比市场价每天低20元的价格给姐姐帮忙。表面看起来这个忙帮得不大，但由于2008年8月到2009年10月，嘎日村有近150户人在修新房，匠人的工资也一路看涨，而且基本没有空闲时间，这种情况下，他还是这样帮忙，我请杨朝华算了一下，他这一年帮忙的时间有60多天，所以杨朝华认为他的努力也很难得。

王学华和郭光全都是远亲。杨朝华将二人一概归入"侄儿男女"之列。实际上，王学华、郭光全都是阿夸尔家的亲戚，但其亲戚关系已经超过三代，因此二人做石匠、木匠活的时候，给予的优惠就少一些了，每天只比市场价低10元。但无论如何，这份优惠也是亲戚才给的。

在森提家，也有不给予兰卡仲现金帮助的兄弟。其中，大哥杨朝中上门到八日马美地家，由于是妻子的第二任丈夫，没有继承房名的权利，这次也趁灾后重建修建自己的住房，既没有义务也没有能力帮助妹妹建房。老三杨朝清已经去世。老四杨朝云是水库搬迁户，刚刚修好房屋，还有很多债没有还，没有能力帮助姐姐。老五杨朝康儿子在念大学，十月女儿要出嫁，经济状况也不好。老七杨朝良的房屋在地震中损坏，也在修新房。

从上述情况可以看到，在修房的过程中，男女双方的家庭对他们都有扶持的义务，但根据能力的大小和关系的亲疏，扶持的方法和支持的力度都没有强求。也就是说，亲戚间的互助义务是很重要的，但也不是强制性的。

亲戚之外，就是邻居。实际上，在冰丰，由于房名间的通婚关系非常密切，所有的人都是或远或近的亲戚。邻居和亲戚之间很难彻底区分。但是，在杨朝华的分类中，只有两类人是亲戚：一类是阿夸尔家的亲戚，包括关系已经超过三代的亲戚；另一类是森提家的亲戚，他妻子家的兄弟和叔伯兄弟。其他的人都叫邻居。比如我们的房东雍仲错，就是杨朝军的亲妹妹，娘家也是森提家，但因为她已经嫁到卧嘎龙家，虽然在称呼上还是叫兰卡仲姐姐，但在帮助建房的义务上，已经不属于需要给予现金支持的范畴了。

　　邻居帮忙，什么时候去，帮多少次，完全是随帮忙者的意愿进行。但是一般而言，只要修房的人家需要背石头、挑泥土，知道的邻居就必须去。用雍仲错的话说，你不帮别人，将来你有事别人也就不帮你。所以，只要有空，就去帮忙。因此，主人只有在倒圈梁这样必须一天完成的工作开始时，才事先定好日子，打电话请邻居、亲戚来帮忙。其他背石头、挑泥土都是邻居、亲戚主动来帮忙，来了之后就帮忙，主人家只管三顿饭，不用送谢礼。可见，邻居间的互助网络，是需要很小心地维护的。

　　从杨朝华定义的亲戚关系，我们看到，在需要互助的时候，房名间的亲戚关系要大于血缘上的亲属关系，男女双方的亲戚关系是平等的。这就是在建房过程中互助关系的实质。

　　房屋修好后，人们还会给修房子的人家送礼。过去一般送8个吹风馍馍、2元钱、1斤酒、1碗猪油、6~8个鸡蛋。其中的吹风馍馍是一种特殊的食品，需要先将鸡蛋大小的玉米面糌粑包在面团里，有拳头大，然后慢慢地摊开，放到锅里烘干，待面上干了后再放到火塘里烤，上面盖上厚厚的灰，一面烤好了再烤另一面。面饼大约有1厘米厚。还有一种叫大箩馍馍，约1.5寸厚，相当于两个风吹馍馍的厚度，做法与吹风馍馍大体一样。现在经济条件好了，一般都送钱。这些专门在修房造屋时送的食物也就不用了。

　　阿齐兹在讨论西藏定日的血统与居住形态时也提到："把一切社会关系联系起来的不是血统的观念而是家庭观念，而处于中心地位的是居住原则。"[①]硗碛房名继承对亲属关系的影响，也证明了这一点。

二　新房名建立前后家庭关系和财产拥有权的变化

　　对于新房名的诞生，硗碛人借用了汉族"分家"的词语来表达。但根据麻国庆的研究，"从中国的分家看出，在一个家庭内有三种主要关系，一为父子关系，二为兄弟关系，三为夫妻关系。这三种关系在家庭发展的不同阶段，呈现出不同的特点。在未分家之前，父子关系是主要的关系，兄弟关系是互相

---

① 巴伯若·尼姆里·阿吉兹：《藏边人家——关于三代定日人的真实记述》，翟胜德译，西藏人民出版社，1987年5月第1版，2001年11月第2次印刷，第125页。

合作的关系，夫妻关系为父子关系所遮盖；分家后的家庭如果父亲在世以父子关系为主轴的关系虽然仍然存在，但兄弟关系的连带关系，为夫妻关系所取代，夫妻关系成为一个新的分家中的中心。中国的家庭从其财产分配上看，实有一种合伙经济的性质，合伙和散伙是一个自然的合分过程，散伙自然以均分为基础，一个实体的家确是被分割了，家的财产也分流在兄弟之间，这一过程是名副其实的分家"。① 下面以此为对照，看看嘉绒藏族的新房名的建立与汉人的分家究竟有何不同。

我在第一章讨论了土地制度变化对房名获得的影响，概括地说，土司时代硗碛的土地制度控制了分家，为了保证一家人的生计，他们实行长子继承制，幼子要么上门，要么出家，很难有新房名的产生。民国以后，土地制度变化，从老房名中分出新房名的情况就比较普遍了。1950年后，所有的人都拥有了自己的土地，虽然随后而来的集体化将土地变为国有，但集体的土地使用权还是保障了大家对土地的使用。特别是包产到户后，每个人都有自己的承包地，所以即便分家，人们也能维持自己的生活。因此，父母对待分家的态度也有了很大的变化。现在，一般是儿子成家时，父母看自己的精力确定是否分家。如果父母年轻，精力还好，就让大儿子或者大女儿分家出去，如果父母年迈或者身体不好，就让大儿子或者大女儿留家继承，长子继承制度实际上并不严格。

总体上看，在老房名中，父子关系仍然是关系的主轴，但兄弟姐妹间的关系是不平等的，正如我们在亲属称谓中讨论的那样，按照长子、幼子、长女、幼女顺延的继承权，通过长幼有序的亲属称谓明确表述出来。夫妻关系是由兄弟姐妹间的长幼关系决定的。当新房名建立之后，新房名中的父子关系和兄弟姐妹间的长幼关系就基本消失，夫妻关系成为主导关系。因此，新房名刚刚从老房名分出的时候，家庭结构往往是夫妻和子女组成的核心家庭。

尽管分家的多了，但大部分还是按照过去的老规矩，分家不分家产，土地财产都归继承房名的人。按照硗碛的习惯，留家的孩子继承所有的土地、房屋等不动产；被放出去的女儿，将继承母亲所有的首饰；如果家里经济条件较好，被放出去的女儿和儿子，除了自己用的东西自己带走外，家里也要分一份家产给她，主要是可以拿走的东西，比如牛、羊、猪、家具等；他们对家里的承包地也仍然拥有支配权，放出去太远的，一般就不回来耕种，近的还要回来耕种。如果对方土地少，也有回来耕种的。如果家里兄弟多，经济情况不好的

---

① 麻国庆：《家与中国社会结构》，科学出版社，1999，第188页。

人家，往往对分家的儿子很少支持。但如果经济条件允许，父母往往会为分家的儿子修建房屋。阿尔查家的情况，就反映出这不同的状况。

例16 阿尔查家分家与建屋

阿尔查家是森提家的二儿子分出来的。现在森提家的当家人杨明久是大儿子，阿尔查家的当家人杨明志是二儿子。两个人的妻子是亲姐妹。都是嘎日孟扎家的。大姐嫁给了杨明久，二姐嫁给了杨明志。

杨明志年轻时，家里给他说了亲，让他去上门，但他喜欢孟扎家的二姐，就死活不同意家里定的亲。最后家里追急了，才说喜欢孟扎家二姐，让父母去说亲。但这时他还没有表白，在父母去说亲的那天，就等在妻子背玉米回来的路上，告诉了妻子。杨家来说亲后，妻子觉得他们家兄弟多，经济困难，本来并不愿意，但杨明志坚持不懈地到孟扎家帮忙，妻子家也觉得两姐妹嫁两兄弟互相有个照应，特别是大姐来做工作，最后就嫁给他了。嫁到森提家后，森提家兄弟姐妹多，全家人住在一起。杨明久夫妇住在楼下，杨明志夫妇住在楼上。杨明志夫妇觉得虽然是两兄弟和两姐妹，大家关系都不错，但做饭、提水都要上二楼，家里兄弟姐妹多，实在不方便。就想要搬出去住。最后搬到阿尔查的小棚子里，开始从头建自己的家。

杨明志为人宽厚，妻子勤快，而且很有经济头脑。他们勤奋劳动，很快修了房子，但是阿尔查的老房子特别小，地基不稳，前后修了三次。"5·12"地震的时候又被震垮，现在又重修。杨明志有了最后一个儿子后不久，考虑到有两个儿子，妻子决定再修一个房，以便将来分家时用。当然，更重要的原因是她看上了森塔给这个地方，觉得这个地基好，自己不赶快修，将来就会被别人占了。经过几年努力后，又修好了新房，取名森塔给。大儿子结婚后，住在阿尔查的老屋里，新房森塔给由小儿子使用，他们夫妇与小儿子同住。妻子得了宫癌去世后，小儿子到处做生意，加上硗碛电站修水库淹没了森塔给，小儿子在宝兴县城买了房，只在湖边修了一个小屋。他又搬回到阿尔查，与大儿子一起居住。"5·12"大地震后，重修阿尔查的房子，小儿子让自己的挖掘机挖了三天，直到把所有的泥土都挖完，露出岩石后，才开始起地基。希望这个因为地基不稳的房子不要再有任何问题。

这个例子证明，父母为分家的儿子建房，尽管不是一种义务，但已经是一种迫切的愿望。因为在土地已经不再制约分家的时候，让分家的儿子有比较好的住宿条件，就成为父母的心愿，只要有条件，人们都会尽力而为。而如果父母不能给儿子修建房屋，老人就很难在社区内取得威望。

分家时，老屋对新家负有一定的责任，老屋要适当地分出一部分财产给新家成员。如兄弟分家，除兄弟的承包地给其使用外，留守老屋的兄长需给分出的兄弟各类生活日用品，如铺盖、衣服、用具（包括农具）、牛羊、粮食（不少于一千斤）、肉类，等等。新家修建房屋时，老屋需出人出物，如提供木材等帮助。新家竣工时，老屋成员前来赶礼，需携带数十或上百斤的粮食（面粉或大米）、猪膘肉一块、香猪腿一根，富裕的家庭还要给千元现金。分出去的兄弟结婚时，老屋也要前往赶礼，送的礼物与新屋竣工赶礼时的礼物相同。不过，如果分出去的是侄子，老屋不一定要分给其财产，赶礼是可能的，但要看新分出去的侄子是否邀请。分家时，一般是长子留守老屋，具体如何分家要经过协商，长子若不肯留守老屋，也可以分出，另建新家。如果分家的时候，继承房名的人有卸包袱的态度，就会伤害兄弟间的情感，让分家出去的人记恨。

以上事实证明，硗碛从老房名分出新房名，与汉族社会的分家是很不相同的，仅仅是有超出一个儿子或女儿的家庭建立新家庭，老房名则毫不受其影响。因此，嘉绒藏族的房名是沿着一个垂直的继承线延续的，其家庭类型也是以主干家庭为主要类型，成为世世代代相传下去的永久性团体，永久性的家屋则成为其象征。这一分家过程，与许烺光研究的日本家元分家的过程非常相似。许烺光先生指出，日本是单嗣继承的法则，"在这个法则下只有一个儿子，通常是长子，继承家屋、财产和祖先牌位，有时附带一些对其他儿子经济上的安排"。① 这一描述，与硗碛新房名分家的事实比较接近。

三 老房名和分出的新房名之间的联系

考察老房名与从其中分出的新房名之间的社会关系，就是观察嘉绒藏族社会结合过程中，具有亲属关系的单元间如何结合，并在结合后形成怎样的联合体。费孝通先生研究江村的时候指出，汉人社会分家后，"经济上他们变独立了，这就是说，他们各有一份财产，各有一个炉灶。但是，各种社会义务仍然把他们联系在一起，他们经常在生产生活上互相帮助，关系十分密切"。② 麻

---

① 许烺光：《家元：日本的精髓》，于嘉云译，台北南天书局，2000，第24页。
② 费孝通：《江村经济》，江苏人民出版社，1986，第59页。

国庆则认为："家的分裂仅仅是以经济基础为纽带的作为经济的家的分裂，而非作为文化的家的分裂。分家的儿子对于双亲的扶养承担共同的义务，这一文化上的家的完整性又使得人们以此为基础建立新的经济合作关系。"① 可见，汉人社会的分家，更大意义上是在经济上从对家庭财产的共有关系变为分享关系，而在文化上二者之间的联系并未消失。麻国庆对此种特征总结道："本家与诸分家还共属于一个看似无形的家，它是一种祭祀家庭或'观念家庭'。"②同样，硗碛的老房名和新房名在分开后，相互间的联系也较其他房名间亲密。但这一关系与汉人社会的分家和本家间的关系还是有诸多不同。上面我们讨论了其亲属关系的变化和互助网络的形成，这里将重点讨论二者之间的文化联系。

硗碛人从孩子很小的时候起，就告诉他们本房名与哪些房名有血缘关系，应该怎样处理老房名和新房名间的关系。因此，子女等到十余岁时，就已经清楚哪些房名是老房名或新房名、哪些房名与本房名有何种关系等情况。在嘉绒藏族一年最隆重的节日春节期间，人们先去上坟，之后相互拜年，老房名和新房名的关系在这一过程中逐步展开。

节前，如果一家人在三年内有丧事，家人就需要在腊月二十五或二十六去上坟。如果老人是三年之前去世的，就在腊月二十七、二十八或者二十九去。上坟的人不论辈分，只要是家里的人就行。在坟山上，人们会把过年要吃的所有东西都放一点在大碗里，如青稞、核桃、鲜花、蜂蜜、肉、酒、盐、水果、蔬菜等，在坟前焚香烧纸，祭祀老人。一般只去祭祀三代之内的老人。三代之后就不再祭祀。去上坟的人，不论男女老少，人多人少均可。老房名和新房名的人各自去祭祀，并不相约。

春节拜年时，如果老房名中父母健在，新房名的儿女晚辈就必须回去拜年。如果父母去世，长兄当家，则由新房名的侄儿侄女们前往拜年。除非长兄邀请弟弟妹妹们回家吃饭，弟弟妹妹们都不会去老屋。如果长兄去世，老屋中只有侄儿侄女，则余下的兄弟姐妹按长幼顺序，由各家侄儿侄女来拜年，每位老人享受此待遇三年，之后轮流到其他兄弟姐妹。兄弟姐妹均不在世，老房名与新房名间的拜年也就停止了。拜年当天，全家穿着新衣服，在中午十二点前，提着半个猪头、两把面条、两大碗酥油或猪油、最少八个鸡蛋（十个也可以）以及豆奶粉等滋补品前往老屋向父母、兄长拜年③。拜年礼物的多少，视

---

① 麻国庆：《家与中国社会结构》，科学出版社，1999，第53页。
② 麻国庆：《永远的家——传统惯性与社会结合》，北京大学出版社，2009，第111页。
③ 意译，嘉绒语音为 Kong-lai-suo。

家庭的经济情况决定，但是猪头、面条、酥油或猪油、鸡蛋等物是必不可少的。刚到老屋的门口，要先放鞭炮，再进屋内，据说这是为了表示对拜年子女等的尊重。进屋后，将拜年礼物摆放在桌上，父母或兄长与拜年子女等互相敬酒、寒暄。拜年的晚辈向父母或长辈讲述过去一年的生活情况。在老屋吃完饭后，拜年的子女等可以回家，也可以在老屋住下，要看子女等的意愿及家中是否有事来决定。除了给住在老屋的父母或兄长拜年外，其余各天也要分别出去给其他长辈拜年，拜年礼物比送给老屋的礼物少。父母或兄长过世后，从老屋分出去的新房名家庭成员，由比老屋小一辈的子孙去老屋祭奠，在火塘右上角的祖先神位置[①]烧上三炷香，以祭奠三代内的祖先。到第四代以后，即可依照自己意愿决定去还是不去，关键要看新屋与老屋的后代来往是否密切。下面我们就以卧嘎龙家2010年春节的安排来看看老房名和新房名间的关系。

按照硗碛的习惯，腊月三十这天所有的人都要回到自己的家中，大年初一一般是足不出户的，各自在家中烧香、熏烟，庆祝新年。卧嘎龙家本来只有洒耳加、安卡老人夫妇、阿太和雍仲错夫妇以及两个儿子，但二儿子陈强夫妻在县城工作，也带着女儿回到了家。腊月三十和初一，都是全家在家里活动。

初二是安卡娘家七个兄弟姐妹的孩子来给阿比拜年的日子，安卡是卧嘎龙家的继承人，因为事先邀请了自己的兄弟姐妹来吃饭，因此兄弟姐妹和侄儿女们有七八十人，热闹非凡。同时，嫁到森提家后分家，房名安家安里的女儿夫妇儿女也都回家拜年。

初三是洒耳加老人家去老屋拜年的日子，因为父母和长兄都已经去世，洒耳加老人与其他兄弟姐妹已经进入轮流拜年三年的时期，从去年开始，就轮到初三到老屋拜年，长兄虽然去世，但嫂子仍然健在，这样，就由阿太和雍仲错去拜年。老屋并未邀请其他兄弟回家，所以洒耳加老人也没有回去。初三下午，陈强一家三口回了妻子在和平的家。

初四是阿仲去给森提家老屋的大伯拜年，这天所有从森提家分出来的房名的子女和侄儿女都到森提家，有近百人。因为人太多，森提家没有邀请其他人，洒耳加和安卡都未去。

初五，是给美地家的老阿比拜年。美地的房名原名洁布若，阿比是卧嘎龙安卡的妹妹，他们今年刚搬下山，把房子修好，所以借拜年请了七兄妹的所有长辈，卧嘎龙全家都去了。

---

① 意译，嘉绒语音为 Cha-si-da。

初六是嘎日村组织的联欢会，全村人都到嘎日村村委会去参加联欢，两个儿子都是表演者，大家唱歌跳舞跳锅庄，热闹了一天。

初七是嘎谢梁的祭山会，冰丰所有人家都全家出动，在那里祭山祈福。

初八是阿仲去嘎日村给她的舅舅拜年，今年是轮流拜三年的最后一年。

初九是上九节，全家人都到新场镇参加活动。

初十，有的人家还在相互拜年。卧嘎龙家没有出去，整天全家人在家里活动。

正月十一是雅西拉姆的祭祀会但底谷的会期，所有的人上山祭祀。

过了十二，家里农活多的人家，就开始干活了。家里亲戚长辈多的人家，则继续拜年。

上述情况说明，嘉绒藏族的老房名和新房名间，在三代之内是比较紧密的联合体，依靠新房名到老屋拜年，体现了对于共同祖先的尊重。而三代之后的关系，则取决于双方维护关系的努力。

此种关系，不仅与汉人社会分家后对祖先强烈的认同不同，也与日本的家元不同。在日本，本家和分家之间的关系是阶序性的，许烺光先生认为：继承本家的儿子与其他儿子间的关系是"嗣子（长子）和他的兄弟（通常是弟弟）之间显著的阶等式的关系。其实在嗣子的兄弟分得部分遗产（或与嗣子维持经济关系，如当他们作为嗣子的佃农）的情况下，他们不只屈从于嗣子，还依赖他"[1]。可见，在嘉绒藏族中，老房名和新房名间的关系是非常独特的，既反映了其社会的祖先认同不强烈，也反映了老房名与新房名间的关系比较平等。

第四节　象征性赎买：房名继承者的义务

对于继承了老房名的人来讲，当他和房屋的修建者共同居住时，房屋的所有权仍然是老人的，当老人60岁以后，人们便会通过一系列的手续，将房屋从老人的手中赎买回来。这一过程，大体经过三个阶段。

一　修建新的居所——坟山

嘉绒藏族过去实行火葬，火葬后用罐子装好骨灰，由喇嘛算卦，按照宗教仪轨埋到相应的位置，直到今天，硗碛的人们在耕地时还会挖到这些装着骨灰的罐子。我们访谈的老人也说过去是行火葬的，土葬是受到汉族的影响，因此

---

[1] 许烺光：《家元：日本的精髓》，于嘉云译，台北南天书局，2000，第24页。

硗碛没有特别大的坟墓，也很少有墓碑。我访谈到的年龄最大的一位老人，今年已经97岁，也说她小时候就实行土葬了。也就是说，最迟在清末民初，硗碛的土葬就已经取代了火葬。

硗碛的土葬是平地葬，坟墓有两种形制，一种是普通人用的，形制完全是一个房屋，大部分为双人墓穴，也有单人墓穴或者三人墓穴。另一种是喇嘛用的，为坐葬墓，形制如白塔。

这些墓葬形式的区别，实际上是一般硗碛人与房屋之间密切关系的反映。当土葬传入硗碛后，人们将土葬后人的居所和他们生前的居所联系起来，形成了这一独特的象征性赎买仪式过程。

1. 选址、择日及祭神

硗碛的老人一般过了60岁以后，在家里经济条件许可的情况下，就由子女给他们修坟山，即修建坟墓。修坟山之前，要请喇嘛或匠人看一下地形。如果请喇嘛选坟山，就采取测索卦的方式，打卦决定。如果不请喇嘛，而是请修坟山的匠人去看，就是按照左青龙右白虎等坟山风水的要求来选方位。

选好坟山的地点后，再请喇嘛打卦定一个日子，为两天，如定在12月7日修，则12月7日是修坟山，8日扫尾，请亲戚朋友吃饭。

7日那天，首先要举行一个仪式，由匠人给"地脉龙神"打招呼。这一天，修坟山的匠人在选定的位置按照坟的大小划出一块长方形的地，四角分别插上三炷香。在地中间摆一张四方桌，桌上放一个刀头、一瓶酒、一把香、一包纸、四到六个水果盘子，盘子里放水果、核桃、花生、瓜子等。桌子前放一块石头。在石头前点香烧纸，敬地脉龙神，告诉地脉龙神的内容是："某某家看上了这个地方，请我们来修坟山，就必须要动土，今天我们要开挖了，先给各路神仙打个招呼。"

要请的各路神仙中，首先是用藏语安多方言请东西南北的地方神，东方的"四达嘎夏乌绒达"[①]，即虎神；南方的"英布四恩乌绒达"[②]，即龙神；西方的"呐吉佳玛乌绒达"[③]，即大红公鸡神；北方的"勒日贝尔佳"[④]，蟾蜍神。这四个神，是藏族民间信仰中的四方神。其次用嘉绒语请各个村落的山神，在

[①] 音译，藏语安多语音为 si-da-ga-xia-wu-rong-da。
[②] 音译，藏语安多语音为 ying-bu-si-eng-bu-rong-da。
[③] 音译，藏语安多语音为 ne-ji-jia-ma-bu-rong-da。
[④] 音译，藏语安多语音为 le-ri-bei-er-jia-wu-rong-da。

嘎日村，都请雅西拉姆、仁沽、多喔森给、甲琼、杨目①五个山神。

请神完毕，匠人用铁锤在桌子前面的石头上敲三下，用汉语念道教的咒语，大意为命令土中的各种生灵让路，表示要开始挖了。

2. 修建

匠人拿一把锄头，先在坟地的四角每个角挖三锄。之后，就由所有在现场的侄儿侄女、邻居朋友一起平整地基。地基平整好后，由匠人先用石头将墓穴的墙砌到棺材的高度，约70厘米，并在死者头的方向，通常是靠山的一侧，留一个约10厘米大小的灯龛，以便安葬时放亡灵灯。在死者的腰部位置留一个方形小孔。如果是合葬墓，这个孔就在两个墓穴之间，暗示是两个房间之间的窗户，用于二人透气、交流。然后，在墓穴上方砌一层约10厘米高的石砌墙体，上面堆上泥土，将顶部堆成锥形，寓意为屋顶，并在最外面覆盖石板，石板寓意为房屋的瓦。石板在顶部相接，最后一块石板安放称为封尖，尖封好时，所有亲戚朋友都将带来的鞭炮取出燃放。

封尖后，人们要在坟山的前面铺上牛毛毡，放上桌子，将穿上盛装的老人请到坟山上坐在毡子上（男左女右），由子女给他们献哈达。并请喇嘛和匠人分别坐在坟山两边，赠送他们草鞋、毡子，匠人一人一双草鞋，并付给他们工钱。

人们都坐好后，举行封门仪式。封门前，由主人家提供一双老人的旧鞋、一对木片。匠人烧纸磕头，用四个干盘敬地脉龙神。对地脉龙神说："因修坟山的老人子女的要求，看一下父母的命还有好长，我丢的时候你帮我看一下。"之后，他拿着男性老人的鞋，背向墓穴将鞋和木片在腰部朝右转三圈，直接向后扔入墓穴。又拿着女性老人的鞋，朝左转三圈，从边上扔入墓穴。之后，匠人根据木片头指向东南西北哪个方向、鞋面的朝上或朝下、木片与鞋之间的位置来估算老人的阳寿，并用嘉绒语的四言八句告诉家人，说完后匠人就用干石片把墓门封好。

墓门封好后，主人家将先前在家里准备好的木箱拿给匠人，木箱中装满糖、水果、花生等，箱盖用一张红纸封好。匠人将木箱拿到坟山后面，站在坟山边上，就大声说："主人家选了这个好日子来修坟山，从昨天到今天，侄儿男女、邻居朋友来帮忙，主人家拿了这些东西来谢大家。"之后，按照开挖前的顺序，先谢四方神，喊一方的神就朝那一方撒一把出去。四方神敬过后，主人家的子女就背朝匠人站好，把长衫的后襟捞起，匠人给每个子女的长衫里撒

---

① 音译，嘉绒语音为Yang-mu-rong-da，是指位于嘎日沟中的一个独立悬崖，汉称将军岩，据说是山神，哓碛有什么灾难就会发出特别的声响，警告大家。

三把,边撒边说:"今天你们修坟山很有孝心,以后做什么事情都很顺利。"剩下的就到处撒,所有参加活动的人都去抢,意为把老人的运气带回家。撒完后,整个仪式就结束了。

12月8日一早,主人家就准备饭菜,凡是昨天来参加的亲戚邻居,今天都要到家里吃饭。从中午十点到下午五点,流水席一直是满满的,全天有200多人来吃饭。

二 安居的仪式——葬礼

老人去世后,就从老屋移居到了坟山上,这一移居的过程就是葬礼。硗碛藏族如果在外死亡,尸体一般只抬到院中停放,不能进屋。在家死亡的人,才能在屋里停放。

1. 报丧、清洁、穿衣、入棺

人快去世的时候,身边就不离人。人刚咽气,就放三枪、吹三声海螺,通知亲戚朋友。同时马上派人去请喇嘛。此时,家人必须马上在死者的嘴里放点银子,嘴上抹一点酥油。并由儿女把死者身上穿的旧衣服全部脱下,然后清洁死者。必须在死者的肩膀、背部、腹部和两只腿上,从上到下各抹三下,方向不能反了,也不能反复抹。死者的清洁工作必须由同性的子女完成,即男性死者由儿子或者女婿清洁,女性死者由女儿或者媳妇清洁。

清洁完成之后,为死者穿上寿衣。寿衣一般在死者生前就准备好[①]。死者如有双亲或父母一方健在,就需要戴白帽子。如果死者父母已经去世,则不需要戴白帽子。戴白帽子的意思是父母健在,不能尽孝,表示歉意。死者一般穿3件、5件或7件衣服。男性死者的衣服为黑色、红色,女性死者衣服为绿色和天蓝色,下穿白色裤,也是3层、5层或者7层,与衣服一致。在死者右手中指上,用五色彩线拴3个珠子,珠子的名字是冬拉、美地、觉日[②],分别为白色、绿色和红色。将死者放入棺材后,将拴珠子的五色线的一端放在棺材外,称为牵引线,即牵引死者灵魂从棺材中出来。棺内放柏枝,死者生前喜欢的枕头、烟杆、酒壶以及死者生前喜吃的食物等,也放在棺材内。将棺材放在卡石库上,死者的头向卡布,棺材旁放一盏万年灯,放一个锅在旁边,用来烧

[①] 如果死者年龄超过60岁,寿衣往往早就准备好了,棺材也一样。寿衣准备好以后,死者生前都试穿过,棺材做好了,死者生前也进去躺过一次。试穿和躺在棺材里,寓意为让老人们的病痛远去,是很吉利的。

[②] 音译,嘉绒语音为 dong-na、mei-di、jue-ri。

纸、烧香。如果坟山很远，就先将棺材抬到坟山，而把尸体放在木板上，下面垫两个板凳，放在卡石库上。

2. 修法

喇嘛在接到家属报信后，即前往死者家中，在二楼经堂内，首先测索卦定出停放及出殡的时间，一般停放 3~7 天不等，至此，喇嘛必须在经堂昼夜不停地念经，直到出殡结束。按照藏传佛教的教义，为亡者修法最有力的时间是在死者死亡的四十九天内，"《中阴闻教得度》把意生身比喻为很容易就可以用缰绳控制的马，或者固定在地上不动的大树干，一旦漂浮在水上，就可以轻松地导向你想要让它去的地方"。① 尤其是前二十一天，因为在这三个星期内，亡者和"这"一世的关联比较强，比较能够接受活着的人们的帮助。在这段时间的修法，关系到死者的未来，有可能能够让他们获得解脱的机会，最一般的结果，也可以让他们往生善道，而不会坠入恶道。而第二十一天到第四十九天决定他们下一世的肉身，那时候要有真正的改变，机会就很有限了。因此，在死者停放的时间内，喇嘛不停地念经，是关系到其灵魂是否往生善道的关键。

听到报丧的枪声和海螺声后，死者的亲属即带上 5~10 斤米、20 斤肉、几十元钱前来奔丧。没有亲戚关系的隔壁邻居，必须拿 1 斤纸、1 把香前去看望。死者家属会在事先确定哪些亲属需要戴孝，并准备好直系亲属 7 尺长，旁系亲属 3 尺长的孝帕。应该戴孝的亲戚到后，发孝帕人就将孝帕按男左女右的方向搭在其肩膀上，由其向死者磕三个头、烧三炷香，起来后将孝帕缠在头上。但如果需要戴孝者父母健在，则不能将孝帕戴在头上，而是将孝帕按男左女右拴在手上。天黑后，大家即在锅庄房内围着锅庄唱嘛呢，唱到晚上 12 点休息。如果第二天要安葬的话，当天晚上要唱通宵。磽碛唱的嘛呢是一种多声部合唱，其唱词非常简单，为藏传佛教六字真言"唵嘛呢叭咪吽"，一般分为三段，人们会在葬礼期间反复唱念。按照藏传佛教的看法，死者在四十九天的中阴时期，其觉察力是生前的七倍，"当亡者回到遗眷或受请来为他们修法的人身旁时，他们不仅可以看到一切发生的事，还可以直接阅读别人的心。如果亲友只是在设计争夺瓜分他们的财物，或只是在谈论和思索他们的贪念或厌恶，而对亡者没有真正的爱，就会让他们产生盛怒、伤害或惊醒，然后被这些

---

① 索甲仁波切：《西藏生死之书》，郑振煌译，中国社会科学出版社、青海人民出版社，1999，第 338 页。

激荡的情绪趋向恶道"。① 因此，人们在葬礼上就用唱嘛呢的形式保持自己的心境和谐，同时念诵六字真言，也是为死者共同修法，是帮助死者最重要的方式之一。

3. 出殡

出殡的日子和时辰，都有喇嘛根据死者去世的时间、死者的属相等，以测索卦的形式算出。出殡之前，家里要派人将死者洗身的水带到坟山上，洒在即将安葬棺材的墓穴地面，将用来烧纸的锅放的坟山前面。

出殡的时候，喇嘛走在最前面，边走边念经。喇嘛后面是撒买路钱的人，此人必须是属相与死者相合之人。再后是一人手拿万年灯，此人为男性，属狗或者属马，他拿着灯从锅庄房中出来后，就不能往后看，而必须一直往前走。他的后面是七八个人，男女均可，分两排站列，手拿嘛呢旗②。再后是一属相与死者相合的人，手拿挂路棍，挂路棍为直径 5 厘米的刺笼苞木棍，约 3 尺长。下部用刀砍成木梯状缺口，上部有一塔状木头，塔约 6 寸长，塔下部首先用黑色，然后用白色的布包裹，最上端是黑、白牛尾巴毛缠绕。此棍作用是死者在去阴间的路上，如遇曾经伤害过的生命来寻衅，可以踏着木梯到牛尾巴毛里躲避。之后是由亲人肩抬或手捧的棺木。

棺木出门时，死者脚朝大门，头朝卡布。起棺材时，由属狗或属牛的男子，迅速用扫把扫停棺处的地面，并将刺笼苞树枝放在停棺处，然后用石磨压在上面，压七天七夜。

所有前来吊丧的亲属都跟随棺材一起去坟山。到坟山后，撒买路钱者围绕坟山撒一圈纸钱。拿万年灯的人直接进入墓穴，将万年灯放在灯龛中，退出墓穴。其他人放几根竹子在墓穴地上，便于棺材推入。最后，由亲属打开棺材盖板，整理一下死者的妆容和陪葬品，然后盖上棺盖。众人将棺材抬起，虚空作三下揎，让死者头朝里，将棺材推入墓穴。取出用于推棺材的竹子，由造坟山的匠人用石头和泥砌墙，封好墓穴。待门完全封好后，在墓穴顶部的石板上放上白石。

匠人封好墓穴后，由众人将嘛呢旗围绕墓穴捆在树上，单人墓穴围绕整个墓穴的后部捆大半圈；如果是双人墓穴，就捆在先安葬死者的一边，将挂路棍插在墓穴前面正中的地上。然后众人唱三段嘛呢、放鞭炮，孝子给死者、喇

---

① 索甲仁波切：《西藏生死之书》，郑振煌译，中国社会科学出版社、青海人民出版社，1999，第 342 页。
② 人们将白布上印上藏文经文的经幡称为嘛呢旗。通常一个人拿 10 个经幡，可以将嘛呢旗捆在木棍上，也可以用绳子拴好拿在手里。嘛呢旗总数按死者年龄，一岁一张。

嘛、匠人磕头。接着下山回主人家吃饭。

三 赎买的仪式——打斋

打斋是人们在死者故去一段时间后，为了从死者手中赎买房屋的使用权而特意举行的仪式。人们都说，过去打斋只在腊月间举行，这时，人们马上要过年，在死者居住的房屋内过年的人，要提前给刚刚过世的人过年，告诉他们在世的人们因为享有他们遗留的房屋即财产而得到恩惠，过年时也对他们表示感谢。腊月间打斋的规模很大，必须要杀一头牛，大黄牛、牦牛或者犏牛都可以，还要杀一两头猪，连续三年打斋。打斋时，楼上喇嘛念经，楼下收礼。

现在，打斋改为在死者死亡七七四十九天的时候举行。这显然是受到汉地风俗的影响，同时，也符合藏传佛教的教义要求。由于死者死亡四十九天内的修法，关系到他能否进入善道，因此硗碛人在四十九天内，每七天一次，为死者做七次修法活动。这些活动，统称为打斋。除了七七外，前六次都要请喇嘛一人到坟山上念经，如果天气太热，坟山上异味太大，则将喇嘛请到家中经堂内为死者念经。同时，人们也会到永寿寺或者其他容易联系的寺庙去布施，请僧人为死者修法。

为此，出殡回家之后，家人就要共同商议，从一七到七七，哪些人负责请喇嘛念经。一般是按照家里孩子的顺序来定，无论儿女，老大一七、老二二七，依次轮流。如果兄弟姐妹少，与死者同辈的亲人，如姑姑、叔叔、姨妈、舅舅等，均可参加。

真正的打斋，是第四十九天的活动，由全家人共同进行。但从第四十七天起，就需要做准备工作。死者家的经堂要用海螺、花带子、唐卡等装饰得漂漂亮亮的。继承房名的人要制作一个大油饼，油饼上插一个达达，即在竹竿顶部用天蓝、草绿、红、白、黄五色布和哈达装饰，在布上用线拴上一个铜钱，做好放在经堂里[①]。

打斋分为两天。第四十八天，死者的侄儿侄女和亲戚每个人凑10元钱，请七八个喇嘛到死者家里念经。这一天主人家不花钱。通常都有200~300个戴孝者参加。

第四十九天为主人家出钱举行的活动。这天一早就要把插有达达的油饼送到坟山上。死者的儿女、兄弟姐妹和最亲的侄儿男女各准备一个"热查"[②]。

---

① 这个竹竿实际就是在藏区婚礼和葬礼上常常使用的"达达"。
② 音译，嘉绒语音为 re-cha。

热查是用面做的馍馍，像一个香插，大约 20 厘米高，下大上小，在上面插香、拴五彩线并放核桃仁。他们到了死者家后，就把所有的礼物摆在桌子上，放在最前面的是热查和酒，然后就是一个猪膘、一个猪腿、六把面、一斗玉米、一斗麦子、一斗大米。礼摆好后，由知客给他们喝两碗酥油酒。把他们带来的礼物都一点在热查上面。然后将热查和酒端到楼上的经堂内。子女的热查和酒放在最前面，由喇嘛念 30~60 分钟的经。再把热查放在盘子里，从经堂拿到坟山上，烧给死者，由懂礼信的亲侄儿来烧，一边烧一边说："这是你的孩子给你送来的东西，你收下，好好享用。"烧了之后，喇嘛念经，把油饼子和饼上的达达拿回来，插在经堂上面的房顶下。有的人家会请喇嘛做一个泥碉，放一点金银五谷等，放在经堂内，打斋的时候由喇嘛念经。待打斋结束，喇嘛呼喊死者回家，并将泥碉从经堂中拿出来，放在锅庄卡布位置靠山一角。还要从坟山上拿一炷香回来插在泥碉上，以后每顿吃饭，每样菜都要给一点来敬泥碉。

从这些象征性的赎买仪式过程中，继承房名的人逐步获得了对家屋的所有权。由于家屋的所有权实际上包括物质和非物质的内容，因此，这一替代过程不仅是对居所的赎买过程，也是对所有权利义务的赎买过程。当赎买过程结束时，继承房名的人完成了对所有继承权的确定。

小　结

从对硗碛的婚姻、居处和房名继承的分析我们可以看到，婚姻和居处都是影响房名继承的重要因素。

由婚姻和居处所规定的继嗣原则，表现为长子继承和双系继承。也就是说，按照长子继承制的原则，由长子继承所有的不动产以及此名下的所有赋税、名望及义务。次子离开家时，如果家庭条件许可，可以带走一些粮食、牛羊等，但这种义务并不是硬性规定的。没有儿子时，长女也享有同等的继承权，其子女均可成为继承人。

婚姻和居处同时发挥作用，决定了人们的亲属称谓、家庭形式、亲属关系、互助网络的形态。亲属称谓上充分体现了重视核心家庭成员、男女界限较为模糊、长幼有序、继承人不分内外的特点，表现了长子继承和双系继承制度下人们通过亲属称谓对房名继承权的确认。在家庭形式上，以核心家庭和主干家庭为主。在亲属关系上，无论是否具有血缘关系，居住在同一家庭内的人享有同一房名，有血缘关系但不居住在同一家庭的人则使用其他房名。互助网络的主体是与房名有血缘关系的亲属，其他亲属被视为邻居，其互助网络需要小心维护。

取得继承权的人们，还必须通过修坟山、葬礼和打斋等仪式，履行象征性的赎买义务，以确定原来的居住者已经安定在新的居所中，自己对其所有权利的继承得到大家的确认。未取得继承权的人们另取房名后，与老屋的关系是较为平等的，只有在道义上的相互支持义务，既没有强烈的祖先崇拜，也没有附属的不平等义务。

第四章

家屋中的社会关系

作为嘉绒藏族的村落,硗碛的房屋是片石砌成的家屋,大多坐落于缓坡上,每家人都居住在自己所耕种的土地旁,户与户之间稍有间距,中间隔以小块田地或林地,房屋旁边有茂密的树林,两到三层的家屋掩映在绿树丛中,众字形的坡面屋顶若隐若现,远远望去,富有田园诗意。在硗碛,安家是人生最重要的事情。对一个人来说,无论男女,最重要的是"安家要安对地头,鸟儿要落对枝头"①。因此,硗碛人极其重视房屋。当地老人常说的一句话是"千千年的房子,百十年的人",即这个房子有千年了,地方从来没有变,但里面的人,一二百年就会换。与人相比,房屋是永恒的象征。前两章我们讨论了房名的获得和继承,在这一章,我们将讨论获得和继承了房名后,人们在家屋空间中会形成怎样的关系,又如何实现他们的权威,实践他们的权力。

在千年不倒的家屋中,不同空间的结构呈现不同的意义,与硗碛社会的结构相互呼应。蒋斌等在研究台湾排湾族的家屋时引用 Waterson 和 Fox 的话,指出:"由建筑元素体现出来的空间结构,对一个社会的成员而言,具有一种笼统(non-articulated)而不能为意识所掌握的特性,通常必须透过生活中人在空间中的移动路线、人与人互动的模式、语言、仪式等,传递有关社会及宇宙的秩序的理念。"② 这一关于空间与意义的描述,也可以作为我们理解嘉绒藏族家屋的一个工具。

Janet Garsten 认为,家屋的空间是亲属关系的制造场所,她指出:"房屋集合了空间表现、日常生活、用餐、烹饪,及与居住在这个空间里平时关系亲

---

① 意译,嘉绒语语音为 dazemeizegabanisidugainazhu, buzagouyongsizuoanazu。
② 蒋斌、陈静怡:《北部排湾族家屋的空间结构与意义》,黄应贵主编《空间、力与社会》,台湾中研院民族学研究所,1995,第 179 页。

密的那些人共同分享的资源。"① 以这样的视角来看，在硗碛被人们获得和继承的，同时具有物质和非物质双重属性的家屋内，人们又是以怎样的方式共同开展日常生活，并在日常生活中实践其亲属关系呢？

第一节　家屋的建筑材料及建筑过程

一　房屋的选址

由于硗碛位于夹金山南麓的坡地，坡陡地窄，很难找到较大的平地建造房屋，因此，硗碛人一般在坡地依山并较为平坦的地方选址建房。硗碛位于龙门山脉地震带上，经常发生强度不等的地震，山体破碎，遇地震或者暴雨，容易发生崩塌，因此，选择一个可以避灾的屋基对人们就特别重要。人们在房屋开建前，都要请喇嘛打卦看地基。动工前，要举行仪式告知"地脉龙神"，待到房屋建好后，还要由卡布阿乌封赠房屋，这样，一个房屋的地基才会稳固。

在硗碛修房子，地形稳固是最重要的，因为房子修好后里面要住很多辈人。因为战争和倒家病（流感），一座房子百十年就换人了，但是房子和地名一直都在的。修房子最怕的就是地形不稳，房子修了就垮，子孙后代就靠不住②。

因此，在房屋建好的仪式上，卡布阿乌的祝词会这样说："这里地势特别好，地形很稳固；岩石是金子做成的，千年都不倒。""房子修好了，白色闪亮，像银子一样。"夸房屋的地基像金子一样，说明地基的地脉、地方好，稳固，不容易找到。说房屋像银子，说明房屋装饰得很华丽，远远地就可以看到。

硗碛的房屋一般背山面阳。按照当地的传统，锅庄房大门最好向东南开，这样太阳一出来就会照进家门，给这家人带来吉祥。但是，随着汉族风水观的传入，他们逐渐认为，门前不能有沟，否则运气会被水带走；大门不能正对山包，否则运气会被阻挡。所以，现在人们一般不强求大门向东南开，但是，无论大门向什么方向开，在房屋内一定要开一个向东南的门，否则，就会对主人

---

① Janet Garsten, *After Kinship*, Cambridge University Press, 2004, p. 35.
② 嘎日村真夺家仁坚老人讲述。

不利。

硗碛最大的保护神是山神,硗碛人认为,人和牛马等动物都是不洁的,因此,神的居所一定要高于人的居所。因而锅庄房修建的位置不能比祭山地点高,所以在一个村落中,祭山的塔都在很高的位置,所有的民居都在塔的下面。

如果房屋可以看见神山,房屋的大门最好面对神山,这样,神山就会保佑居住在房屋中的人们。

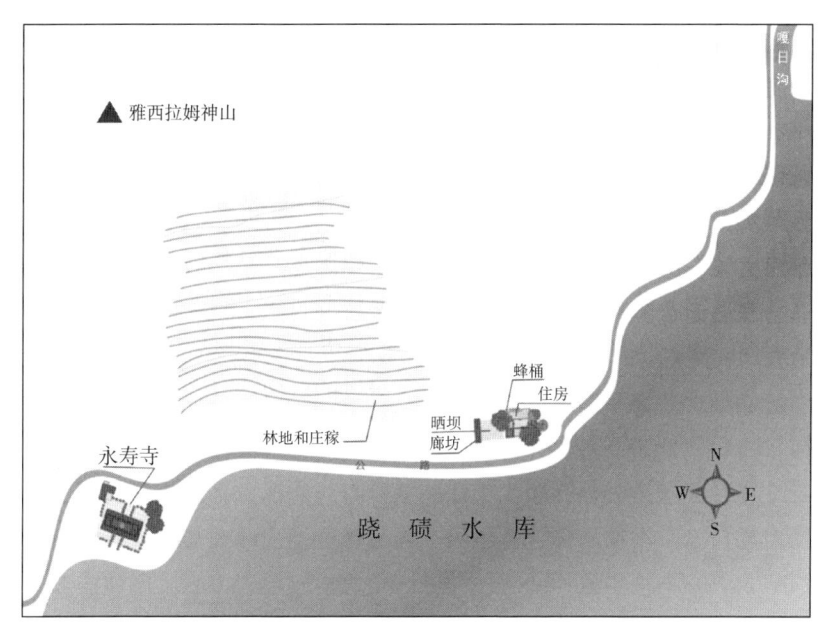

图 4-1 卧嘎龙家房屋的选址

硗碛的很多房屋旁边都有大树。过去冰丰每家人都有,20 世纪 50 年代都被砍了。整个冰丰就只有阿夸尔家门口有一棵老杉树,曾经被雷电击中烧过七天七夜,但仍然未死,很快就又郁郁葱葱,因而被认为是冰丰的风水树,当地称"得而普"。在冰丰问阿夸尔家在哪里,大家都会告诉你在大杉树下。据说这棵树很灵,平时不敬它是不敢碰的。杨朝华讲,过去有三个人砍过这棵树,现在一个已经死了,另两个也生病了,他自己就是其中一个。这次他家修新房子时,为了运石头和泥土修了一条小路,必须从风水树的旁边过。为了平安,专门点香,请喇嘛打了招呼,意思是我们不得不从你旁边过,惊扰了你,请你让一下路。从冰丰远望嘎日和丰收,更可以很清楚地看到,几乎每户人家的房屋旁边，都有一棵高大的树木。可见大树对于房屋选址的重要性。

二 房屋的建筑技术

房屋为石木结构的重楼式建筑，二楼一底，底楼与二楼为正方形石碉式建筑，上部为穿斗木构寨楼，悬山式双披屋顶。锅庄房都依山、背向山坡而建，后山石墙封顶倚向山坡。出山面或正侧面有伸出墙体的望楼。

家屋建筑是嘉绒藏族建筑的代表，其石砌建筑技术非常富有特色。修建房屋时，先取开表土直到坚硬的深土层，平整基础，然后放线砌筑建筑。基础一般采用"阀式"基础，即整个基础遍铺石块，在石块的空隙加添黏土和小石头填充，使基础成为一个整体，增强地基的承载力，以避免地基不均匀沉陷。地基的宽窄和基础的厚度，根据所建房屋的大小和高度决定。建筑墙体全部使用当地的天然石块和黏土，木料也在当地山林中砍伐。在硗碛，使用的石料有两类，一类为薄而较软的风化石，称为"炯巴"，风化石较软，加上薄薄的风化石之间可以多用几层黏土，所以整个墙体类似柔性材料，抗震能力更强，是建房的首选材料。另一类为大而硬的青冈石，称为"德尔捆"。因青冈石大而硬，抗震能力就差一些。2008年"5·12"汶川大地震时，嘎日村嘎日组的大部分房屋开裂或者倒塌，当地人就归因于房屋的石头是青冈石。

图 4-2 硗碛的家屋外观

修建时，砌筑工匠两人相对而立，全凭经验逐级收分。在砌筑过程中，一般砌至1.4米到1.6米，即进行一次找平，然后用木板铺作墙筋，以增大墙体的横向拉结力，避免墙体出现裂痕。在墙体的交角处，特别注意石料的选择和石块的安放。这些石块都比较规则，石料细实，既厚又长，俗称"过江石"，以充分保障墙体石块之间的咬合与叠压紧密。砌筑过程中，还要注意墙体外平面的平整度和内外石块的错位，切忌上下左右石块间对缝。石块间的细微缝隙，都要用黏土和小石块填充，整个墙体要满泥满衔，石块间交错衔接，所有缝隙都用黏土夯实、填满。

砌筑工匠使用的工具十分简单，一是一把一头为圆，另一头为楔形的铁锤；二是牛的扇子骨或木板制作的一对撮泥板。收分准确是嘉绒藏族工匠千百年来所练就的绝技。一般男子在少年时期就开始学习砌石技艺，故大部分农村男性都或多或少擅于此技，很多房屋不太重要的部分，就自己修。技艺高超的，就以此为业，成为掌墨师，专门负责放线和砌筑墙角，以保证质量。

硗碛的房屋上部为木制，上饰各类花纹、图案，走廊上方花纹有依顺时针方向旋转的"雍仲"；富有宗教色彩的花纹"布尔为"。屋檐上的花纹有动物图案的"策森卡"，此图案所绘动物面目狰狞，据说可起保护房屋，震慑邪物之用；花纹图案的"斯达可苏"；法器海螺图案的"东嘎"；鱼形的"谢斯酿"图案等。

近代以来，硗碛建筑变化较大，尤以锅庄房变化最为显著。据木匠杨高明回忆，原来的锅庄房房顶中部铺垫竹笆、枝条等物，并于其上抹上黏土夯平，两侧为板屋住人。这与民国懋功（今小金）之"平房"类似，"平房四周皆以石砌，高可一丈七八至二丈余，前方留门以便出入，其顶一概平坦，系于梁端搭搁，木上铺竹篙，再上则铺细黄土，槌之使坚，则不漏雨雪"。[1] 20世纪50年代中后期以后，平顶逐渐演变为"人"字形坡顶。20世纪80年代，硗碛藏族居室分两种，一种为石墙加人字瓦顶，另一种是下层为石墙，上层为板屋。[2] 起初普通家庭使用杉木皮铺设房顶，上压石块固定。但在20世纪50年代之前，汉式青瓦已在当地使用。有汉族工匠于当地就地取材，开设瓦窑，烧制青瓦，但质量差、成本高。70年代后，随着交通运输的改善，大量青瓦由汉区运入，逐渐淘汰当地的瓦窑。青瓦的使用，使硗碛的房屋以汉式瓦顶为主，外观承袭汉式的四方下水与飞檐上翘的风格。而锅庄房石墙仍然沿用传统

---

[1] 边政设计委员会编《川康边政资料辑要·懋功概况资料辑要》，民国二十九年（1940）铅印本。
[2] 邓廷良：《明正土司考察记》，《雅砻江上游考察报告》，中国西南民族研究学会、甘孜藏族自治州人民政府编印，1985，第46页。

的片石或卵石垒砌的方法，只是规模有所扩大，有的还使用钢筋水泥作墙。窗户较以前扩大 2~3 倍，便于通风、采光。

三 房屋建筑的仪式性过程

建造房屋是一个技术与仪式并重的过程。建造房屋的原料就地取材，利用当地的石头、黏土、木材等。建房基址按地势决定，建房开工时间一般选在农历初二、初六、初八、十二、十六。需请喇嘛看日子，比如公历 9 月有人建房，喇嘛即根据经书的记录，指出 9 月 27 日那天，嘉绒语称"拥通"[①]，不宜动土，9 月 28 日嘉绒语称"慈卜利"[②]，属吉日，是可以动土、搬迁的。同时还要看与农历的日子吉凶是否相符，最后确定选择建房时间。建房时石匠与木匠的工作是分开的。开工时，于新地基处面向东方敬拜鲁班师傅，供物有公鸡、酒、猪膘肉，上三炷香即可动工，木匠开工前亦同。先由石匠建造锅庄房的底层石墙部分。择取新建锅庄房的地点后，先挖深二尺有余的地基，坡地处地基需二至三米，地基底部铺设一层大石，宽二尺五，垒石高出地面二尺左右。再用黏土、石块层层垒砌。石墙四角均各埋一坛，内装金、银、铜、铁、铝等物，多寡不计，表示建造的房屋将稳稳当当。用工数量需根据房屋的大小来决定，倘若锅庄房面积为 200~300 平方米，需石匠 5~6 人，背石头用工 800~1000 个。两人对站垒墙，需泥工三人。届时亲戚朋友都要来帮忙。完成石墙的建造需两个多月。石墙建好后，由木匠完成锅庄房上部的木结构部分。由徒弟架木马，将选好的中柱抬到木马上，然后面向东方敬拜，由师父弹墨，看是否可顺利施工。施工两三天后安设大门，大门需朝向东方，倘若无法朝东，则必须修建一朝东的门称"龙门子"[③]。届时需找两个 1 米左右男性幼童，跨进刚安好的门，并由主人招待饭食，给 2~3 元红包，喻示此后家庭红火兴旺。在畜圈上放木板时，主人要推一磨豆腐，在畜圈内请客，以期牲畜兴旺。之后安设第二层的大门与神龛。安大门、窗、神龛和房梁需用工 60~80 人。再铺设第二层的木板，然后在正楼板安设木架。建经堂要请喇嘛念经，经堂方向与神龛方向一致。然后请喇嘛算日子，安设中梁。安中梁时，先上香敬鲁班，并祝福主人。师傅要边安中梁，边为主人家祈福。取公鸡喂饱后，放于中梁中间。中梁安好后，即将鸡放生。当天主人家大办酒席，饭后跳锅庄。中梁

[①] 音译，嘉绒语音为 yong-tong。
[②] 音译，嘉绒语音为 chi-bu-li。
[③] 音译 long-men-zi。

多安有二龙抢宝，并压一石头，下有一方洞，内放金、银、铜、铁、铝等物。中梁上方加红布，内有双数钱币。盖瓦后木匠工作即结束，整个工作需费时月余。此外主人家还可请木匠做家具。锅庄房使用木料数量依大小不等有所不同，有3排、4排、5排三种规格的木架，一般一排5个柱头，需11根木头，间隔1米左右安一柱头。房架不用钉子，也可由主人家决定是否使用钉子，外观样式亦由主人抉择。房屋一般单边宽4丈，呈正方形，每层层高如下：畜圈8~9尺；二层锅庄房至少9尺；三层住人需6.5~7尺，经堂6.6尺以上；顶层粮仓，中梁高8尺，屋檐1.4米高。建筑工具与汉族工匠所用基本相同，计量单位也一样，但房屋的木结构均不用钉，为榫卯式建筑。木匠还可根据主人家的意愿，制作各类家具，如橱柜、楼梯、柜子等。如果是承包建房，建造一栋四层一底的锅庄房，工钱现在则需4万~5万元。

房屋建成时，房顶要放一个铁的三叉，三叉上挂一卷裹起来的藏文经书。三叉放在经堂内，经喇嘛念经封赠后，算好时间，在喇嘛还没走的时候，由父母双全的男子插到房顶上固定好，此后一般不再动它。如果要换经书，要请人算日子，然后由父母双全的男子换上去。

第二节 家屋空间中神、人、畜的上下关系

家屋空间的结构，在很大程度上反映人们的世界观和宇宙观。藏传佛教对藏族社会的影响很深，佛教的三界理论也成为藏族地区大部分建筑空间范式的决定因素。本节我们将讨论家屋空间中的上下关系，以及不同空间中人们的行为与空间关系意义的表达。

一 神、人、畜的上下关系

硗碛的房屋分为三层，其上、下的空间结构，反映了嘉绒藏族的空间观。在嘉绒藏族的空间观里，受到佛教三界理论的影响，他们认为上、下是最重要的空间位置，按照佛教三界理论，居于最下层的是牲畜，居于中间的是人，居于最上层的是神。因此其房屋建筑的上下关系也按照这一结构建构。

家屋底层为四周封闭只留小门洞的泥石墙，称"黑圈"，为牲畜房，起防寒保暖之用。"黑圈"的门高大约50厘米，一般开在东北角。人不与牲畜共用一个门。

从一楼设置室外阶梯到二楼，即是锅庄房的大门，一般朝向东方或东南

方。二楼为锅庄房，用于取暖、炊事、住居，兼作客厅。进门可见门廊，右侧为堆放农具和粮食的杂物间，正门直对灶房或灶房在正门一侧。过小廊①，便是一间宽敞的方形锅庄房，木板铺设平整的地面，正中有一方形锅庄，锅庄上放一个或两个铁制三脚架，用来煮食物。正对大门的墙上，设有神龛，内供家神古尔东的神像。神龛门楣上贴有"容巴"，为藏文，有专门的木制印版，在每年春节贴上，分红、黄、绿三种颜色，以此祈求吉祥。锅庄的四周按男女老少定座位，再按长幼、男左女右依次分坐。靠近神龛处为"卡布"②，是老人坐的地方，男子坐于锅庄上方，称"卡石库"③，女子与男子相对而坐，称"卡地"④。与卡布对应的位置叫"衮扎"⑤，是孩子的座位，也是为锅庄添柴烧火的位置。坐姿是男盘脚坐，女跪坐。左侧一般设置一排壁橱存放餐具或食物，橱后是两间小屋，一作储藏室，另一作贵客卧室。现在，锅庄房室内空间规划与以往大致相同，只是每户进门处添设灶厨，另有专门煮牲畜食物的灶，以往家中就餐一般围绕锅庄席地而坐，现在灶房内构造设计已经现代化。一般人家中已将灶房与就餐处分开。现在有的人家在客厅内还摆设有沙发、茶几、电视、音响等现代家具电器。锅庄上方悬挂香猪腿、猪膘肉等。

沿锅庄房进门右侧的木梯即可上三楼，三楼为全木结构，正中是一间较大的家庭经堂，左右两侧各有几间房，作为粮仓、卧室之用。三楼一侧或两侧为望楼，可供瞭望、休息、晾晒衣物之用，另侧设有高茅厕（厕所）。顶楼储藏粮、油、肉或杂物等。有的人家在锅庄房外独立设一间堆放玉米、草料等杂物的廊房⑥。

二 锅庄房——人的居所

硗碛的锅庄房二层，是一个家人、祖先和家神共居的空间。

1. 家人

硗碛的家庭大多是主干家庭和核心家庭，居住在一个房屋中的人都被看成家人。在家里居住的人们，按照年龄分别居住，当家的夫妇通常住在锅庄房旁边的房间内，老人和小孩住在楼上。

---

① 嘉绒语音 da-er-ji。
② 嘉绒语音 ka-bu。
③ 嘉绒语音 kai-shi-gu。
④ 嘉绒语音 ka-di。
⑤ 嘉绒语音 gun-da。
⑥ 嘉绒语音 kao。

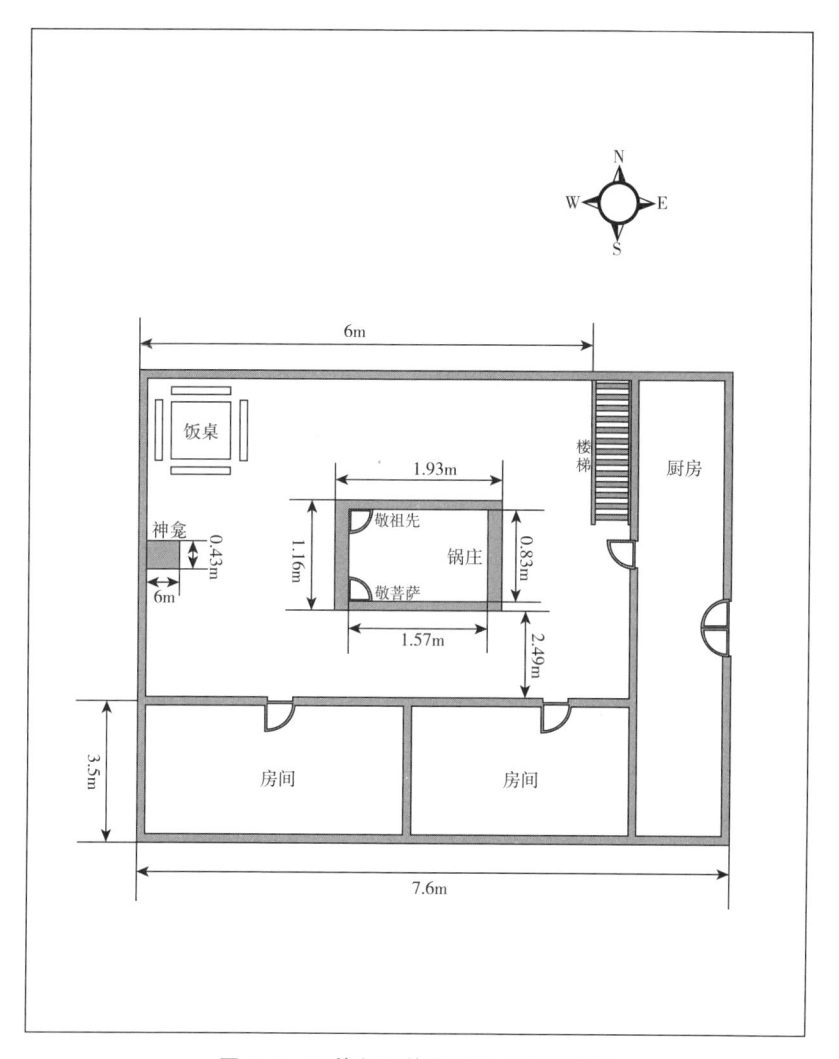

图 4-3　下策尔斯基家的锅庄房平面图

2. 祖先

硗碛的祖先神,是没有具体形象的,通常是在锅庄的上位,靠山的一个角落插香祭祀。有的人家也会请喇嘛用泥塑两层空心碉,内放一点金银粮食等,念经加持后放在锅庄靠山一侧,作为祭祀祖先的地方。每顿饭前,都有家人用筷子夹一点食物放进小碉,以示祭祀。我在调查中多次问到大家为什么有的人家要用碉,有的人家不用,他们都说没有一定的规定,有的房屋修好后去世的人比较多，就捏一个小碉，没有人去世过的房屋，就不用碉。后来，去观察雅它家打斋的过程，才发现这个碉是葬礼上使用的物品。在人死之后，人们会马上用泥捏一个空心、四角、两层（下层较大，上层收小）、上开口的碉，待葬礼结束后，这个碉被放在家里的经堂内，每个七都请喇嘛念经加持，到七七四十九天时，举行隆重的打斋仪式。打斋时，要将碉拿到坟山上，等仪式结束后，喇嘛念经，喊死者回家，并把泥碉拿回来放在锅庄卡布位置靠山一角。同时将从坟山上拿回的一炷香插在泥碉上，以后每顿吃饭，每样菜都夹点来敬泥碉。

如果房子的年代久远，供的碉是去世很早的老人，人们也会把它请出房屋，放到他的坟山上。用他们自己的话说："一般过了两个媳妇子（指儿媳），家里的人与老人都没有见过面，就要把旧碉拿走。因为不认识的老人应该早就转世投胎在其他地方，不和我们一家了。"如果有新去世的老人，就在打斋的时候做新碉，替换旧碉。

3. 家神

在锅庄房的神龛里，居住着家神古尔东。每到春节，人们就会用新的木刻印刷的古尔东画像换下旧的。还会有专门的仪轨祭祀他。婚礼和葬礼的过程中，都必须告知他家里又增加或减少了人口。

古尔东就出生在硗碛，据说他家就在现在的和平组。妈妈生了他后，他不吃奶，生下来就要吃三升面，一个月后一顿就要吃三斗面，妈妈养不起他，就把他背到大山的杉树底下，说："你太能吃了，我供不起你了。"将他丢弃在山上。之后，人们就将他忘了。过了一段时间，硗碛吃人的猩猩太多，人都要被吃完了。大家谁都不是猩猩的对手，就想找人来制服猩猩。这时，想起了他，认为他很能吃，力气应该很大。于是就去问他妈妈，他妈妈说："我背去丢了，不晓得现在他是死是活。"妈妈就去找他，找到他时，看到了一个很恐怖的场面：

> 到了大杉树下，看到野牛骨头一大堆。她不知道是自己的儿子吃的，还是吃人的猩猩吃的，就害怕了，躲到大树上。过了一会，她儿子腋下夹了一头野牛，肩上扛着一根大木头回来了。回来后，就用木头在树下生火，把野牛烤来吃，一会儿就把野牛吃完了。

硗碛的野牛，学名叫牛羚，单个的重量有260公斤左右，加上一根很大的木头，古尔东大力士的形象就被描述得很鲜明了。但是，这个力大无穷的大力士，并不是一个铁石心肠的人，而是对母亲充满了孝心。因此，故事接着讲道：

> 看到这个情景，妈妈在树上就吓得哭起来了，眼泪一滴一滴地，就滴在儿子的额头上。儿子以为是下雨了，抬头一看，看见了妈妈，就说："妈妈，你下来，我给你吃东西。"他就把牙缝里的肉抠了三斤给他妈妈吃。妈妈吃完后，就把猩猩太狠的事情告诉了儿子，儿子立即答应跟妈妈一起下山，两母子就一起下山了。

到这里，古尔东已经具备了英雄的两大特性，第一是力大无穷的勇士，第二是善良孝顺的儿子，接下来，他就表现出第三个特性——非常具有智慧：

> 他出发去找猩猩时，在胸口上挂了七个油饼，背上背了七个猪膘，头上顶了七口锅，带了一个铜锤、一个铁抓，说："我去收他。"就去了。

猩猩不是孤立的，他还有老婆和两个儿子，如果古尔东要与他们争斗，显然胜利的机会不多。所以他先引诱猩猩杀了自己的老婆和儿子，之后就与猩猩正面交手：

> 古尔东看见猩猩就说："我让你三回，前三回我让你先抓，四五回我先抓。"猩猩说："要得。"头一回就抓到古尔东的胸口，七个油饼全部抓烂，猩猩看看手，说："还有点油气。"第二回就抓古尔东的背，七个猪膘全部抓烂，猩猩又看看手说："这会儿油大些了。"最后一拳打在古尔东头上，把七口锅打得只剩一口。古尔东说："该我先了。"就用铁抓一下抓在猩猩的胸口上，把心肝全部抓出来了，猩猩被抓，站不稳了，往前一冲，古尔东把铜锤一下打在他的脑壳上，就把他打死了。所以现在家家都供古尔东，就是家神。

这个古尔东的故事，广泛流传在嘉绒藏族地区。在嘉绒地区，人们还编了藏戏来演绎他。在这个故事里，古尔东是一个高大、威武、有智慧、有计谋的英雄，特别善于降妖伏魔，这样的英雄作为家神显然是非常适当的。

155

古尔东作为家神，对硗碛的贡献还不仅仅在于打败了几乎将人吃光的猩猩。他还曾经为硗碛人取来了太阳和月亮。

当时天上没有太阳和月亮，人间一片漆黑。有一个叫作"能各西甲日布"①的地上管事，安排古尔东到天上去见"仁拉甲日布"②去取太阳和月亮。临走时，他问古尔东需要什么武器，古尔东说什么都不需要，只需要一包羊粪。古尔东来到仁拉甲日布的门口，大声喊叫，仁拉甲日布的女儿开门，看到古尔东后，转身对他父亲说："门口来的那个人长得又高又大。"仁拉甲日布就开门出去看，见到古尔东正在将羊粪塞在鼻孔里，一进一出地玩耍，就把仁拉甲日布逗笑了，他这一笑，太阳和月亮就掉了下来，人间从此有了光明。

仁拉甲日布很生气地说："古尔东把我的太阳和月亮骗走了，我要惩罚他，我要把他关在狮子口中，不准他出来。"古尔东将麝香喷到狮子嘴里，把狮子给弄死了，安全地逃出来。但仁拉甲日布并不甘心。有一天，古尔东故意拿着一根很细的丝线拴在乌鸦"谷"③的脚上，把乌鸦放在远处。他喊一声"谷"，拉一下线，乌鸦就点一下头，他不停地喊"谷"，不停地拉，乌鸦不停地点头。仁拉甲日布看到后认为他非常能干，连乌鸦都听他的话，就把古尔东放回地上。

从这个故事可以看到，古尔东还只是一个人，而管理地上各种事务的神是"能各西甲日布"，能各西是他的名字，甲日布就是神的意思。所以他必须听从此人的安排。在获取太阳和月亮的过程中，古尔东主要使用了计谋。特别是对于乌鸦的使用，非常传神。嘉绒藏族认为，乌鸦是一种智商很高的动物，而且总是和邪恶的东西联系在一起，因此乌鸦听人的话，就很难得。

从上述资料我们可以知道，硗碛的锅庄房里，有锅庄的第二层是一个世俗的空间，在这个空间中，共居的家人与其祖先、家神生活在一起。祖先是一个虚化的符号，有时候人们用一个小碉代替他们，有时候甚至没有任何具体的形象。但有一点是很清楚的，就是在这一房屋中去世的祖先，才能在这一房屋中得到祭祀。如果只是在建在这一房屋基础上的老屋中去世，是得不到祭祀的。

---

① 音译，嘉绒语音为 neng-ge-xi-jia-ri-bu。
② 音译，嘉绒语音为 ren-la-jia-ri-bu。
③ 指乌鸦名字叫 gu。

比如，阿夸尔家杨朝华的姑姑，就死在叉叉房里，故而杨朝华1982年建成新房后，并未在火塘边放置小碉祭祀她。由此我们可以知道，是否在一座房屋中居住过，是祖先能否得到祭祀的关键问题。也就是说，祭祀关系更多取决于是否共同居住，而不是取决于是否具有血缘关系。

三　喇嘛和经堂

硗碛藏族大多信仰藏传佛教，且十分虔诚。清代当地藏民"死葬不穿孝服，惟延喇嘛念经。葬听喇嘛定法，或用棺埋，或应火化，或应弃河中，或应弃山上，惟喇嘛之命是从。吊问亲厚者，以紃布（原文如此，疑作絪）印番经插旗为重。有事疑心，延喇嘛打卦。"[1]

1. 被称为阿乌的喇嘛

喇嘛在硗碛社会的社会地位很高，人们常常用称呼爷爷辈老人的称呼来称他们为"阿乌"。在改土归流之前，一户人家如果有三子，必须送一个去喇嘛寺，有五子就送两个。一般七八岁就入寺，刚开始学的时候就在硗碛永寿寺或穆坪的永福寺读经，之后，经过选拔，派到西藏哲蚌寺去学习，学习完成后，取得格西学位方能返回，这样的人才被称为喇嘛。由于硗碛使用嘉绒语，人们学习用藏文写成的经文是有一定困难的。如果只在硗碛或者穆坪学经，大部分人对经文都是会念而不知其意，语言障碍是影响喇嘛学经的重要因素。因此，为保证优秀的学生到拉萨学习，人们要进行严格的选拔，让优秀的人才取得学习资格。其选拔办法是以五人为一组，再选五人陪伴，以五公里为赛跑线，陪伴者手持一根特制的"杵路棍"，浑身缠红黄绫子，奔跑在前面，跑到一定距离，参赛者追上，接过"杵路根"向着终点迅速跑去，各组中先到终点者，便取得了入藏学习资格。之后，人们就会举行盛大的仪式，为他们庆祝并送行。晚上，会通宵达旦地跳锅庄，锅庄有专门的名字，叫"拉萨噶未马根扎朴参[2]"，是专用于喇嘛到拉萨学习之前，欢送的时候跳。现在则被用于送子女出去当兵或学习时跳，跳时所唱的歌词大意为出去了要学好本事，学好本领才算好汉子。

入藏学喇嘛的人，其旅费、口粮、衣物是寺庙、家庭、个人三方筹集的。为表达对学经的虔诚，他们必须带着"杵路棍"，不用任何交通工具，一步一

---

[1] （清）曹抡彬、曹抡翰纂辑：乾隆《雅州府志》，台湾成文出版社印行，清乾隆四年刊本，第267页。

[2] 音译，嘉绒语音 La-sa-ga-wei-ma-gen-zha-po-chan。

步地向拉萨前行。据说前往西藏要从4月走到10月，要翻越72座大山、88道桥才能走到拉萨。口粮吃完，只许沿途"化缘"，就这样风餐露宿，约半年时间才能到达哲蚌寺。在哲蚌寺的学习也很艰苦，按照格鲁派的学经制度，要获得"格西"学位，必须由显入密。仅仅学完五部大论，即使非常聪明努力的人，最少也要五年时间，之后再修密法。旅途如此艰苦，学习也很辛苦，大部分人都坚持不下来，所以到西藏读经，获得学位，再返回硗碛任喇嘛的人是很少的。经过学习回来，既识藏文，又能念经，还可以宣讲教义、洞察佛事，这样的大喇嘛，被人们尊称为"阿乌"，一般藏民见到要"作揖"。没有能够去西藏学习，或者学习了但未能获得相应学位的人，就不能称为喇嘛。

西藏民主改革后，永寿寺的僧人不再到哲蚌寺学经。1956年以后，永寿寺关闭，喇嘛都还俗回家。改革开放后，由于硗碛社会的宗教服务需求很大，而不学经得到喇嘛封号就不能独立提供宗教服务，原来学过一段时间的人都外出学经，多数到康定或四川藏区的其他格鲁派寺庙学习，也有个别到宁玛派的色达喇荣五明佛学院学经。2005年以后，硗碛曾前往西藏学过经的喇嘛，除夹拉村张嘎组一位81岁的喇嘛外，均已去世。如今仍有送子学经者，届时由学经者父母带一坛酒、八个鸡蛋、一碗猪油送给喇嘛师傅。出师时，父母再送喇嘛师傅一套衣服和一双布鞋，表示感谢。但在当地人的观念中，西藏喇嘛的地位要高于在其他地方学经的喇嘛。到其他地方学经获得法号的喇嘛，要高于没有出去学过经的人。

2. 家屋经堂中的喇嘛

硗碛房屋的第三层，是一个神圣的空间。第三层的代表性建筑是经堂，我们以朝霞组下策尔斯基家（杨国奇老人家）为例，来看看这一神圣空间的结构。

杨国奇老人家房屋的第三层，有五个房间，居中的是经堂，坐南朝北，经堂正面摆放着一个藏柜，藏柜的右边墙上挂着一幅佛像唐卡和一幅纸质佛像，左边贴着两幅纸质佛像，左边横梁上挂着一面做法事用的大鼓。藏柜中，放着一个格鲁派僧帽、一张喇嘛的照片，还有钵和鼓槌等法器。这个经堂，是硗碛少有的规范的经堂，因为杨国奇老人的三爸（藏名龙特尔）出家当了喇嘛。他12岁在硗碛的马家开始学习，19岁入西藏进修，11年后方返家。他精通藏文，既能读懂藏文经书，也能宣讲教义，所以才称大喇嘛。经过群众和人民政府的协商，他成为永寿寺的大喇嘛，2003年圆寂，享年94岁。

在硗碛，偶尔会听到家庭主妇抱怨住在家里的喇嘛，有时甚至抱怨自己请

第四章　家屋中的社会关系

来做法事的喇嘛，认为他们一天要吃五六顿饭，给自己增加了很大的负担。但老人们都非常肯定地说，喇嘛就应该这样，不管他们是否要吃，出于尊重，必须按时给他们准备食物。

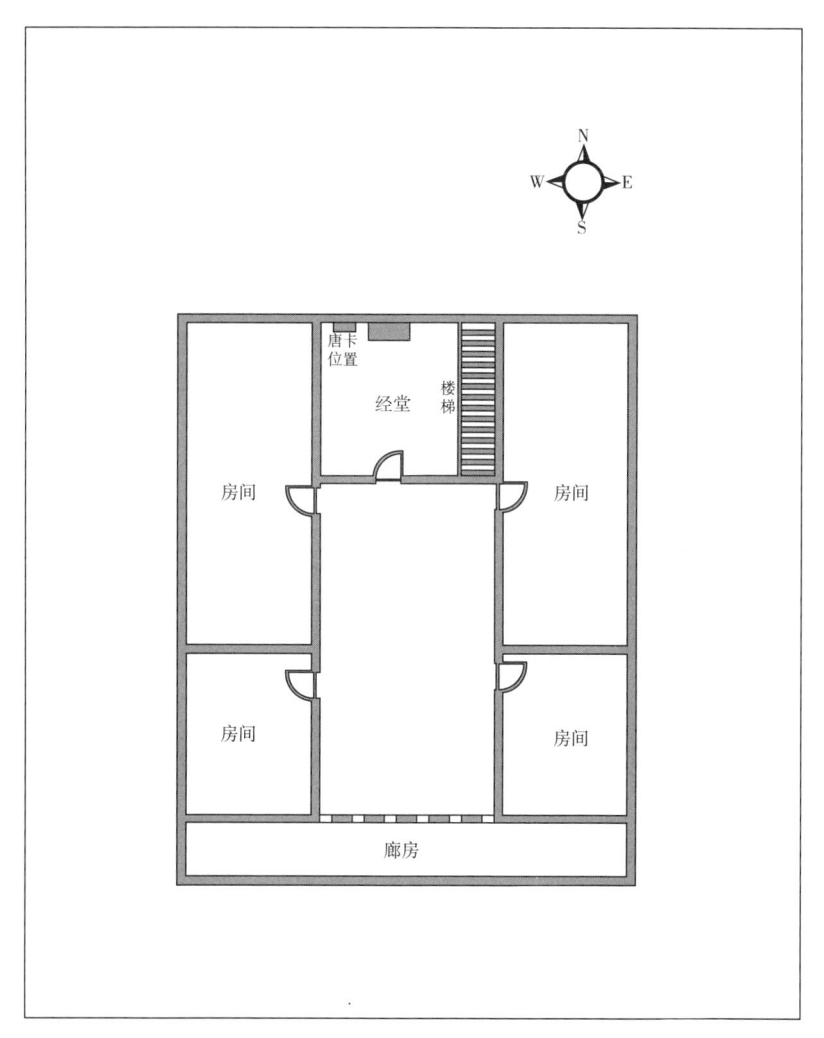

图 4-4　下策尔斯基家锅庄房三层的平面图

经堂旁边的房间，就是龙特尔的卧室。在硗碛，家里有喇嘛的人家，都必须在经堂旁给喇嘛修专门的卧室，喇嘛从来不到楼下的锅庄旁边来吃饭喝茶，每顿饭都由家里的主妇用一个大木盘子送到楼上，他或者在卧室或者在经堂内进食。喇嘛不仅不与普通人共食，而且生活节奏也与普通人不同（见表 4-1）。

159

表 4-1 喇嘛与普通人一天的时间安排

时间段（24 小时制）	喇嘛	普通人
6：00~8：00	起床，喝茶	睡觉
8：00~10：00	念经	睡觉
10：00~10：30	早餐	起床，洗漱，早餐
10：30~12：00	念经	劳动
12：00~12：30	喝茶，吃打尖①	劳动
12：30~15：00	念经	劳动
15：00~15：30	午餐	午餐
15：30~19：00	念经	劳动
19：00~18：00	喝茶，吃打尖	劳动
18：30~20：00	念经	劳动
20：00~20：30	晚餐	晚餐
20：30~次日 6：00	睡觉	睡觉

在大部分硗碛人的家中，如果没有喇嘛，经堂常常是空置的，没有唐卡，没有佛像，也没有香火，有的家庭甚至在其中堆放许多粮食、农具之类的杂物。但是，遇到葬礼、孩子取名、取房名的时候，就必须把经堂打扫干净，提供给喇嘛们用，这时，经堂就变得特别重要。喇嘛们会根据仪式的需要从寺庙带来相关的唐卡挂上，会制作各种相关的供品摆放，会剪出各种剪纸以供法事需要，甚至会带来大型的法号和其他法器，此时，经堂就成为佛法和神灵的栖身之地。

3. 家屋经堂中喇嘛的仪式活动

硗碛的日常生活与藏传佛教有着密切联系，小到算吉日，大到传统宗教节日，无不有喇嘛身影。永寿寺一年只有四次宗教活动，平时人们有事都会请喇嘛到家里来。按照杨志全喇嘛的叙述，请喇嘛到家里，大多为了测索卦。索卦又称"六索卜卦"，就是以长短不同的六条绳索作为卜卦的工具，将其中两股并行的绳索两头各打一个结，使其形成四个结，占卜者两手抓住无强结的部分直接解开绳索，观察绳结打开时的变化来进行占卜。对绳结到底有多少结法，本教经典《局玛色奔》说有 360 种，"360 种占卜结中，120 种明净结为天界之

---

① 四川土语，指两次正式就餐之间吃饭。

结，120 种智慧结为人间之结，120 种浊世结为鬼蜮之结"[1]。测索卦的目的，有的是择日，比如出门、结婚、下葬、办月母子酒等；有的是卜吉凶，比如有乌鸦乱叫，担心出什么事情等；有的是找人或物，比如牛在山上丢失，上何处去找，家里被盗，失物能否找回，到何处去找等。杨志全喇嘛有一本专门算日子的经书，图文并茂，有藏文。此经书共 12 张，对折成书状，每一张表示一个月，半张为半月，封面为黑色，厚布制作，有书名，称"嘎尔巴沙"[2]。书中有一张测索卦的图。据杨喇嘛讲，该书是师父赠送，代代相传的，制作的具体年月已不得而知，师父 81 岁时去世，距今已十多年。凡是家中有病人，要念春经和冬经的时候，一家人都要测索卦，念诵不同经文。过年后不久全家都要测索卦。3 月和 4 月要念春经，无病的也要念。9 月为保障庄稼收成好也要请喇嘛念经。

测完索卦，则必定念经。念经的内容，是根据测索卦的结果决定的。念经有时是为了禳灾，比如遇到旱涝天，庄稼有虫害，可能下冰雹，家人或牲口生病，做噩梦，出门遇到不祥之兆；有时是为了祈福和酬神，比如出门前或者安全回来后，种地修路乃至穿新衣服等。念春经和冬经时，则家家均需请喇嘛来。对于念经的理由，杨国奇老人讲述道：因为"我们人都是有罪的，即便你不杀人，不放火，口、手、脚走世界，虫虫、蚂蚁都是一条命，压死了都是罪，念经就是改这个口，所以请喇嘛就是洗这个罪"。当地民间流传着许多关于喇嘛身怀绝技、显示法术的传说。据说有个房名叫嘎沃的喇嘛为五龙夹拉头人开路，该喇嘛一发功，脑浆都会迸裂而出，法事结束，则恢复正常，毫发无伤。

从这个神、人、畜处于上下位并完全分离的空间看，来自藏传佛教的神无疑是精神权威。因此，与这一精神权威联系在一起的喇嘛们，具有掌控神圣空间秩序的权力，当他们未进入的时候，这一空间的神圣意味是隐含的。一旦他们进入，这一神圣性就通过其活动呈现出来。硗碛人不仅将家屋中的"经堂"称为"经堂"，而且将永寿寺也称为"经堂"。对二者空间对应的认识，正说明了在硗碛社会中具有主导地位的精神信仰，也占据着家屋中最神圣的地位。

---

[1] 白湾·华尔登：《嘉绒藏族历史明镜》，刘建、谢芝编译，四川民族出版社，2009，第 86 页。
[2] 音译，嘉绒语音为 ga-er-ba-sa。

第三节　卡布阿乌：老人超越家屋的权威

"在家屋中，火塘是一个极其重要的地方，因为火塘常常代表了整个家屋，共食通常是家屋内最重要的生活活动，这表明物质的房屋和住在里面的人之间的联系、共居的人们间的关系可根据食物和身体的物质来表达。也可以看到家屋和婚姻的连接。"① 因此，我们可以分析火塘边人们的关系，并从中观察其权威的获得。

卡布，是硗碛锅庄房中地位最高的位置，一般只有老人能坐。在这个具有权威的位置上，"卡布"与德高望重的"阿乌"结合，产生了硗碛社会中一个重要的社会角色——卡布阿乌。正如林顿所说：一个人，如果根据社会互动的权利与责任采取行动，并被待以特定的方式，他就获得了地位。如果他的表现和人们对他的地位的期望相一致，他们就扮演了相关的角色②。

一　卡布阿乌

在硗碛的家屋中，老人具有很高的地位，这里一般没有老年人单独居住，如果老人单独居住，这家人就会因为不孝被嘲笑。图 4-5 是阿夸尔家锅庄房内锅庄旁边的座位安排。从图中可以看到，老人的座位卡布与家神神龛、祖先神的位置是一致的。在这个座位上的活动，体现了老人在世俗空间中的权威。只要家里有老人，无论什么时候，这个位置都只能老人坐。在硗碛的生活中，每天晚上给坐在卡布上的阿乌、阿比汇报一天的工作，是对年轻人的要求，达尔嘎美地家的阿乌告诉我：

> 阿乌、阿比都老了，他们出门不方便，外面的事情，要靠年轻人告诉他们，所以每天晚上在火塘边汇报一天的经历，做了什么？听到什么？看到什么？这就是硗碛最大的规矩。

这个规矩的确贯穿在硗碛的日常生活中。洒耳加老人带我到其他老人处访谈前，也特意对我说，每到一家，他先给卡布上的阿乌和阿比汇报我是谁，到

---

① Janet Garsten, *After Kinship*, Cambridge University Press, 2004, p.41.
② 转引自罗伯特莱顿《他者的眼光——人类学理论入门》，蒙养山人译，华夏出版社，2005，第 33 页。

第四章　家屋中的社会关系

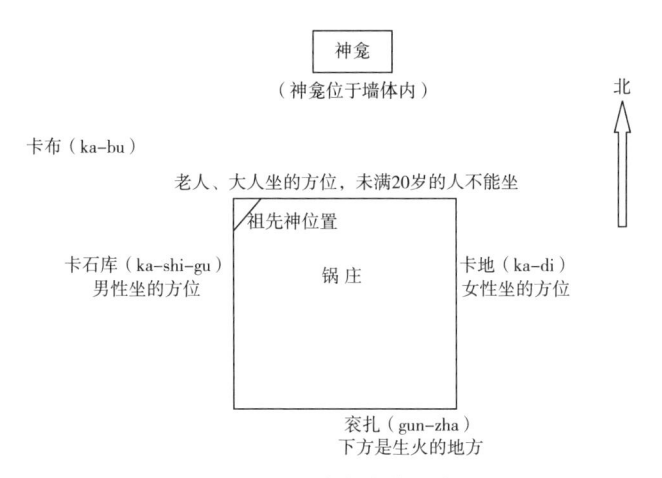

```
                    ┌─────┐
                    │ 神龛 │
                    └─────┘
                 （神龛位于墙体内）            ↑
                                             北
  卡布（ka-bu）
         老人、大人坐的方位，未满20岁的人不能坐
              ┌─────────────────┐
              │祖先神位置         │
  卡石库（ka-shi-gu）   锅庄      卡地（ka-di）
  男性坐的方位 │                 │ 女性坐的方位
              │                 │
              └─────────────────┘
                     衮扎（gun-zha）
                     下方是生火的地方

         图 4-5  阿夸尔家的锅庄
```

家里想和他们谈什么，之后我一定要再次介绍自己的情况，以及来访的目的。如果是第二家，就要汇报刚才或者上午去了哪家，听到了什么。后来我独自去田野回来后，也习惯性地给他汇报今天的行程及收获。

由这个位置尊贵的含义，衍生出硗碛社会的一个特殊角色"卡布阿乌"。阿乌是硗碛亲属称谓中对爷爷和爷爷辈的老人的称呼，专指男性长者，也被认为指老辈子（长辈）、亲戚和当地年龄大的人。"卡布阿乌"则是一个专有名词，指在婚礼、月母子酒、建房庆典、丧事等村落内众人都要参与的仪式上，由主人邀请担任仪式主持人的老人，一般是主要亲属中年龄较大的男性长辈当卡布阿乌。硗碛人不仅在上述仪式中要请卡布阿乌，遇到分家、遗产分配等重大事情需要商量时，都会请卡布阿乌。

一个老人要被别人邀请做卡布阿乌，首先要身体健康。一是由于硗碛多山，人们往往只能走路去举行仪式的家庭，路途较远，身体不好很难适应路途辛劳。二是由于仪式过程都比较长，很多仪式会通宵跳锅庄，身体不好会受到影响。其次要特别会讲话，尤其善于用有韵脚的嘉绒语来进行仪式性的表达，让大家觉得仪式非常漂亮。再次要特别会控制局面，因为许多庆典仪式都要选择吉时，卡布阿乌要能够很准确地把握时间，让仪式按程序进行，既热热闹闹，又按时完成。同时，由于客人到来的时间不定，有时会很多人同时到达，有时会人很少，卡布阿乌必须随时调整仪式的程序，保持锅庄房内的气氛。一般而言，冰丰的人家请卡布阿乌都在自己的亲戚和邻居中选择，根据仪式需要，人数可多可少。虽然说请卡布阿乌是主人家的事情，但原则上同一村落内

163

有威望的男性老人都应该请到。我在硗碛参加了一次正式的月母子酒、一次打斋和一次新房落成典礼。其中，达尔嘎美杜家的月母子酒，就请了冰丰大家都认为很有威望的老人，被人们称赞为懂礼。而有一家打斋时，只请了四位卡布阿乌，人们就认为他家没有老人，所以不懂礼。可见，卡布阿乌不仅是仪式的主持者，而且是社区礼仪网络的重要成员。但是，在冰丰的时间长了，我就发现有几位老人从来没有做过卡布阿乌，于是便问洒耳加老人，他每次都笑而不答。一直到2010年2月我去他家过春节，我又问起，他就告诉我：

  卡布阿乌必须是家庭和睦，会教育子女的老人。要会操持家务，让家庭经济条件好起来。要懂得是非，说话要软和（和气），要会四言八句，会把握时间。

他说完后，我继续追问道："如果一个阿乌不能给他分家的儿子修房子，能不能当卡布阿乌？"我一问完，围在火塘边的阿太和阿仲就都笑了。阿太说：

  不会因为修不起房子就不让老人做卡布阿乌，但家庭经济条件不好的，肯定和阿乌不会理家有关，所以即使请了，也是坐在卡布最边上，没有说话的机会。

嘎日过去最有名的卡布阿乌是下策尔斯基家的杨国奇老人和嘎日炯瓦里家的德尔依老人，两位老人我都访谈过。德尔依老人讲到了自己做卡布阿乌时的一场婚礼，曾经嘲笑小金来接亲的人不懂礼：

  他们来接亲的人进了锅庄房，就坐在卡石库上，谁都不说话。我等了半天，最后就忍不住了，我就说，你们来是干啥子（什么）的？没有听说过不给卡布阿乌报告就能接亲的，你们要是不说话，就背起东西回去。这哈（这下）他们吓倒了，就赶紧报告。我们硗碛就是这个理，卡布阿乌不同意，接亲就不得行（办不到）。

二 仪式上的卡布阿乌

卡布阿乌在不同仪式场合的角色大同小异，但根据仪式的性质，所说的内容不一样。在各种仪式上,卡布阿乌都肩负在客人送礼时候应酬的任务。当客人来送礼时,知客师就向卡布阿乌汇报,这家某某跟主人是某某关系,他们来吃酒带了些什么礼物。卡布阿乌就搭话:"这两天是喇嘛算了的好日子……你们辛苦了。你们带来了礼物,我代表主人家谢谢了。"知客师给卡布阿乌报告礼品的时候,遇到礼物送得多的客人,必须专门给卡布阿乌汇报,卡布阿乌要回话:"你们来赶礼,谢谢你们了,侄子侄女的事情你们操心了。"遇到客人送礼不多,或者锅庄房人多、非常拥挤的情况,知客师就直接让人记账,不给卡布阿乌汇报。即便汇报,卡布阿乌也只简单说两句谢词。如果人不多,锅庄房冷清了,卡布阿乌就要多说几句。所以做卡布阿乌是注定要被人议论的。如果卡布阿乌坐着不说话,客人生气了,回去就会说:"这家人办事,也没有人招呼,卡布阿乌都是吃酒的。"意为卡布阿乌不办事。如果卡布阿乌话太多,眼看要错过吉时,就会说"今天的卡布阿乌是鸟雀",即卡布阿乌太啰唆。如果卡布阿乌的"四言八句"讲得好,就会夸卡布阿乌"真正得行",否则就说"找了个只会吃酒的"。所以被请来做卡布阿乌的老人,一定是对社区的礼仪特别熟悉,而且很有威望,善于表达,能够控制局面的人。除了收礼的过程相同,在不同的场合,卡布阿乌要说的话是不一样的。

1. 结婚时的卡布阿乌

硗碛的婚礼称为接亲。无论男女,只有接进来和放出去两种说法。硗碛人认为,结婚时候的规矩最大,最需要卡布阿乌来把握仪式的进程和氛围。

在接亲的前一天晚上,男女双方都要在自己家里举行花夜,跳锅庄,大多数亲人在这天晚上就送礼。这天晚上请的卡布阿乌,主要任务就是去接收礼物和礼金。他会在答谢时说:"这两天是喇嘛算了的好日子,两家说亲的时候,你们帮忙搭桥劝解,现在婚事说成了,你们辛苦了。你们带来了礼物,我代表主人家谢谢了。"也有一部分路远的人,要到接亲的那天才去赶礼,这天送礼的人就只能到另外的房间,因为卡布阿乌要忙着接亲。下面我们以娶媳妇为例,来看看卡布阿乌的作用。

接亲当天,女方家会请卡布阿乌早点去自己家里,请卡布阿乌和来帮忙招待客人的人提前吃饭,把家里布置好,迎接接亲队伍的到来。

接亲的队伍有媒人[①]、对方的兄弟姐妹、侄子侄女、朋友。接亲的到了女

[①] 说媒的人,汉称红爷,嘉绒语音为 Sen-ma-si,硗碛说媒的人必须是男性,女性不行,因为男人说话"金子口",即说话算话。

方家门口 100 米以外，就要先唱三段专门用于迎亲的"拉玛玛"①，表示接亲的到了。放出去这家的卡布阿乌要到门外迎接，并陪唱三段。还要在门口摆好干盘②、酒杯等，表示招待。接亲的到了，不进屋，先要讲吉利的话："我们来了，你们家在门口就倒酒迎客，准备了干盘，很欢迎我们，谢谢了。"然后敬神："你家的房子修在哪个杠③上，由哪个神管，给神打招呼，今天来接人了，这个人以后不是这家的了。"进门时，要喝一杯迎客酒④。进门后接亲的坐在卡石库上，知客师摆好桌子和茶，倒酒、散烟招待。媒人要先给新娘家的卡布阿乌讲清楚来意，说："这桩婚事，两家老人事先说好了，男女双方都愿意，请喇嘛求神算卦，今天是好日子，所以我们是应接进来那家的亲戚要求，来替他接亲的。昨晚上就集中在他家跳了一夜锅庄，今天早饭后就喊我们来接亲。"媒人说完后，来接亲的每个男人都要给卡布阿乌打招呼，说明来意，汇报这两天家里的活动情况、生产情况、接亲的准备情况，还要说："接亲来晚了，表示歉意。"如果来接亲的人少，就人人都要说。来接亲的人多，最少要有四五个人说，收尾的人说："前面的都讲了，都是同一个过程，同一个内容，我们就不重复讲了。"其他人听了后就不讲了。之后媒人说："我们按照规矩，带来了礼品，请阿乌们安排我们摆礼品。"卡布阿乌就讲："时间紧，我们话不要说太长。现在就开始摆礼品。"

礼品首先是八个鸡蛋、一瓶酒、一碗猪油，表示从说亲到接亲都是很讲规矩的。接着摆送给老人的 2~3 套衣服，送给兄弟姐妹的每人一套衣服或一双鞋子或一顶帽子，摆的时候媒人说："父母养育子女的过程很辛苦，兄弟姐妹也扶助她长大，我们送的礼轻，礼仪重。"摆一样，就立即说这是给哪个的；然后摆猪腿、猪膘、大馍馍⑤、一匹手工编织的白麻布⑥。大馍馍用于感谢父母供给饮食的养育之恩，因为孩子小的时候，父母必须在地里干活，没有人照看孩子，只好将做好的馍馍带到地里，用嘴嚼烂喂孩子。这里用这个馍馍表示回报这家父母养育子女的辛苦。白麻布代表孩子小时候用的尿布，意为父母亲照顾孩子很辛苦，表示回报。接着摆第二批礼物，是给舅舅、长辈等准备的礼物。经济情况不好的人家，只给主要亲戚。家庭经济情况好的，要给 20~30

---

① 音译，嘉绒语音为 la-ma-ma。
② 盛在盘子里的花生、瓜子等干果及水果，均称为干盘。
③ 指哪座山。
④ 迎客酒必须是瓶子装的酒，不能是散酒，意为主人家重视这件事，给最好的酒喝。
⑤ 意译，嘉绒语音 ba-bu-nei。
⑥ 意译，嘉绒语音 Pian-ba-deng，是自己织的白麻布一匹，有一丈长、一尺五寸宽。

个亲戚准备。给哪些亲戚准备是双方亲家事先商量好的,主要的长辈是给两把挂面、一瓶酒、一碗油,要边点名边送,一个一个送到手上。媒人要边送边说:"这个婚姻是你们这些长辈、亲戚帮忙的,你们帮忙教育孩子,辛苦了;帮忙说和婚事,也辛苦了。"摆完礼品后,卡布阿乌就要发话,表扬或责骂接亲的,表扬时说:"你们考虑得周到。"责备就说:"你们考虑得不周全,主要亲属没有礼物,你们大人没有给你们说清楚,你们的礼貌没有尽到,今后在路上碰到长辈都不知道怎么称呼,回去拿来。"责备了后,当然也不会叫他们真的回去拿,接着就讲谅解的话:"十全十美的事难做到,以后你们要注意,今后其他地方还有这样的事,你们不要粗心大意了。"在得到卡布阿乌同意后,接亲的人中有一个专门讲"四言八句"的人,就在锅庄上磕三个头、点香,然后呼喊四方神打招呼,表示来他家接人了,比如来冰丰接亲,就按照雅西拉姆、仁沾、甲琼、森根的顺序先喊神山①,接着敬祖宗②、家神③,说:"各方神仙和祖宗,今天我们来接人,给你们熏个烟烟④,打个招呼,以后这个女子就不是你们家的人了,我们接到就是男方家的人了。"如果这个敬神的人没有说清楚,卡布阿乌就要批评:"你们哪个主要的神没有招呼到,该说的话没有说好。"

一般上述仪式结束时,接亲出发的吉时也要到了。卡布阿乌就安排知客师让接亲的去吃饭。饭吃完了,接亲的过来给卡布阿乌说:"你们招待得很周到,饭吃得很好,路程远,那边也在等。我们是不是可以告假了?"卡布阿乌就让兄弟姐妹等把要接的人带下来,或者由兄弟背下楼⑤,站在锅庄下方的衮扎处。人们在那里摆上桌子,铺上毯子,她在桌前跪着,卡布阿乌对她说:"你们的自愿结合是对的,现在要嫁过去了,父母把你们养大了,但不能把你养老,家里挤不下,你去了那边,要把家务料理好,照顾好老人,搞好生产,夫妻要相爱,搞好邻居关系,与兄弟姐妹好好相处。遇事要忍让,也要照顾娘家这边的老人。"父母也要说两句:"你是我们家的劳动力,但是不能在这边生这边老,去了那边,那边家庭要搞好,这边也要照看,互相来往。平时不能见

---

① 音译,嘉绒语音分别为 ya-xi-la-mu、ren-zan、jia-qiong、sen-ge,其中雅西拉姆是硗碛最大的神山,也是冰丰的神山。
② 嘉绒语音 pa-ni-si、ma-ni-si,指从古至今的长辈,为泛指,pa 为男性、ma 为女性、ni-si 是先祖的意思。
③ 指古尔东,供在锅庄神龛中的家神。
④ 指烧香,过去是煨桑,都是烟祭。
⑤ 此时,接亲的人要给礼钱,不然兄弟姐妹就不让新娘下来。

面，过年过节要来看望，我们也到你那里耍（玩）。"

然后在桌上摆嫁妆，如家具、电器、首饰、衣服、帽子、花带子①、钱等，有陪嫁牛、猪、羊等的，就念礼单，待婚礼结束后，由对方家来人把给的牲畜赶走。接亲的人用背篓把嫁妆背回去，如果嫁妆太多，就要送亲的帮忙背，这时说媒的人就要先给他们红包，让他们不要在接亲路途中、沟坎边拦路，以保证新娘可以按时赶到婆家。一般来说，硗碛接亲必须在天黑之前到家，否则就不吉利。

送亲的主要是放出去那人的侄儿男女，还有一个主要的亲戚，通常是哥嫂和姐妹。接人的那家先把房间准备好，一般是在二楼。接亲的到家门口后，婆婆就把她的手抓住，把她带到房间。到了后，接亲的先给这家的卡布阿乌汇报接亲的情况。接着是送亲的卡布阿乌说明来意，每个人都要说，卡布阿乌一般不为难送亲的。然后安排吃饭。接进来的人房间大多在楼上，兄弟姐妹就陪着，吃饭的时候，接进来的人一般在房间吃，不上桌。

晚上拜堂，卡布阿乌们坐好，新娘、新郎穿上婚服，站在锅庄下方，听卡布阿乌讲吉利的话："你们成家了，是这家的主人了，以后你们就是放在这里的大石头，哪个都搬不走，长在这里的大树，哪个都挖不动。家务你们要整理好，娘家也要照顾好，姊妹、兄弟关系要处理好，担子落在你们身上了……"然后新郎、新娘先给家神磕三个头，接着给长辈磕三个头，先给家里的长辈（先是父母）磕，再给其他长辈亲戚磕头。然后给他们散烟、散糖。最后就是说笑、吃饭、跳锅庄。有的新娘子也帮忙烧锅、烧茶等，通常有200~300人在锅庄房。晚上，新娘勤快的话就帮忙，如果不太熟悉就回到房间。

2. 建房庆典上的卡布阿乌

建房庆典上，卡布阿乌的主要作用是酬谢来送礼的人。根据送礼人的身份，他分别说："房子多年失修，现在有机会翻修了，旧家具该换，旧房子今年该换该修了。""孩子大了，有能力修了。前几年做了认真的准备，修了很长的时间。""今天修完，大家来祝贺。""你们（亲戚朋友）该帮忙的帮了，有时候一帮就帮十天半月。今天房子完工了，也是请客的时候，你们平常就帮忙了，今天还送大礼来，主人很不好意思。本来礼品不该送，但是已经送来了，我就代表主人家表示感谢了。"

等到收礼完全结束的时候，卡布阿乌要向大家做总结，说："房子完工全

---

① 指硗碛女孩自己编织的五彩腰带，这是显示这一家人手工的一种方式，送给出嫁的女儿的，不仅有女孩自己织的，还有母亲、姐妹帮忙织的。

靠隔壁邻居、侄儿男女给你们出力,从劳力上帮助你,今天又送了大礼来。有的送了万把元,有的送了2000~3000元,我代表你们对他们表示感谢。""你们的困难基本解决了,房子修完了,但是还有亲戚朋友要修房子,到时候也要去帮忙,不要忘了人家。"

3. 丧事时的卡布阿乌

硗碛的丧事实际上包括葬礼和打斋。当人刚刚去世时,卡布阿乌先要对悲痛的主人讲:"人死了大家很悲痛,但是人死不能复生,作为亲属,你们该做的事情已经做了。病中请了喇嘛来念经,也进了医院医治,你们尽孝了。但是自然规律是这样的,人迟早是要归天的。你们该做的都做了,但还是挽救不了这个事情。你们的心情我们可以理解,但是要放宽心,现在要把葬礼办好。要跟隔壁邻居商量,让老辈子出主意,共同把丧事办好。"

如果丧事期间有不懂事的客人嬉笑打闹,卡布阿乌就要批评他们:"水烧干了,柴烧完了,也没有医好病人,对大家都是伤心事情,打杂的、知客的,除了他们说不到的,大家要主动帮忙,好好唱嘛呢,不要在角落打闹。"

葬礼办完的时候,卡布阿乌要把家人叫到一起,商量打斋的事情。说:"丧事办完了,要根据习惯,一个七打个小斋,一七从大哥大姐开始,兄弟姐妹轮流来,过程不要乱。该请哪些喇嘛?办到啥子程度?各家按能力来,有能力的可以请人家来唱嘛呢,没有能力的自己请喇嘛就是了。""你们父母过世,大家来表示哀悼,早点把日子定了,人家好安排时间,送两三把面,三二斤酒,也给死者唱个嘛呢。"打斋时,无论哪天,晚上总结的时候,知客都要给卡布阿乌汇报。楼上负责经堂的知客汇报:哪个喇嘛先来,做了哪些事,喇嘛们辛苦,招呼应酬是办好了的,没有让他们不满,工资也给得合适等。喇嘛封赠好蚌巴[①]后,端下来给卡布阿乌。卡布阿乌要回答知客:"喇嘛照顾得好,他们走得满意。你们安排得好。"

楼下负责接待,登记送礼的知客汇报:来了多少人、送了多少面、多少酒、多少肉、多少钱等。卡布阿乌回答:"辛苦了,打招呼很得体,记账很小心,数票子的也很小心,你们登记得很清楚,干得很好。"

负责安排吃饭的知客也要汇报安桌吃饭的情况:多少人吃饭、安排了多少

---

① 音译,嘉绒语音beng-ba,一种葬礼专用的礼器,用一个木头的小升子,装大半升玉米,上面放一瓶酒,插一个彩箭,打斋期间先放在神龛前给众人看,之后放在经堂,让喇嘛念经,打斋结束后喇嘛端下来,其中的玉米分给参加打斋的人一人一点,大家拿回家煮来吃。酒大家喝掉,彩箭放到经堂梁上。

桌、有没有损失等。如果打碎了碗，卡布阿乌要回答说："洗碗的不小心打碎了碗，不吉利，以后要小心，不要再发生这种事情了。"如果在酒桌上喝酒的人有争吵，卡布阿乌要回答："酒桌上的事情要忍让，说话要软和，要处理好，这对主人家是大事，以后要注意，顾及主人家。处理不好别人要回去议论。"

负责管酒的知客也要汇报：主人家给了多少酒，用了多少，剩多少等。卡布阿乌要回答："酒是大家送来的，你们管得很好。酒够大家喝，也没有浪费。"

三 老年协会和老人的权威

硗碛乡 2001 年成立了老年协会。起因是欧盟有一批小额贷款扶贫项目，用于资助生活困难的老人提高收入，在四川选了三个县，硗碛藏族乡被选中。负责管理这个项目的是乡和村老年协会。乡老年协会的会长，最初是蒋树生，为泽根村人，全国劳模，当过兵，曾是泽根的老村支书，组织村发展经济，干得好；副会长是夹拉村的林朝中和嘎日村的刘秀英，他们分别在夹拉和嘎日当村老年协会的会长，泽根村苏朝军也参与管理。各行政村又选副会长。嘎日村的副会长就是卧嘎龙家的洒耳加老人，汉名陈银良。

欧盟资金由乡上直接拨给村里，各村自己管理，一个村 13 万元，以老年协会的名义建立一个银行账户，有出纳、会计、公章。每个村又把这笔钱平均分配到村民小组，一个组一般 3 万元，人口多的组钱就多一些。嘎日村的出纳是张文华，丰收组人；会计是杨明高，原丰收组老会计，60 多岁。欧盟对这笔资金的使用非常重视，要求管理人员不断地学习欧盟贷款扶贫的目的、程序，反复举办培训班，每个人都参加过培训。欧盟有管理细则，但允许按照当地的情况制定管理办法。

2001 年贷款刚开始时，他们确定了五户连保才能贷款的要求，即一个人贷款要五家人担保，五个人签字盖章，这样可以保证还款期到了就五个人去帮忙催。一般都是亲戚朋友来担保，老人贷款儿女必须担保，这样，可以避免老人突然生病或者去世带来的贷款归还问题。2001 年，每个人最多借 2000 元，无利息，1 年期。当年所有款项全部贷出去了。1 年期满必须归还，还要再贷的就重新申请。贷款要手续、章证齐全。贷款人女的 55 岁以上、男的 60 岁以上才符合条件。一个组的指标用完了，要贷款就要等下一轮。贷二轮以上开始收千分之五的管理费。

申请贷款的时候，老人要填表，按照自己的条件和想做的事情填，比如想买车、买猪、种菜、买油、摆摊、开洗车厂、买牛等，都可以结合自己的条件选。借款后，起初填什么就必须把钱拿去做什么。老年协会要审核填表的内容，协会组长要跟踪调查资金的实际运用情况，3~5个月就开始跟踪调查，半年就开始调查实施效果。也有因为项目不合适被拒绝借款的。

第二轮、第三轮贷款的就少了，因为大家认为还款期短。后做了调整，项目规模大的就多借，还款时间延长，利息稍微增加点，比如硗碛比较多的人想买牛、买马来发展养殖业的，一次可以贷款1万元。有些贷款是儿女想办事，通过老人来贷款，只要符合条件，这家人信用好，就可以借。

收款情况比较好，大部分人都按期还款。当然也有想耍赖不还的，说自己还不起，比如说买了母猪或母牛或母羊还没有生仔、还没有收益的。老年协会就上门做工作，劝他们把家里其他不是良种的牲畜卖了，尽快还钱，必须还。因为老人的威望高，面子大，贷钱的人也觉得老了没有信用，让人家看不起，所以最后都会还。说话不算数的、收款麻烦的、贷款不还的，第二轮、第三轮就一般不借。也有贷了款，父母去世或儿女死了或儿女还不起的，最后还是把款追回来了。因为在贷款和收款问题上很严格，也有人不满意老年协会。

现在，除了管理欧盟贷款，硗碛的老年协会还开展了许多其他活动。一是组织老人开展老有所依、老有所乐娱乐活动，如逢年过节就组织唱歌、跳锅庄等。有乡老年协会组织的，也有村组织的。如果是乡老年协会组织活动，各村就要把节目准备好些，不管是不是比赛，都会分个高下。乡上不组织，就各个村自己组织、安排活动，一般一个小组出一个节目。2008年重阳节，嘎日村就在丰收居民点搞活动，跳锅庄。这些活动一般是中午12点左右开始，会长、组长主持，安排年龄大、有威望的讲话，组织跳锅庄、打长牌、打麻将、唱歌、打扑克等活动，参加自愿。

老年协会每年都表彰家庭和睦的、敬老的模范，以上门女婿、媳妇为主。被表彰的人，2007年是直接发50元钱；2008年是发毛巾、发奖状，钱花得少，意义大，有激励作用。2007年表彰了5个，2008年表彰了10个。2007年冰丰的森塔丽家的媳妇阿占、达尔嘎美洛家的媳妇[①]都被表扬过。2008年被表扬的女婿有1个，儿子有1个。表彰的目的就是促进老人要有修养，媳妇、儿子、女婿要尊敬老人。

老年协会要办老年协会证、优待证。要交会费才是会员，才享受优待，一

---

① 冰丰的人给我解释，达尔嘎美洛家人口比较复杂，有老有小，还有一个残疾弟弟一直和他们同住，家庭经济条件不太好，但一家人和睦，从来不吵闹，就是因为他家媳妇懂道理，尊重老人，善待兄弟。

次性交10元会费（用完了再交，不限年份）。现在绝大多数老年人都交了会费。会费除了用于公事，还要用于买点烟、酒、糖、瓜子之类，以备开会、开展活动之用等。"5·12"汶川地震后，欧盟拨了十多万元给乡老年协会，老年协会按人头平均发给每个会员。老年协会的工作都是公开的，每年要召开多次会议，审议贷款申请、催款、年底总结、商议具体事务等。大事要全村老人参加，小事就几个负责人开会。负责人一点儿报酬都没有，完全是义务的。洒耳加老人说："大家都是老的村干部，很负责，宁愿自己吃亏也要把事情做好。"

对老年协会的工作能够顺利开展，洒耳加老人总结说：

> 在硗碛，老（人）当家多，有些老人满了60岁就自动不当家了。有些家庭尊重老的，老人满了60岁还是在当家，儿女赚回来的钱交给老人，用的时候全家商量，老的知道来源、用途。分家出来后，老的就不管了，如果遇到大的困难，首先请父母、兄弟姐妹伸手资助，一般是父母给兄弟姐妹来商量。

可见，在硗碛社会中，老人的地位是很高的。但是，硗碛对老人也有要求。我在调查中发现，人们谈到一户人家时，有两个标准评判：一是老人是否勤快，二是老人是否会教育儿女。用他们自己的话来说，硗碛人最重视的是这家人的人对不对。人对一般指孩子勤劳肯干、不闹纠纷，家庭中老人教育子女教育得好。

从上述内容可以看到，在硗碛的世俗空间中，男性老人具有权威，而这一权威，用房屋中最为尊贵的位置卡布来命名，而卡布在空间上又与家神、祖先神的位置一致。因此，在家人、祖先和家神三位一体的空间结构中，卡布获得了神圣的权威。这一权威通过与作为家庭权威的阿乌相结合，成为超越家屋的社会权威。卡布阿乌成为社会礼仪的主持者，社区文化传统的维护者，社会纠纷的裁决者。在这里，社会的权威由家屋的权威赋予，因此，房名成为人们选择来命名自己社会地位的一种符号。

第四节　卡石库和卡地：社会性别关系的实践

上一节我们观察了火塘边卡布这一具有权威地位的空间与硗碛社会中老人

的权威，这一节我们讨论火塘边两个相对应的空间：卡石库和卡地间人们的实践活动，以进一步理解硗碛的亲属关系。硗碛的家庭较小，如果是继承老房名，就是夫妻与父母同住，加上他们养育的孩子。在家屋的火塘边，老人坐在卡布上，未满20岁的孩子坐在衮扎上。因此，除了孩子已满20岁但尚未婚嫁的很短一段时间，卡石库和卡地，实际上是夫妻相对而坐的位置。遇到婚丧等较大规模的家庭活动时，卡石库和卡地，又成为姻亲间对坐的关系。在这里，卡石库是男人的座位，卡地是女人的座位，从这两个空间我们可以观察到硗碛社会的社会性别关系。Janet Garsten认为，"20世纪中期的亲属研究完全关注男人在维持政治秩序中的作用，女性主义学者在关注妇女生活和家庭过程研究的转变中起到了推动作用。从20世纪70年代起，房屋每天发生的家庭劳动、儿童抚养、家户经济的重要性逐渐得到重视。亲属理解被放到更大的经验背景里，强调亲属是有生命的。这样，作为日常相互理解和亲属实践住所的房屋的重要性被凸显出来。"[1] 也就是说，我们将通过对人们在火塘边的卡石库和卡地两个相对应空间活动的讨论，了解他们怎样实践其社会性别关系。

一 强调两性差异的社会性别观

以往对于嘉绒藏族的研究，普遍认为其社会性别中，男性处于支配的一方，女性处于依附的一方。在20世纪50年代的社会历史大调查时期，对其社会性别的描述是这样的："家中妇女地位较低，女的是家庭主要劳动者，对男的要尊敬。男的出门，要送到门口，回家要老远迎接。男子在锅庄上首毡子上坐着，女的泡茶，用茶盘送上馍馍，对公公更要跪着奉伺。但女的在家务上有支配权，掌管钥匙，男的做生意等有了收入，也交给女的掌管。"[2] 而在硗碛时，人们也一再强调男尊女卑的原则。洒耳加老人向我解释媒人为什么是男人时就说："因为女人说话不管用。"下面，我们将从对儿童性别差异的强调、女童的教育、夫妻关系、共同管理家庭事务的权利、对女性和男性的负面评价等方面来讨论硗碛的社会性别问题。

1. 对儿童性别差异的强调

在硗碛社会中，虽然房名的继承是双系的，但人们还是希望有一个男孩可以继承家业，毕竟决定一个人遗传的物质来自父亲的"骨"。女儿尽管也能继

---

[1] Janet Garsten, *After Kinship*, Cambridge University Press, 2004, p.36.
[2] 西南民族大学西南民族研究院编《川西北藏族羌族社会调查》，民族出版社，2008，第106页。

承家业，但这家已经换了"骨头"，还是很遗憾的事情。因此，硗碛家里生了男孩，就有较为讲究的仪式。男孩出生后，要用竹或者其他有韧性的材料，制作一个弯弯的类似弓箭的"葛必"①，上面用线拴九片杉皮制成的小刀、串在一起的九片薄石、九个鸡蛋壳。将葛必挂在大门上方，表示家中生男孩。

孩子的命名请喇嘛来进行。生男孩通常是在出生三天内，迎请一位喇嘛至自家经堂内诵经、祈祷，祝福新生儿健康、全家吉祥，称作"侧巴"，意为驱除灾害、病痛，使孩子平平安安。男孩子颈部要佩戴珊瑚和绿松石，中间为类似海螺的白色珠子"冬拉"。生女孩要在一个星期之内请喇嘛念经，只烧香、念经和取名，颈部仅佩戴珊瑚和绿松石。喇嘛查阅经书，测索卦为新生儿取藏名，在孩子出生40天内查找吉日，定月母子酒的日子。

孩子出生后，如果经常吵夜、生病等，就需要找干爹（称"阿爸"）。每个孩子都有干爹、干妈，有的还有几个。当地人喜拜远客为干爹。如果是汉族，要向拜为干爹的人作三个揖，送三炷香，并言将孩子托付给他，请他给孩子取个汉名。取名时，干爹要为孩子祈祷，祈求孩子今后平平安安、健康无灾。如果干爹是藏族，就要双手合十，跪叩三次。其余均同。孩子长大后，前三年要去看望干爹，以后如果与干爹家关系不错，便继续往来，过年过节均要看望。

孩童4岁之前都要带铜帽。女孩稍大即梳双辫或单辫，逢年过节，要打扮得漂漂亮亮，佩戴"曼达子"。15岁以后，女孩子可自行打扮。并没有特别的成年仪式。过去一般15岁后即可结婚，头饰与服饰在婚前与婚后没有多大差别。

子女由大家庭共同抚育，要跟母亲学干农活，7~8岁可放猪、放羊。男孩12岁左右由父亲带上山学习挖药、打猎、放牛等，在家学习打草鞋（麻鞋）。女孩跟母亲学习织布、织带子。成年后，人们往往以织布的技艺或打草鞋的技艺来评价女孩、男孩是否勤劳能干。

过去，硗碛只有出家为僧才有接受教育的机会。改土归流后，进入硗碛的汉人渐多，当地开设了一所私塾，由富裕人家请先生讲课，学旧学，但上学的都是汉人，而且时间不长就停止了。1930年，雅州屯殖司令部曾在硗碛等地举办民众教育。1945年，西康省在硗碛设省立边民小学1所，有藏汉学生100余人。1956年开办民族学校，卧嘎龙家的洒耳加老人是第一批学生，他的汉名陈银良就是老师取的。但这时所有受教育的都是男性，女孩没有读书的

---

① 音译，嘉绒语音为 ge-bi。

机会。

1978年以后，随着基础教育逐步普及，女孩上学的也越来越多。现在，硗碛的男孩女孩幼年时，在家中接受传统的嘉绒藏族文化的熏陶，在入学前仅会说嘉绒语。硗碛新场镇设有一所全日制九年义务教育中小学校，实行藏汉语双语教学。在九年义务教育阶段，男孩女孩的教育机会平等。高中以后，也是按照孩子的愿望和家庭的支付能力决定孩子们是否上学，而不强调男女之别。

2. 对女童的教育与要求

硗碛社会对女性的要求，首先表现在对女童的教育上，特别重视其要守规矩，勤快，温柔，不许说粗话，练好纺织技术，学做针线活等。

关于传统社会对女性行为的要求，我们特意访谈了已经92岁的车美杜家的侧娘老人。她告诉我们，对女人最重要的要求是会待客，因为待客好的家庭，在村落内外才有地位：

> 待客轻重要分开，要懂礼节。远的亲戚朋友来了，当家的（女主人）要出来迎客、招呼应酬，安排坐、倒茶，招待吃饭等。当家的把客人招待好了、懂礼貌，为男的打好基础，男的出门才放得开手，可以不带盘缠、口粮，路上都有招待，别人家也会欢迎、尊重。如果办不好，客人没有招待好，男的出门就没有依靠。

这一要求，表明女人的行动关系到家庭的经济实力、家庭的道德水平和家庭的和睦状况，因此，女性是维护一个家庭与外界联结的重要力量。

待客时，要请客人坐上方即卡布，由家里的老人陪客人聊天，当家的女人就立即去烧锅做饭。待客应酬、添饭加汤一般都是女人的事。给客人添饭要双手接，双手递；添饭时，一只手执勺子，另一只手做邀请状，要往客人怀里方向盛饭。如果客人不夹菜，主人家就要用干净筷子给客人奉菜。吃饭时，女人往往是一只手抱孩子，另一只手添饭加汤。

碰到家里有喇嘛，女人还必须懂得按规矩招待他们：

> 以前楼上有楼上的规矩，楼下有楼下的规矩①。家中有喇嘛的话，喇嘛要单独开火，单独吃饭。楼上大喇嘛的馍馍最大，中等喇嘛的馍馍中

---

① 硗碛的房屋经堂在楼上，喇嘛也住楼上，因而楼上的规矩就是对待喇嘛的规矩；一般人住在楼下锅庄房里，是按楼下的规矩。

等，小喇嘛的馍馍小，学徒的馍馍就跟一般人的一样。

侧娘老人说，在家里，女人是比较辛苦的。她年轻的时候，自己是老大，有五个妹妹，一个弟弟。过去女孩都不读书，所以她也没有读过书。家里爸爸是盲人，妈妈一个人当家，对子女要求严格。她很小就开始干活。十二三岁的时候就开始学推面（磨面）、煮酒、煮饭，妈妈还要在旁边监督，如果教一次学不会，再教一次也学不会就要挨打。那时候还要上山挖草药，衣服单薄，披着蓑衣，一出门就是一个月或半个月。在早晨有露水的地方，怕裤子湿了，就卷起来，但一看到有人就要放下来，不然别人要笑话。挖药卖的钱换成铜圆，拿来上田地税、公物粮，不够的还要卖粮食来补充。她往往一早起来扫地、做饭、烧水，白天喂猪、喂牛、下地，天黑了进屋就要煮饭，安排老人，然后捻羊毛、纺麻线。因为还是小孩，白天太累，晚上就想睡觉。捻线或者纺织的时候打瞌睡，妈妈就拿竹签签（细竹签）打。晚上睡得晚，早上起不来，喊不起来妈妈也要打。因为没有劳动力，在硗碛，女孩本来不犁地，但她犁过地。后来妹妹们长大，大家才分担一点。每天家中要出去干活的姐妹，天不亮就出发，身上带点馍馍，八九点钟的时候就吃馍馍。留在家里煮饭的姐妹，如果有喇嘛的话，一天要煮四五顿。早上起来打扫，煮饭，烧水，先安顿楼上的喇嘛，送洗脸水，扫地、递茶、糌粑；然后安顿卡布上的老人，老人的饭菜要煮软点；然后安排孩子起床、穿衣等；中午煮饭，下地的要回来吃饭；下午下地、放猪、放羊等，还要给喇嘛烧茶、煮饭；活路做完，天黑了回来又烧锅煮饭。如果家里没有喇嘛，而且老人也能劳动，家里煮饭的劳动量就少一点。

在有喇嘛的家庭里，女性受到更严格的约束。冰丰的贝尔洛家，父亲杨明华是喇嘛，2009年75岁。他7岁时爸爸去世，8岁开始学喇嘛，跟伯伯学，学了六七年。因父亲去世早，16岁就当家，20岁就结婚，中断了学喇嘛，1985年又开始学习，2000年正式到永寿寺当喇嘛。因为学过喇嘛，他对家里的女儿要求特别严格。家里的锅庄房都是木板，他要求女儿走路要轻，不能有一点儿声音，要跪着给老人、长辈双手递饭、递茶等。但是，硗碛人普遍认为女儿管得太严，会不太能够与人相处。

由此可见，人们要求女性守规矩，但并不将女性完全约束起来，因此，硗碛的女性大多勤劳、开朗，并善于同丈夫和老人相处。

二　男女的性别分工

在硗碛，男性主要负责外出挣钱，包括外出打工、到高山牧场放牧等，家里的现金收入大多来自他们。他们也承担家里最繁重的农活,如过去砍火地的时候,挖地是最重的农活,每年三次耕地也是重体力活,这些都由他们回家完成。一次和五个女人一起聊天,谈到男性在农业生活中的作用,她们一起说:"除了耕地,其他活都是我们女人干。过去我们不能耕地,现在有整耕机①,女人耕地也不困难了。今后,怕是耕地都是我们做了。"一般来说,硗碛的男性不会做家务,会做饭的人很少。但对于会做饭或者喜欢干家务的男性,人们也认为没什么不好。

在硗碛,人们常常把家里所有的事情都称为"一套家务",操持这一套家务的人,就是女人。无论是否继承房名,是嫁出去与老人共住,分家单过,还是把上门的丈夫接进来,女人都是家里的顶梁柱,种田种地、照顾家人的饮食起居,都是他们的责任,硗碛的女子因而以贤惠闻名。2003年硗碛水库开工后,就有许多外地来施工的工人看上她们,近年来,有十多人嫁到其他地方。她们在家里的工作非常繁重,主要内容如下。

(1) 烹饪

硗碛过去以玉米、土豆、糌粑为主食,肉食以猪肉为主,牛羊肉次之。蔬菜除瓜豆外,有圆根萝卜和酸菜。过去饮用自酿玉米酒、青稞酒,现在则多饮用购买的白酒。待客用大箩面玉米馍、酥油茶、猪膘肉、野味等。硗碛人的主要食物大部分都是由家里的女人自己制作。

猪肉是硗碛人主要的肉食。一般冬月杀年猪,杀年猪后,请周围的邻居来吃饭。主要菜品有排骨炖萝卜、酸菜煮猪血、葱姜蒜炒猪肝、蒜苗炒肥肉、炖豆腐、凉拌粉条、炒肉丝和肉片等。杀猪请客之后,把猪头皮用刀划开,取下鼻子的软骨,挖掉眼睛,把所有部位的皮和肥肉连在一起取下,做猪膘肉,剩下的瘦肉加工成香猪腿、腊肉、香肠等。

猪膘肉。将宰杀的猪去毛、剖膛,取出内脏,分割开连皮肥肉与瘦肉。根据猪的大小,把肥肉分割为六条,大的6~7寸,小的5寸左右,去掉油泡,即为生猪膘肉。大锅烧开水,把生猪膘肉放进去,煮半小时以上,并放入少量盐,取出晾冷,放于经堂处,晾3~5天,晴天拿出晒干。过去要将猪膘肉平放于锅庄房的左上方,数天后吊于绳索上,油面朝下,皮朝上,储存一年,然后放回经堂或粮仓。现在则将之放到灶头上方的大梁梁圈内,储存效果更佳。猪膘肉的烹饪方法有:爆炒,将肉洗掉污垢后,略加烧烤,切成小片,放入油

---

① 一种小型的农业机械,用于耕地和平整土地。

锅中炸，具有鲜香可口、入口即化的特点；烩炒，将肉切成小片后，放入青椒、蒜苗，加少许盐、花椒炒即成；煮食，将肉洗净后，煮熟切片即可食，肥而不腻。

香猪腿。把前腿的蹄去掉，抹上盐，腌制两三天，然后挂在灶上方，让做饭时的烟自然熏一个半月，到腊月二十就取下来放在楼上，保存一年。可煮食或炒食；猪排骨也抹上盐，用同样方法熏制。

猪肚。将猪肚洗净，在阴凉处晾干。把制猪膘肉、香猪腿后的余料，以及部分猪蹄、尾骨切成小块，加适量盐、生姜、花椒、蒜等拌匀，盛于簸箕内，晾半天至一天，待水汽干后，再放进猪肚内，用线拴牢猪肚食管处，横插一个竹签将其固定，再用细绳勒紧，放入沸水略焯一两分钟，取出垂挂，第五个月至第十个月为最佳食用期，否则会变味。

大年三十晚上，必须煮猪肉祭祀。要煮一个整的猪头、一个猪尾巴、装在猪肚里的猪蹄子、猪膘肉、香猪腿。

牛是硗碛重要的生产工具，价值很高，一般人家不忍心杀牛。用洒耳加老人的话说，硗碛人"不吃病牛。乖的、听话的牛一般不杀，吃别人家庄稼、不听话的才杀"。杀牛是一件很大的事情，如果有必须要杀的牛，就在过冬前，即农历的八月或十月杀。杀牛的时候，要吃大锅汤，即把牛肠、牛头、牛蹄、所有的牛骨一起炖，炖成大锅汤，请所有的亲戚来吃。在亲戚离开时，每家人要送一块肉。由此可见，杀牛实际上是一个仪式，因为杀掉自己家的牛后，耕地时就必须借别家的牛，请所有的亲戚来吃大锅汤，将牛肉分给大家，也就是表明这一态度。现在，硗碛养的牛已经很多，即使杀牛也不会影响耕地，但这一风俗的约束仍然很强。比较之下，大家觉得自己家杀牛，除了吃大锅汤外，肉全部送给了亲戚，几乎没有多少剩余，一头牛值3000多元，杀了全家只能吃一小块，很不划算，所以现在就没有人家杀牛了，家里养的牛直接卖给牛贩子，自己想吃牛肉就上街买。过去杀牛是直接用枪击牛头，现在既没有枪，也没有人会杀牛了。

干牛肉也是硗碛人经常制作的美食。将买来的牛肉切成条，抹上盐、花椒、辣椒，挂在灶门口，用煮饭的烟熏半个月。吃的时候，前一天晚上用水泡开，第二天煮三个小时，煮好后捞出，切成片，可以直接吃，也可以用糖、醋、花椒、香菜凉拌后食用。

硗碛人很少吃羊，但保留着吃"得布"的习惯。过去一般一年杀两三只羊，杀了后把所有的肉都装到羊肚里，然后晾干，请亲戚朋友来和全家一起吃，就称为吃"得布"。

硗碛的主食过去是以当地产的玉米面、小麦面、甜荞面分别制成"锅圈馍馍"。即在大铁锅中加入水，放入小半锅土豆煮，把面饼放在上半部的铁锅壁上烘烤，当地人称为"在锅圈周围烙馍馍"，又叫"一锅熟"。现在购买大米非常方便，米饭已经成为主食，但烙锅圈馍馍已经成为当地的风味食品，人们仍然经常食用。

馍（嘉绒语称登略），又称包子，是硗碛藏族的节日食品。皮用面粉做成，馅用切碎的香猪腿肉、韭菜、白菜、葱、蒜、盐、花椒、青椒、酸奶渣、豆腐、猪膘肉等制成。制作时，先将面和好，切成小块，用手捏成饼状，将馅放入面中，捏成饺子状和鸡冠状，放入锅中蒸熟即可。做好后皮薄馅多、味道鲜美。

酸菜是硗碛人经常食用的蔬菜。酸菜分两种，一种是湿酸菜，另一种是干酸菜。湿酸菜最早是用圆根（芜菁）的叶子（嘉绒语称达来食）制作。先洗干净，在沸水中焯一下，捞起后装在桶里，用大石头压紧，让它自然发酵。等酸味出来后就可以食用。过去硗碛没有蔬菜，从十月入冬到来年三月，基本上就吃洋芋酸菜。现在是用白菜和小青菜做酸菜，原料洗干净焯一下，放在大桶里加盐和水，让它自然发酵。因为蔬菜丰富，现在一次只做一二十斤，吃完了再做。干酸菜必须用圆根的叶子做。先将原料洗干净，在沸水中焯一下，捞起后装在桶里面，用大石头压紧，让它自然发酵。等到酸味很浓的时候，拿出来捏成小团，放在竹帘上晒干。如果晒的时候有霜冻或冰冻，晒干后就特别香。

酸菜荞面汤（索白且箴）是珍贵的传统美食，是硗碛人的仪式用食物。无论是节日、塔子会、婚礼、葬礼，都会食用。原料有酸菜、荞面、盐、花椒、葱、蒜。制作方法是将荞面和好后，用擀面棒擀成薄片，然后折叠，用刀切成一寸长的小块。也可以将荞面用手搓成细面条，称荞面线线。再将酸菜炒好后，加入水，水煮沸后，放入擀好的荞面，煮熟即可。可放入辣椒或其他作料。酸菜还可以煮豆花、土豆等，都是硗碛的佳肴。

酥油茶是硗碛人日常饮用的饮料。一般是用砖茶熬成茶水，加入酥油，用酥油茶桶打，待茶水和油完全融合后，加入盐和打碎的核桃末，就可以饮用了。过去茶很贵，人们往往用新鲜的酸枣子树皮熬成茶代替。

酒在人们生活中也是不可或缺的饮品。硗碛年龄在40岁左右的妇女都会煮甜酒。煮时，先将玉米、荞子、麦子放在大锅里煮，煮一整天，把水全部煮干，然后摊开放在竹帘上晾。晾到温热的时候，加入酒曲搅拌，搅拌好后装在大桶里，外面包上棉絮保温。三天后打开，加进凉开水，再盖好，三天后就可以饮用了。甜酒是一种低度酒，过去饮用量很大，酒煮得好不好往往是人们评价当家妇女的一个重要指标。现在，人们基本是购买高度白酒，很少有人自己煮酒。饮酒时，人们往往在其中加入许多其他富有营养的材料，制成不同的酒品。

酥油酒是硗碛人款待贵客的佳品。传统制法是用一个铜壶煮酒，另一个铜壶熬酥油，待酒开后，将酒放在碗中，将熬化的酥油倒入酒碗中，放少许糖，搅拌即成。现在的制法是将酒放在壶中，酒开后加入酥油，待酥油融化后，加少许糖即可饮用。

鸡蛋酒的原料包括鸡蛋、白酒、白糖。其制作方法是将生鸡蛋放入酒中，加入少许白糖，然后不断地搅拌，搅匀至颜色为淡黄色无泡为止。

蜂蜜酒的原料是蜂蜜、白酒，制作方法较为简单，将蜂蜜放入酒中搅匀即可，可以热饮也可冷饮。

以往，硗碛人多吸兰花烟，烟叶是自己在锅庄房房前屋后栽种，吸时以火石点燃。现在，除了年长者，大家都吸由外地贩运来的香烟。

锅庄是硗碛以往家庭生活的中心场所。人们不仅在锅庄处做饭，在锅庄旁吃、睡、商议诸事宜，而且这里有严格的男女长幼位置规定。现在有专门的灶房，人畜灶房分离。就餐时使用汉式桌椅，甚至有的家庭单独隔一间客厅，平时在此就餐。厨房用具已基本类同于内地。有的人家还使用铁三脚架，只是放置于灶房内。因每户人家各有自家的林地，柴到自家林地内砍取，比较方便。

为了做饭，女人会很早就起床，在全家人都起来前就准备好所有的食物。家里的男人一般不帮助女人做饭，最多也就是晚上回来后在灶房帮忙烧火。

（2）纺织

硗碛人的服饰是较为典型的嘉绒藏族服饰。男女服饰差异较大。硗碛的男性长者，平时均着传统服饰。年轻人则大多着现代服装。男性平时穿边扣的长衫和坎肩，右开襟。寒暑有别，冬、春天气寒冷，多穿手工编织的麻、毪长衫套羊皮褂；夏、秋较为温暖，则以白、青或阴丹蓝镶边长衫为主。年长者平时以青纱缠头，下着白布大口过膝中短裤，打绑腿，脚包毪子，套麻编花草鞋。节日盛装时，无论年龄，均头戴狐皮帽子（少数戴呢帽），穿白色毪衫，用腰带束腰。男子腰带以五彩线编织，宽约3寸，较女式略窄，两端不留垂穗，扣带较腰带略宽，一般用镀银制品，也有用金银的。老人们讲，历史上男子有手戴银镯，左耳戴环，腰佩短刀、挂银花牌的习惯，现在已经看不到这样的情形。但大多数男子都戴戒指，有金质圆圈状戒指和嵌有翡翠或玛瑙的银质戒指。男孩戴童帽，帽檐佩有银质花卉或"琼"（大鹏鸟），胸前挂一扁圆形的"嘎乌"，内置经文，为护身符。

硗碛的女性传统服饰保持得很好，无论老少，在日常生活中均着传统服装。平时皆穿边扣、绣花的长衫和坎肩，右开襟。夏、秋多穿布衫，冬、春多穿毪衫。女性戴头帕，一般用青帕折叠成五层，以红绿彩线编入头发，合为一个独辫压帕，现在普遍用假发辫压头帕，再插八角形银镶玛瑙珠花饰"顶盘"，右侧为"夺空宗"，意为头上的扣子，一为装饰，二为固定头发之用，左侧为"曼达子"，一般为家传头饰。佩戴时需协调好颜色，大小搭配要均匀。中老年女性一般只佩戴一个，为绿松石，以示稳重。头饰左侧垂有流苏，年轻女子佩戴色彩鲜艳的流苏，年长者的流苏则为素色。胸前佩戴针线包①，下连各类饰物，包括牙签，耳匙子，装饰用小刀、火钳、菜刀各一个。女子腰束自己手工精织的各式图案花腰带，大部分都织成"雍仲"与"德依"图案。束装时或者在前面用一个金属扣，或者在腰后打一个结，让腰带两端多出 2 尺左右，垂于腰后。头、脖、胸均戴各种银珠或珊瑚珠首饰，下穿青色长裤，套麻花鼻草鞋。幼儿穿戴小帽"达帝"。

硗碛的服饰也发生了一定变化。以往的服饰材料以自纺羊毛线、麻线等为主，均为本地自产材料，只有极少数富裕人家穿着绸缎制衣衫。现在年龄在 40 岁左右的女性仍然自己纺线织布，但 40 岁以下的女子则很少织布了。做服装的面料大部分来自内地，多为化纤面料。2005 年，在硗碛乡街上一家裁缝店所用布料即自成都购进。以往男女着装袖部较肥大，现则趋于窄小，即便是 80 多岁的阿比（阿婆）也改穿窄袖服装。服饰色彩搭配上，以往以素色为主，花纹装饰较少，且纹饰式样单调。而今除长者服饰外，色彩更为艳丽多彩，服装纹饰除保留较多传统的纹饰图案，如雍仲纹与德依（音译）纹两类为当地最喜欢的花纹，还不断增添新的图案样式。服饰的便捷化，也使人们花费在打扮上的时间大为缩减，如梳头原需半个小时，现在仅十分钟。某些服饰已经变成仪式性服饰，最典型的是自织麻鞋，在祭山会、婚礼、月母子酒等仪式上，人们才会穿着。而男子的白色毪衫，则几乎只在春节穿着了。20 世纪 30 年代，头帕较宽，帕檐至眉，帕后伸至肩部，中部向上拱起。而今，随着审美观的改变，年轻人更喜穿戴窄短的头帕，而且帕面纹饰一改以往粗糙、单调的样

---

① 嘉绒语音 da-ga-jia，意为针的房子。上连饰物中，牙签称"de-sao-a-ga-nai-you"，耳匙子称"de-la-ao"，火钳称"de-mi-ga-luo"，菜刀称"yang-yi-ge-da-lai-zi"。

式，绣制技术更为细腻，纹饰更为鲜艳、多姿。喜爱打扮的硗碛妇女尤其是年轻人，将头发用金丝绒分扎为中分发式，有的为了更美观，使用假辫等物辅助，并将之作为盘发的代替物。

在硗碛，和女人一起出门，或是跟她们在少有的空闲时间里聊天，都会看到她们手拿捻线的工具，边走路边捻线，边说话边捻线。一有空，就会把织布的腰机拿出来，开始织布。在过去，全家人穿衣所需，包括夏天的布、冬天的毪衫①、花腰带等，都是她们织出来的。接亲的时候，她们为自己或者女儿织的毪子和花腰带，是要摆在众人面前，由大家评说的。在硗碛，人们往往以此评价一个女人是否能干，因此，无论多么忙，纺线织毪衫都是必需的工作。有一次，阿仲一边织布一边给我讲了她们三姐妹织布的故事：

> 我小的时候不喜欢编织，喜欢出去挣钱。到结婚的时候只有三匹布。大姐喜欢织布，出嫁的时候有八匹布。二姐不喜欢做细活路，天天织布，织好一匹，粗里巴拉②的，不好看，就给爸爸。又织一匹，还是不好看，就给哥哥，再织还是不好看，就给弟弟，到出嫁的时候一匹都没有。前几天吃月母子酒的时候，她问我要腰带，说是媳妇子③没得腰带戴，我们还笑她。我们民族的风俗就是要捻线织布，女儿出嫁的时候，用这个布做长衫子，大家要议论做得好不好，不好就要笑话她。我到婆家来后，才经常要织布，现在织的实际上没人穿，我就想留给小的④。现在的女娃娃都不会捻线织布，只怕将来结婚的时候媳妇子没得穿的。

日常的一套家务，将女性的时间全部占据，很少看到她们有闲下来的时候。但对于把打理全家家务看成本分，常常为全家和睦自豪的硗碛妇女来讲，她们在家庭中的辛劳也换来了家人的尊重，自我满足度是较高的。

三　互助互谅的夫妻关系

现在硗碛的家庭都是一夫一妻，夫妻间的关系比较平等。社会评价比较重视双方的互助互谅。

---

① 毪衫是用牦牛毛纺线后，用腰机织出的布做的长衫。在硗碛，这种布称为毪子。
② 织毪衫技术好的，毪衫会非常细密，否则就很粗，还会有明显的线头留在外面，当地汉语方言称为"粗里巴拉"。
③ 指儿媳妇。
④ 指两个儿子。

1. 共同管理家庭事务

对于家庭事务，按照洒耳加老人的说法："一般是男的管事多，（因为他们）出门多见识多；女的能干也管事。"实际上，硗碛大部分的家庭事务是由夫妻共同决定的。

卧嘎龙家共六口人，有洒耳加老人夫妻、儿子阿太和媳妇阿仲、两个孙子。当年洒耳加老人来上门后，就出去当兵，当了九年，退伍的时候安排在乐山工作。当时正在三年困难时期，为了全家人的生活，他回到了硗碛，被安排在大队当会计。他有一手好枪法，那个时候高山上的野生动物多，野牛、豺狗都常常会危害放在山上的牦牛，所以，他就被安排在牧业队，上山放牧，一直到包产到户才回家从事生产。这么多年他都不在家，家里一直是妻子当家。但妻子身体也不太好，所以阿仲一嫁过来，就让她当家了。

阿仲当家的含义，是负责管理家里的收入，安排一家人的衣食，安排社区内的人情往来。阿仲自己种10亩玉米，养6头大猪、10头小猪，还养有6桶蜂、6头西门塔尔母牛，还种了近20棵梅子树，每年的收入不少。阿太有一个东风汽车，在外面拉沙子，还承包一些公路堡坎之类的小工程做。他们在高山牧场上养有100多头牛，请了一个人放牛，每年可以出售40多头。总体来说，她家每年的收入是可观的。这些收入中，阿仲卖农产品的收入都由她自己管理，她说："我种（养）的东西卖了，钱都是我拿着，阿太要用的时候就来拿。"而阿太挣的钱，先得负责在雅安生活的一家人①每个月的开销、孩子们上学的开支、为了挣钱在外面应酬的开支，等等。这些开支阿太不用事先告诉阿仲，而是在把剩下的钱交回来的时候，告诉她开支的情况。有时因为时间太长，小笔开支会记不清，但大笔的开支就一定会告诉阿仲。因为这些钱有时多有时少，所以阿太没钱的时候也会找阿仲要，两个人会随时商量家里比较重大的开支，保证需要。而社区的人情往来，是最重要的人际网络维护，阿仲会严格按照约定俗成的方式进行。在冰丰组的人情往来，一般情况下洒耳加老人会当卡布阿乌，而送礼的都是阿仲。有一天，泥巴沟朝霞的一位远亲房屋落成请客，就由他前往，在他快要出门的时候，阿仲来找我借50元钱，说自己零钱不够，赶礼又不能找补。下午她出去买东西把钱换开，回来就给了我。可见，对外而言，当家的媳妇才是应该赶礼的，而洒耳加老人是从来没有当过家的。我问他，他笑答，自己从年轻的时候起就只知道把挣的钱交回家，除了有大的

---

① 由于两个儿子在雅安读中小学，奶奶安卡老人照顾他们。一家人在雅安租房的费用、生活费、学费，加起来是一笔不小的开支。

开支，从来不问这些钱是怎么用的。我又问他阿仲当家怎样，他说虽然是阿仲当家，但有什么事情都会事先告诉他，征求他的意见，所以他很放心。

硗碛的夫妻大部分是自由恋爱，即使是父母包办，事先也会征求他们的意见，因此夫妻关系很亲密。夫妻之间相互体谅，互相帮忙。有一次，阿仲二姐的孙子满月，我们到丰收去吃月母子酒，从卧嘎龙家到丰收，要走两个半小时，等回家的时候天色已晚，这时，我们看见阿太正在打猪草喂猪。他当天去给工地拉沙，也是刚刚回家。

2. 夫妻相互忠诚体谅

对于互相不体谅，不干活，或者不忠于对方的人，硗碛的批评是很严厉的。硗碛的人要求夫妻双方在婚后对对方忠诚，非婚生子女很少，人们对非婚生子女也有歧视。因为母亲的名声不好，非婚生子女的日常生活会受影响，但是在择偶的时候，人们还是主要看自身的条件。人们常说，因为母亲的缘故，这些人会特别小心地生活，往往特别勤快、特别懂事，因而在谈婚论嫁的并不受影响。

对于男性，人们认为他们生活中最重要的东西就是自己的妻子，如果连妻子都辨认不出来，这个人就成为"卡地娃"，意为坐"卡地"的人。也就是说，一个男人的位置错位了，他应该做的事情没有做，应该明白的事情没有明白。

在硗碛，就有一个叫"卡地娃"的民间故事长期流传。故事讲述一个穿羊皮褂的富有的男人和两姐妹之间的关系。在故事开始的时候，这个男人是富有而且有智慧的人，他想找一个漂亮、善良而勤劳的妻子，于是开始挑选：

> 从前，有一家有钱人，家里有两个女儿，长得非常漂亮。一个穿羊皮褂的富人很喜欢她们，想娶一个做老婆。为了考验她们，一天他故意穿着破旧的衣衫睡在路中间，大姐过的时候说："你在路中间，怎么办？"他说："如果你尊敬我，就绕开我。如果不尊敬，就跨过去。"大姐一步就跨了过去。一天大姐去背水，水井边有一棵树，树上吊了一个金手镯，手镯映入水中，大姐想要这个金手镯，她不停地在井中舀，将井水都舀干了，还是没有得到金手镯。

通过这两件事情，故事首先提出了硗碛对女性的要求：要求女性尊重男性。按照硗碛的观念，女性因为有经血，下体是很不干净的，所以女人不能从男人的用品上跨过，当然更不能从男人的身上跨过。在这里，姐姐的行为举止显然是违背这一要求的。为此，她受到了惩罚，非常贪婪的她，明明看见自己喜欢的东西，但想方设法也得不到。而与此相对，妹妹的举止则非常得体：

> 一天小妹走路时也遇到他躺在路中间，他同样说道："如果你尊敬我，就绕开我。如果不尊敬，就跨过去。"小妹说："我怎么能从你身上跨过去呢。我见到一只虫子都会绕道走。"这样小妹绕道而行。一天小妹又去背水，也看见水中有只金手镯，她舀了一瓢水，金手镯就在她瓢里。

事实证明小妹是心地善良、尊敬男性、守规矩的女性。她因此得到了一个金手镯的奖励。首轮考验结束了，姐姐的恶行和妹妹的德行得到了显现。可是，按照具有规训目的的民间故事的结构，还需要以递进的方式再次肯定二者的区别。于是有了第二轮的考验：

> 一天他看见姐姐要去放牛，便在路上等她，说道："我们俩同路，我能否和你一起去？"姐姐见他穷，穿着破旧，便拒绝了。到了放牧的地点，他一身干净地站在那里，而姐姐却被雨淋湿了一身。原来他走的路阳光灿烂，姐姐却遇见了大雨。姐姐在敬神的时候，敬的东西刚好飞进他的嘴中，他问她："怎么办？"姐姐说："我的东西你不能吃，到了嘴里也给我吐出来。"

在这一轮的考验中，故事提出了对硗碛女性的第二个要求，要求她们应该视众生平等，不因为贫穷和富裕的差别对待别人，也不因为地位的高低对待别人。对待不能秉持这种态度的人，上天用大雨惩罚了她。与此相反，妹妹的美德再次表现出来：

> 第二天轮到妹妹放牧，他也在路上等她，又说："我们俩同路，我能否和你一起去？"妹妹说："反正都同路，就一起走吧。"结果妹妹和他一起走，天气非常好，阳光灿烂，没有下雨。妹妹在敬神的时候，东西又飞到了他的口中，他又问："怎么办？"妹妹说："都到你嘴里了，你就吃了吧。"

两轮考验结束后，穿羊皮褂的人做出了决定，决定娶妹妹回家。但是，他采用了一种匪夷所思的方式来向妹妹宣布他的决定，通过这一方式，硗碛对女性的第三个要求被提出，即她们在说亲前不能生育，也就是婚前性行为是被禁止的。

后来，他们俩一起下山，妹妹走累了，准备休息一会儿，结果坐下不久就睡着了。他看了看她，心想：这个姑娘又漂亮、又善良，我要将她娶为妻子。然后他将一个小牛的尾巴放在她的身下。妹妹醒后发现小牛尾巴，非常慌张，他说："您怎么会生一只小牛，我要去告诉村里的人。"妹妹说："这么丑的事情，你千万别对别人讲啊。"到两姐妹选婿的时候，来说亲的人坐了一屋，姐姐选了一个穿着非常漂亮的有钱人。妹妹不知道怎么办。这时，她看见穿羊皮褂的穷人坐在远离锅庄的地方，妹妹害怕他说她生了牛，就假装出来，绊了一跤，把信物放在他的身边，选了他。

妹妹因为发现小牛尾巴而误以为自己生了小牛，社会对未婚女性生育行为的歧视使她毫不犹豫地选择了看起来是说亲者中最穷、又被父母看不起、被安排在远离锅庄的地方坐着的人。到这里，妹妹的美满婚姻开始了。在整个过程中，妹妹都处于被动的状态，她不断被男人考验、被威胁，但到最后，婚姻的缔结还是要她本人选择。在两姐妹的选择中，姐姐以貌取人，选择了重视外表而家庭一般的人，而且还遭到意外，连娘家陪嫁的嫁妆都丢失了。妹妹则因为严格遵从社会对女性的要求，得到了回报：

有钱的父母给两姐妹准备了丰厚的嫁妆。姐姐在出嫁的路上，遇见冰雪，马蹄打滑，将嫁妆全部弄丢了。妹妹出嫁时，一遇到冰雪，冰雪就融化。两姐妹分别到了男方家，姐姐的丈夫虽然穿着漂亮，但家境一般。妹妹的丈夫却非常富裕，仅家门就有九道门，锅庄都是银子修的。一道门比一道门还气派。

如果故事到此结束，这不过是一个普通的规范女性行为的故事，对男性的规范作用就表现不出来，所以故事安排姐姐做了恶魔：

姐姐得知情况后非常嫉妒妹妹，便对妹妹说："妹妹走嘛，我们到海子边耍（玩）一下，你背我转三圈，我背你转三圈。"妹妹背她转三圈后，姐姐说："现在轮到我来背你了。"结果姐姐把妹妹背了一圈半后，就将她丢到海里了。妹妹死后变成一只鸟，知道姐姐害死她后，扮成她的模样，到她家中，过上了好日子。

这本来是恶魔故事中常见的结构，但奇怪的是智慧的丈夫毫不知情。这种连自己的妻子都分不清的人，就在这里变成了"卡地娃"。于是，妹妹为了让他明辨是非，做出了许多努力：

> 妹妹每天飞到离丈夫家不远的一棵树上，天天叫。有一天，她见到一个放牛娃，就变成少女模样，对放牛娃说："你把卡地娃叫到海子边，我有话要对他讲。"但放牛娃每次都忘记。一天她又说："把我的头发拴在你的手上，你今天不要忘了，让卡地娃来一趟。"放牛娃告诉卡地娃。卡地娃到了海边不见人，却有一只鸟飞在他的肩膀上。卡地娃很善良，把鸟带回家，放在进门的门槛上。

在这里，妹妹首先求助的是一个儿童。按照硗碛人的观念，孩子在20岁以前是不明是非的，只有长大可以离开崇扎后，才能承担自己的社会责任，所以，放牛娃能够提供的帮助很少，而且必须经过她一次又一次的提醒。最后虽然见到了丈夫，却无法让丈夫明白实情。男人还是不认识自己的妻子，于是妹妹一边报复姐姐，一边经历更多的劫难：

> 卡地娃在家时，鸟儿什么都不做。姐姐出门时，鸟儿就把屎拉在她身上。姐姐很恨它，就把鸟儿弄死，埋在门槛上方。后来长出倒挂子①，专门挂姐姐。姐姐又把它挖出来烧成炭。

终于有一天，来了一个救星阿比，救星也是一位女性。她年龄大，有足够的智慧唤醒"卡地娃"的感觉。为了得到她的帮助，妹妹首先报恩——每天给阿比做饭，直到被阿比发现。在这里，故事提出对硗碛女性的第四个要求，要懂得报恩，而报恩的时间要多长，是由接受报恩的人决定的。

---

① 一种植物，上面长满有倒刺的果子。

一天，一个阿比（老奶奶）到家中，引（点）火时，将这块炭带走，也把妹妹救走了。阿比每天外出劳作，妹妹就在家中做饭。阿比回来，看到有丰盛的晚餐，感到很奇怪，想看个究竟。一天她假装去劳动，躲在门后看，看到一个少女出来做饭。便一把抓住她，妹妹说："你把我抓早了，我本来想多伺候你一些日子。"

妹妹在真诚地向阿比报恩，并认为自己做得还不够时，阿比已经认可了她的美德。因此，阿比决定帮助无助的她，方法就是让男人坐女人的位置"卡地"，并把日常生活中代表男性尊贵的虎皮和代表女性护家但不尊贵的狗皮这两种物品颠倒使用，最后还让筷子颠倒使用，所有的反常现象，立即引起了妹妹丈夫的注意。

阿比说："明天我们宴请卡地娃，让他坐卡地，将老虎皮和狗皮的位置调换一下，筷子也故意倒放着。"第二天，卡地娃赴约，看见阿比让他坐卡地，坐在狗皮上，筷子也是倒着的，很奇怪，就问阿比。阿比说："你知道你坐的位置不对吗？你知道筷子倒着吗？你知道坐的是狗皮不是虎皮吗？这些你都知道，你不知道你的妻子换了吗？你就是一个卡地娃。"

卡地娃知道了一切后，就把姐姐绑在马背上，对马说："你驮她转九座山，直到她变成一把骨头再转回来，这个女人心太黑了，连自己的亲妹妹都要害，应该受到惩罚。"

卡地娃在惩罚了姐姐后，换回了自己的位置。在硗碛，女人们都很愿意讲这个故事，男人们则不愿意，尤其是有卡布阿乌在的时候，人们都回避这个故事。而且，当地人认为，让男人坐卡地，是一件没有规矩的事情，所以讲这个故事，一定要从头讲到尾，否则就对家人不吉利。这个故事，从女性的美德出发，到男性正确认识结束，正是充分反映硗碛社会性别关系的故事。

总体来讲，嘉绒藏族的社会性别关系，是建立在人们对遗传物质父亲的"骨"的观念基础上的，反映了男女有别的性别差异观并在此基础上形成了卡石库和卡地所代表的两性在理论上的尊卑关系。但是，在日常生活的实践中，农业是家庭最稳定的收入，女性承担了大部分农事活动，她们的收入是家庭最稳定的收入。同时，她们具有和男性共同管理家庭事务的权利，负责家庭日常生活的安排、农业生产的安排、社区人情网络的维护等重要事务，因而在家庭内部管理上，两性的关系是比较平等的。

小　结

　　家屋是硗碛藏族的主要生活空间，这一空间中，世俗空间和神圣空间是完全分离的。其空间结构显示了佛教的三界结构，上下关系是其决定性的关系，作为社会日常生活的世俗空间居于作为精神生活的神圣空间之下。

　　第二层的世俗空间供奉着以智勇双全的英雄形象出现的家神古尔东，祭祀着曾经在这个房屋中与众人共居的祖先，居住着操持家务的男女主人，是一个世俗生活的空间。人们几乎所有的日常活动都在这一空间进行，在这里，火塘边的位置确立了人们间的社会关系。坐在卡布上的阿乌们，不仅在家庭内拥有权威，也拥有社会权威。坐在卡石库上的男人们，是家庭经营的主力，因为硗碛的农业不能满足其生活需要，他们必须出门去挣钱，不断增强家庭的实力。坐在卡地上的女人，每天为全家人的衣食操劳，在家庭中有自己的地位。

　　在第三层的空间中，经堂是最为神圣的，是神灵的居所，而喇嘛则居住在附近，随时供奉神灵。作为人、神间的沟通者，喇嘛们享有很高的社会地位，他们无论是居住在自己家里，还是到各家各户去念经，其活动的空间绝对不在锅庄房的第二层，而是在第三层有经堂的神圣空间。因为第二层人们的活动，会产生很多污秽的东西，会破坏神圣空间的洁净。所以，神圣空间的存在与喇嘛的活动，都使人们服从于神灵的关系得到体现。家屋中的这些关系，深刻反映了嘉绒社会的社会结构，因此，人们选择用"房名"，也就是家屋的名字，来作为硗碛社会结构的文化符号。

第五章

山神信仰：家屋整合的纽带

上一章我们讨论了硗碛的人们在家屋中所形成的社会关系，以及这些关系与硗碛社会特征的对应。当人们之间的社会关系超出家屋，进入村落层面，我们就必须观察村落的社会结合方式了。"社会结合"的概念在日本社会学与人类学界使用较多，麻国庆在国内较早使用此概念，他指出："所谓社会结合，是指人和人之间结合的纽带、方式及其功能。"① 它常用来指称社会个体以何种纽带结合成为有内在结构的群体（如血缘、地缘、业缘等纽带），以及结合起来的方式和功能。

在硗碛社会中，山神信仰是重要的社会结合纽带之一。这一信仰在藏族社会中的作用，早先就引起了许多学者的注意。内贝斯基在描述西藏的神灵和鬼怪时，对纷繁复杂的山神在西藏神灵体系中的位置进行了讨论，并将山神定位于世间护法神的地位②。格勒等研究了藏北牧民后认为，藏族的山神信仰是有地域性的："在藏北，无论大小部落均有自己的神山，某一部落的神山，其他部落的人未必也将其视为神山。"③ 嘉绒藏族地区的山神信仰也同样非常普遍。除了墨尔多神山是全嘉绒地区的神山，许多村落都有自己的保护神，如汶川瓦寺土司区的草坡乡，就有十一寨神。"各神依地名命名，如土司的山神名'麻石古'，草坡寨的名'得尔哥'，张牌的名'格尔加桔'，沙牌的名'穷维拉母'，湾寨的名'巴不蓝'等。"④ 其信仰的山神和村落基本是重合的。硗碛的山神信仰也呈现相同的现象，除了共同信仰的雅西拉姆山神，五大山神同时也对应硗碛五寨，各自作为村落的地方性神灵。

---

① 麻国庆：《家与中国社会结构》，文物出版社，1999，第112页。
② 勒内·德·内贝斯基·沃杰科维茨：《西藏是神灵和鬼怪》（上、下），谢继胜译，西藏人民出版社，1993，第233~270页。
③ 格勒等：《藏北牧民》，中国藏学出版社，2004，第268页。
④ 《四川省阿坝州藏族社会历史调查》，四川省社会科学院出版社，1985，第235页。

第五章　山神信仰：家屋整合的纽带

第一节　硗碛的神山和山神

硗碛对山神的崇拜，表现出强烈的地域性。在硗碛乡境内，有五座大山，每座都是一个村落的神山，有自己的山神。其神山和山神的分布如图5-1所示。

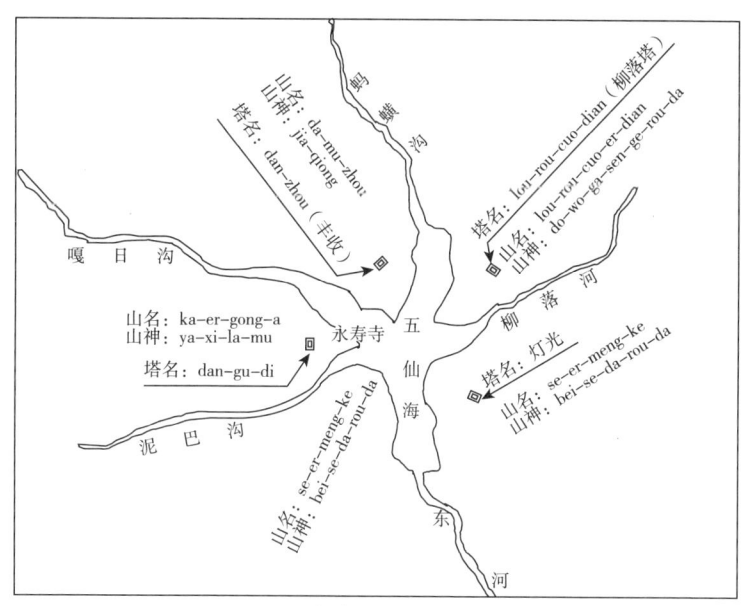

图 5-1　硗碛的神山和山神分布

一　雅西拉姆

雅西拉姆神山是硗碛最大的神山，山的名字是卡尔贡阿①。山神雅西拉姆②是一个女神。对雅西拉姆神山，硗碛有一个人人皆知的故事：

> 相传硗碛过去没有山，现在硗碛的山山水水均是神灵赐予的。有一天，神灵们商议将山推到海里。一个叫作雅西拉姆的女神考虑到自己力气小，走得又慢，因而还没到预定的日期便悄悄出发，结果那些男神还没有将山推来，女山神就已经把龙神岗推到当地最好的位置。天亮的时候，神灵来看，发现是五个神仙在斗法，五个山冈要碰到一起了，就下令把五个山冈定下来了，形成了现在硗碛的地形，俗称"五龙下海"。

---

① 音译，嘉绒语音 ka-er-gong-a。
② 音译，嘉绒语音 ya-xi-ha-mu。

191

硗碛人认为，硗碛最好的地方就是雅西拉姆住的地方，硗碛唯一的一座寺庙便坐落于此。雅西拉姆是一位女神，在一次神仙斗法的过程中取胜，因而卡尔贡阿山山势平缓，但伸入硗碛冲积平坝的位置最深入。据说天亮的时候，甲琼和多喔两座神山的山神也赶到了硗碛，但被雅西拉姆用两只脚蹬住，在两山的山体上形成了两个凹进去的山凹。作为胜利者，雅西拉姆在硗碛所有的山神中地位最高。同时，雅西拉姆又是居住在卡尔贡阿山上的两个村落嘎日村冰丰组和咎落村朝霞组居民们的山神。人们在山梁上修建了白塔"旦谷底①"作为祭祀她的地方。每年农历正月十一和八月十一，嘎日村冰丰组和咎落村朝霞组的居民都要进行祭祀，正月十一许愿，八月十一还愿。

　　祭祀雅西拉姆的塔，还有位于嘎谢②梁上的塔。嘎谢梁是卡尔贡山的一部分，因而它的山神也是雅西拉姆。嘎谢梁上塔的来历是这样的：

　　　　以前，从外地来了一个喇嘛，住在森提家。有一天，他到雅西拉姆的塔子会去，在那里看见一只野鸡飞起，落到了嘎谢梁子上。他回来的时候，就在野鸡停留的地方捡到一本经书。他就跟住这里的森提家说："这个鸡肯定是告诉我们雅西拉姆的意思，要在这里修个塔子。"于是森提家就出资修了一个塔，一直由他家管理。"文革"期间，塔被毁，改革开放后，冰丰的人家集资重新修了塔。

　　这个塔的来历，说明嘎谢梁子塔仍然是祭祀雅西拉姆的。现在，每年农历三月三，人们在这个塔祭祀雅西拉姆，请求雅西拉姆保佑一年风调雨顺、六畜兴旺。三月三在嘎谢梁子塔前许愿的人，也必须在八月十一到雅西拉姆塔子处还愿。

二　仁沾喇嘛

　　第二大神山的山名叫"善卡尔底"③，山神叫仁沾喇嘛④，位于硗丰和朝霞交界的地方。仁沾喇嘛山神是由人修炼成的仙。这个人出生在硗碛乡夹拉村的青龙组，是位于青龙河边的一户穷人家的孩子。他的母亲长得不漂亮，但怀他的时候，他家周围每天晚上都发出光芒，周围的人都觉得这个孩子一定很有来

---

① 音译，嘉绒语音 dan-gu-di。
② 音译，嘉绒语音 ga-xie。
③ 音译，嘉绒语音 sa-ka-er-di。
④ 仁沾是其嘉绒语名字，喇嘛即指他是一个有藏传佛教学位的僧人。

历。长大后，因为他的家庭不能负担他到西藏学习的费用，大家就凑钱让他进藏学喇嘛，取得了格西学位，回来后在小硗碛，即现在的青龙村当喇嘛。他的法术很高，因此修炼为山神，整个善卡尔底山都归他管。人们也在山上修建了白塔，硗丰、丰收、和平的居民每年两次去祭祀他。

三　甲琼

第三大神山，山名"丹木卓①"，山神甲琼嘎尔布②，是一只大鹏鸟。大鹏鸟是嘉绒土司崇拜的神鸟，嘉绒土司有大鹏鸟卵生的历史记忆。但今天流传在硗碛的关于甲琼的传说，并不是大鹏鸟卵生的传说，而是一个夹杂了道教和佛教因素的传说。故事是这样的：

> 从前，从海水里面长起来一棵树，这棵树的名字叫"打查咚下"③，在海里面长了三十天，结了仙果。这个仙果是天王吃的，龙王爷都吃不到，但是不小心就掉了三个到海里，龙王爷的部下捡到，给了他。龙王吃了，觉得味道很好，就问："是哪里来的？"部下就说是仙树上长的。龙王爷一听，就说："我地盘上长的，我吃不到，去把它砍了。"他派人在下面砍，天王就在上面念咒语，这边砍了去砍那边，这边就长起来了，那边砍了去砍这边，那边就长起来了。龙王天天砍，天王天天念咒语，树就是砍不断。最后，天王就派菩萨来收服龙王爷。菩萨里头比较厉害的"雄拉北吉"④就来打，打的时候龙王在海边晒太阳，"雄拉北吉"的武器有120斤，120斤的东西打到龙王的身上，龙王爷只睁了一下眼睛又睡了，菩萨又问："哪个去？"甲琼嘎日达⑤就说他去，他就从天上飞下来，左边翅膀一扇，就把半边海的海水扔到阳山上，右边翅膀一扇，就把剩下的半边海的海水扔到阴山上，没有水，龙王爷就没有劲了。甲琼就抓住他的脖子飞到天上，天王就说："这个果子不该你吃。""仁夏纳洞牧奇⑥（服不服）？"龙王就说："不服。"甲琼就把他带到天王那里，天王就问他："为什么砍天树？"龙王说："是我的地盘长的，就该我吃，我吃不到，就可

---

① 音译，嘉绒语音 dan-mu-zuo。
② 音译，嘉绒语音 jia-qiong-ga-er-bu。
③ 音译，嘉绒语音 da-ca-dong-xia/ba-ce-dong-xia。
④ 音译，嘉绒语音 xiong-la-bei-ji。
⑤ 音译，嘉绒语音 jia-qiong-ga-ri-da。
⑥ 音译，嘉绒语音 ren-xia-na-dong-mu-qi。

以砍。"天王说:"是你的地盘长的,但不该你吃。现在你服不服?"龙王爷就说:"服了。"天王就叫甲琼把龙王放回去,这样甲琼抓着龙王爷的脖子,弄上来弄下去,龙王爷就流血了,它的血洒到地上就变成了癞蛤蟆和蛇,以前这些东西都是水里的,现在地上都有了。

现在硗碛的女性,都有一个祖传的"甲琼"首饰,戴上它,就是为了避各种害,一代传给一代,妈妈的一般传给女儿,有多的也传给儿媳妇。

甲琼是丰收和嘎日的神山,人们在丰收修了白塔,名字叫旦卓①,每年两次祭祀他。

四　多喔嘎森格若达

第四大神山,山名"洛绒错尔巅"②,山神"多喔嘎森格若达"③,位于柳落,是狮子山,山神是两位女神"夹拉姆"和"夹拉仲"④。勒乐的人修了白塔祭祀她们,白塔叫"洛绒错顶"⑤。白塔原本在很高的地方,2006年,因为水库移民,为发展旅游业,大家在柳落的移民点留出一个很大的空地,集资建了一个新塔。

五　白色达若达

第五大神山,位于灯光和柳落之间,山名为"色尔孟克"⑥,山神是"白色达若达"⑦,是一个长发拖地的女神,住在路边的洞里。祭祀它的白塔也修在山上,每年祭祀两次。灯光的山神洞现在已经被水库淹没。

五座神山中,只有雅西拉姆是整个硗碛的神山,因而当1982年人们重建永寿寺时,将其建在了雅西拉姆神山伸入冲积平坝的地方,这样,人们对雅西拉姆神山的祭祀和在永寿寺的所有宗教活动就联系起来。在2006年硗碛水库建成后,人们就根据其周围的五座神山将这个水库的湖面命名为"五仙海"。硗碛人都强调最初五个山神受命把山拉到海里去的故事是真实的,而且老年人

---

① 音译,嘉绒语音 dan-zuo。
② 音译,嘉绒语音 luo-rong-cuo-er-dian。
③ 音译,嘉绒语音 duo-wo-ga-sen-ge-ruo-da。
④ 音译,嘉绒语音 jia-la-mu 和 jia-la-zhong。
⑤ 音译,嘉绒语音 luo-rong-cuo-ding。
⑥ 音译,嘉绒语音 se-er-meng-ke。
⑦ 音译,嘉绒语音 bei-se-da-ruo-da。

还很感叹，说硗碛有海是神的意愿，即使当初神仙们因为斗法耽误了，现在共产党也帮他们实现了，在硗碛造出了这个海。

在硗碛，人们通常先祭祀保佑自己村落的神山，按照杨国奇老人的说法：

> 各个沟就为自己的神修了庙子（塔子），共修了五个，雅西拉姆是朝霞和冰丰共修的；仁沾喇嘛是和平、硗丰地方共修的；甲琼是丰收和嘎日共修的；夹拉姆和夹拉仲是柳落修的；白色达若达是灯光修的。哪个修的塔子就哪个去祭，雅西拉姆是大家都去祭，其他的塔子只是许了愿的才去祭。

六　其他山神

在硗碛，除了上述大的山神外，还有许多小的山神，这些小的山神也受到居住在他们周围的人的祭祀。硗碛流传着一个故事：

> 在青龙（过去称小硗碛）的"索结日姆"[①]家，老婆婆有三个儿子，每天修炼，都很有法术。后来，大哥先成仙，飞到了夹拉村的张嘎组，成了山神，张嘎的人修了一个塔子，只是张嘎的人去转。没多久，二哥也成仙了，飞到了泽根村的夹金，夹金的人修了一个塔子，只是夹金的人去转。很快，小儿子也要成仙了，老母亲怕他也飞走，剩下自己孤苦伶仃的。就在儿子快要成仙时，她用自己的围裙盖到儿子头上。老婆婆每天做饭干活，围裙上沾满了人的秽气，所以儿子就飞不起来，于是就在嘎日村嘎日组的山上修了一个修行洞，住在里面，每天修行。三儿子看到两个哥哥都有塔子，就给他妈妈说："你给我修个塔子嘛，我就不跑了，也给老百姓做点好事。"大家就给他修了个塔子，就是现在嘎日的塔子。以前大年初七，硗碛五寨的人都要来嘎日这个塔子朝拜，赶塔子会，还要耍狮子、龙灯、牛灯等。

这个喇嘛就是硗碛有名的黑经（本教）喇嘛，他的修行洞在一个悬崖上，很难爬上去，在他修行的山洞旁，留下了本教八字箴言。据当地人讲，这些字

[①] 音译，嘉绒语音 suo-jie-ri-mu。

都是他飞在空中写的。而距离喇嘛洞300米远的另一个大石头上，留下了两个动物脚印。据说是一次他骑马经过，山里的老虎来咬他的马，马一惊就飞起来，在大石头上留下了一个脚印，老虎也留下了一个脚印。所以，在当地人看来，本教喇嘛和山神本来是一母所生，他也应该变成山神，但受到意外阻拦没有成功。因此，人们也将他作为山神看待，为了供奉他，人们在去嘎日修行洞的途中修了一个塔。以前每年大年初七，硗碛五寨耍狮子的都要去朝拜他，现在农历二月十一、七月十五和十六嘎日也要赶塔子会，但只是嘎日的人参加，其他寨子的人不来参加了，也不要狮子、龙灯，只是喝酒、跳锅庄。平时初一、十五，就有老人到塔子处烟祭、转经。而且人们在转这个塔子的时候，还保留着逆时针的转经方向。

山神祭祀的地域性，说明在硗碛的社会结合中，共同居住是共享祭祀空间的原则。

第二节 人、植物、动物共居于山神怀抱

在硗碛人的观念中，世间万物，山神为大，人和植物、动物都是共居于山神怀抱中的。它们在山神面前的地位，是由山神决定的。它们之间的关系，也取决于它们各自与山神的关系。

一 人对山神的敬畏和信任

人与山神的关系，是人寄居于山神的怀抱中；山神对于人有生杀大权。按照硗碛人的理解，山神可以呼风唤雨、下雪降雹，还主导地震、滑坡、泥石流的发生，如果对他尊敬，供奉得好，他就降福给大家，能保佑房屋稳固、田地无伤、风调雨顺、六畜兴旺，如果不小心得罪了他，就会被降罪。因此，硗碛人对待山神的态度是敬重、畏惧、祈求。家家逢初一、十五就要在家里烟祭山神，请山神保佑全家大小都平安。每年春季举行大的祭祀，同时封山，到秋季收获之后，再举行酬神的祭山会。每逢节庆，一定要烟祭山神，遇到修房、修路、耕地等动土的工作，就必须燃香告知四方山神。家里结婚、生育添丁时，也必须告知山神。因为山神对人有生杀大权，所以每一个人都必须非常清楚影响自己这个村落的山神。但是硗碛的山神系统太复杂，不同村落的人在告知山神这些重要事务的时候，有很严格的顺序，比如，在婚礼或者动土的时候，要用嘉绒语请各位山神，每个村请的山神不同，顺序也不同，在嘎日冰丰组，请

的山神顺序是：雅西拉姆、仁沽、多喔嘎森格若达、甲琼嘎布、杨姆绒达①五位山神，其中前四位我们前文已经介绍过的，最后的杨姆绒达则是位于嘎日沟深处的一个叫将军岩的岩壁的山神，遇到硗碛有什么灾难就会发出声响，警告大家。而我们发现，这个名单中不包括大的山神白色达若达，也不包括小的山神，比如夹金的琼拉美谷等。因为山神的体系如此复杂，所以每个村落都有一个专门负责在上述礼仪性场合请神的人，他们不是喇嘛，通常是这个村落口齿最清楚、记忆力最好的人。只有准确无误地请到该请的山神，人们才会被降福，否则，就可能被降罪。这样的风险是不能冒的。

当家里人、财、物遭到损害时，人们普遍求助于山神解决问题。卧嘎龙家在2008年5月被入室盗窃，家里的现金5000多元、阿仲的纯金首饰被盗，这是硗碛很少发生的事情。为此，全家人很困扰，先到经堂请喇嘛打卦，看能不能找回来，被告知不行，而且喇嘛还警告说小偷会再来。于是他们就求助于山神。

> 2009年农历八月初一这天，一早洒耳加老人就起来熏烟烟。把新鲜的柏枝放到木炭上，上放一块大拇指大小的酥油，到房屋后面的一块平石板上，面向雅西拉姆放好，又回家取来三炷香在柏枝上点燃，插好，然后微笑说："给山神打好招呼。"今天熏烟烟的愿望，就是希望山神让小偷受到惩罚。

由此可见，人们对山神的信任是很坚定的。山神崇拜也是硗碛的文化根基。尽管本教和藏传佛教分别在唐代和清代传入硗碛，但对当地人而言，山神信仰仍然是一切信仰的基础。

二 植物被山神赋予灵性

硗碛位于夹金山南麓，植被丰茂，植物种类很多，人们对植物的知识很丰富。

1. 树的分类

硗碛人将树分为直径20厘米左右及以上和20厘米左右以下两类，认为20厘米以下的树木与山神还没有建立起联系，可以随意砍。20厘米以

---

① 音译，嘉绒语音 yang-mu-rong-da。

上的树就和山神有了联系，是山神的毛发，因此，平时一般不砍20厘米以上的树，需要砍的时候，先拿香火钱纸到树下，嘴里念山神的名字，请来这里的山神，告诉他，因为某某事情，必须用这棵树，所以烧香给他，请他把这棵树让出来……砍了之后，要用树叶把树被砍后留下的白茬盖住，以免山神看见，责怪他们不善待树木。虽然1950年以后这种信仰淡了很多，但我2009年在硗碛时，正是灾后重建住房的高峰时期，在房屋周围的集体林地，还是发现了很多人们砍树后用树叶盖住的树墩，一些树墩前还留有烧香的痕迹。

2. 对于形状特别和有特殊意义的树木，人们都会赋予其神性

在硗碛五仙海东边的一个小山包上，有一棵像伞一样的松树，被人们称为"红军伞"①，它有一个美丽的传说：

> 红军长征经过硗碛的时候，我们硗碛是很贫穷的。那时硗碛没有街，到处是荒林，土匪经常活动，红军不熟悉地形，就请了当地的人带路，谁知队伍刚走到夹金山王母寨那里，就遇到一支土匪队伍。这支土匪队伍人数很多又野蛮，他们仗着熟悉地形，凶猛地向红军开火，带路的当场被打死。红军伤亡很重，在红军的不断还击中，土匪死伤更加惨重，剩下的土匪就逃跑了。
>
> 硗碛的百姓帮助红军把伤员运下山，一些重伤员因流血过多又没有药医，没过几天就牺牲了。人们为了不让这些牺牲在硗碛的烈士们紧到（一直）摆起，就把他们埋在一个小山包上，因害怕被土匪发现，坟都不敢堆起。烈士们埋后不久，坟上长出了一窝松树，只有几年的工夫就成了大松树，说来也怪，长到一定的时候，它就不再长了，没有人给它剪枝，从远处看很像一把伞，人们就叫它"红军伞"。
>
> 人们为了纪念那些埋在"红军伞"下的烈士们，又把这松树叫"神树"。在硗碛人民的保护下，娃娃不敢去摘它的枝叶，大人也不敢去砍它做木料，人们说这窝树是烈士们变的②。

这个故事后面，还有一个故事。因为这些战士死得非常惨烈，他们的生命

---

① 意译，嘉绒语音 ba-zha-gu。
② 《红军伞的传说》，四川省宝兴县民间文学三套集成编委会印《中国民间文学集成宝兴县资料集》，1986年11月，铅印本，第10页。

与山融为一体，山神使这棵松树按照神树的特征成长，因此硗碛的年长者认为这是神树，不可砍伐，否则将遭惩罚。而在"文革"期间，曾有一人血气方刚，不相信有神树，拿了一把刀，砍了神树一个枝丫，回来没几年就死了。现在那棵神树仍缺了一个枝丫。人们认为，这就是神树的惩罚。

3. 植物无论是否可以利用，其生长都是由山神控制

硗碛的农业非常重要，聚落周边农作物和自然生长的植物环绕（关于这些植物及其用途，见表5-1和表5-2）。他们认为，这些植物无论是否可以利用，其生长都是由山神控制的。如果对山神供奉不够，就会出问题。我们在卧嘎龙家时，玉米已经成熟即将收获。卧嘎龙家的玉米很早叶片就黄了，玉米粒不饱满。阿仲和洒耳加老人都把这年玉米不好归因于三月三祭祀雅西拉姆山神时没有去嘎谢梁许愿，颇为后悔。

表5-1 房屋周边的植物种类

名称1（汉语）	名称2（嘉绒语音）	用途
桃树（野桃树）	Ga-mu-jia	以前指野桃树，因为酸涩，并不利用。现在并指引进的水果桃树和野桃树
苹果树	无	解放后引种，是商品树
梨树（野梨树）	Pu-ke-xi	以前指野梨树，现在也泛指所有梨树
红杉	De-er-xi	用材树，用于建房等
大麻	Da-sa	果实用来打酥油茶
狗尾巴草	无	不利用
红三叶	无	喂猪。实际上红三叶是优质的牛羊饲料，但由于硗碛的牛羊均为散放，所以不认为红三叶可以喂牛
青蒿	Ser-bu（四五种蒿的统称）	青蒿在当地是很重要的药用植物，用于治疗感冒等
牛蒡	Bei-yan-ji	嫩根做补药炖肉，果实可以加工成西药，叶子喂牛
红梅	Ke-si-jie	解渴
铃铛花	Ser-si-zuo	治肚子痛。吃的时候旁边要没有人，采下铃铛花后不说话，低下头吃

表 5-2　种植的农作物

名称 1（汉语）	名称 2（嘉绒语）	用途
青稞	Sui	炒熟磨面，做成糌粑
荞麦	Sou	磨面，做馍馍
苦荞	Sou-de	磨面，做馍馍
麦子统称	De-lu	磨面，主食
玉米	无，以汉语音称呼	磨面，主食
核桃	Ri-gu-lu	干果，每天早餐将核桃末加入酥油茶
桃子	Ga-mu-jia	水果
辣椒	Hi-zhu	调味品
豆子	Lai-ge-shi-dou	包括黄豆、红豆等一类，是主要的副食品
付瓜	Gai-lian	蔬菜
大白豆	Ang-li-shi-do	Ang-li 意思是"像老人弓起腰一样"
花椒	Za-er-ri-za	调味品
蒜	Si-guo-do	调味品

4. 疾病大多数是得罪山神所护佑的植物和其他生命所致

硗碛的民间医疗不发达，人们认为疾病是鬼怪精灵作祟所致。鬼有各种各样的鬼，如让牛生病就是牛鬼；让人得突发性疾病的也是鬼，如肚子突然痛得很厉害，就是得肚子痛病死的鬼作祟，头痛就是得头痛病死的鬼作祟。鬼都有自己的地盘，大部分居住在山神划定的某块土地上，或者寄居在某棵树或者草上，因此，得病也可能是砍树、打桩、搬石头等行为，伤害生命或侵占地盘触犯了某个鬼，导致的报复。例如，阿夸尔家的当家人杨朝华有肾病，他就认为是自己在"文革"中砍了自己家门口的神树一个枝丫造成的，还说当时一起砍的人有三个，现在死了一个，另两个都有重病。

在硗碛，究竟触犯了什么样的鬼，要喇嘛来测索卦决定，撵鬼也由喇嘛来做。喇嘛对鬼主要是采取哄的办法，一般算出来是什么鬼后，就用糌粑捏一个相应的形象，然后对着它念经，念后说："这家人穷得很，脏得很，你去别处待。"因为鬼怕铜的声音，所以用响器把糌粑捏成的鬼扔到水沟或远处。如遇到纠缠不清的鬼，则采取大声叱骂、怒吼的办法，将其撵走。而当病情危急时，就会采取紧急的撵鬼方式，自己在家里烧纸、烧香，请神，告诉神说："求神保佑，我们没有做恶事情（代表以后要做好事），不应该遭报应。"同时向家门外泼剩饭、剩菜，招待恶鬼，说："恶鬼你们赶快走，这里没吃的。"在病人身上撒五谷，主要是撒荞子、米，封赠他："你病了，我们帮你，你现在还可以吃五谷，病还要好，我们帮你把恶鬼赶走了，你赶快好起来。"

第二天早上十点以前就要去永寿寺求神求卦，请喇嘛翻经书、测索卦，看一下病人犯了什么：是犯了老树，还是栽种的时候犯了地脉？按照喇嘛算出的结果，犯了老树的，该拆就拆；犯了地脉的，栽种的东西该砍的就砍，该拔的就拔。立即找出可能的作祟物品，予以根除。然后请喇嘛到自己家的经堂里念经，如果病得很严重，得罪的东西多了，就要请5~7个喇嘛来念两天经。如果病危，喇嘛就不能离开这家人，以便于在病人弥留之际念开路经。

硗碛的民间医疗虽然不发达，但由于这里药用植物资源很丰富，采集和出售药材一直是人们重要的现金来源，因此，对于药用植物，人们也有一些认识。

在民国年间，硗碛出了一个治疗跌打损伤的土医生，叫郭富成。郭富成到土司衙门当兵差，一次三个月，就跟穆坪土司的医生学习医术，主要是骨科、风湿、皮肤及伤风感冒等。回家后，他成为当地唯一的医生。病人纷纷上门来看病，不能走路来的病人，家人就用马接，住在高山上的，会来背他去。他的儿子郭绍富（2009年62岁）现在仍然在硗碛行医。他小时候，因集体化要挣工分，没有时间学习，30岁后，才开始跟他父亲学医，先后学了接骨、推拿按摩、配药。他用的大部分药都是自己上山去采的，也从外地引种一点。山上、河坝都有草药，一般是立秋以后采药，采来晒干。后来天全出了个名医，老家是宝兴五龙的，和冰丰的策棱木雅家是亲戚，来找郭绍富看病的就少了。一般受伤了就来请他看，伤得不是很厉害，他就治疗，伤得很厉害，就叫病人到天全去治疗。他配的药价格不等，包括诊费和一周内的内服和外用药，最便宜的30元钱，吃完了再来拿。一服药一般有20~30味。因为没有文化，很多药他不知道名字，只知道用法。看病时，如果是骨折就先接骨，把草药捣烂敷在受伤部位，再用杨柳树皮或刺笼包树皮做软甲板固定，然后用木板作硬甲板。用杨柳树皮或刺笼包树皮主要是为了透气。一般7天换一次药，一两个月就好了。每一次的药都不一样，有的消炎，有的消肿，有的补骨髓，有的恢复韧带。他也治风湿，但不能根治，用药后可以缓解疼痛。在他的菜园里种了一些药物见表5-3。

表 5-3 药物种类

药名1	类别	用途
三七	野生	跌打损伤
红毛三七	野生	跌打损伤
疙瘩七	野生	跌打损伤
纽扣七	野生	跌打损伤
竹根七	野生	跌打损伤
杜青叶	野生	跌打损伤
羌活	野生	跌打损伤
七叶子花	野生	跌打损伤
磨三转	野生	跌打损伤
土三七	家种	跌打损伤
川芎	家种	跌打损伤
穿乌	家种	跌打损伤
金银花	野生	风湿、伤风感冒
大黄	野生	风湿
羌活	野生	风湿
大黄	野生	伤风感冒
贝母	野生	伤风感冒
厚朴	野生	伤风感冒
木香	野生	伤风感冒
甘草	野生	伤风感冒
苦胆生	家种	只用根部，外用消炎
云南木香	家种	伤风感冒
野当归	野生	骨折
杜仲	家种	骨折
野大黄	野生	根治风湿、叶治感冒
羊角树皮	野生	毒药，牛生虱子的时候熬水洗；毒老鼠
刺笼包树皮	野生	骨折时固定，透气消肿
杨柳树皮	野生	骨折时固定，透气消肿
白皮	野生	治口腔溃疡、火重
血旦子	野生	根用于外科，叶喂牛

现在，硗碛人生病要到医院去治疗，但请喇嘛测索卦、驱鬼的仪式还是非做不可。2001 年，阿仲有一次生死经历，她这样告诉我们：

我生小儿子的时候，差点死了。当时乡卫生所的医生来给我接生，人工剥离胎盘，子宫内的胎盘没有清干净。坐月子的时候血多得不得了，嘴上长满脓包。到第十九天的晚上，大儿子生病发烧，阿太送他去医院，回家一看我已经人事不知，他大叫起来。我家婆婆就赶紧到院子里烧纸撵鬼。阿太叫我叫不应，打脸打不应，就使劲掐我的人中，我就大哭起来。阿太又咬我的食指，我就清醒了，但是还不会说话，过了好一会儿才会说话，这个时候才发现我床上有好多荞麦和玉米。第二天，他们把我送到宝兴县医院，说是子宫感染，输了十多天液，不见好转，又送到雅安医院，输了半个多月液，最后没有办法，还是把子宫切除了。如果那天晚上大儿子不生病，我晕过去他们不知道，我一定会死了。

在这个叙述里，不识字的阿仲用了很多科学术语，但她同时也告诉我，后来到寺庙请喇嘛算了，是因为他家放养在山上的牛跑到祭祀雅西拉姆的塔子附近，糟蹋了人们放在大树下的供品，被雅西拉姆惩罚。她住院的时候，家里就赶紧把牛卖了，又去塔子上烧了香。这样她才痊愈了。

三　动物是山神的随从

硗碛茂密的森林中，分布着大量动物。按照动物与山神和人的关系，硗碛人把动物分为野生动物和家养动物两类。

1. 野生动物

野生动物都是山神的随从，它们的分类如表5-4所示。

表5-4　野生动物的分类

分类	名称（汉语）	名称（嘉绒语音）
虎	老虎	kong
Ge类	豹子	ge-si
	豺狗	ge-ba
	猴子	ge-ju
熊（Gong）类	狼	de-gong-gei-jue
	棕熊	de-gong-ge-jo
	马熊	mo-luo-gong
	狗熊	de-gong-ke-na
	大熊猫	de-gong-ben

续表

分类	名称（汉语）	名称（嘉绒语音）
鹿（sha-wa）类	梅花鹿	
	岩巴子鹿	
	马鹿	bo-ruo-sha-wa
	羊子鹿	ge-yo-sha-wa
野鸡 （mu-gong-ba 类）	草鸡	shi-rong
	长尾巴鸡	pu-jie
	贝母鸡	bei-ma
	马鸡	ga-er-ma
	羊角鸡	lei-ga-ba
	娃娃鸡	ga-ma
	鹦鹉	zei-e
	小熊猫	zhe-wai
	狐狸	ke-jia
	野牛	ne-we-ra

在上述动物中，按照其与山神的关系，地位高的是老虎、豹子，然后是大熊猫，其他动物就大体相同，对他们的评价主要看是否危害人、牲畜和庄稼，再看其经济价值。

老虎是地位最高的野兽，是山大王，普通老百姓不能打它，因为百姓的地位不够。一方面因为老虎很稀少，另一方面因为它是山神地位最高的随从，打了它，山神一生气，就要惩罚人，所以老年人都说打不得。

大熊猫，当地叫白熊神、熊菩萨。没有进行保护的时候，也有人去抓，因为它的肉可以吃，皮用来铺，防寒防潮，还很漂亮。但一般情况下，大熊猫不害人，不糟蹋庄稼，不损害家畜，又对人没有敌意，所以人们也不怕它。但大熊猫很怕人，看到人就跑。如果人抓住它，它也只是拼命挣脱，实在挣不脱才反过来咬人。所以老辈的人说，大熊猫的皮是宝贝，一般人铺不得，铺了山神要怪罪。后来熊猫被保护，有人花大价钱买熊猫皮，才有人打来卖，并因此被判刑。

豹子和老虎虽然一样是猛兽，但第一数量较多，第二，冬天下雪后，豹子没有吃的，就会到碉房附近撑狗，狗被吓慌了就往家里跑，如果家里是孤儿寡母，就容易被害。所以打豹子是保护人，应该打的。

豺狗主要危害放在山上的牛。豺狗七八只一群，一起上去，把一头牛咬死，很快就吃完，又咬另一头，有时候一天就咬三四头。硗碛的牛是敞放在山上的，没有人守，它们就一次咬好几头，吃完了睡觉，饿了又吃。可恶得很。猎人只要看到就要打，但它们鼻子很灵，闻到人来就跑了，很难打到。

野牛多得不得了，在高山牧场成群活动。牛群在山场上吃草时，嗅觉灵敏，远远地顺风闻到人的味道，从牛鼻子里打个响声，上百头牛就一起跑。以前的猎人主要是打野牛，数量多，也好打，不容易出危险。野牛肉又多，一头200多斤，可以好好改善村里人的生活。

野猪也很多，它们主要是糟蹋庄稼。野猪一般是躲着人的，老远闻到人的味道就跑了。人不在，它就下到地里，用嘴拱，一拱一大片庄稼地就没有了。以前这里主产荞麦和青稞，到庄稼长起来，苗露出地面，晚上就要去守，不然就被糟蹋完了。野猪难得打到，后来数量少了，实际是被家猪的猪瘟传染了。硗碛的家猪都是敞放的，得了猪瘟死在山上，野猪要吃肉，就啃死猪，被传染了，也一批一批地死。这样就少了。

老熊也糟蹋庄稼。它进了庄稼地，抱一捆庄稼，压在身体下面慢慢吃，吃完了又抱一捆，坐下吃。遇到人也是抱住，放在屁股下面，哪里动就拿来咬一口。脚动就咬脚，手动就咬手，所以不小心遇到老熊，就只能装死，它看你不动就把你扔了。打老熊主要是下套。专门留一块玉米地，然后装好套子，等它钻进来，看到它被套牢了，再拿枪打。最凶的熊是大马熊，有200～300斤的个头，攻击牛的时候，把牛拖着就走。一般的熊只会吃羊，不会拖牛。

狼也会到村子里来。到了冬季，山上的羊下山，它就跟着来。因为它要吃羊，又要伤人，所以发现了人们就要用枪去围攻它们，实在无法围攻的时候，就把羊牵到山上，在羊身上的毛里放毒药。狼吃了就药死了。打来的狼肉可以吃，皮可以做皮裤子、坎肩等。狼皮像狗皮一样，可以除湿。

小熊猫个子小小的，一般不伤人。人们去抓它，它就反抗得厉害，又抓又咬，所以人们一般放狗去撵，等它上树后，人也跟着上树，用套子去套它。抓小熊猫主要是卖给林业局开设的动物站，送给动物园展览。以前一只30～50元，现在100多元。

狐狸是最讨厌的动物，因为硗碛人死之后是土葬，而且不挖墓穴，直接在地面平葬，上面封土堆，狐狸就要掏；它还会到家里抓鸡。硗碛的狐狸不多，但出于对它的厌恶，猎人看见了就打。现在狐皮比较贵，打的人就多。但硗碛的狐狸皮不好，卖不上好价钱。与硗碛隔夹金山相邻的小金狐狸多，狐皮好，是火红的，硗碛人自己用的好狐狸皮都是从小金买来的。

硗碛猴子很多，主要是长尾巴金丝猴，猴皮金灿灿的。20年前猴子的皮很贵，猴骨入药，既可以治疗人、畜的瘟病，又可以泡酒代替虎骨或豹骨。大家都打。现在金丝猴是保护动物，没有人打了。锅巴岩①以下有短尾巴猴子②，还有不成群的黑颜色的猴子。

在硗碛，鹿总称"萨瓦"③，种类很多，有梅花鹿、岩巴子鹿、马鹿、羊子鹿。马鹿的鹿茸最长。鹿一般分布在半高山。硗碛鱼通沟的鹿数量最多，蚂蝗沟的种类最多。鹿茸、鹿胫、鹿血都是贵重物品，所以猎鹿的很多。

现在最贵重的就是麝，因为麝香可以入药。

这里野鸡种类特别多，统称"木共巴"④。有草鸡，吃草根的；长尾巴鸡，即长尾锦鸡；贝母鸡、马鸡、羊角鸡、娃娃鸡等。硗碛人把鹦鹉也归为野鸡类。野鸡是很平常的猎物，每到冬季，野鸡就会下山，到居民区周边觅食，很容易就可以捕捉到。因此野鸡根本就不是打猎的对象。

2. 对待野生动物的态度

因为动物在山神面前地位不同，所以人们对待它们的态度也不同。我在调查中听到一个猎人关于自己与野生动物的三个故事，涉及的动物不同，猎人对自己的评价也不同。

例1　抓老虎的故事

抓老虎这个事情很蹊跷，我们这一辈人⑤基本都没有见过老虎。我二十八九岁的时候，认为没有手艺就没有本事养活全家人，就到青龙打铁匠师傅那里学打铁。打铁师傅家是一个大家庭，当时的房子被烧过，很多地方都坏了。我们睡的地方在他家牛、羊圈上面，下面关了几十头牛、几十只羊。有一天晚上，休息了以后，听到下面有动物乱跑，羊也在大叫，响声很大，但不知道是老虎咬羊子。老虎从右边钻进牛圈，牛一叫，老虎就

---

① 地名，为硗碛乡与相邻的蜂桶寨乡的分界线，是位于峡谷口的悬崖，也是硗碛的一个地理屏障。
② 即短尾猕猴。
③ 音译，嘉绒语音 sha-wa。
④ 音译，嘉绒语音 mu/bu-gong /yong-ba。
⑤ 讲述者 2009 年 72 岁。

第五章 山神信仰：家屋整合的纽带

往前，羊圈有个缝隙，老虎就钻到羊圈里了。第二天早上，师傅家放牛的十五六岁的小女子，先把圈门打开，把牛放出来。要放羊的时候，她就大哭起来了："昨晚上狗把羊子按（吃）了。"按（吃）了九只羊。我一听就跳出去了。如果是狗咬的话，应该有叫声。我就问："门是开着的，还是关着的？"女子哭着说："关得严严的。"我就想，如果门关着的话，咬羊子的还没有跑出去，还在羊圈里头。我就把门稍微推开一点，往里看，不敢把门开得太大，怕咬羊子的一下就跑出去。边看就边吼："把门拉到（关好），给我拿个电筒来。"电筒拿来了，我就从门开着的地方到处照，什么动静都没有。没被咬死的羊跑出来了，被咬死的羊到处都是。我说："怪了，狗啊啥子都没有啊。"我想是不是狗爬到梁上去了，又往梁上到处照，还是没有看到。对野生动物的行动，我懂得一些，一般豺狗和狗专门咬牲口的屁股，豹子一下就把脖子咬到，老虎是咬脑袋。我一看，羊都是脑袋被咬烂了，我就肯定不是狗咬的，还是有点害怕。我就把门打开，侧身往门后面看，看到一个花花的动物藏在已经烧烂的柜子框框里，但不知道是老虎，以为是豹子之类的。它躲着一动不动，但出的气吹到我脸上了。我穿了一个羊皮褂子，知道它躲的地方无法用力，抓不坏羊皮褂子。我就一下用背把门框出口堵到，大声喊人："赶快拿板子来，拿板子来。"有人问："拿板子来做什么？"我说："先拿来嘛。"板子拿来了，就往我背后塞，塞严实了，用钉子把板子钉在门框上，我把背挪开。我说："一定是豹子了，你们多派点社员来。"结果全村人都来了，来了百十号人，都围起了。当时碛碛街上有个收动物的收购点。我说："你们到园林局去，给我拿铁笼子来。"他们说："是豹子啊，你怎么把它弄得到铁笼子里去？"我说："你们拿来，我自有办法。"铁笼子拿来了，我在笼子下面搭一个架，笼子门正对着门框，然后用一根长杠和一根绳子，杠尖上打一个活套，伸进去把豹子的脑壳套住，再把木板拆了，把它拉到笼子里。拉出来一看，不是豹子，是一个半大的老虎。这时，在场的老人看到了，都说，不该逮的，老虎是山上的王，是保佑山上居民的，像神一样。我请一个人把老虎背到动物收购站去卖了，但他背到路上老虎死了，就扔了。我一直都觉得这次抓老虎还是很奇怪的事情，但是让我们看到了老虎，特别是青龙的老百姓，都说没有我他们都看不到老虎神的。

在讲述这个故事时，老人首先强调了老虎的神秘性，他们这一辈人没有人见过。所以一直到老虎被抓住，才被老年人认出，这样，他抓老虎就不是有意得罪山神，而是意外。同时，他们又以老年人的口气说出了自己的担心，老虎是神，抓了老虎，会不会得罪山神？最后，以老虎被背于途中死了，自己并没有从中获得任何好处，推卸了自己的责任。对整个事件，老人是又自豪又担心，自豪的是很多人都没有见过的老虎，被他抓住了，说明他的勇敢和智慧；担心的是，抓老虎毕竟是得罪山神的事情，所以必须推卸自己的责任。

例2 打野牛的故事

以前硗碛有豹子、老虎、野猪、豺狗、狼……动物很多，野牛更多。过去农田种土豆和麦子，下种的季节一过，就只是管理一下，基本上没有什么农活。猎人们就把马备好，枪背起，三五个小伙子就上山去打野牛。还有人赶上驮肉的牲口等着。有的时候打十多头，驮不完了，就把好的留下，其他的扔了。

打野牛（牛羚）是在1966年，在嘎日的将军沟。我们上山去放牛，看见有一群野牛路过，数量不少，就赶紧带了些狗，带两杆枪就追去打。我们三个人一起，一个老人走到中途跑不动就回去了。我年轻点，追到一个小的草坪附近，野牛的脑袋就露出半边了——野牛睡在这个草坪上。我牵了只狗，狗闻到野牛的味道，就跑到前面去。看到野牛，它也被吓到了，野牛也被吓到了。野牛就站起来，气势汹汹地朝我们扑过来。我还在跑，枪的扳机都没有打开，情急之下，我就用枪托打在野牛的鼻子上，没想到枪带就被挂在野牛角上了，野牛转身就跑，我的枪还挂在它头上。当时枪是民兵的，哪个人拿着是有记录的，丢了要赔，而且要说清楚是怎么回事。当时我就急了，捡起两个石头就跟着野牛跑。大概跑了一百多米，我们带的狗就把野牛围住了。这时候，野牛就只能顾狗，不管人了。因为豺狗、狼攻击野牛的方式都和狗一样，野牛最怕狗了。我站在外面，看着我的枪在野牛头上晃来晃去，想直接取枪，又害怕野牛攻击我，我就爬到树上去取枪。这时，枪还在野牛角上挂着，枪口朝上。我先向上提枪，野牛半边身子把枪托压住了，我提不出来。我看了一下，必须边提枪边跳到野牛前面，才能把枪拿到。我想，我把枪拿到手了，你（野牛）再厉害我也不怕了。于是抓住枪，一纵跳下来，跳到野牛前面，比野牛的位置要低，用力一拖，就把枪拿出来了。然后就地一倒，对着野牛就是一枪。但没想到刚才野牛乱跳，枪里的子弹被跳出来了，这一发是空枪。还好野牛只顾咬狗，没有攻击我。我还有四发子弹，赶紧上了一发，对着野牛"砰"的一枪，它就老老实实地倒下了。这时我心头又恼，又有点虚，想野牛你今天是耍了我的把戏（指玩弄了我），我还要耍一下你的把戏，还要打其他的牛。这时，牛都躲在树林里。我悄悄观察，看到一头牛，就端起枪打，"嘣！"牛一纵大概四五公尺高，摔下来就死了。我在打那头远处的牛，结果旁边不远就有头牛藏在树丛中，我没有看到，枪一响，它也一纵就起来了。如果它直接来撞我的话，一下就可以把我撞下悬崖。结果它一下跳到水沟里，在麦田里飞快地跑。我上了第三发（子弹），枪口对着它开枪，它一下就倒了。还剩一发子弹了，我想还要打一只，我就到处找。后来一想，有些厉害的野牛，吃够了就在麦田里躲着睡觉，万一它发现我，我没有发现它，我就要吃亏。我就退出来了。这次一共打了三头牛。

从这个故事可以看到，老人对野牛是没有尊敬的，而且觉得打野牛是件很容易的事情，是人们常常进行的狩猎活动。人们会主动寻找打猎的机会，打猎后食用野牛的肉。也就是说，尽管野牛也是山神的随从，但其数量很多，体积庞大，与山神的直接联系不多，因此人可以随意地处置它。这次打猎之所以让老人记得，是因为野牛差点把自己的枪拖走，所以他冒险攻击野牛是想抢回自己的枪。如果没有这个因素，这次打野牛就和其他打猎的过程一样，他根本不会记得。

例3 打野猪的故事

有一次，我和我的侄儿在离家不远的地里打野猪。野猪的野性比较强，是很难打的。我们发现野猪，打了一枪后，枪就没有子弹了。我喊侄儿说："你回家去拿子弹，我在这里盯住，看野猪朝哪个方向跑。"万一晚上下大雪，把野猪走过的痕迹掩埋了，我们就找不着了。侄儿说："好，好，好。"就回去找子弹。我等得不耐烦，就探出头去看，一看不得了，野猪一竿一竿地就来攻击我了。这下我吓坏了，跑是肯定跑不过野猪的，我就爬树。把枪一甩，一纵就爬上树，没想到先扳到的枝丫断了。那天又是跑又是爬山，加上下雪，身上又是湿的，就再也爬不上去了，只好死死地抱着树干。野猪来了，一口就把我的臀部咬住，咬掉了一片肉，从上向下一撕，一只裤脚就被撕下来，但裤子的边有两层，比较厚，没有撕开。野猪就死死咬住撕下来肉和裤子，它不换口，我就跑不掉。我一侧身，裤脚就缠在我身上，也就走不了，心想："今天完了！"野猪的牙齿是獠牙，它再一动口，我就完了。没办法了，我就想了一招，我想，人的眼睛是最弱的地方，野猪多半也是。我就用力一扯它，把他的颈子夹到腋下，用拳头使劲打它的眼睛。这一招立即见效，把它的眼睛一打，野猪就呆了，我又狠狠地打了十几拳头，把它打憨了、昏了，松了口。我才从树上下来，跑到河心的一块大石头上，手上拿了一块20多斤重的石头，心想，如果野猪再来攻击我，我就用石头打它。三五分钟过去了，野猪还是没有来攻击我，就是憨分分地站着，守着我的枪，不走开。野猪不走开，枪拿不到。我心想，枪没有拿到，如果拿子弹回来的人碰到它，还要被它咬。于是又鼓起勇气，顺着树爬过去，扳一根五六尺长的树枝，去戳野猪，左戳一下，右戳一下，它都不走开，大概枪上有人的气味。然后，我顺树枝爬下来，跑回家。一看，他们连子弹都没有找到。我找到子弹后，我们又回去，两三个人一组，拿斧头的，拿弯刀的，拿棒棒的都有。我给侄儿说："我和你两个走前面，你年轻，脚劲大，跑得快，我给你指枪的方向，你跑过去把枪拿到，只要枪拿到了，就好办了。"这下，他往那边跑，还没有跑到，野猪就向他跑来了。大家就一起喊："野猪跑过去了，跑过去了。"他听到了，转身就三步并成两步跑，一下就跑到沟沟壕壕里，找不到了。这下只有我去拿枪了。我就跟其他人说："你们使劲吼，把野猪的注意力引到你们那里去。"他们把野猪的注意力转移了，我就摸过去，把枪拿到，心里就稳当了。接着，我就把子弹装上。他们一直使劲吼，野猪就注意他们去了，我就靠近，离野猪有30公尺左右，我就朝野猪的臀部打了一枪，这样野猪就跑不动了。我想子弹打多了可惜了，就说："你们过来，把斧头、弯刀都拿过来。"他们过来后，我说："拿弯刀的、拿斧头的，把野猪的獠牙给它打烂。"他们一个都不敢去打。"你们不去，我去。"我拿着斧头就把野猪的獠牙打烂了。这才坐下来，把烟抽了。我说："我们这里有个规矩，打枪的不背肉，你们四个小伙子，肉就归你们背，我空手走。"他们就把野猪的四个脚捆起，两个一组轮流抬。回去后，吃了晚饭，我就说："今晚你们睡，我就不睡了。"我害怕，万一睡着了，做梦把白天的光景梦到了，就要叫唤，他们就要笑我。大概公鸡叫的时候我才睡了一下。

第五章 山神信仰：家屋整合的纽带

这个故事里，野猪出现在人们居住的房屋附近，是危害庄稼的动物，虽然可以打，但打野猪的风险比打野牛大多了，所以出现了惊险的一幕。老人还告诉我们，野猪野性很大，是山神比较照顾的一种动物，很难打。现在野猪少也不是人们造成的，而是野猪啃了得了疫病的家猪被传染导致的。所以，对于打野猪，人们还是颇有忌惮的。

在上述动物中，gong 类的动物大部分会在房屋周围活动，很容易对人造成伤害，因此，硗碛关于人熊的故事，基本形成了一个系列。

第一个故事，是修房子躲避人熊的故事。故事说：

> 从前，这里的山上有种动物叫人熊，体格高大，脚板大约长 50 厘米。人熊一般白天出来抓人，太阳下山后才敢吃人。人熊每天吃人，大个子吃一个，小个子吃一个半。人的动作很慢，办法不多，人越来越少。后来人发现如果人成群生活在一起，人熊就不敢靠近，他们就白天成群活动，互相帮忙，喝酒、喝水聊天，练习用刀剑抗击人熊的本事。晚上人就修了房子，各自回家，把门锁好。因为人熊弯不了腰，人就把门修得矮矮的，人熊要进门的时候就"砰"的一声撞在门上，"砰"的一声直直地倒在地上，昏过去。

第二个故事，是人和人熊可以婚配的故事。他们的孩子一半有毛，一半无毛，因为人不愿意和人熊一起，所以人熊把孩子撕成了两半。

> 一天，一只人熊在巴家觉地方抓到一个女的，要求她当他的妻子，女的被迫答应。一次，那个女的趁人熊外出采果的时候，偷跑回家。当时她已有身孕。从此后人熊天天到她住处呼喊她，叫她回家。女的不答应，后来女的生了个孩子，人熊对她说："你既然不回去，那么你把我的孩子给我。"那个女的被迫把孩子从窗户递给人熊。这个孩子一半有毛，一半无毛，人熊就将孩子撕成两半，对着窗口说："有毛的归我，没毛的归你。"

第三个故事，是人们用火攻的方式来消灭人熊的故事。

> 嘎日有个徐家，门口是一条大河，背后的悬崖上住的都是人熊。这家

211

的一个女娃娃长得很好看，父母舍不得把她嫁出去。每天大人出门就把她关在屋里，就被一只人熊看上。一天大人出门，女娃娃煮饭的时候去打水，人熊就在井边抓住她，抱到悬崖的岩洞里。转眼一年了，这女子怀孕了，就跟人熊说："冬天到了崖洞里冷，你去偷点麻线回来，我要做铺盖。"人熊每天出去就偷点麻线回来，这个女子就天天搓绳子。搓好后，一天人熊去吃人，女娃娃把绳子的一头套在凸出来的石头上，顺着绳子下了悬崖，跑回家。人熊回来后，看到绳子就知道她回去了，就每天在锅庄房的窗子上喊："快出来，跟我回去。"这家人舍不得女子，就在火上烧烤肉，肉的香味飘到窗子外头，人熊就说："给我一点嘛。"那个时候，窗子的外面小里面大，这家人就喊人熊把手从窗子那里伸进来，然后用柏树皮裹在人熊手上，说："等一下，给你烧肉。"就把柏树皮点燃，告诉人熊说："可以拿回去了。"人熊把手拿回去，柏树皮就燃起来了，把人熊的毛也引燃了，边上的人熊就喊："拿水拿水！"但周围找不到水。又喊："在地下滚！"它就倒在草坡上滚，草坡上面的落叶多，一下子整个山坡都燃起来了，把人熊都烧死了。

硗碛的人们认为，人熊现在还有，不过只有两只，居住在与硗碛一山之隔的中岗。与人熊联系在一起的，还有被人们认为非常不洁的动物乌鸦。

乌鸦爪子很凶。人熊能吃人，乌鸦就说："你能吃，我也能吃，我也要吃人。"人熊想："你吃，我就不够了。"就对乌鸦说："你的哪里最厉害？"乌鸦说："我的爪子最厉害。"人熊就说："那我们打赌，如果你能一爪子打碎九个石片，你就跟我一样吃人。"人熊就拿了九个石片叠起，放到大石头上，乌鸦用尽全身力气，使劲一抓就打碎了八块，第九块也打裂了。但是乌鸦因为用力过猛，就昏倒了，人熊赶紧在第九片石头下面又垫了一块石片。乌鸦醒过来后，以为自己没有把最后一块打碎，自己输了，很沮丧，说："那我吃什么？咋个过生活呢？"人熊就给乌鸦说："我吃人，也不让你挨饿，我吃了人以后，人的眼睛、骨头上的肉渣、肠肚就给你吃。"从此以后乌鸦见到死了的猪、羊就直接去啄眼睛，也吃其他动物吃剩下的肉，吃饱没有吃饱都乱叫。所以说"熊神仙鬼老鸦"。乌鸦乱叫就预示有不吉利的事情发生。

3. 家养动物

硗碛的家养动物较多，其分类方式如表 5-5 和表 5-6 所示。家养动物与人的关系比较密切，与山神的关系比较远，所以宰杀前人们不会祭祀。但当人们要消灾祈福时，就会到山神的塔前把家养的动物放生，表示是送给山神的供奉。

表 5-5　家养的动物

名称 1（汉语）	名称 2（嘉绒语音）	用途
牦牛	de-guar	吃肉，用皮、毛
黄牛	bu-la	耕地、吃肉、用皮
犏牛	de-la	耕地、吃肉（比黄牛肉好）
马	bo-ruo	骑，不吃肉（因大人小孩都骑，所以马肉不干净）
骡子	da-er-ga	驮东西（听话、聪明、知道方向）
猪	ba	吃肉
公鸡	bai-gu	繁殖鸡群（每家必须留一只大公鸡，否则会败家）
母鸡	bai-mu	下蛋（鸡蛋，bo-guo）
小鸡	bo-za	
狗	ke-la	看家护院（不吃）
猫	deli	抓老鼠（不能吃）
蜜蜂	ge-yo	取蜂蜜（ge-ra）
驴	labu	拉车、骑（不能吃）

在上述的分类体系中，有三类动物的分类非常细。

牛，按照品种分包括黄牛、水牛、犏牛、牦牛；按照特性可以分为公牛、母牛。在高山牧场，如果要挤奶，每一头牦牛都要取名字，到挤奶时，叫它的名字就来了。一般根据长相来取名，如雨点、花鼻子、没有角（pu-leng）等。牦牛比一般的牛乖。硗碛的牛都没有穿过鼻子，所以很野的。

羊，分山羊、绵羊。按公母分类，分公羊、母羊。再按颜色分为白绵羊、黑绵羊、花绵羊、黑黄色绵羊。特殊的羊又有特殊的称呼，如领头羊、大个子羊有名字，如果领头羊是大尾巴，尾巴上又有毛，就叫"为米给的"①。

---

① 音译，嘉绒语音 wei-mi-gei-di。

除了上述分类，还有一类特殊的家养动物，即放生的动物，称为"才特儿"，它们可以是鸡、羊、牛。在山神的塔前放生。放生前先找喇嘛来念经，做上记号，说："某某有灾难了，他们许了愿，现在用这个动物来还愿，现在把这个给山神了。"然后拿到塔子那里放掉。如果是羊，可以剪毛，但不能吃。如果是鸡，就随它生长，直到老死，绝对不能吃。

表 5-6　四种家养动物的分类

种类	分类标准	分类情况
牛	按品种分	黄牛、水牛、犏牛、牦牛
	按特性分	公牛（gou-rong），母牛（ga-ra）
羊	按品种分	山羊（cher），绵羊（berluo）
	按公母分	公羊（ga-la），母羊（ge-mu）
	按颜色分	白绵羊（ga-bu-rou），黑绵羊，花绵羊，黑黄色绵羊（kong-ba）
	特殊称呼	比如领头羊是大尾巴，尾巴上又有毛，就叫（wei-mi-gei-di）
放生的动物		牛、鸡、羊

四　十二属相——人与动物的联结

嘉绒藏族有按照 12 属相推算的历法。记年为每年 12 个月，12 年一轮。计日为每 60 天一个周期。从虎日开始，虎和蛇相对，猴和猪相对。如正月初一属虎日，正月十六属蛇日；二月初一属猴日，二月十六属猪日，三月初一又转回属虎日，三月十六属蛇日；四月初一属猴日，四月十六属猪日。

表 5-7　按照十二日计日法推算的周期示例

属相	农历日期	农历日期	农历日期	农历日期	农历日期
虎	正月初一	正月十三	正月二十五	二月初七	二月十九
兔	正月初二	正月十四	正月二十六	二月初八	二月二十
龙	正月初三	正月十五	正月二十七	二月初九	二月二十一
蛇	正月初四	正月十六	正月二十八	二月初十	二月二十二
马	正月初五	正月十七	正月二十九	二月十一	二月二十三

续表

属相	农历日期	农历日期	农历日期	农历日期	农历日期
羊	正月初六	正月十八	正月三十	二月十二	二月二十四
猴	正月初七	正月十九	二月初一	二月十三	二月二十五
鸡	正月初八	正月二十	二月初二	二月十四	二月二十六
狗	正月初九	正月二十一	二月初三	二月十五	二月二十七
猪	正月初十	正月二十二	二月初四	二月十六	二月二十八
鼠	正月十一	正月二十三	二月初五	二月十七	二月二十九
牛	正月十二	正月二十四	二月初六	二月十八	二月三十

与此相对，人们也按照12个小时一个周期来推算一天中的时间，将一天的时间按照中午12点和晚上12点分为两个周期，每天晚上0点是一天的开始，空气中人和动物的污秽已经消失，庄稼开始接收洁净的露水，生命逐渐旺盛。到上午10点，达到顶点，并一直维持到中午12点。12点以后，人和动物的污秽上升，空气和水都受到污染，大自然和人的生命力都下降，太阳逐渐下行，太阳落山，天黑闭光，整个过程中，人和大自然的生命力都不断下降，人与动物制造的污秽也逐渐减少，到晚上12点，生命力达到最低点。

与这样的时间观相对应，人们都在早上的10点前到寺庙打卦，因为到10点以后，神灵就会受被污染的环境影响，打卦就不灵了。同时，根据对各种动物的认识，人们也对各种属相的特性进行了定义（见表5-8）。

表5-8 对各种属相的评价

属相	对属相的评价
虎	虎是神，到了山神最高随从的地位，该享福了
兔	机灵、聪明、乖
龙	龙是神，可以在空中飞，自由自在
蛇	蛇是光滑的，有毒性，不可以飞；是办事利索的象征
马	马是交通工具，神将都要骑。是好的属相
羊	羊的全身（毛和肉）都可以用，而且自己吃草，可以安排自己的生活。属相好
猴	猴子终年在野外生活，不找人的麻烦。也是好的属相

续表

属相	对属相的评价
鸡	鸡下庄稼地乱抓乱鳖，不喜欢。属相不好
狗	狗，护家，不嫌家穷，但咬人，咬牛，吃现成。总体是不好的属相，特别是上山放牛时，牛头一定不能属狗，否则牛会全部被野兽吃光
猪	猪的拱嘴长，拱来拱去，无事生非，爱惹祸，是非多。属相不好
鼠	老鼠，爱偷嘴。属相不好
牛	牛，不仅自己吃草，不用人喂，自己解决自己的生活问题，还提供毛、皮、奶供养人，是最好的属相

十二属相首先被用于指导农事，除了发挥历法的作用，人们也用它来预测收成。例如，人们认为，牛年一般庄稼应该不错，因为牛是很好的属相，牛能够自己吃草养活自己，不需要人花太大的精力。因为狗顾家，蛇办事利落，狗年、蛇年的庄稼也会好。鸡年就庄稼不好，灾情多。其他年份，则庄稼不好不坏，人们也不饱不饿。

出生在这一年的人，也和这年的属相相关。人与属相间的关系，被应用到婚姻中，他们认为婚姻中对立属相的人不可以结婚，比如，虎和猴、鸡和兔、龙和狗、蛇和猪、马和鼠、牛和羊都是各自对立的。

总之，在硗碛，与其他信仰相比，山神崇拜是最为基本的信仰，并对人们的知识体系和生活选择有着重大的影响。

第三节　山神的神性

对于一个信仰者来说，神的神性在很大程度上影响着他们的社会行为。无论他们是否认识到，所信仰的神的神圣性是一直存在的。对此，伊利亚德指出："宗教徒发现了许多的神圣模式……首先，世界是存在的，它就在那儿；而且它有自己的结构，它不是一个混沌，而是一个宇宙，因此，它自己显现为一种创造物，正如诸神的创造业绩一样。"[①] 基于我们在上两节对嘉绒藏族关于山神与自然、人之间的相互关系的分析，本节我们将讨论嘉绒藏族如何认识山神的神性。

---

① 米尔恰·伊利亚德：《神圣与世俗》，王建光译，华夏出版社，2002，第62页。

一　高远苍穹的显圣物

"对神圣苍穹的朴素沉思已经引起了一种宗教体验，苍穹自我展示出其无限性和超验性。它是真正的'完全另类神圣'，而不是通过人类及其环境表达出的微弱的神圣。超验不是通过意识到诸神的无限高远而展现出来，所以'最高'就自然成为神性的一种属性。""'最高'是人类之作为人类的一种所不能达到的向度。它属于超人的力量和存在。"[1] 这一对于神圣苍穹的体验，使嘉绒藏族把山神作为人与代表"最高"的苍穹之间最重要的沟通者，作为一种显圣物进行崇拜。

正如谢继胜指出的那样，山崇拜是古代藏族最重要的自然崇拜之一，它是藏族民间信仰中最具有个性特征的崇拜形式，是构成藏族整个原始信仰体系的基础[2]。山神信仰的出现，与青藏高原的地理位置是密切相关的。

嘉绒藏族居住在从成都平原到青藏高原的过渡地带，主要位于岷江和大渡河两条河流两岸，代表性的地貌是高山峡谷。受青藏高原持续隆起的地壳活动影响，这里岩石破碎，是世界上地质活动最频繁的区域，经常受到地震、滑坡和泥石流的威胁。

在这样的环境中，高山是影响人们生存最重要的自然物。这些山峦海拔从2000米到6000多米，相对高度往往达到三四千米，陡峭险峻，直插云霄。由于海拔每增高100米，气温会下降0.6摄氏度，因此一年四季人们都会切身感受到垂直分布的气候所带来的变化。夏天河谷地区干热，山顶仍然白雪皑皑，农历6~8月的夏季，仍然会有暴雪。半山丰富的水汽，形成巨大的云雾团，使的山峰终年云雾缭绕，当人们发出较大的声响时，云雾受到振动，顷刻间就会风雨交加，甚至冰雹来袭。在如此巨大的自然力量面前，人们形成了非常系统的山神信仰。

这一信仰的核心是山神的力量来自苍穹。在高山峡谷地区，当人们仰望天空时，看见的是高高向上、云雾缭绕、与天空融为一体的高山。越是接近天空的高处，越是气候变化无常，风雪、冰雹随时威胁着人们的生存；越是接近天空的地方，人们越难以一睹芳容，在云雾缭绕中隐藏的，是苍穹的神秘感。面对如此强大的力量，人们很自然地将其圣化为神，予以膜拜。

---

[1] 米尔恰·伊利亚德：《神圣与世俗》，王建光译，华夏出版社，2002，第63页。
[2] 谢继胜：《藏族的山神神话及其特征》，《西藏研究》1988年第4期。

二　喜怒无常的性格

在藏传佛教影响已经渗透到人们日常生活的拉萨河谷地区，山神已经完全被纳入藏传佛教的神灵体系。在他们看来，山神还不是佛和菩萨，可以对人类充满慈悲之心。藏传佛教认为，山神本身并未脱离六道轮回，只是被佛法调伏，成为护佑地方的神灵。在信仰山神的人们心中，它是充满力量，但也是有嫉妒、愤怒、杀戮、贪嗔之心的神灵。因为它力量无边、喜怒无常，人们才必须随时随地要祭祀它，以获得它的保护，并免于招来它的报复[1]。

在藏北牧民的心中，山神和人一样，有着不同的性格。在安多多玛的牧民中，还流传着一种非常有趣的神山分类法："据说安多的神山可以分为三类：第一类是爱护人的仁慈的山，这类神山从来不对人进行惩罚，如买玛部落的拉日就属于这类神山；第二类是专事惩罚人的神山，如夏木拉神山；第三类神山是既能爱护人，又可以惩罚人的神山，卓格属于第三类神山。"[2] 在牧民们眼里，"由于山神能够呼风唤雨，能降下大雪和冰雹，也能保佑我们平安健康，保佑我们的牲畜兴旺，他是既能降灾也能降福的神灵，所以我们既敬重他，也恳求他，拜服于他"[3]。康区的《格萨尔》史诗《赛马登位》分部，就记载着触犯山神而导致冰雹的故事：

> 岭国举行全国大赛马以决定新王，由于举行这次赛马大会触犯了阿韦芳青山神，所以当赛马进行到"缨索分先后，胜负见高低"的关键时刻，突然"天空中布满绵羊般大小的乌云，然后逐渐扩大，一会儿便电闪雷鸣，天昏地暗，降下冰雹来"。[4]

《西藏王统记》《西藏王臣记》《拔协》等藏文史籍，也记载了由于吐蕃赞普赤松德赞延请印度高僧寂护来藏弘扬佛法，惹恼了雅拉香波神山，因而"雷殛红山，大水冲毁庞塘宫，闹大瘟疫"[5]。

---

[1] 勒内·德·内贝斯基·沃杰科维茨：《西藏是神灵和鬼怪》（上），谢继胜译，西藏人民出版社，1993，第233~270页。
[2] 格勒等：《藏北牧民》，中国藏学出版社，2004，第270页。
[3] 田必伟：《藏族原始宗教观念演变试析》，《西藏研究》1989年第3期。
[4] 李学琴译《格萨尔王传·赛马登位》，四川省《格萨尔》抢救整理领导小组办公室内部编印，1990。
[5] 周锡银、望潮：《藏族原始宗教》，四川人民出版社，1999，第20页。

据格勒的研究，山神是本教中"年神"的一种。在本教中，年神分为黑白两种，一般居于天空的称白年，黑年类主要居于地上，有地年、雪年、山年、海年、崖年、木年、水年、石年等。"年"是一种可怕的凶恶的象征，与"年"字有关的词都是表示不好的、残暴的。如"年"本身就代表着瘟疫之意；"年病"意思是与山神有关的恶病、不治之症；"年者"意指最残暴的人，无人敢动；"年地"意指世界上最凶险之地，一般指年神经常游荡的高山隘谷。因此，山神是最容易被人们触怒的神。在藏族地区，"凡是经过高山雪岭，悬崖绝壁和原始森林之类的地方，都必须处处小心，人们都不敢高声喧哗，大吵大闹，否则就会招致狂风乱卷、雷电交加，甚至会大雨倾盆。若是在冬天，就会风雪弥漫，雪崩岩塌。因此，山神被人们称为最灵验的神。"在农业区，山神一般骑着马，牵着狗，还穿着战斗用的盔甲，拿着刀、矛等。"更重要的是它们一般都有定居的房屋，充分反映了农业文化的特点"。①

硗碛的众多山神，都保留了传统山神喜怒无常的特性，人们稍有怠慢，就会惹祸上身。比如白色达若达山神就是一个头发长到脚跟的女神，她住在原来硗碛到宝兴道路旁的一个山洞里，每天都出来活动，人们很容易冲撞到她，她发怒之后，就会将过路的人推到河里。因此，从事背运的人出门，一定要祭祀她。20世纪30年代，一批汉人迁入硗碛，他们大部分住在冲积平坝，以做小生意或者帮助背运为生，为了避免遭到白色达若达的报复，他们在她的洞旁修了一个观音庙，想镇住她。

三 领地清晰、互不干扰的管理方式

在嘉绒藏族地区，最大的神山是墨尔多神山，关于他的神性，有一个传说②：

在很古很古以前，整个青藏高原的神山，为理清归向和明确神权，共同发起了一个声势浩大的各路山神的集会。以喜马拉雅为中心，向四面分东、西、南、北，每方有九万九千九百九十九座大神山，都要选出一定数量的山神为代表，参加集会。

---

① 格勒：《论本教的神》，载《格勒人类学、藏学论文集》，中国藏学出版社，2006，第240页。
② 完整的传说见杨嘉铭《丹巴——千碉之国》，巴蜀书社，2004，第143~145页。

故事首先交代了青藏高原的中心是喜马拉雅山脉，其神山众多，数量庞大到四个九万九千九百九十九，每座神山都有自己的山神，山神也就是一个庞大的群体了，而且，此时的山神还没有统属关系，彼此都不服气，因而需要一次大的集会，由山神代表来比赛，夺魁者为群山首领。

集会开始，各方山神云集在指定席位上，会场上空着一把最大最好的椅子。主持者和发起者看到群神到齐，就宣布会议开始。突然，从东方飞来一位山神，昂首走进会场，见场上除上方有一空席，别无坐处，他向四周低声询问，见无人理睬，于是自己直登首席座位，顿时全场哗然。

这里实际上交代，对众山神而言，这个来自东方边缘地方的山神，大家都很陌生，因此众神压根没有给他准备座位，他到场时询问也无人搭理。当他坐到为胜者准备的位置上时，才引起大家的重视。此后，他经过七七四十九天的讲经答辩，把群神一个个击败，夺得了辩经的胜利。紧接着比武开始，又经过九九八十一天的激战，还是他获胜，由此荣登首位。

这次山神的比武大会，实际上是将本教众多山神纳入藏传佛教体系的一次活动，在这里，墨尔多神山的山神已经从使人们畏惧不已的年神变成了精通佛学经典、文武双全的山神。

在嘉绒藏族的山神信仰中，领地范围和管理模式是非常明确的。墨尔多神山是全嘉绒地区总的神山，每个相对集中的区域有自己总的神山，每个村落有自己的神山。神山上的山神们，对于居住在自己土地上的人具有非常大的责任，即使人们离开它已经很远，只要虔诚祈祷，他仍然会护佑你平安吉祥。

在嘉绒藏族地区流传的众多关于墨尔多神山的传说中，就有一个是关于他穿越千山万水护佑嘉绒兵士的故事。

在清初反击廓尔喀入侵的时候，约6000名嘉绒土兵在四川总督鄂辉带领下征战边境。在战斗的危急时刻，人们向墨尔多神山祈祷，这时：

天空一声霹雳，祥云中墨尔多神山骑着白马，手中神旗挥动，指石成兵，击退了敌军。

硗碛的山神中，雅西拉姆是全硗碛的山神，其他山神各有自己的领地，居住在其领地上的人们，要从事农牧业，要修房造物，要出门，每天很容易就和山神或者他所护佑的某种精灵冲突，因而获罪。因此，祭祀好自己居于其间的山神，就不只是关系到自己安危的事情，而且是关系到整个村落安危的大事。

总体来说，对硗碛人而言，大大小小的山神都是有个性的，他们不仅自己能力强大，而且掌握着神山上众生的生存权利，决定着人们的安危。因此，凡是与山神相关的东西，都需要小心对待，或者祭祀，或者躲避，才能保证人的平安。同时，山神是地域性的神，只对居住在自己的领地上的人，他们的力量才能发挥，所以，居住在共同地域的人，必须祭祀共同的山神，从这个意义上讲，山神信仰是以地缘为核心的信仰，以此为基础，人们之间通过祭山会这一纽带联系起来，形成一个以地缘为主、以血缘为辅的村落。下一章我们将以祭山会的仪式过程来分析这一纽带如何发挥作用。

小　结

山神信仰是硗碛社会结合的思想基础。在青藏高原特殊的地理环境中，人们认为人、植物、动物都与山神息息相关，山神是与人的关系最密切的神，他不仅掌管一切生物的生存和发展，而且决定是否用冰雹、风雪等自然灾害惩罚人们。山神的力量来自以"最高"形式体现的苍穹，成为神秘莫测的苍穹力量的显圣物后，山神还保持着其喜怒无常的性格，严格管理着他们各自的领地。因此，对待这样的神灵，祭祀的目标是希望他能够护佑生活在其领地上的所有人们，而无论其血缘如何、文化如何。

对山神的信仰，使硗碛社会联结家屋这一最基本的社会单元的纽带，表现出鲜明的地缘性，从而决定了家屋间的社会结合过程中，地缘性因素将发挥主导作用。

第六章

家屋与村落：地域性的社会结合

我们知道，在不同的文化背景下，村落中的社会结合是不同的，但具有宗教意义的、一定规模的祭祀和宗教活动，毫无疑问是村落社会结合的重要纽带之一。与象征研究取向的学者不同，对于社会人类学研究取向的学者而言，人类学对于宗教现象研究的特质，均集中于社会组织及社会结构之讨论，表现出："1.宗教不是超凡入圣的领域，而是被当作文化象征（宗教、节庆、伦理、价值）来处理。2.宗教组织被视同社会组织之一，探究宗教组织与社会组织之间的分合纠结。3.分析仪式不是为了修炼神仙或修养德行，而是注意其传递文化理念与规范社会秩序的价值。4.重视集体的情感认同甚于个人的神秘经验之唤起。"① 麻国庆将日本的神社和中国的庙作为村落社会结合的纽带进行了分析，指出："如果我们把神社和庙放在一起进行比较的话，我们会清楚地认识神社和庙的各自特点及在各自社会结合中的作用，进而可以把握中日社会结构的特质。"为此，他从神社和庙的起源和类型，神社、家庙、祠堂与祖先祭祀，村社和村庙三个方面对中日社会结构进行了比较，认为，中日两国的社会结构特点在功能和结构上，表现为血缘与地缘关系结合的方式不同，"在村落和社会的层次，中国的村落是分散的，村庙的祭祀是跨越村界的，而日本的村落具有很强的一体性"，"日本社会的结合原则是'场'，而中国社会是差序格局"。②

运用这一概念，我们可以分析嘉绒藏族，因为在藏族社会中，居于村落信仰核心位置的是藏传佛教寺庙和山神信仰。无论在什么地方，藏传佛教寺庙举

---

① 张珣:《祭祀圈研究的反省与后祭祀圈》，台湾大学《考古人类学刊》2002年第58期，第80页。

② 麻国庆:《社会结合的纽带——日本的神社与中国的庙》，载《永远的家》，北京大学出版社，2009，第196~209页。

办的各种节庆仪式,都是村落或者社区的集体活动,也是村落社会网络相互作用的场所①。山神信仰的集体活动,也是社会结合的重要纽带。格勒等在对藏北牧民进行的调查中注意到:"藏北民间信仰的崇拜物中以神山最为突出……他是牧民们的现世护佑之神。"② 硗碛的宗教活动有两种,一是以永寿寺为场所的全体居民的宗教活动;二是以祭山会为代表的区域性活动。本章将分析在这两种宗教活动中,社会结合是如何呈现的。

第一节　家屋与村落的空间布局

本节我们将讨论以山神信仰为纽带,家屋间形成的空间布局如何使家屋整合为村落,并进一步讨论这一空间布局与以地缘为主、以血缘为辅的家屋整合原则间的关系。

一　村落中的公共空间

图 6-1 是嘎日村冰丰组的示意图,从图中可以看到,该村落全部坐落在卡尔贡阿神山上,卡尔贡阿山的主峰位于该村落西南方,而位于其东南角的则是永寿寺,村落中所有的家屋分为四个组团,组团之间由卡尔贡阿山的主峰和支脉分开。

图 6-1　嘎日村冰丰组的示意图

---

① 多吉才旦主编《西藏封建农奴制社会形态》,中国藏学出版社,1996,第 321~379 页。
② 格勒等:《藏北牧民》,中国藏学出版社,2004,第 267~339 页。

村落中的公共空间主要是举行祭山会的塔和进行宗教活动的永寿寺，从图6-2可以看到，祭祀雅西拉姆的主塔旦谷底位于卡尔贡阿山主峰伸入硗碛冲积平坝的山梁上，从高度上看，它位于所有家屋的上方；祭祀雅西拉姆的另一个小塔位于D区和C区、C区和B区间卡尔贡山的一个支脉嘎谢梁上。我们在上一节介绍过这个塔的来历，与谷底一样，它也位于嘎谢梁上所有家屋的上方。这一祭祀山神的神圣空间与家屋的关系，显示了人们对于山神神性的理解。

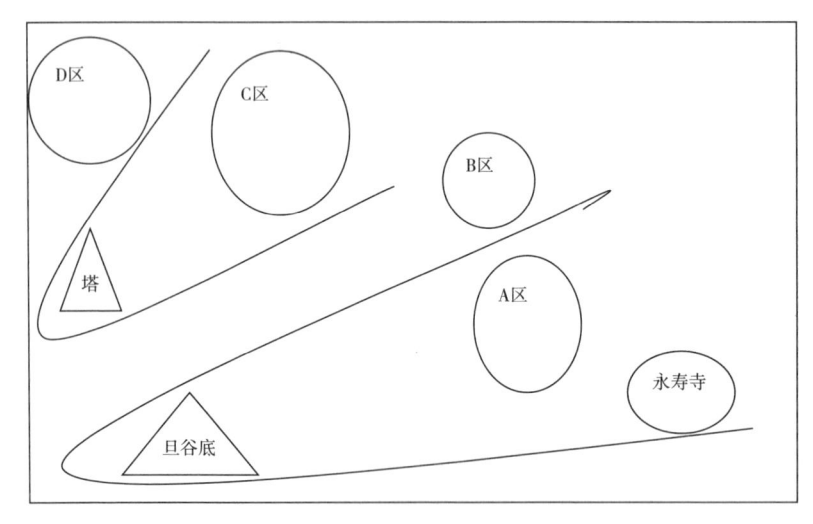

图6-2　冰丰家屋与村落的空间关系

永寿寺同样位于卡尔贡阿山的主峰上，在卡尔贡阿山伸入硗碛冲积平坝最远端。永寿寺建立时，选址即体现主要是方便硗碛全乡各个村落共同进行宗教活动的需要，因此最初坐落在冲积平坝中心，从任何一个村落到这里都相对较为便捷。后来因故重修时，选择了今天的位置，在硗碛水库蓄水前，这里就是一个相对独立的区域，与周边的所有建筑都保持一定的距离，并且仍然居于整个硗碛的中心。硗碛水库蓄水后，原来位于其下方的所有家屋都向上搬迁，形成其现在位于所有家屋下方的格局。但从地理位置看，它仍然处于一个相对独立的环境中，只是由于乡政府及城镇上的居民搬迁到泥巴沟，这里已经失去了原来的中心地位。

村落中的家屋都位于卡尔贡阿山主峰和支脉山坡上相对平缓的地方，A、B、C、D四个组团的形成，主要是卡尔贡阿山主峰和支脉将地貌切割为不同的地块，其中的A、C、D三个组团一直就是传统的居住地，而B组团是由于硗碛水库搬迁、搬迁户从现在被淹没地区上迁形成的。

从总体上看，冰丰的村落布局中，旦谷底和嘎谢梁上的塔是村落的公共空间，而永寿寺则是全乡的公共空间。

二 家屋间的空间关系

冰丰共有56个家屋，其具体的情况我们在第三章第二节的第一个问题中就已经做了交代，在这里，我们仅以A组团家屋间的关系，从空间关系的角度做一个回顾。

A组团共21个家屋，分别是卧嘎龙、阿夸尔、杰布若新家（美地）、安佳安地、喔给、贡东巴、贡东巴美地、策棱库、但底日库、蚌给、龙普、龙普美谷、嘎炯、呷尔达、达尔噶、达尔噶美地、达尔噶美杜、蚌如、策棱木雅、策涅阿美杜、策涅阿美地。

这些家屋中，按照老屋和分出去的新屋间的关系，可以分为以下几组。第一，只有老屋，没有分出去的新家。如卧嘎龙、阿夸尔、杰布若新家（美地）、蚌如、达尔噶。这五个家屋中，杰布若从C区的高山上搬下来，现在的房名叫美地。达尔噶家分出的弟弟森塔丽家现在居住在B区。冰丰人都说，这五个家屋中，除了新搬来的杰布若新家（美地）外，都是A组团最早的居民，他们的家屋在土司时代就建立了。在访谈森提家内容中，我谈到森提家在A组团建立家屋的三户子女，家里的老人曾经开玩笑地说，我们森提家把大金川（指阿夸尔家）的地方都占完了。可见，历史悠久的老屋，有着较其他家屋更高的声望。

第二，既有老屋，在本区又有从老屋中分出的新家屋。呷尔达、龙普、龙普美谷、嘎炯为一组，后三个家屋从呷尔达老屋分出。策棱木雅、策涅阿美杜、策涅阿美地为一组，后两个家屋从策棱木雅老屋中分出。达尔噶美杜、达尔噶美地为一组，后者从前者分出。这九个家屋中，只有三个是以前的老房名，其余均为直系亲属从老屋中分出。从所取的房名看，主要是按照房屋的相对位置，例如，达尔噶美地从达尔噶美杜中分出，但两家所取房名均以另一个没有任何血缘关系的家屋达尔噶为参照，按照与达尔噶这一家屋的相对位置取名。但策涅阿美杜、策涅阿美地是按照其与老屋策棱木雅的相对位置取名的。也可以取和老屋完全没有关系的房名，如嘎炯从呷尔达家分出，二者的房名就没有任何关系。总之，从所取的房名看，老屋和新屋之间的平等关系是非常明显的。

第三，老屋不在此区，新建家屋在本区。安佳安地、喔给、蚌给三户均从

B区的森提家分出。贡东巴从C区的贝尔洛家分出，贡东巴美地从C区的贝尔杜家分出，但底日库从D区的阿利家分出。这些从其他组团进入A组团的家屋，建立的原因基本上和姻亲关系相关。例如，森提家和卧嘎龙及阿夸尔家都是姻亲，从森提家分出的安佳安地，妻子是卧嘎龙的女儿，家屋建在妻子的承包地上。森提家唯一的女儿，嫁给了阿夸尔家。由于姻亲关系，卧嘎龙家和阿夸尔家也让森提家的另两个儿子喔给家和蚌给家在自己的林地上修建了家屋。同样，贡东巴家的女儿嫁给了贝尔杜家，几年后，在自己的承包地上建了家屋，取名贡东巴美地。

从空间位置看，每一个家屋都修在自己的土地或者被土地使用者授权的土地上，尽管家屋由错综复杂的血亲和姻亲关系连接在一起，但是，家屋在空间上的位置是平等的，没有任何一个家屋可以成为一个社区的中心。

第二节 祭山会与家屋间的地域性社会结合

祭山会是人们祭祀山神的仪式，日本爱知大学教授松冈正子在20世纪90年代初至2007年，调查了羌族、嘉绒藏族、川西南藏族、普米族、纳西族的祭山会，建立了藏彝走廊中祭山会的"系谱"，她指出"祭场的空间、烟祭和动物供牺、固有的祭师、独自的年历和新年的关联"都是羌语支民族祭山的仪式要素，而"祭场的空间"则是由"白石、石塔和树枝"三点构成的。所以，我们可以推测，这些仪式要素也是西藏佛教传入以前藏族信仰的构成要素。由于西藏佛教传入几年里"原封不动"的导入，正因为这样一种接受形态西藏佛教传入以前的"祭山"才几乎被完好无损地保留到了今天。[①]她的这一说法与硗碛的祭山会仪式大体上相同。在本节中，我们将根据祭山会和参加者的情况，来分析祭山会如何显示硗碛家屋间的社会结合更具有地域性。

一 祭山会的含义和会期

硗碛人将祭山会称为"转塔子"，或者叫"塔子会"。嘎日村冰丰组的山神是雅西拉姆山神，人们认为她的化身是一条龙，因此雅西拉姆居住的卡尔贡底山也称为龙神岗。据说每年八月十一祭山会时，雅西拉姆都会

[①] 松冈正子：《羌族、川西南"西番"、嘉绒藏族、普米族、纳西族的"祭山"——祭山的系谱》，发表于"世界人类学民族学大会藏彝走廊专题会议"，2009年7月。

化身为一条黄色的蛇，待在祭祀她的塔子附近的一个小洞中，当人们念着嘛呢从这里经过时，她会静静地停留①。按照蛇应该躲避人群的天性来讲，该蛇的确颇具神性。祭祀雅西拉姆的塔名为谷底。在谷底举行的祭山会会期一年两次。

第一次是每年农历正月十一，这次的祭山会主要是祈愿。一般由每家的老人们上山，请喇嘛念经，祈求来年风调雨顺。过去祭祀山神时，各户要象征性地分半升粮给山神，每升用一个核桃壳代替，半升就是半个核桃壳的粮食，将各户带来的粮食集中，抛撒在塔四周的山上，作为给山神交纳的粮食。同时用柏树枝熏烟，烟祭山神。家里有特殊事情要许愿的，将带来许愿的动物放在塔前，由喇嘛念经告知山神，然后放生。正月十一祭祀后，人们就可以耕地下种了。

第二次是农历八月十一，这时大部分庄稼已经成熟，马上就要收获了，因此要上山酬神还愿。这一天是嘉绒历法的马日②。按照嘉绒藏族看法，马是山神的坐骑，在马日这天祭祀山神，可以让马将大家的酬谢和虔诚尽快转达山神，以保佑即将收获的庄稼和即将下山的牲畜平安。同时，也开山，大家可以砍伐树木，储备冬季使用的木柴，也可以猎获一些动物。

春天的另一次祭祀是祭祀嘎谢梁子的塔，时间是农历的三月三③。按照嘉绒历法，这一天是龙日，正好祭祀以蛇为化身的雅西拉姆。在三月三祭山后，一是封山，不允许到山上砍树、打猎，人们认为砍树打猎会得罪山神，带来风雪和冰雹，已经砍倒的树，要用树叶盖好，以让山神无法看见。一是放牧季节到了，牛头要赶牛上山了，要让牲畜在山上一切顺利，不被野兽吃掉，也不会摔死、病死。封山时喇嘛要念防风雪和冰雹的经。

祭山会除了祭祀山神，还有很强的伦理教化功能。特别是居住在同一山神区域内的人们，对于整个村落都有责任，如果封山期谁为了自己的利益上山砍柴、打猎，一旦造成风雪和冰雹，就会受到整个村落的非议，在不大的范围内，这种压力是无法承受的。卧嘎龙的洒耳加老人告诉我：

我们封山不会下赌咒，赌咒是不好的，会害人。但是大家都不敢上山

---

① 2009年我参加8月11日塔子会的时候，大家指给我看她停留的小洞。洞很浅，完全暴露在大家的视野中，我没有看见蛇，却看见了一个蜕下来的完整的黄色蛇皮。可见人们是把一条黄花皮的蛇作为雅西拉姆的化身。
② 嘉绒语称这一天为马日，音 ren-la。
③ 嘉绒语称这一天为龙日，音 pu-la-er-jia。

砍柴、打猎，因为如果今年有风雪、冰雹，影响了庄稼牛羊，大家就怪那家，那家人的名声就不好了。这个我们冰丰是没有人敢的。

他的说法与藏北牧民的说法一样，安多多玛部落的牧民一般不在神山上打猎。并没有不允许在神山打猎的禁令，主要是因为牧民们不愿打，也不敢打。

这种由社会压力形成的伦理教化，使村落内的人们重视大家的共同利益，在这个意义上，祭山会与日本神社中镇守的祭祀相同，"村民并不是为了各自的利益进行祭祀，而是祭祀村全体的守护神。这样，神社作为地缘结合的中心起到了强化地域认同的作用"。① 祭山会实际上发挥使村落形成地缘性结合的纽带的作用。

二　祭山会酬神还愿的仪式过程

1. 时间与参加的村落

2009 年农历八月十一日的雅西拉姆塔子会，在公历 9 月 29 日举行。因为丹谷底是雅西拉姆山神范围内的居民祭祀它的地方，所以居住在卡尔贡阿山南坡的朝霞组和居住在北坡的冰丰组都处于祭祀的区域，主要参加人员就是朝霞组与冰丰组的村民。2006 年磽碛水库搬迁后，原来位于冲积平原中的呇落村搬迁到卡尔贡阿山南麓，因此，这部分居民也参加雅西拉姆的祭山会。

按照每年的惯例，人们会在上一个会期结束时推选下一个会期的主持人。2009 年的主持人之一是朝霞组卡卡②家的阿乌，藏名扎耳加③。主持人之二是冰丰组嘎哟谷④家的阿乌，藏名贝尔吉尔⑤。

2. 环境

雅西拉姆的塔有新旧两个，均位于一座石墙瓦房内，房屋大门朝向正东。据老人说，这里原来只有一个旧塔，一直没有遮风挡雨的房屋。常常有敞放的猪、牛、羊在塔旁边活动，使塔周围很不干净。1978 年以后，大家集资盖了一个简单的草棚，1983 年翻修，改建为木板房，1996 年第

---

① 麻国庆:《永远的家》，北京大学出版社，2009，第 205 页。
② 音译，嘉绒语音为 ka-ka。
③ 音译，嘉绒语音为 za-er-jia。
④ 音译，嘉绒语音为 ga-yo-gu。
⑤ 音译，嘉绒语音为 bei-er-ji-er。

三次翻修，改建为石墙瓦房。房屋大门右边石堆中，插有一根彩箭，是用高约 3 米的杉树枝做的，树枝顶部保留三叉形枝丫，树枝中部有五色风马旗①。在仪式举行的头一天就会插好。房屋周围也插有五色的风马旗②。

房屋的东北部有一个较为平缓的山坡，建有一个高 1.7~1.8 米的煨桑台。煨桑台的周边均插有风马旗。煨桑塔下面的山坡里，有人们所传的雅西拉姆化身——一条黄花蛇的洞穴。

3. 供塔房屋的内部布局

供塔房屋内，靠西北的位置，有两个几乎挨在一起的塔，均高约 2 米，塔的正面朝向东南，背面朝向西北，新塔位于老塔前方，和老塔紧挨在一起，正好使在塔前供奉的人面向雅西拉姆神山的高峰。靠里面的是老塔，已经不再使用，基座为四方形，只有一级；整个塔身为圆锥形，由片石砌成；顶部也为圆锥形，较小。靠外面的是 1983 年修的新塔，基座也是四方形，共三级；塔身为一级，四方均留有灯龛，仅能容一盏灯；塔顶为四级，顶部为圆锥形白石；锥体前有一个藏族常用的日月装饰，上部为红色太阳，下部为黄色月亮。老塔前摆有一张东西向的供桌。新塔前摆有一张南北向的供桌。东北角为锅庄，锅庄顶部的梁上放有已经干透的白桦树枝叶。西南角为喇嘛的工作场所，摆有一张东西向的条桌和四个座席。房屋内部挂有许多风马旗，主要图案是白度母和风马。新塔的三级基座上放有许多擦擦③，还有很多擦擦堆放在老塔与新塔之间的空地上。房屋靠西的墙上 1.7~1.8 米高处石墙与木板结合处留有一个平台。南墙上，喇嘛所坐位置背后留有一个双开门窗户。

4. 祭品

祭山会的祭品分为两部分，一部分是摆放在塔前的，主要有以下几种。

---

① 彩箭上按照顺序一组一组地拴着经幡条。最顶端为蓝色，象征蓝天；下面是白色，象征白云；再下面是红色，象征火焰；再下面是绿色，象征绿水；最下面是黄色，象征大地。五种颜色的排列反映了大自然的立体排列形式，不能错位。

② 风马旗，一般是在一个单色的方形布片上，印刷上佛像、护法、宝马驮经、宝塔、曼陀罗、经文、六字真言、符咒等图画。"宝马驮经"是最为常见的，其图像中心是一匹宝马，这匹马，在古印度的神话里是诸神之王帝释天的坐骑。它佩饰璎珞，背上驮着象征财运兴旺的"喷焰末巴"。四角上分饰"达"（猛虎）、"森"（雪狮）、"琼"（神鹏）、"珠"（祥龙）。中间往往有佛教的六字真言或本教咒语经文。它是用同一块版，分别印在白、黄、红、蓝、绿各色布片上。色彩的象征意义为：白色为人之纯洁的心灵，黄色为大地，红色为火焰，蓝色为天空，绿色为江河。

③ 藏族经常使用的一种祭祀物品，当家里有人生病或者有不顺利的事情时，喇嘛打卦后，如果需要，家人就会用泥做擦擦，让喇嘛念经，仪式结束后就将擦擦送到塔上或寺庙存放。

仪瓦①。一盘竖7排、横14排,共98个糌粑捏成的祭品,其中前9排63个为约2厘米高的人偶,后面5排为象征牲畜及粮食的祭品,一排或两排的人偶顶部点有酥油。右边有一个单独的较大人偶"萨依拉姆②",顶部也点有酥油。杨明海喇嘛告诉我们,这个就是今天的主祭品。一个"仪瓦"就是一家人还愿的全部内容,其中画有格子的木板代表一家人的房屋,萨依拉姆代表这家人的当家人,男面和女面的人偶,代表所有住在一起的家人,小的祭品代表所有的牲畜和粮食。仪瓦不是随便做的,每个喇嘛都有一个四棱或者六棱的木棍,木棍上有阴刻的各种图像,喇嘛直接在这个阴刻的图案中印制出仪瓦。喇嘛认为印制仪瓦的木棍是一种法器,当我要求把其中的一个拿出房屋到外面拍照时,喇嘛还专门跟出来,看着我摆放,说不能让木棍的方向反了,实际就是强调木棍必须是人手不拿的那个方向朝向山神。也就是说,在喇嘛们的眼里,木棍上的图案已经是祭品了。在藏区,这种塑板是广泛使用的,大多数塑板包括"四魔"图案。每个魔的右手都提着绳套,但左手拿的东西不一样:第一位魔左手持"响",这是本教的一种乐器;第二位魔左手持刀;第三位左手持缚有三角旗帜的长矛;第四位魔左手挥舞刻有凹痕的魔棍。另一种塑板大多刻有"男面"和"女面"像,还有的刻有牦牛、绵羊、山羊等。做仪瓦的糌粑和酥油都是各家自己拿来的,还要给做仪瓦的喇嘛每人50元工钱。一个仪瓦全部做好后,要在木盘上放一点蜂蜜。不是所有参加祭山会的人都必须做仪瓦,而是在三月三祭山会时许过愿的人才做仪瓦酬神还愿。许过一次愿,就要还三年。这一次一共十八家人要求做仪瓦。

测巴③。喇嘛告诉我们那是"大菩萨",是用制作"仪瓦"剩余的糌粑捏成的人像,头部和腹部装饰有酥油,脚下放有一朵瓦玛④花。据我的观察,大菩萨应该就是藏区仪式中普遍使用的朵玛,在供奉地方神时,人们使用的圆形白朵玛都是比较简单的,通常是用糌粑捏成圆锥形,放在木盘上,在其顶部、中部贴上圆形的白色酥油花,下部则用其他图案的酥油花。祭祀仪式使用朵玛,是因为被请来的神没有地方落脚,只能待在朵玛里。瓦玛花是一种很常见的小菊花,色彩缤纷,有黄色、红色两种主色,还有许多处于黄红两色间的过渡色彩,嘉绒藏区基本上家家都种。这种花专门用于各种祭祀活动,在有鲜花

---

① 音译,嘉绒语音 yi-wa。
② 音译,嘉绒语音 sa-yi-la-mu。
③ 音译,嘉绒语音 che-ba。
④ 音译,嘉绒语音 wa-ma。

的时候，祭祀前直接将其摘下放到祭祀的对象面前。如果路途较远，就放在干净的背篓里，或者用白纸包好带去。如果是干花，必须在人和牲畜都不会去的地方晒干，用白纸包好放在房屋高处干净的地方，大多数时候是放在经堂的柜子里，用的时候取出，将花瓣洒在供品上即可。

扎乌拉①。祭品分为三圈，中间为一直立的人像，高约10厘米，上面插有七面红纸剪纸和五个酥油团（直径约1厘米）；其余为跪立的12个人像，约6厘米高。

扎②。中间为一骑马的将军，将军和马的头上都有酥油团，通高约6厘米。四周约有30个高约4厘米的人像，其中6个头上有酥油团。

拥拉③。又称达达，一个三叉形树枝，上捆红、蓝、黑、黄、绿五色布条，三叉中间有一个镀金圆形铜片④，表示招运气。拥拉是喇嘛自备的，用完后带回。达达实际上也是彩箭的一种。彩箭是藏区宗教仪轨中使用的最重要的圣器之一，是保留下来的传统宗教的重要内容，"作为佛教传入西藏之前当地众神的标志"⑤。彩箭是本教最重要的祭祀法器之一，藏传佛教传入后也吸纳并使用彩箭，但在其仪轨中使用的彩箭，五色幡布中没有黑色，而代之以白色。本教中使用的五色幡布，则没有白色，而是黑色。硗碛虽然从清代中期就改宗藏传佛教格鲁派，但在山神祭祀这样的仪轨中，留有大量本教的影响，因而其彩箭仍然保持着本教的传统。

另一部分祭品放置于屋外，在煨桑塔前呈弧形分布的有日瓦⑥。日瓦是家里牲畜很多的人家才制作的，因为硗碛的大部分牲畜都是敞放在高山牧场，由于山势陡峭，经常有牛摔伤摔死，疫病也常常流行。我们2009年9月在硗碛的时候，嘎日村的牛场就发生口蹄疫。撒曼家的牛也在山上摔断了腿，她从上山回来的人口中听说后，赶快上山找。如果没人发现并带话回来，这头牛就会死在山上，而撒曼也不会知道它是怎么死的。为了保证牲畜平安，大家每年在三月三到祭山会许愿后，就必须连续三年酬神还愿，其目的是感谢山神为牲畜禳除瘟病，保佑平安。人们制作日瓦时，先用干竹枝做一个空心塔状，高约60厘米，外面用带树叶的白桦树枝装饰，空心部分放入干透的白桦树叶。

---

① 音译，嘉绒语音 zha-wu-la。
② 音译，嘉绒语音 zha。
③ 音译，嘉绒语音 yong-la。
④ 音译，嘉绒语音 meng-long。
⑤ 〔奥地利〕勒内·德·内贝斯基·沃杰科维茨：《西藏的神灵和鬼怪》（上），谢继胜译，西藏人民出版社，1993，第438页。
⑥ 音译，嘉绒语音 ri-wa。

从外观看，日瓦类似于一个两层的祭坛，最上层的地方人们会插上香，中间的一层是人们烧掉给山神供品的地方。给山神的供品必须是干净的、白色的用品，因此用于日瓦的只能是竹子和白桦树枝叶，由于祭山会开始前喇嘛会给煨桑塔和仪式举行的地方除秽，燃烧祭品的地方就可以在煨桑塔旁。在点燃供品时，供品和土地间还隔着干净的白桦树叶。这样，人们才能把被喇嘛加持的供品成功地供奉给山神，讨得山神的欢心。

5. 过程

主持人和喇嘛一般早晨9点左右就到达塔所在的位置。喇嘛念经，并用净水瓶给塔和煨桑塔除秽。随行人员在塔和煨桑塔塔基四周点香，挂风马旗，装饰塔所在房屋内部。

10点前，需要做仪瓦的村民陆续来到，每家带有糌粑、香、煨桑粉、柏枝、煮熟的麦子（可用大米替代）和黄豆、瓦玛花。到达后，将糌粑和酥油交给喇嘛制作仪瓦，然后到煨桑塔边制作日瓦。之后，先在塔前点三支香，然后在每个日瓦上插一支香，最后到煨桑塔点香、煨桑。

喇嘛拿到村民送来的糌粑后，分头制作仪瓦、扎乌拉、扎、测巴等供品和剪纸。把供品放在供桌上，点上灯，并将一盏灯放在新塔的灯龛里面，把村民带来的煮熟的麦子（可用大米替代）和黄豆、瓦玛花撒在仪瓦上面。把拥拉放在旧塔子上。

大约中午12点半，村民陆续到齐。在吹过标志着仪式开始的号后，在卡卡家帮忙的杨文才在一个铲子里面点燃柏枝，撒上煨桑粉，先在房内塔周围除秽，再拿出房，围绕塔所在的房屋转三圈，之后放到煨桑塔上，完成除秽仪式。

12点55分，喇嘛们就开始念经。众人点香，先到塔前点三支，并在塔前磕头，剩下的香，先在每个日瓦上面点一支，剩余的插在煨桑塔基座四周。这时，陆续到来的人们把钱交到推举出的人手中，每人2~10元不等，这些钱，将用于本次祭山会仪式用品的购买和请喇嘛。

下午1点30分，开始转经唱嘛呢，所有参加的人员从房屋的南边开始，顺时针绕房屋和煨桑塔转三圈，边转边唱嘛呢，喇嘛继续在屋内念经。

下午2点30分，一段经文快念完时，杨文才把拥拉和三支香拿出房，围着房屋转圈，直到这段经文念完才拿回去，放回老塔子上。

下午2点37分，喇嘛们开始念另一段经。

下午2点44分，杨文才拿着扎乌拉从房里出来，卡卡阿乌给每个人发几颗麦粒，每个人把麦粒放在掌心，吹一口气，然后将麦粒放在扎乌拉上，再低头用额头碰一下扎乌拉。所有的人碰完后,杨文才拿着它走向煨桑塔,将盘中除正中直立人像外的其他东西分两次放入煨桑塔烧掉。同时在煨桑塔边放三炮。杨文才再将其拿回房中,放在房屋靠西、面向雅西拉姆、高 1.7~1.8 米处石墙与木板结合的平台上。据杨文才说,这个仪式的目的是保佑人的魂魄一直依附在人身上,以消灾驱病。

下午 3 点,杨文才在喇嘛的诵经声中,拿着扎出来,在每个人的头顶碰一下,然后拿到雅西拉姆的山上,放在一棵大的青冈树下,在前面插上三炷香,表示今天所有的敬神仪式结束。杨文才讲,从此这棵树就没有人敢碰了。此时人们再次烧香,并互相派发糖果、花生、瓜子、饮料等食品。据说在祭山会上互相赠送的食物,因为得到山神的加持,对人很好,大家不仅要吃,而且会把多余的带回家,让没能到祭山会来的家人食用。

喇嘛们仍然在诵经,此时,由嘎哟谷家阿乌和卡卡家的阿乌汇报今天活动的准备情况。本来还应该报告收入和支出情况,但是由于会计还未结清账目,没有来得及汇报。接着由硗碛乡老年协会会长、咎落村朝霞组的张先直(汉族)讲话,他提出要尊重喇嘛、感谢共产党,要尊老敬老,要弘扬民族文化,要搞好团结,要爱护神木垒景区等。

下午 3 点 18 分,喇嘛吹号,示意做仪瓦的十八家人家去拿做好的萨依拉姆,放在日瓦空心处的干树叶上。然后十八家人家再去取出剩下的仪瓦,喇嘛每念一段经,就摇铃铛示意,大家就放一排包括人偶和动物偶的祭品到日瓦中,分七次放完①,边放边喊"测巴本儿",即请你收下之意②。此时喇嘛吹号,众人点燃日瓦,其余人面向日瓦和煨桑塔磕头。

然后,所有参加的人员纷纷拿出自己带上山的包子和菜,围坐一起,开始吃饭。每家在吃饭前均将包子和菜放在盘子内,先送到房内,送给每位喇嘛。

下午 5 点 20 分,喇嘛再次吹号,众人起身开始转经唱嘛呢。喇嘛手持号、钵、鼓走在前面,众人跟在后面,边走边唱嘛呢,并有人洒龙达。顺时针转三圈后,停在房子大门附近,众人唱嘛呢。嘛呢唱完,所有的仪式结束。

6. 禁忌

仪式使用的所有材料均不能使用黑色。比如制作日瓦的树枝可以用白桦

---

① 嘉绒藏族认为管理家畜的神是七兄弟,因此所有祭品是七份。牲畜七兄弟的祖父是达瓦穷保,祖母是女神聂贝宗姆,他们的父亲是牲畜王赞保,母亲是牲畜主宗姆,他们结合生出七个儿子,分别是马神、牦牛神、母牦牛神、犏牛神、黄牛神、绵羊神、山羊神。

② 音译,嘉绒语音 che-ba-ber。

树，也可以用柏树，但不能用黑色树皮的树。在仪瓦上放的粮食，只能用白色的麦子、黄豆，也可以用白色的大米代替，不能使用黑色的荞子。荞子只能在丧事和人得病驱鬼的时候使用。

7. 资金

每个参加祭山会的人交 2~10 元不等的会费，共收入 900 多元，开支 500 多元，结余 400 多元。喇嘛的工资共 310 元。买嘛呢旗、龙达共 150 元。修缮煨桑塔购买砖和水泥 100 多元。

三 参加人员与仪式组织

1. 喇嘛

作为各种宗教仪式的主持者，祭山会最重要的参加者是喇嘛。这次来参加的喇嘛有家在冰丰的杨明海喇嘛，家在朝霞组的陈银中喇嘛，硗丰的杨明中和杨明海的徒弟杨超。

图 6-3 杨明海喇嘛（程峰 素描）

冰丰一共只有两个喇嘛，一个是杨明海，另一个是杨明华，杨明华 2008 年中风后，不能从事宗教活动，冰丰的大喇嘛就只剩下 78 岁的杨明海了[①]。

[①] 我 2010 年到冰丰过春节，才得知杨明海喇嘛在上年 12 月去世，非常难过。在冰丰期间，很多涉及房名、仪式的问题，都有赖他解答，没想到这么短的时间竟然就阴阳相隔。

2009年9月我在冰丰期间，参加了两次月母子酒、两次建房庆祝、一次打斋、一次祭山会，每次均看到杨明海作为宗教仪式的主持人出现。通过与2005年在泽根村二组、2007年在嘎日村的调查对比，可以知道，在硗碛的宗教活动中，于永寿寺举行的大型宗教活动、为某家人举行葬礼的宗教活动是全体喇嘛都必须参加的，其余所有的宗教活动只延请本村的喇嘛参加。因此我在冰丰的所有重要公共活动中，都见到杨明海喇嘛。这次祭山会是雅西拉姆的祭山会，居住在雅西拉姆山神护佑下的他理所当然地成为仪式的主持者。

陈银中喇嘛是冰丰策棱木雅家的三儿子，后来上门到朝霞。从到冰丰开始，我就知道陈喇嘛，但在冰丰的各种宗教活动中，从来也没有见过他，因为他的服务地区是朝霞。但这次祭山会是朝霞和冰丰共同的祭祀，他就参加了。

阿太又名杨超，是一个仅20岁的男孩，非常清秀。他也是冰丰人，12岁就跟杨明海喇嘛学习，17岁的时候，杨明海介绍他到康定来衣达寺学经，因为还没有完成学业并被授予法号，他现在还是扎巴。

硗丰的杨明丰不是喇嘛，但他不仅有喇嘛的法器、做各种祭品的木模，而且会念所有的经。我询问他，才知道他从小就跟家里的喇嘛叔叔学习，但因为是留家当家的长子，早早就结婚生子，从来没有正式出家。因此，他不能穿僧服，也不能被称为喇嘛。在整个仪式过程中，他都坐在最末的座位上。一直到最后，我看到他取出仪瓦，到日瓦处祭神，我才明白，原来他是春天许了愿，今天来还愿的。他是整个仪式过程中唯一不是冰丰和朝霞两个村落的成员。他的出现，符合人们所说的"自己修的塔子自己敬，别的塔子只有许了愿才敬"的原则。

除了喇嘛，一直在帮忙的杨明才是朝霞人，也是今天的主持之一卡卡家阿乌的儿子。他家出过永寿寺非常有名的大喇嘛卡卡，他从小就喜欢各种仪式，小时候就跟在大人背后看，大一点就积极参加各种仪式。现在硗碛的各种仪式程序他都很清楚，只是没有正式学习过，所以不会藏文，也不会念经。

2. 其他成员

因为对冰丰非常熟悉，我认真查看了冰丰来参加仪式的人员，主要有卧嘎龙家、安家安里家、阿夸尔、达尔嘎美杜、达尔嘎美地、达尔嘎美诺、贡东巴、贡东巴美地、龙普、蚌如、洁布若、蚌给、喔给、但底日库、呷尔炯、呷尔达、策棱木雅、策雅美地、嘎哟谷共20家。其他人家都没有来，我问洒耳加老人，他说，本来应该来的，今天阿尔查家修房子要帮忙，所以森提家的亲戚和阿尔查家邻居就都没有来。安家安里的女主人是卧嘎龙家的女儿，她来了，而她的丈夫是森提家的儿子，就回去帮叔叔阿尔查家修房子去了。

从朝霞来的人，明显分为两部分，一是原来朝霞的居民，我请同去的阿仲帮我数了一下，大约有50家人；二是从冲积平原碛丰搬到新场镇的人家，他们中大约有10户是汉族，穿汉装参加活动。开始时，我以为他们是游客，后来一问，才知道是这里的汉族，其中一位汉族老妇，到现在不会讲汉话。从他们参加仪式的活动看，其熟练程度已经很高。

从参加人员和活动过程看，祭山会是一个地域性的社会活动，在这个活动中，来参加的人都明确自己属于这个村落的身份，以房名为参加活动的单位。新的移民一旦进入山神的势力范围，就必须参加活动，而不必再去祭祀原来居住地的山神。甚至因为有新的山神出现，人们也可以只祭祀和自己关系更加密切的新山神。因此，尽管人们都认为硗碛的山神有大小之分，雅西拉姆肯定比其他四个山神大，但在祭祀活动中，他们却不认为山神大小会对人们的生活产生更大的影响，而是认为与自己关系最密切的山神才是需要认真祭祀的。

第三节　永寿寺——村落间的公共信仰空间

由于藏传佛教在藏族地区广泛而深入的影响，对藏族社会中社会结合方式的研究，人们往往更多地注意佛教寺庙在村落社会结合方面的作用。阿吉兹在研究定日社会时，通过对当地十个喇嘛传记的研究，指出："这些传记列举个人从事宗教活动的种种可能的方式，在定日的经济结构之内所存在的种种新的机会，以及围绕具有大慈大悲之心的个人形成一个个共同体的趋势。最高程度的宗教信仰和宗教实践是以喇嘛为核心的。"因此，定日由西藏地方政府支持的格鲁派寺庙协噶尔寺对定日村民毫无影响，他们只是在该寺举行宗教活动时，出现在附近，然而"我敢肯定他们到那里去纯粹是为了逛市场"。与此相反，宁玛派的扎绒寺则因为是"通过一位有着坚实的世俗群众基础的人建立和发展起来的"，因而能够进入定日人的生活[1]。这似乎意味着，藏传佛教寺庙在藏族半农半牧区村落的社会结合方面，其纽带作用并不是很强。格勒等对藏北牧民的研究也证明，牧民与藏传佛教寺庙间的关系主要是宗教需求和服务的关系，似乎也很难看到寺庙对社区的社会结合是如何运行的[2]。对嘉绒藏族社

---

[1] 巴伯若·尼姆里·阿吉兹：《藏边人家——关于三代定日人的真实记述》，翟胜德译，西藏人民出版社1987年5月第一版，2001年11月第2次印刷，第252~282页。
[2] 格勒等：《藏北牧民》，中国藏学出版社，2004年12月。

会的研究表明，嘉绒地区的寺庙大部分是分散的，互不统属，对信众与寺庙之间的互动与社区的社会结合关注也还不够[1]。然而，我在嘉绒地区的田野调查发现，在嘉绒本部地区，村落和村的寺庙往往呈现鲜明的对应关系。例如，在马尔康县，每个自然村都有自己的寺庙，寺庙与信众之间形成稳定的供施关系，即使教派相同，人们也不会到邻村的寺庙去从事宗教活动[2]。这在一定程度上可以证明，在嘉绒藏族地区，藏传佛教寺庙对社区的社会结合具有一定的意义。

硗碛只有一个藏传佛教寺庙，汉名永寿寺，在当地人们的口中，它就叫经堂，我们将在这一节中，讨论永寿寺在硗碛社会结合过程中所发挥的作用。

一 永寿寺神圣空间的形成

1. 硗碛人宗教信仰的变迁

根据目前的记载和口碑资料，在清之前，硗碛并没有寺庙。其宗教信仰的情况，杨国奇老人是这样表述的：

> 硗碛的神灵是有变化的。第一个是"龙马"[3]，即道教；第二个是"本波"[4]；第三个是"日乌格鲁巴"[5]。

他的叙述和历史情况基本吻合。东汉时期，以芦山为中心的区域流行道教。大约在唐代，随着吐蕃的进入，本教传入这一地区。到明代，道教在当地的影响还很大。据宝兴县志记载："明永乐十三年（1425），设董卜韩胡道纪司，命本土道士锁南领员为都纪。并给印信。"[6] 这一记载表明，在当时，道教对董卜韩胡统治区的影响仍然较大。但英宗（1448）之后，明史中关于道教在穆坪的活动就不见于记载，而对藏传佛教的记载却明显增加。同时，今宝兴县文管所收藏一枚明代僧纲司都纲印，为1975年7月11日在宝兴县硗碛乡

---

[1] 西南民族大学西南民族研究院编《川西北藏族羌族社会调查》，民族出版社，2008，第93~104页。
[2] 李锦等：《藏区水库移民宗教设施迁建的政策研究》，《西南民族大学学报》2009年第1期。
[3] 音译，嘉绒语音"long-ma"。
[4] 音译，嘉绒语音"ben-bo"，即本教。
[5] 音译，嘉绒语音"ri-wu-ge-lu-ba"，即藏传佛教格鲁派。
[6] 四川省宝兴县地方志编纂委员会编《宝兴县志》，方志出版社，2000，第468页。

夹金村收集到的。其具体的情况如下：

  象牙质，通高5厘米，印面4.5厘米，正方形，外廓0.5厘米，内廓为直线，印文分两行排列，阳刻篆书"都纲桑儿结藏卜"7字。印体高1.5厘米，印纽高3.5厘米，印的整体构造形状为莲座之上供奉光焰熊熊的"三宝"，以莲座为印身，以饼状的"三宝"为印纽，精于构思，技法高超。"三宝"下有一穿孔，印身背面有明显因多次用手执印的磨迹，此印为实用印。①

  从明代的制度看，国家设僧录司，府设僧纲司，州设僧正司，县设僧会司，分级管理佛教事务，但设官不供奉。僧纲司主官叫都纲，从九品。由此可知，此印是设在民族地区的僧纲司都纲的印信。

  本教在穆坪今永福寺地址上建有寺庙，乾隆年间平定大小金川之后，改宗藏传佛教格鲁派，那时，硗碛还没有寺庙。今天我们能够寻访到的本教遗迹，只有两个"黑经喇嘛洞"。

2. 永寿寺的建立

  清顺治十八年坚参喃哈归顺清朝。康熙十九年（1680），改颁穆坪宣慰司印，坚参喃哈让儿子乌儿结承袭，但其弟坚参朗结不服，因争袭，将乌儿结杀死。穆坪所辖的六村头人为乌儿结报仇，杀了坚参朗结，立乌儿结之子为土司。这一小土司很快死亡，穆坪土司无人继承。此时，周边的沃日、瓦寺等土司，都试图借此时机兼并穆坪，穆坪大乱。天全土司杨自唐知道坚参朗结有一个庶子雍中七立在拉萨为僧，就请抚军找回承袭，方才收拾了穆坪之乱②。

  据说，雍中七立（又称喇嘛曲培加布）被迫还俗后，为消弭还俗之孽，特意在硗碛建造寺庙，名"曲科绕杰林"，汉名"永寿寺"③。据杨国奇老人讲，这个喇嘛土司起初只念佛经，不理政务，后来认为这样做不对，才改为白天处理政事，晚上念佛经。也有传说，硗碛为穆坪土司念经诵佛的喇嘛们年事已高，行动不便，故在此地建寺安住。

---

① 雅安市文管会编《雅安地区文物志》，《宝兴明代僧纲司都纲印》，宝兴县文管所收藏，巴蜀书社，1992，第141页。
② 参见任乃强《天芦宝札记》，载《任乃强藏学文集》，中国藏学出版社，2009，第338页。
③ 硗碛藏族乡提供《硗碛喇嘛寺简况》，2004年8月26日编印，打印本。

第六章　家屋与村落：地域性的社会结合

永寿寺现在坐落的卡尔贡山，俗称龙神岗。该寺为藏传佛教格鲁派寺庙，是硗碛主要的宗教活动场所。寺庙原址在乡政府驻地，因年久失修，1980年原寺经堂垮塌后，在经堂处修建了乡政府，1988年重建时，该寺迁到龙神岗。相传原寺规模较大，殿堂共有8根两人才能合抱的立柱，大殿分正殿、偏殿、藏经楼等。寺庙主供佛为佛教创始人释迦牟尼和藏传佛教格鲁派创始人宗喀巴，还供有宗喀巴两位著名弟子甲曹杰和克珠杰，以及传说在嘉绒地区建了108座寺庙的擦科·阿旺扎巴。原庙内还供有一尊护法神，名为"贡布曲垌松玛"，意为"怙主护法神"，传说它是保护宗教和寺庙的护法神。"护法神殿"由喇嘛们轮流值班管理，每日念经三次，以祷祭伺候护法神。现庙未修专供"护法神"的神殿，而在大堂左边墙壁上画了一尊"六臂怙主护法神"（藏语称为贡布恰珠玛）的神像，以代替过去的护法神殿。

图 6-4　永寿寺（程峰　素描）

庙内曾供有一双创建了永福寺的宗喀巴弟子擦科·阿旺扎巴穿过的鞋。擦科·阿旺扎巴是四川阿坝州马尔康县擦科地方的人，相传是与宗喀巴同一时代的佛教高僧，至今已有500多年的历史。他起初系"本教"（黑教）徒，后以宗喀巴为师，将"本教"与"格鲁派"的教义和仪轨融为一体，成为嘉绒藏族地区唯一的宗喀巴著名弟子。他向宗喀巴发愿，在嘉绒等藏族地区修建108座寺庙。穆坪的永福寺是其中早期修建的一座。最后一座是马尔康县境内的"达仓寺"。"达仓寺"在藏语中的含义是"已足数"。"达仓寺"这一寺名，是根据该庙落成时擦科·阿旺扎巴演讲中的"达仓松"（现已足数）而取的寺名。穆坪土司喇嘛曲培加布（即坚参雍中七立）将擦科·阿旺扎巴作为穆坪喇嘛庙的建造者、宗喀巴的著名弟子供于硗碛的永寿寺，排位于宗喀巴左边第二位，并将其在修穆坪喇嘛庙时穿过的一双鞋也供于身边。

过去寺中还藏有穆坪土司喇嘛曲培加布捐献的一尊用绸缎丝线织成的释迦牟尼大型佛像等珍贵文物。每年正月十七日，几十名喇嘛将释迦牟尼大型佛像从寺内抬出在庙前的展佛台上展出，供信教群众朝拜。遗憾的是永寿寺在道光年间曾经毁于火灾，又由柳落的"久久格西"等大喇嘛重新修复，这些文物未能存留。

道光二十九年（1849），哲蚌寺委任久久为永寿寺住持，有二喇嘛、三喇嘛两位助手，下设铁棒喇嘛，主持德行、法纪；掌坛喇嘛主持寺庙宗教活动；管家喇嘛主持经营庙产。基本职衔、责权与其他藏区格鲁派藏传佛教寺庙大同小异。

光绪六年（1880），卡二固任大喇嘛时，藏传佛教盛极一世。每年在永寿寺念经三次：正月十七日念菩萨经，四月十五日念哑巴经，十月二十五日念圆根经。尤为重要的是正月十七日念菩萨经，各村落民众齐集永寿寺，顶礼膜拜。

宣统三年（1911），黑西二固任大喇嘛，硗碛街上失火，殃及永寿寺。黑西二固大喇嘛在大家的支持下，重修被毁的永寿寺。民国十九年（1930）新寺落成，占地21亩。

民国二十一年（1932），永寿寺由胡胡大喇嘛主持，有喇嘛30多人，土地2股，六七十亩，平时租种给百姓，收成与百姓平分，年收入玉米5000余斤。有29头牦牛，由牧户代为放养，每年有酥油300余斤，僧人的生活自给有余。1954年，永寿寺选派6人去西藏哲蚌寺学经，有2人学成归来。此时共有喇嘛32人、扎巴25人。

20世纪50年代初，永寿寺由丰收的"旦扎"大喇嘛维修一新，他还向寺庙捐献了金顶、唐卡、佛像和一整套佛事活动用的法器。1980年以后。为满足信教群众的要求，政府拨专款重建该庙，落实了党的宗教信仰自由政策，喇嘛们恢复了正常的宗教活动。[1]

---

[1] 参见四川省宝兴县地方志编纂委员会编纂《宝兴县志·社会风俗》，方志出版社，2000；周国康《喇嘛教在硗碛》，载《夹金山下浪漫城——文化宝兴》，中国铁道出版社，2004；宝兴县志办公室编《宝兴县志·社会风土志》（草稿），1986年9月17日。

3. 永寿寺的僧人

永寿寺建成后，寺内僧人分为两部分，一部分为到拉萨学经获得学位的，称喇嘛，另一部分是刚开始学经的小扎巴。永寿寺最盛时，喇嘛和扎巴曾达到五六十人，少时三四十人，其中不少是送到西藏拉萨哲蚌寺深造三年、五年或八年、十年，甚至二三十年的喇嘛，其中获得藏传佛教"格西"学位的就有近 20 名，如柳落的"久久格西""格施古格西"，丰收的"卦帝格西"，张嘎的"格顿木格西"，等等。1956 年以前，永寿寺还有两位活佛。1956 年后，一位 70 多岁的活佛劳绒得尔吉去世后就再也没有活佛。1956 年以后，寺庙的土地和牦牛分给当地民众，由于不再拥有寺产，大部分喇嘛都回家居住，很多正在学经的小扎巴就还俗了，寺庙变得冷清。到 1980 年改革开放后，他们中的一些人才又回到寺庙。寺内现有喇嘛 8 人、扎巴 7 人，都是硗碛本地人。我访谈了其中的四位。

例 1：永寿寺现任主持杨志全

杨志全是土生土长的本地人，藏族，泽根村二组村民，2009 年 72 岁，房名叫甘查阿达①。我 2005 年、2009 年两次到永寿寺，均是他出面接待我们。他说自己出生苦，出生当天，父亲即去世；4 岁半时母亲去世，由同父异母的大哥抚养，8 岁时，大哥将其送到村中一杨姓喇嘛处学习，跟师父一起四处漂泊，师父对他管教严厉，经常用棍棒打他，使他成才。漂泊的过程中，换过十几个住处，白天放羊或干活，早上和晚上学经读书。到 1950 年，他 12 岁，继续跟着杨喇嘛念经。公社化后与师父分别，回到老家，与大哥一起住。因为生活太苦，十四五岁又出去四处投亲靠友，生活艰辛。有时遇到好的人家可以吃顿饱饭，如果遇到不好的人家，连饭都吃不饱。14 岁以前一直穿麻布衣服，14 岁才穿第一件棉布做的衣服。20 岁时与本村的洒曼成亲，修建一栋简陋房屋。生育一子，不幸夭折。两年后生育长子，取名雍仲，现年 46 岁，住泽根二组，房名则默可②。他现在与长子一起住。二子杨名龙，42 岁，藏名查坤尔，参军复员后在宝兴县计生局开车。长女克司满，39 岁，嫁至泽根一组，房名拥拉③。次女仁坚错，36 岁，嫁至泽根二组，房名

---

① 音译，嘉绒语音为 gan-cha-a-da。
② 音译，嘉绒语音 ze-mo-ko。
③ 音译，嘉绒语音 yong-la。

叫旦底谷①。三女卡错，33岁，嫁至泽根二组。公社集体化时代，依靠挣取工分谋生，每天两人只能挣10分。年底粮食不够吃，要欠工分。为了还工分，常常到山上挖木香、贝母、羌活、大黄等药材，交至公社，一天可挣十五六个工分。一次在山上挖药时生病，脸肿得很大，左颈上长了一个大包，在乡卫生院医治，因为没有钱，非常担心，当时乡政府王书记告诉医生要全力治疗，费用由乡政府负责，经过治疗得以痊愈。

在王书记倡议下，公社计划养殖牦牛，便派他到小金购买牦牛，一年要去十多次。后来公社成立牦牛养殖场，由他负责组织六七人到山上放牛。当时养殖牦牛达360头，放牛一天可以挣10个工分。三年后公社因电站亏损，遂将牦牛出卖还债。他回到村中，这时，硗碛开始推行土地承包制，村中已将良田分完，他只分得3亩多三等地和9亩林地。村委会补偿他30多株核桃树。他自己开荒19亩多。有一年，村中遭受洪灾，将其田地全部冲毁，他遂重新开垦。现在家中土地与林地已平均分给两个儿子，家中牦牛约30头，由长子管理，黄牛和犏牛五六头，马5匹，猪16头，一年要杀五六头猪。

到20世纪90年代初，硗碛人的宗教需求不断增加，于是他决定重新学习。1993年，他到甘孜州来衣达寺学习，1995年获得喇嘛称号，回到硗碛，参与了永寿寺的重建。现在寺内的壁画，就是他请甘孜州塔公寺两位画匠绘制的。

作为永寿寺的当家人，杨志全对寺庙的前途忧心忡忡。现在喇嘛平时一般都不去寺庙，生活完全依靠自己的家庭，由于硗碛的宗教需求很大，喇嘛都有手机，人们一般直接和喇嘛联系，所有的酬劳也直接支付给喇嘛，寺庙的运行不能从当地群众中获得供养，主要收入来自来硗碛旅游的游客的香火钱。一年的收入不到2000元，寺庙已经连电费都付不起了。

为了保证运行，寺庙规定每个喇嘛每年要到寺庙来值班两个月，值班期间，他们每天要念两次经，不能同时去参加各种农户需要的宗教活动，个人来自宗教活动的收入就大幅度减少。因此，现在没有人愿意到寺庙值班。特别是硗碛水库蓄水后，其他村落的人到寺庙要走很长时间，来寺庙的人越来越少了。永寿寺的宗教活动面临停顿的危险。

---

① 音译，嘉绒语音 dan-di-gu。

例2：杨明华喇嘛

杨明华，2009年时75岁，冰丰组人。他家房名贝尔洛①，意为"铧匠"，以前住在这里的人是做犁铧的，所以房名叫铧匠，他家是顶别人家的房名。杨明华只有7岁时，爸爸去世。他家里的伯父是喇嘛，所以他8岁开始跟伯父学习，学了六七年。爸爸去世早，16岁就当家。20岁结婚，就不再学喇嘛了。1985年又开始学习喇嘛，2000年到永寿寺当喇嘛。

2008年，杨明华喇嘛中风，半身不遂，说话走路都很困难。他将这次生病归因于自己中断学习，还俗结婚，违背了教规，所以现在已经让大儿子当家，自己到永寿寺附近搭了一个棚子，每天在寺庙念经。

例3：陈银中喇嘛

陈银中是策棱木雅家的老四，藏名长明。在1950年前，大哥继承了策棱木雅的房名，二哥到卧嘎龙家上门。自己从小就在寺庙学习，准备当喇嘛。1956年，喇嘛们都还俗了，他也就回了家，20岁左右结婚，到朝霞组上门，房名邛汝②。1998年又到阿坝州小金县达维寺学习，获得法名和喇嘛资格。他有三个孩子，老大是女儿，嫁到朝霞，已经有了四个子女；老二是儿子，留家继承房名，有两个儿子，都在读书；老三是儿子，也有两个儿子。现在朝霞的宗教活动，都由他负责。

例4：西藏学习回来的阿特喇嘛

据杨志全讲，现在永寿寺的小喇嘛很少，只有两人到拉萨哲蚌寺学习过，但学习回来后，就不当了。他认为，主要是现在当喇嘛的收入少，他们学习回来后不满足于喇嘛的收入，改开车或者开藏家乐。

阿特是泥巴沟朝霞组人，是家里的第二个儿子，6岁就开始跟杨志全学习，后来，他到哲蚌寺入寺学习了三年。2002年，阿特从拉萨回到硗碛，开始很积极地参与永寿寺的各种活动，不久，就还俗了。

在2009年农历八月十一的塔子会上，我见到了他。他告诉我，不干了主要是因为老一辈的喇嘛们思想太僵化，他讲什么都没人听。而旁边的村民则告诉我，他只是暂时不当喇嘛，因为按照硗碛的习惯，西藏学习回来的喇嘛，地位要比其他地方学习回来的人高，现在硗碛的老喇嘛都不是从西藏回来的，他们又都是阿特的师傅，所以按规矩，阿特的地位应该高，但在实际活动中，阿特又不能越过他们，所以他现在不干了，将来再恢复。

---

① 音译，嘉绒语音 be-er-nuo。
② 音译，嘉绒语音 qiong-ru。

二 永寿寺的宗教活动及乡民的参与方式

按照杨志全喇嘛和杨明华喇嘛的叙述,永寿寺的宗教活动主要是以下一些①。

1. 正月十七"抬菩萨"

硗碛正月十七抬菩萨,是藏传佛教格鲁派最重要的宗教活动,藏语称"门朗钦波",意为"大愿法会"。1409年,藏传佛教格鲁派创始人宗喀巴为纪念释迦牟尼,确定由拉萨大昭寺举行宣扬佛教发愿祈祷的宗教法会。宗喀巴圆寂后,曾中断了19年,至二世达赖格敦嘉措时始又恢复,年年举行成为常例。五世达赖洛桑嘉措时,开始在法会期间进行辩经明识的辩经活动,从三大寺(哲蚌寺、色拉寺、甘丹寺)僧徒中选取头等"格西"(佛教一种高僧的学位职称)参加辩经,推动格鲁派理论体系的进步和完善。法会在藏历正月二十五日结束时,为迎接弥勒佛(也称未来佛)化度众生时代的到来,将拉萨大昭寺的银质弥勒佛像抬出,环行八廓街,接受信徒的朝拜。硗碛寺庙每年农历正月十七日举行抬弥勒佛菩萨环行寺庙和街头,供信教群众朝拜的宗教活动,其宗教含义就与此相同。

到正月十七这天,由各村落的年轻人自愿到寺庙,将永寿寺主供的佛像抬出。届时众人打着两面旗子,抬着菩萨,背着一套完整的甘珠尔和丹珠尔经书,拿着法器环绕硗碛老场镇街上一圈,要敲鼓、打锣、吹牛角、吹唢呐等,还要唱"嘛呢"。旗子抬在最前面,其次是菩萨,背经书的在菩萨后面,紧跟着是喇嘛,最后是一般的参与民众,参与民众唱"嘛呢"。街上的每户人家,都要准备花生、香等,抬到哪家门口,哪家就放鞭炮,喇嘛就给这家人念经、开光。这家人给喇嘛一定数量的供施。

过去硗碛场镇位于冲积平坝中心,镇上居民集中居住,有200多户,抬菩萨走完一圈,要大半天时间。2006年春节时,抬菩萨的队伍在大约10点半从永寿寺出来,到下午5点30分才回到寺庙。每到一户人家,大约要半小时。回到寺庙后,参加活动的人喝茶,吃从各家拿来的馍馍,晚上大约7点钟,人们在永寿寺的空地上烧一堆篝火,开始跳锅庄。抬菩萨的活动,参与者是自愿的,抬菩萨的年轻人来自全乡各个村组。跟随菩萨念嘛呢的人,也来自全乡各个村组。在硗碛街上,只要愿意接待菩萨的人家,提前在门口摆上花生、瓜

---

① 时间均为农历时间。

子、香、馍馍，就表达了自己愿意供奉的态度，游行的队伍就会在门口停下，由喇嘛举行相关仪式，仪式完成后，主人家给喇嘛100元钱，给参与的人糖和馍馍，现场嘛呢歌声一直不断，气氛热烈而庄严。

正月十七抬菩萨的活动，在2006年底水库淹没、场镇搬到现在的地址后已经很难举行。2008年正月十七，抬菩萨的队伍到了新场镇，效果很不好，一是新场镇距永寿寺14公里，一直上坡，抬着菩萨要走这么远的路，年轻人感觉很累。二是新场镇只有不到60户人，因为冬天太冷，大多数人都到雅安过年，没有人出来供奉，抬菩萨和唱嘛呢的人都一直饿着肚子。他们回到永寿寺已经精疲力竭，没有精神再跳锅庄了。到了2009年春节，正月十七抬菩萨，来参加的人很少，大家准备好后，十点半从永寿寺出来，沿着公路走了大约一个小时，就回到寺庙，因为时间很早，大家就都散了。晚上的锅庄也不再跳了。

2. 四月十五念"哑巴经"

农历四月十五念"哑巴经"，是佛教苦修传统的一种延续，藏语称"娘乃"。这一宗教节日起因于农历四月十五日的"氐宿"。所以此月在西藏被称为"萨噶达瓦"，意为"氐宿月"节。从佛教传统看，四月初八释迦牟尼诞辰，十五日释迦牟尼成佛，三十日释迦牟尼圆寂。因此月是释迦牟尼诞辰、成佛和圆寂的月份，信教群众给牲畜放生，佛教徒"守斋"，禁言禁食，以修苦行。

四月十五念"哑巴经"时，要念哑巴经的人从四月十三日就齐集永寿寺；于十四日清晨吃一顿饭，不能吃猪油，晚饭后就开始不饮不食、不说话；十五日全天不饮不食、不说话，倾听喇嘛念诵经文，磕头；十五的那天要念3次经，早上8点到10点，中午1点到3点，下午4点到5点，5点经念完了就可以吃饭、喝水、说话。参加的民众是自愿来的。永寿寺念哑巴经要有信众来才念，这几年愿意来念哑巴经的人是很少的，因此，现在每年四月十五日，往往只有僧人们到寺庙念一天经。

3. 六月十二日念经

按照藏传佛教格鲁派的教义，农历六月四日是释迦牟尼"四缔法轮"的节日，"四缔法轮"意为"真理法轮"，因此六月信教群众举行大规模的转经朝神活动，是为佛教真理的永存而举行的宗教活动。在嘉绒地区，此次庙会的时间各地自定，但大部分地区是在农历六月四日。硗碛则是在六月十二日，当天，硗碛所有的喇嘛就会到寺内念一天经，寺内管物喇嘛将各自保管的法器等物相互交换，重新分配管理任务。过去是每年一换，现在因喇嘛人数少，改为三年一换。这次活动基本没有群众参加。

4. 七月十五日念超度经

农历七月十五是汉族的七月半,由于与汉族地区比邻,硗碛也有在这一天超度亡灵的习惯。这天,喇嘛齐集永寿寺,由乡政府发给 300 元作为伙食费,喇嘛于此日在寺内点灯、念经,超度亡灵。过去,寺庙因有寺产,可宰杀一头牦牛,分食之。这天念的经是超度经,一般念三四天,最多念 5 天。

5. 九月二十二日,"九月降神节"念经

传说农历九月二十三日是释迦牟尼从天界下凡人间的日子。此日,喇嘛们念"东久"①经,念三四天,最多 5 天。藏族地区各大寺庙举行降神跳神等宗教活动,以纪念释迦牟尼从天界下凡人间。在嘉绒地区,一般以表演带祭祀意义的藏戏为主要纪念活动。据记载,宝兴县也有相关戏班,遗憾的是硗碛现在已经没有了。现在,这个节日被认为是收获后大家到永寿寺烧香拜佛,庆祝丰收,同时祈求美满生活的节日。

6. 十月二十三日,甘丹昂曲

农历十月二十五日,是藏传佛教格鲁派创始人宗喀巴圆寂之日。"甘丹"是指宗喀巴亲自创建的"甘丹寺";"昂曲"是"五供"的意思,是指十月二十五日夜,教徒们和信教群众举行供佛的纪念活动。他们于当夜用无数的酥油或青油灯供佛,以纪念宗喀巴大师的逝世,藏语称为"甘丹昂曲",汉语称为"五供节"或"燃灯节"。永寿寺的僧人会在十月二十三日到寺庙念经,念 5~6 天。每天从晚上 9 点开始,燃酥油灯,念诵经文,以纪念宗喀巴大师。

三 永寿寺宗教空间中社会结合的平等原则

永寿寺是硗碛全乡的公共空间,其性质是一个宗教活动场所。这个空间具有以下特点。

1. 藏传佛教宗教权力的至上地位得以体现

硗碛人信仰藏传佛教格鲁派,格鲁派是所有藏传佛教教派中最重视寺规的教派,其重要的原则有三点。其一是寺庙必须是佛、法、僧三宝俱全的寺庙,所有僧人必须住寺。其二是僧人必须严守戒律,不得参加劳动,更不得成家结婚。其三是非常重视学经制度,规定必须经过严格的培养才能产生被认可的喇嘛。在硗碛,因为 1956 年后喇嘛大多还俗,因此上述三个要求在永寿寺都没

---

① 音译,嘉绒语音为 dong-jo。

有得到满足。但是，这并不妨碍藏传佛教至高无上的权威在硗碛的维持。在永寿寺举行的各种宗教活动中，人们都以虔诚的信仰参加，参加的人数会随着参与的方便性有所不同，但无论是否去参加宗教活动，人们都认为永寿寺是整个硗碛宗教活动的中心，认为自己只要有时间就应该去参加活动。这种自觉的认同，使藏传佛教在硗碛社会中的地位以极其醒目的方式体现出来。永寿寺的这一特性，使整个硗碛乡的宗教认同得以保持。

2. 作为公共宗教空间，其神圣性与家屋中的宗教空间一致

在硗碛访谈的时候，永寿寺的汉名和藏名均很少被提到，当地人大多数时候称之为"经堂"，这个称呼与人们家屋中的神圣空间是一致的。而硗碛人的大多数宗教生活，是将喇嘛请到自己的家中进行的，家中的神圣空间就是"经堂"，而硗碛的公共神圣空间也是"经堂"，一致的称呼，显示人们对神圣空间的认识是一致的。我们在对硗碛房屋的空间进行讨论的过程中，讨论到家屋内的神圣空间是与世俗空间完全分离，这一空间关系在对"经堂"的定义中再次得到印证。也就是说，在硗碛人家庭中，经堂是与和房名联系在一起的家神和家庭生活相分离的，同样，作为全乡宗教活动场所的寺庙，与家里的经堂在分类上是一致的。因此，对硗碛人而言，其藏传佛教的信仰与房名间没有必然的联系，硗碛社会的神圣空间从家屋到社区是一体的。

3. 作为公共活动空间，永寿寺宗教活动遵循平等性参与的原则

永寿寺的宗教活动，其参与者具有高度的自愿性。每一次宗教活动都是由乡民自发参加，不会有人提前组织。参加者也无论是哪个民族、哪个年龄，没有禁止任何人参加的活动，也没有专门为某种人举行的活动。因此，人们参加永寿寺的宗教活动完全没有维护其社会网络的意义。参加的动因是个人的信仰，参加的目的是祈求自己或者家人幸福。

从上述分析看，永寿寺在硗碛乡是一个公共信仰的空间，这一空间与硗碛乡的居民有着地缘上的密切联系，被人们认为是硗碛的寺庙。但是，永寿寺的宗教活动是一个任何人在任何时间都可以参加的社会活动，具有藏传佛教"最高程度的宗教信仰和宗教实践是以喇嘛为核心的"[①]的特点，参加这些活动的目的是祈求自己或者家庭幸福，而没有维护其社会网络的意义。

---

① 巴伯若·尼姆里·阿吉兹：《藏边人家——关于三代定日人的真实记述》，翟胜德译，西藏人民出版社，2001，第252页。

小　结

本章我们讨论了硗碛的家屋如何整合为村落，以及不同的宗教活动对硗碛社会结合的作用，讨论显示，在硗碛村落的空间布局中，神山以及祭祀山神的塔是一个村落的公共空间，永寿寺是整个硗碛乡这一社区的公共空间。形成家屋间空间关系的有血缘和姻亲关系，但家屋间在空间上的关系是平等的，没有处于中心或者边缘的家屋。

在祭山会的活动中，我们可以看到，各村有自己的神山，每个神山有祭山会，祭山会的时期各不相同。祭山会是将居住在同一地域范围内的人们联结起来的村落活动。由于山神只与居住在自己土地上的人们有密切的联系，祭山会也是一定范围内由地缘性联系形成的社会结合纽带。人们在这里共同祈求村落的平安，同时也祈求每家获得丰收，或者在丰收后进行酬神的仪式。对共同祭祀的山神的认识、隆重而繁复的祭祀过程，都是由地域性的团体进行的。正如一个家庭迁移，房名立即改变一样，迁移的人们也必须马上改为祭祀其新居住地的山神。在这里，地缘关系成为最重要的原则之一，形成一种以地缘关系为主的社会结合纽带。但是，由于居住在一个山神势力范围内的人们相互通婚，因此房名之间形成了错综复杂的亲属关系，参加祭山会的人，往往也是亲戚。按照硗碛人的说法，这是一个包括"亲戚邻居"在内的群体，其血缘性的因素也不能忽视。

藏传佛教得到当地民众虔诚的信仰，永寿寺是硗碛全乡的宗教活动中心，是代表当地最高神圣权力的符号之一。作为神圣空间，硗碛全乡的人在参加其所有宗教活动时，形成了对于硗碛的地方认同。同时，由于人们在参加活动时的机会完全平等，这一空间也是完全平等的。因此，通过对永寿寺宗教活动的观察，我们可以发现，硗碛五寨（即今天的五个行政村）之间的社会结合方式是平等的联合方式，藏传佛教作为纽带，通过共同的宗教认同和宗教活动将五个行政村的人们联结在一起。但是，由于藏传佛教本身具有以喇嘛为宗教信仰和宗教实践核心的特点，与寺庙相比，喇嘛的佛学造诣和信众基础对寺庙发挥社会结合纽带的功能和结构都会有很大影响力。目前永寿寺没有具有很大影响力的活佛或者喇嘛，由于1956年到1990年，僧人们失去了接受佛学教育的机会，喇嘛们佛学造诣的提高受到了影响，也很少有人可以放下自己家里的事务专心向佛，这直接影响到人们对寺院活动参与的积极性，也间接地减弱了永寿寺在社会结合中的纽带作用。

在永寿寺的活动中，我们可以看到，永寿寺是硗碛整体性的信仰场所。从永寿寺喇嘛们的管理方式、一年多次较大的活动中人们的参与情况，都可以看到，这里的活动是由共同信仰构成的社会交往活动。这里的交往不重视房名及亲属关系，这而更重视居住在同一地域内的人们之间的平等关系。这是一种地缘性社会结合的纽带。

总体来讲，在硗碛的社会结合过程中，其社会结合的纽带是以地缘性因素为主，地缘性与血缘性因素共同作用的。同时，在多个地域性的祭祀团体间，无论人们在参加活动时是否以房名为单位，活动过程中人们的关系都是平等的。无论族群是否相同、年龄是否相同、山神的大小是否相同，共同居住的人群共祀一神的原则都不受影响，宗教活动中人们的地位平等原则也不受影响。

结　论

嘉绒藏族的家屋社会

一　家屋、房名、家人——嘉绒藏族家屋社会的三个要素

嘉绒藏族社会是由家屋、房名和家人三个要素结合形成的社会。家屋是三个要素的中心，由一座房屋、居住其中的家人和家屋的名号——房名构成。

嘉绒藏族家屋社会的形成，最迟可以追溯到明代。从历史的资料看，明代土司制度确立时，份地制度就成为嘉绒藏族的基本土地制度，房名也成为其社会组织的中心。在传统的嘉绒藏族社会中，所有拥有一份份地的"绒巴"都有房名，没有土地打长工的人和必须租种别人土地的人，则都没有房名。一个房名的主人离开或者绝嗣后，土司可以指定别的绒巴顶替，也接受部分人通过购买土地顶替房名。

在硗碛实行土司制度时，其房名的意义如下。首先，房名是与份地制度相联系的，每一个房名都能得到一份份地和一座房屋，同时承担相应的差役。房屋只能修不能拆。其次，由于各种原因一家人迁移或者绝嗣后，迁入该房屋居住的人同时就继承了份地和差役，房名不变，而居住其中的主人不断变化。即使是搬迁而来，仅在原地基上修新房的人，仍然要使用原来的房名。房名不能反映其居住者之间的血缘联系。再次，一家之子，可能一个继承自己的房名，一个迁入别家，继承他人的房名。因此，居住在同一房屋中的人无论有无血缘关系都使用同一房名，而一旦迁出，则立即失去使用该房名的机会。不同的房名之间往往有很亲的血缘关系，是否通婚要视情况而定。最后，房名通常情况下由父系亲属继承，但如果父系亲属没有继承人，则可以由母系亲属继承，是一种两可的继承关系。因此，土司制度下嘉绒藏族的房名，是基于份地制而形成的，它既包括亲属原则，也包括居处原则，是嘉绒藏族社会结构最重要的单元。对于由这样的单元组成的社会，列维-斯特劳斯曾经用"家屋社会"对它进行概括。

家屋是硗碛藏族的主要生活空间，这一空间中，世俗空间和神圣空间在空间上是完全分离的。其空间结构显示了佛教的三界结构，上下关系是其决定性的关系，作为社会日常生活的世俗空间居于作为精神生活的神圣空间之下。在第二层的世俗空间中，供奉着以智勇双全的英雄形象出现的家神古尔东，祭祀着曾经在这个房屋中与众人共居的祖先，居住着操持家务的男女主人，是一个世俗生活的空间。人们几乎所有的日常活动都在这一空间中。在这里，火塘边的位置确立了人们间的社会关系。坐在卡布上的阿乌们，不仅在家庭内拥有权威，也拥有很强的社会权威。坐在卡石库上的男人们，是家庭经营的主力，因为硗碛的农业不能满足其生活需要，他们必须出门挣钱，不断增强家庭的实力。坐在卡地上的女人，每天为全家人的衣食操劳，在家庭中有自己的地位。在第三层的空间中，经堂是最为神圣的，是神灵的居所，而喇嘛则居住在附近，随时供奉神灵。作为人、神间的沟通者，喇嘛们享有很高的社会地位，他们无论居住在自己家里，还是到各家各户去念经，其活动的空间绝对不在锅庄房的第二层，而是在第三层有经堂的神圣空间。因为第二层人们的活动，会产生很多污秽的东西，破坏神圣空间的洁净。所以，神圣空间的存在与喇嘛的活动，都使人们服从于神灵的关系得到体现。家屋中的这些关系，深刻反映了嘉绒社会的社会结构，因此，人们选择用"房名"，也就是家屋的名字，来作为硗碛社会单元的文化符号。

二 家屋与村落——地域性的社会结合

山神信仰是硗碛家屋整合为村落的纽带，也是硗碛社会结合的思想基础。在青藏高原特殊的地理环境中，人们认为人、植物、动物都与山神息息相关，山神是与人的关系最密切的神，它不仅掌管一切生物的生存和发展，而且决定是否用冰雹、风雪等自然灾害惩罚人们。山神的力量来自以"最高"形式体现的苍穹，成为神秘莫测的苍穹力量的显圣物后，山神还保持着其喜怒无常的性格，严格管理着各自的领地。因此，对待这样的神灵，祭祀的目标是希望他能够护佑生活在其领地上的所有人们，而无论其血缘如何、文化如何。对山神的信仰，使得硗碛社会联结家屋这一最基本的社会单元的纽带，表现出鲜明的地缘性，从而决定了在家屋间的社会结合过程中，地缘性因素将发挥主导作用。

在硗碛的村落中，神山和祭祀山神的塔，是人们最重要的公共空间，由于家屋间的关系是平等的，人们通常在祭山会上展现其社会结合的地域性。

在祭山会的活动中，我们可以看到，各村有自己的神山，每个神山有祭山会，祭山会的时间各不相同。祭山会是将居住在同一地域范围内的人们联结起来的村落的活动。由于山神只与居住在自己土地上的人们有密切的联系，祭山会也是在一定范围内由地缘性联系形成的社会结合纽带。人们在这里共同祈求村落的平安，同时也祈求每家获得丰收，或者在丰收后举行酬神的仪式。对共同祭祀的山神的认识、隆重而繁复的祭祀过程，都是由地域性的团体进行的。正如一个家庭迁移，房名立即改变一样，迁移的人们也必须马上改为祭祀他新居住地的山神。在这里，地缘关系成为最重要的原则之一，形成一种以地缘关系为主的社会结合纽带。但是，由于居住在一个山神势力范围内的人们，相互通婚，因此房名之间形成了错综复杂的亲属关系，参加祭山会的人，往往也是亲戚。按照硗碛人的说法，这是一个包括"亲戚邻居"在内的群体，其血缘性的因素也不能忽视。

村落与村落之间，通过永寿寺的宗教活动实现了社会结合。藏传佛教得到当地民众虔诚的信仰，永寿寺是硗碛全乡的宗教活动中心，是代表当地最高神圣权力的符号之一。作为神圣空间，硗碛全乡的人在参加其所有宗教活动时，形成了对于硗碛的地方认同。同时，由于人们在参加活动时的机会完全平等，这一空间也是完全平等的。从永寿寺喇嘛们的管理方式、一年多次较大的活动中人们的参与情况，都可以看到，这里的活动是由共同信仰构成的社会交往活动。这里的交往不重视房名及亲属关系，而更重视居住在同一地域内的人们之间的平等关系，是一种地缘性社会结合的纽带。

总体来讲，在硗碛的社会结合过程中，其社会结合的纽带是以地缘性因素为主，地缘性与血缘性因素共同作用的。同时，在多个地域性的祭祀团体间，无论人们在参加活动时是否以房名为单位，活动过程中人们的关系都是平等的。族群、年龄、山神的大小是否不同，都不能影响共同居住的人群共祀一神的原则，也不影响宗教活动中人们的地位平等原则。

三　变革与延续——社会变迁中的家屋社会

自20世纪以来，硗碛社会经历了巨大的社会变革，这一变革过程，对于硗碛家屋社会的影响是巨大的。

首先，由于土地制度变革，建立家屋社会的基础"份地制度"已经消失，家屋与其赖以生存的土地之间的关系发生了变化。由于土地承包到户，每一个人都有自己的土地，脱离老屋建立新家变得非常容易，因此，长子继承制首先松弛。在一些家庭，人们选择让长子分家单过，而将幼子留在家中，继承老屋。但是，当多个子女修建新房的时候，老屋能否为其修建房屋提供财力支持就变得非常重要，从这个意义上讲，由经济条件决定家屋的产生这一原则并未发生变化。

其次，对于一些老屋而言，为了生活方便，人们会从原来位于高山的居住地迁到公路旁边。这时，就出现了家屋和其拥有的土地分离的状况，人们解决这一问题的方式是交换土地，当土地无法交换时，人们也继续耕种他们的土地。家屋与土地的距离虽然变得非常遥远，但家屋与土地间的紧密关系并未发生变化。

再次，家屋中的社会关系并未发生变化。硗碛社会对人的评价的价值取向仍然是以家屋为中心的，无论男女老幼，只要是为家屋的兴盛做出贡献的，都是值得肯定的，家屋中的社会关系仍然超越家屋，成为整个社会结构的表现。

最后，家屋的整合仍然是以地域性的社会结合为主的。无论是在藏传佛教影响力更大的时候，还是在祭山会影响力更大的时候，村落中家屋间的关系都是平等的，村落以山神信仰为纽带的社会结合，通过祭山会表现出来，而村落间的社会关系，则通过永寿寺的活动表现出来。

综上所述，硗碛在20世纪巨大的社会变革影响了其家屋社会的一些方面，但从总体上讲，家屋作为家屋、房名、家人三位一体，囊括其物质和非物质内涵的特征并未发生根本性的变化。

参考书目

一 文献

1. 边政设计委员会编《川康边政资料辑要·懋功概况资料辑要》，民国二十九年（1940年）铅印本。

2. 常明、杨芳灿等撰：嘉庆《四川通志》，台湾华文书局印行，据清嘉庆二十一年重修本，1967。

3. 曹抡彬、曹抡翰纂辑：乾隆《雅州府志》，台湾成文出版社印行，清乾隆四年刊本，1969。

4. 《宝兴县第二区硗碛乡一年来的工作总结》，1951年1月12日，宝兴县档案馆，2-1-26卷。

5. 常璩著，刘琳校注：《华阳国志》，巴蜀书社，1984。

6. 杜佑：《通典》，中华书局，1988。

7. 范晔：《后汉书》，中华书局标点本，1965。

8. 顾祖禹撰，贺次君、施和金点校《读史方舆纪要》，中华书局，2005。

9. 黄廷桂等修，张吾生等纂：雍正《四川通志》卷十九《土司》，乾隆元年增刻本。

10. 李延寿：《北史》，中华书局标点本，1974。

11. 刘昫、张昭远等：《旧唐书》，中华书局标点本，1975。

12. 刘应、李原编，詹有谅改编，郭声波整理《大元混一方舆胜览》，四川大学出版社，2003。

13. 李吉甫：《元和郡县图志》，中华书局标点本，1983。

14. 欧阳修、宋祁等：《新唐书》，中华书局标点本，1975。

15. 司马迁：《史记》，中华书局标点本，1975。

16. 魏征等：《隋书》，中华书局标点本，1972。

17. 西藏研究编辑部编辑《明实录藏族史料》，西藏人民出版社，1982。

18. 西藏研究编辑部编辑《清实录藏族史料》，西藏人民出版社，1982。

19. 张廷玉等：《明史》，中华书局标点本，1974。

20. 曾公亮、丁度等：《武经总要》《前集》卷十九《边防》，《钦定四库全书·子部》，台湾商务印书馆印行，1983。

21. 赵尔巽、柯劭忞等：《清史稿》，中华书局标点本，1977。

22. 洪涤尘：《西藏史地大纲》，南京正中书局，1936。

23. 徐益棠：《康藏一妻多夫制之又一解释》，载《边政公论》第一卷第二期。

24. 谭英华：《康人农业家庭组织的研究（二续）》，载《边政公论》第三卷第八期。

25. 赵翼：《平定金川述略》，《中国野史集成》（第四十册），巴蜀书社，1993。

26. 魏源：《乾隆初定金川土司记》、《乾隆再定金川土司记》，《圣武记》（卷7），生活社刊，1943。

27. 李心衡：《金川琐记》，商务印书馆，1936。

28. 吴羹梅修《直隶理番厅志》，清同治七年刻本。

29. 兴元纂修《懋功厅乡土志》，民国六年抄本。

30. 李锡书：《汶志纪略》，（清）嘉庆十年刻本。

31. 黎学锦、徐双桂、史观：《保宁府志》，（清）道光二十三年刻本。

32. 中国科学院民族研究所、四川少数民族社会历史调查组：《金川案》，中国科学院民族研究所，1963。

33. 《金川档》，冯明珠主编《故宫博物院典藏专案档暨方略丛编》，台北，沉香亭企业社，2007。

34. 方略馆纂《平定金川方略》，全国图书馆文献缩微复制中心，1993年。

35. 方略馆纂《平定两金川方略》，全国图书馆文献缩微复制中心，1991年。

36. 《平定两金川军需例案》，西藏社会科学院西藏学汉文编辑室编《西藏学汉文文献汇刻》（第二辑），全国图书馆文献缩微复制中心，1991年。

二 著作

1. 巴伯若·尼姆里·阿吉兹：《藏边人家——关于三代定日人的真实记

述》，翟胜德译，西藏人民出版社，2001。

2. 白湾·华尔登：《嘉绒藏族历史明镜》，刘建、谢芝编译，四川民族出版社，2009。

3. 陈宗祥、邓少峰：《〈白狼歌〉研究》，四川人民出版社，1991。

4. 曹宏主编《雅安少数民族》，雅安市政协学习文史联络委、雅安市民族宗教事务局编印，2001。

5. 达仓宗巴·班觉桑布：《汉藏史集》，陈庆英译，西藏人民出版社，1986。

6. 多吉才旦主编《西藏封建农奴制社会形态》，中国藏学出版社，1996。

7. 渡边欣雄主编《祖先祭祀》，凯风社，1989，转引自麻国庆《从非洲到东亚：亲属研究的普遍性与特殊性》，《社会科学》2006 年第 9 期。

8. 恩格斯：《家庭、私有制和国家的起源》，人民出版社，1972。

9. 傅嵩沐：《西康建省记》，中国藏学出版社，1988。

10. 格勒等：《藏北牧民》，中国藏学出版社，2004。

11. 高雅宁：《广西靖西县壮人农村社会中（魔婆）养成过程与仪式表演》，台北：唐山出版社，2002。

12. 费孝通：《江村经济》，商务出版社，2001。

13. 费孝通：《乡土中国 生育制度》，北京大学出版社，2006。

14. 费孝通、张之毅：《云南三村》，社会科学文献出版社，2006。

15. 弗里德曼：《东南中国的宗族组织》，刘晓春译，上海人民出版社，2000。

16. 弗雷德里克·巴特：《斯瓦特巴坦人的政治过程》，黄建生译，上海人民出版社，2005。

17. 黄应贵编《空间·力与社会》，中研院民族学研究所，1995。

18. 拉德克利夫·布朗：《社会人类学方法》，夏建中译，山东人民出版社，1988。

19. 勒内·德·内贝斯基·沃杰科维茨：《西藏的神灵和鬼怪》（上），谢继胜译，西藏人民出版社，1993。

20. 罗伯特·莱顿：《他者的眼光——人类学理论入门》，蒙养山人译，华夏出版社，2005。

21. 路易斯·亨利·摩尔根：《美洲土著的房屋和家庭生活》，李培茱译，陈观胜校，中国社会科学出版社，1985。

22. 李立：《寻找文化身份——一个嘉绒藏族村落的宗教民族志》，云南大学出版社，2007。

23. 李涛、李兴友主编《嘉戎藏族研究资料丛编》，四川藏学研究所，1995。

24. 李安宅：《李安宅藏学论文选》，中国藏学出版社，1992。

25. 李学琴译《格萨尔王传·赛马登位》，四川省《格萨尔》抢救整理领导小组办公室内部编印，1990。

26. 列维－斯特劳斯：《面具之道》，张祖建译，中国人民大学出版社，2008。

27. 林向荣：《嘉绒语研究》，四川人民出版社，1993。

28. 刘志扬：《乡土西藏文化传统的选择与重构》，民族出版社，2006

29. 马尔康县政协编《嘉戎史料集》，阿坝州地方志办公室编印，1991，内部印刷。

30. 马长寿：《钵教源流》，《民族研究集刊》第三辑，1942。

31. 马菁林：《清末川边藏区改土归流考》，巴蜀书社，2004。

32. 麻国庆：《家与中国社会结构》，文物出版社，1999。

33. 麻国庆：《走进他者的世界》，学苑出版社，2001。

34. 麻国庆：《永远的家——传统惯性和社会结合》，北京大学出版社，2009。

35. 米尔恰·伊利亚德：《神圣与世俗》，王建光译，华夏出版社，2002。

36. 雀丹：《嘉绒藏族史志》，民族出版社，1995。

37. 任乃强：《任乃强藏学文集》（上、中、下），中国藏学出版社，2009。

38. 任乃强：《四川上古史新探》，四川人民出版社，1986。

39. 任乃强：《羌族源流探索》，重庆出版社，1988。

40. 冉光荣、李绍明、周锡银：《羌族史》，四川民族出版社，1985。

41. 芮逸夫主编：云五社会科学大辞典第十册《人类学》，台湾商务印书馆，2000。

42. 石硕：《藏族族源与藏东古文明》，四川人民出版社，2001。

43. 石硕：《藏彝走廊：文明起源与民族源流》，四川人民出版社，2009。

44. 索甲仁波切：《西藏生死之书》，郑振煌译，中国社会科学出版社、青海人民出版社，1999。

45. 石泰安：《川甘青藏走廊古部落》，耿升译，四川民族出版社，1992。

257

46. 韦斯特马克：《人类婚姻史》，王亚南译，上海文艺出版社，1988年影印本。

47. 王明珂：《羌在汉藏之间》，（台湾）联经出版事业公司，2003。

48. 王建民、赞拉·阿旺：《安多话、嘉戎话对比分析》，四川民族出版社，1992。

49. 王森：《西藏佛教发展史略》，中国社会科学出版社，1997。

50. 许烺光：《家元：日本的精髓》，于嘉云译，台北南天书局，2000。

51. 徐平，郑堆：《西藏农民的生活——帕拉村半个世纪的变迁》，中国藏学出版社，2000。

52. 西南民族大学西南民族研究院编《川西北藏族羌族社会调查》，民族出版社，2008。

53. 杨嘉铭：《丹巴——千碉之国》，巴蜀书社，2004。

54. 雅安市文管会编《雅安地区文物志》，巴蜀书社，1992。

55. 于式玉：《于式玉藏区考察文集》，中国藏学出版社，1990。

56. 庄学本：《羌戎考察记》，上海良友图书印刷公司印行，1937。

57. 赞拉·阿旺措成，夏瓦·同美：《嘉绒藏族的历史与文化》，四川民族出版社，2008。

58. 中国藏学研究中心社会经济研究所编《西藏家庭四十年变迁》，中国藏学出版社，1996。

59. 赵云田：《中国治边机构史》，中国藏学出版社，2002。

60. 周锡银、望潮：《藏族原始宗教》，四川人民出版社，1999。

三 论文

1. 宝兴县文化馆：《夹金山北麓发现汉墓》，《文物》1976年第4期。

2. 包智明、万德卡尔：《藏北牧区亲属结构调查》，载北京大学社会学人类学研究所、中国藏学研究中心合编《西藏社会发展研究》，中国藏学出版社，1997。

3. 岑仲勉：《〈隋书〉之吐蕃——附国》，载《中外史地考证》（上册），中华书局，1962。

4. 岑仲勉：《从女国地位再论附国即吐蕃——附任乃强答案》，载《康藏研究月刊》第10期。

5. 蔡仁政：《金川嘉绒藏区的土屯制》，载《四川藏学研究》（四），四川民族出版社，1997。

6. 陈默：《西藏农区的家屋空间及其意义——以西藏曲水县茶巴朗村社区调查为例》，《中国藏学》2009年第1期。

7. 陈泛舟：《略论历史上的川西北地区的藏汉贸易》，《藏学研究论丛》第二辑，西藏人民出版社，1990。

8. 邓廷良：《明正土司考察记》，载李绍明、童恩正主编《雅砻江上游考察报告》，中国西南民族研究学会、甘孜藏族自治州人民政府编印，1985。

9. 多尔吉：《嘉绒藏区的"哈瓦"》，载《四川藏学研究》（四），四川民族出版社，1997。

10. 多尔吉：《试析嘉绒地区藏族的丧葬习俗》，《中国藏学》2002年第4期。

11. 邓廷良：《石碉文化初探》，《重庆师范学院学报》1985年第2期。

12. 高怡萍：《亲属和社会群体的建构》，《广西民族学院学报》2000年第1期。

13. 格勒：《西藏家庭结构和功能变迁初探》，载中国藏学研究中心社会经济研究所编《西藏家庭四十年变迁》，中国藏学出版社，1996。

14. 格勒：《阿里农村的传统土地制度和社会结构》，载《格勒人类学、藏学论文集》，中国藏学出版社，2006。

15. 格勒：《论本教的神》，载《格勒人类学、藏学论文集》，中国藏学出版社，2006。

16. 顾颉刚：《浪口村笔记》，《禹贡半月刊》第1卷第23期。

17. 郭立新：《打造生命：龙脊壮族竖房活动分析》，《广西民族研究》2004年第1期。

18. 郭立新：《荣耀的背后：广西龙脊壮族丧葬仪式分析》，《中南民族大学学报》2005年第1期。

19. 郭立新：《劳动合作、仪式交换与社会结群》，《社会》2009年第6期。

20. 郭卫平、国庆：《川西本教调查报告》，《藏学研究》第六辑，天津古籍出版社，1990。

21. 郭声波：《唐宋集群羁縻州之典型——雅属羁縻州》，《中国史研究》2001年第3期。

22. 何翠萍：《人与家屋：从中国西南几个族群的例子谈起》，载张江华、张振国主编《区域文化与地方社会：区域社会与文化类型国际学术研讨会论文集》，学林出版社，2011。

23. 何撒娜：《20世纪80年代后中国西南少数民族的人类学研究述评》，《西南民族大学学报》2008年第7期。

24. 何撒娜：《"一根根骨"抑或是"死路一条"：从丧葬仪式与家屋象征看纳人的亲属关系》，林超民主编《民族学评论》（第二辑），云南大学出版社，2005年。

25. 黄布凡：《川西藏区的语言关系》，《中国藏学》1988年第3期。

26. 坚赞才旦：《论兄弟型限制性一妻多夫家庭组织与生态动因》，《西藏研究》2000年第3期。

27. 贾大泉：《川茶输藏的历史作用》，载四川省社会科学院历史所编《四川藏学论文集》，中国藏学出版社，1993。

28. 蒋斌、李静怡：《北部排湾族家屋的空间结构与意义》，黄应贵主编《空间、力与社会》，中研院民族学研究所。

29. 列维妮（Nancy Levine）：《"骨系"（rus）与亲属、继嗣、身份和地位——尼泊尔尼巴（nyinba）藏族的"骨系"理论》，格勒、赵湘宁、胡鸿保译，《中国藏学》1991年第1期。

30. 南希·列维妮：《西藏阿里传统税收制度之比较研究》，格勒等译，载《格勒人类学、藏学论文集》，中国藏学出版社。

31. 陆蒂莲：《藏族》，载严汝娴主编《中国少数民族婚姻家庭》，中国妇女出版社，1986。

32. 陆晓芹：《歌唱与家屋的建构——广西西部德靖一带壮族民间"吟诗"暖屋的观念与实践》，《民俗研究》2007年第1期。

33. 李绍明：《唐代西山诸羌考略》，《四川大学学报》1980年第1期。

34. 李家瑞：《川西北嘉戎藏族的土屯制度》，《思想战线》1983年第3期。

35. 李家瑞：《川西北藏族地区本教的历史及其特点初探》，《世界宗教研究》1984年第3期。

36. 李锦等：《藏区水库移民宗教设施迁建的政策研究》，《西南民族大学学报》2009年第1期。

37. 李涛：《鸦片烟在嘉绒藏区的传播》，《西藏民俗》1994年第1期。

38. 李仲康：《"嘉绒"文化浅说》，《西藏研究》1993年第4期。

39. 李兴友：《嘉绒语与藏语关系词汇分析》，转引自《嘉戎藏族研究资料丛编》，四川民族研究所，1995。

40. 林耀华：《川康北界的嘉绒土司》，载《民族学研究》，中国社会科学出版社，1985。

41. 林耀华：《川康嘉绒的家族与婚姻》，载《民族学研究》，中国社会科学出版社，1985。

42. 刘君：《近代四川藏区鸦片贸易及其社会危害》，《中国藏学》2002年第3期。

43. 刘正刚、唐伟华：《清代移民与川西藏区开发》，《西藏研究》2002年第1期。

44. 罗二虎：《试论青衣江上游的石棺葬文化》，《四川大学学报》1999年第3期。

45. 蒙默：《试论汉代西南民族中的"夷"与"羌"》，《历史研究》1985年第1期。

46. 马长寿：《嘉绒民族社会史》，载周伟洲编《马长寿民族学论集》，人民出版社，2003。

47. 麻国庆：《从非洲到东亚：亲属研究的普遍性与特殊性》，《社会科学》2006年第9期。

48. 马戎：《试论藏族的"一妻多夫"婚姻》，载马戎：《民族与社会发展》，民族出版社，2001。

49. C. 戈尔斯坦：《巴哈里和西藏的一妻多夫制度新探》，何国强译，载《西藏研究》2003年第2期。

50. 彭建中：《嘉绒藏族历史浅析》，载《嘉戎史料集》。

51. 瞿霭堂：《嘉戎语的方言——方言划分与语言识别》，《民族语文》1990年第4~5期。

52. 瞿霭堂：《嘉戎语概况》，《民族语文》1984年第2期。

53. 冉光荣、刘君：《试述川西北藏区的禁烟与政局》，《四川藏学论文集》，中国藏学出版社，1993。

54. 任乃强：《附国非吐蕃——质岑仲勉先生》，载《康藏研究月刊》第4期。

55. 任乃强：《隋唐之女国》，载《康藏研究月刊》第5~6期。

56. 任乃强：《四川第十六区民族分布》，《康藏研究》第24期1949六月三十日；《任乃强民族研究文集》，民族出版社，1990。

57. 任乃强：《天芦宝札记》，载《任乃强藏学文集》，中国藏学出版社，2009。

58. 四川省文物考古研究所、雅安市文物管理所、宝兴县文物管理所：《四川宝兴硗碛水电站淹没区考古发掘报告》，《四川文物》2004年增刊。

59. 四川省文物考古研究所、雅安市文管所：《宝兴硗碛水库淹没区文物调查报告》，《四川文物》2003年第5期。

60. 松冈正子：《羌族、川西南"西番"、嘉绒藏族、普米族、纳西族的"祭山"——祭山的系谱》，发表于世界人类学民族学大会藏彝走廊专题会议，2009年7月。

61. 石硕：《试论康区藏族的形成及其特点》，《西南民族学院学报》1993年第2期。

62. 孙宏开：《"邛笼"考》，《民族研究》1981年第1期。

63. 孙宏开：《试论"邛笼"文化与羌语支语言》，《民族语文》1986年第2期。

64. 孙宏开：《藏语支属问题初探》，载《民族语文研究文集》，青海民族出版社，1982。

65. 孙宏开：《川西民族走廊地区的语言》，载中国西南民族研究学会编《西南民族研究》，四川民族出版社，1983。

66. 孙宏开：《六江流域的民族语言及其系属分类》，《民族学报》1983年第3期。

67. 孙宏开：《汉藏语系藏缅语族羌语支语言及语言学研讨会述评》，http://ccs.ncl.edu.tw/Newsletter_73/73_04.htm。

68. 唐家卫、李涛：《清政府治理嘉戎藏区的政策初探》，载《四川藏学论文集》，中国藏学出版社，1993。

69. 田必伟：《藏族原始宗教观念演变试析》，《西藏研究》1989年第3期。

70. 翁乃群：《女源男流：从象征意义论川滇边境纳日文化中社会性别的结构体系》，《民族研究》1996年第4期。

71. 吴文晖、朱鉴华：《西康土地问题》，《边政公论》1944年第3卷第6期。

72. 吴从众：《民主改革前西藏藏族的婚姻与家庭》，吴从众编《西藏封建农奴制研究论文集》，中国藏学出版社，1991。

73. 吴吉远：《鱼通土司及其衙门考略》，《西藏研究》1991年第4期。

74. 王大犇等：《西藏藏族妇女的婚姻与生育》，张天路主编《中国是少数民族社区人口研究》，中国人口出版社，1993。

75. 王尧：《藏语 mig 字古读考——兼论藏语声调的发生与发展》，《民族语文》1987 年第 4 期。

76. 武建华、董荣清、杨书章：《西藏自治区人口状况分析》，孙竞新主编《当代中国西藏人口》，中国藏学出版社，1992。

77. 闻宥：《嘉戎语中动词之方向前置及其羌语中类似》，《中国文化研究所集刊》1941 年第 3 期。

78. 闻宥：《记有关羌族历史的石刻》，《考古与文物》1980 年第 2 期。

79. 闻宥：《论嘉戎动词之人称尾词》，《中国文化研究所集刊》（下）1944 年第 4 期。

80. 夏格旺堆：《西藏高碉建筑刍议》，《西藏研究》2002 年第 4 期。

81. 谢继胜：《藏族的山神神话及其特征》，《西藏研究》1988 年第 4 期。

82. 晏春元：《本波教起源地象雄为嘉绒藏区试析》，《西藏研究》1989 年第 3、4 期。

83. 杨明：《四川藏区的本波教》，《藏学研究论丛》第二辑，西藏人民出版社，1990。

84. 杨国治：《西康省雅属的烟祸》，中国人民政治协商会议四川省雅安市委员会文史资料研究会委员会编辑《雅安文史资料选辑》，第 3 辑。

85. 杨嘉铭：《四川甘孜阿坝地区的"高碉"文化》，《西南民族学院学报》1988 年第 3 期。

86. 杨世槎：《宝兴县从改土建县到和平解放大事记：1928 年 6 月—1950 年 5 月》，《宝兴文史资料》1992 年第 3 辑。

87. 严耕望：《唐代交通图考》，第 4 卷《山剑滇黔区》篇叁叁，中研院历史语言研究所专刊之八十三。

88. 衣辉锋：《家屋的建构与人观的叠合》，《广西民族学院学报》2004 年第 11 期。

89. 衣辉锋、徐杰舜：《宜州"百姓人"家屋文化及其变迁研究》，《广西右江民族师专学报》2005 年第 2 期。

90. 雍继荣：《羌族族源研究回顾与展望》，《中国史研究动态》1989 年第 10 期。

91. 张建世、土呷：《军拥村藏族农民家庭调查（上、下）》，《中国藏学》2005年第3、4期。

92. 张珣：《祭祀圈研究的反省与后祭祀圈时代的来临》，台湾大学考古人类学刊，2002。

93. 赞拉·阿旺措成、张锦英：《嘉绒藏戏的历史渊源及艺术特征》，《四川戏剧》1994年第1期。

94. 赞拉·阿旺措成：《试论嘉戎藏语中的古藏语》，《中国藏学》1999年第2期。

95. 曾宪江：《嘉绒研究综述》，《西藏研究》2004年第2期。

96. 邹立波：《略论明代董卜韩胡、杂谷二土司之争——兼论硗碛藏族文化中的羌文化因素》，《阿坝师范专科学校学报》2008年第1期。

97. 邹立波：《一个"边缘"族群历史与文化的考察》，四川大学硕士学位论文，2006。

98. 邹正中：《汉族和藏族亲属称谓的比较研究》，四川大学硕士学位论文，2003年4月30日。

99. 周宝韩：《宝兴视察记》，《宝兴县文史资料》1992年第3辑。

100. 周国康：《喇嘛教在硗碛》，《夹金山下浪漫城——文化宝兴》，中国铁道出版社，2004。

101. 庄学本：《丹巴调查报告》，《康导月刊》1939年第1卷第7期。

102. 张海超：《建筑、空间与神圣领域的营建》，《云南社会科学》2009年第3期。

四　地方志及调查资料

1. 阿坝藏族羌族自治州志编委会编《阿坝州志》，民族出版社，1994。

2. 编辑组编《西藏社会历史调查资料丛刊》（第三册），西藏人民出版社，1987。

3. 编辑部编《西藏社会历史调查资料丛刊》（第五册），西藏人民出版社，1988。

4. 蒙藏委员会调查室编印：《青海玉树囊谦称多三县调查报告》，1941。

5. 四川省编辑组：《四川省阿坝州藏族社会历史调查》，四川省社会科学院出版社，1985。

6. 四川省编辑组：《四川省甘孜州藏族社会历史调查》，四川省社会科学院出版社，1985。

7. 四川省宝兴县地方志编纂委员会编纂：《宝兴县志》，方志出版社，2000。

五　其他资料

1. 宝兴县志办办公室编《宝兴县志·社会风土志》（草稿），1986 年。

2. 四川省人民政府《关于同意宝兴县乡镇行政区划调整的批复》（川府民政〔2006〕43 号）。

3. 赫伯特·斯蒂文斯：《经深峡幽谷走进康藏——一个自然科学家经伊洛瓦底江到扬子江的游历》，章汝雯、曹霞译，四川民族出版社、中国社会科学出版社，2002 年。

4. 四川省宝兴县民间文学三套集成编委会印《中国民间文学集成宝兴县资料集》，1986 年铅印本。

5. 硗碛藏族乡政府提供：《"穆坪"、"硗碛及其一些山水在藏文中的含义"》。

6. 硗碛藏族乡提供：《穆坪喇嘛庙简况》，2004 年。

7. 中国人民政治协商会议宝兴县委员会文史组编《宝兴县文史资料》，第 3 辑，1992 年。

8. 中国人民政治协商会议四川省雅安市委员会文史资料研究会委员会编辑，《雅安文史资料选辑》，第 3 辑，1986 年。

9. 中国人民政治协商会议马尔康县委员会：《马尔康文史资料》，第 1 辑，《四土历史部分》，1986 年。

六　外文资料

1. Bourdieu P., "The Kabyle House of the World Reversed", in *The Logic of Practice*, Cambridge Polity Press, 1990.

2. Bourdieu P., *Outline of a Theory of Practice*, Cambridge: Cambridge University, Press. 1977.

3. Charles F. McKhamn, "Fleshing Out the Bones: The Cosmic and Social Dimensions of Space in Naxi Architecture", In *Ethnicity and Ethnic Groups in China*, eds. by Chien Chiao and Nicholas Tapp, HongKong: New Asia College, the Chinese Univ. of Hong Kong, 1989, pp. 157-177.

4. Charles F. McKhamn, *Fleshing Out the Bones*: *Kinship and Cosmology in Naqxi Religion*, A Dissertation of the University of Chicago, 1992.

5. Erik Mueggler, "Money, the Mountain, and State Power in a Naxi Village", *Modern China* Vol. 17 (2): 188-226, 1999.

6. Errington, S., "Incestuous Twins and the House Societies of Insular Southwest Asia", *Cultural Anthropology* 2 (4), 1987, pp. 403-444.

7. Elisabeth Hsu, "Introduction", In *Naxi and Moso Ethnography: Kin, Rites, Pictographs*, eds. by Michael Oppitz and Elisabeth Hsu. Zürich: V l kerkunde-museum der Universitat Zürich, 1998.

8. Elisabeth Hsu, *Moso and Naxi: the House*, in *Naxi and Moso Ethnography: Kin, Rites, Pictographs*, eds. by Michael Oppitz and Elisabeth Hsu. V l kerkunde-museum der Universitat Zürich, 1998.

9. Fortes, M., "Some Reflections on Ancestor Worship in Africa", in Fortes, M. and G. Dieterlen eds. *African Systems of Thought: Studies Presented and Discussed at the Third International African Seminar in Salisbury*, Oxford University Press, 1965.

10. Fox, J. J., "Comparative Perspectives on Australian House: A Introductory Essay", in *Inside Austronesian Houses*, Fox. J. eds., Canberra: The Australian National University, 1993.

11. Gudman, S. and Rivera, A., *Conversations in Colombia*, Cambridge: Cambridge University Press, 1990.

12. Goldstein Melvyn C., "Stratification, Polyandry, and Family Structure in Central Tibet", *Southwestern Journal of Anthropology*, Vol. 27, 971.

13. Carsten, J., *Woman, Kinship and Community in a Malay Fishing Village on Pulau Langkawi, Kedah Malaysia*, Ph. D. Thesis, University of London, 1987.

14. Carsten, J. and Hugh-Jones, S., eds. *About the House; Levi-Strauss and beyond*, Cambridge: Cambridge University Press, 1995.

15. Carsten, J. eds, *Cultures of Relatedness: New Approaches to the Study of Kinship*, Cambridge: Cambridge University Press, 2000.

16. Carsten, J., *After Kinship*, Cambridge University Press, 2004.

17. Kuper, A., *Wives for Cattle*, London: Routledge, 1982.

18. Kuper, A., " The House and Zulu Political Structure in the Nineteenth Century", *Journal of African History*, 34, 1993.

19. Levi-Strauss, C., *Social Anthropology*, New York: Basic Books, 1963.

20. Levi-Strauss, C., *The Future of Kinship Studies*, Proceedings of the Royal

Anthropolgyical Institute, 1965.

21. Levi-Strauss, C., *The Way of the Mask*, trans. S. Modelski, London: Jonathan Cape, 1983.

22. Levi-Strauss, C., *Anthropology and Myth: Lectures*, Oxford: Blackwell, 1987.

23. Nancy Levine, *The Dynamics of Polyandry*, Chicago: The University of Chicago Press, 1988.

24. Nancy Levine, "The Demise of marriage in Purang, Tibet: 1959-1990", In Per Kvaerne, ed. *Tibetan Studies* Volume 1, Oslo: The Institute for Comparative Research in Human Culture, 1994.

25. M. Fortes, *Social Anthropology at Cambridge since* 1900, 1953.

26. Michael G. Peletz, "Kinship Studies in Late Twentieth Century Anthropology", *Annual Review of Anthropology*, Vol. 24, 1995.

27. Radcliffe-Brown, *The study of kinship systems*, The Journal of the Royal Anthropological Institute of Great Britain and Ireland, 1941.

28. Schneider, David M., "Some Muddles in the Models, or, How the System Really Works", In *The Relevance of Models for Social Anthropology*. Michael Banton, (ed.) Ps. 25 86. London: Tavistock, 1965.

29. Wilson, P., *The Domestication of the Human Species*, New Haven: Yale University Press, 1988.

附 录

附录1 冰丰房名的国际音标和汉文音译对照表

序号	汉语音译	国际音标	序号	汉语音译	国际音标
1	卧嘎龙	wɒgAlon	22	但底谷	tantikhu
2	安佳安地	anʧhaanti	23	洁布若	ʧiəpuɒ
3	贡东巴美地	kɒŋtɒŋpAmeiti	24	达尔嘎	tAərkA
4	龙普	lɒŋphu	25	雅它	ȵiatha
5	策棱库	tshələnkhu	26	洁布若地	ʧiəpuɒti
6	龙普美谷	lɒŋphumeikhu	27	美洛	meiluo
7	但的日库	tantirikhu	28	达呱尔	takuaər
8	阿夸尔	akuaər	29	嘎当库	kAtaŋkhu
9	贡东巴	kɒŋtɒŋpa	30	达尔吉	taərʧi
10	蚌给	bəŋkəri	31	嘎哟谷	kAjɒukhu
11	美地	meiti	32	贝尔洛美地	peiərluomeiti
12	喔给	wɒgei	33	阿尔查	artʃhA
13	嘎炯	gAtʃɒŋ	34	贝尔洛	peiərluo
14	呷尔达	gAərtɐ	35	但底扎	tantitɕa
15	特布若美洛	thəkhəruomeiluo	36	洁拉	ʧiəlA
16	蚌如	bəŋruo	37	洁拉美洛	ʧiəlAmeiluo
17	达尔嘎美地	taərgAmeiti	38	登干	dəŋkhAn
18	达尔嘎美杜	taərgAmeidi	39	洁达	ʧiədA
19	森塔丽	sənthAli	40	贝尔杜	peiərtu
20	森提	sənthi	41	洁拉美杜	ʧiəlAmeidu
21	森塔给	səntakei	42	贝尔杜美洛	peiərtumeiti

续表

序号	汉语音译	国际音标	序号	汉语音译	国际音标
43	贝尔纳美地	peiərʅAmeiti	50	巴尔马	pAərmA
44	贝尔纳	peiərʅA	51	阿洛	aʅuo
45	阿利	aʅiAmeiti	52	特克若	thəkhəruo
46	得拉	təʅA	53	策棱木雅	tshələŋmuṇia
47	阿呛	atʃAnŋ	54	策涅阿美杜	tshələŋameitu
48	卡若	khAruo	55	策涅阿美地	tshələŋameiti
49	卡若美洛	khAruomeiʅuo	56	卡利卡拉	khAʅikhAʅA

附录2 冰丰十八家老房名的系谱图

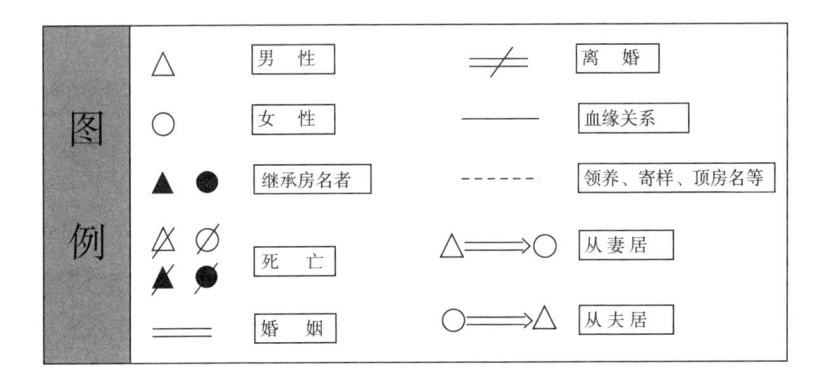

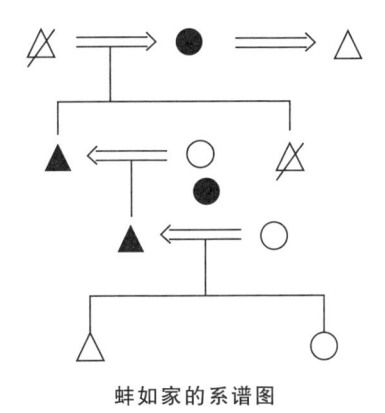

图例：
- △ 男性
- ○ 女性
- ▲ ● 继承房名者
- △̸ ∅ ▲̸ ●̸ 死亡
- ═ 婚姻
- ≠ 离婚
- ── 血缘关系
- ------ 领养、寄养、顶房名等
- △⟹○ 从妻居
- ○⟹△ 从夫居

蚌如家的系谱图

269

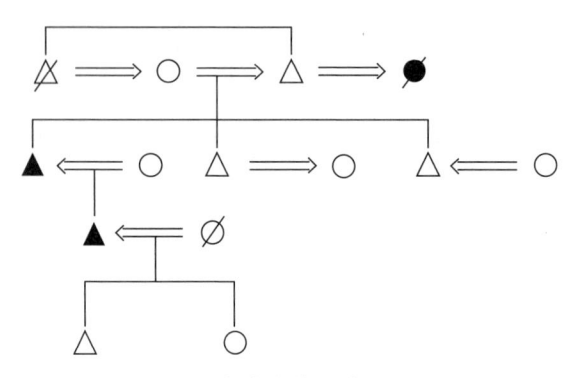

贝尔洛家的系谱图

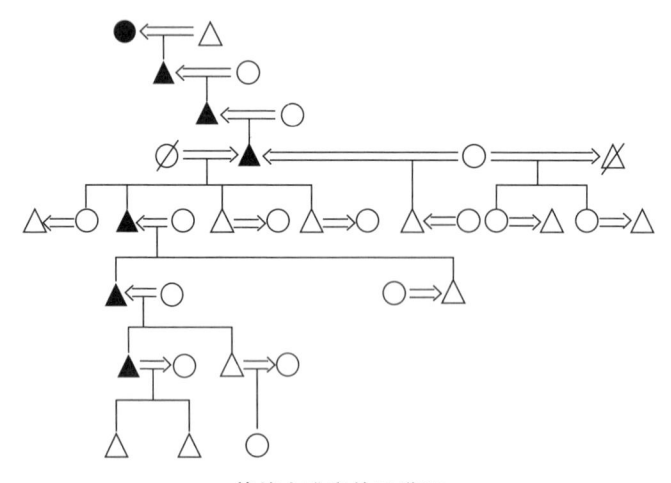

策棱木雅家的系谱图

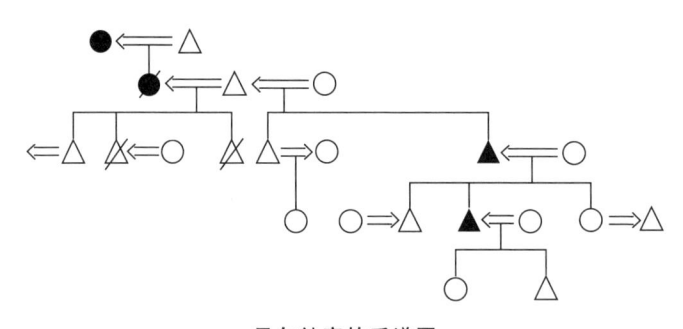

贝尔纳家的系谱图

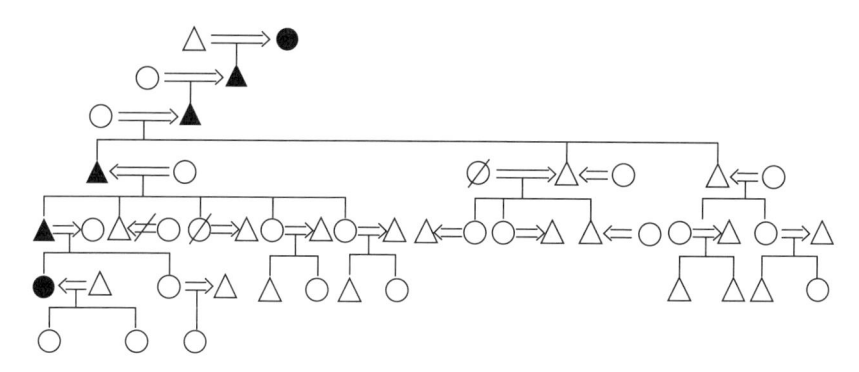

达尔嘎美杜家的系谱图

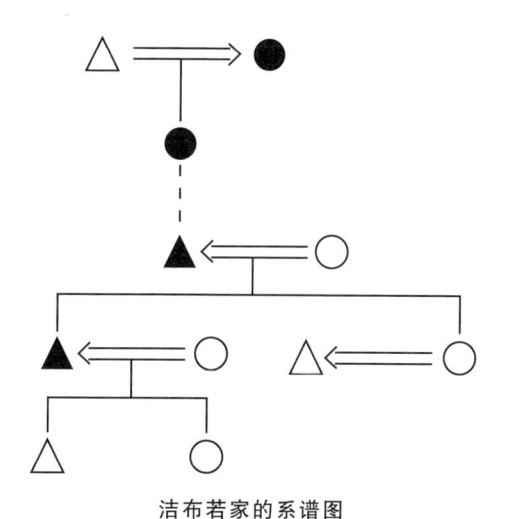

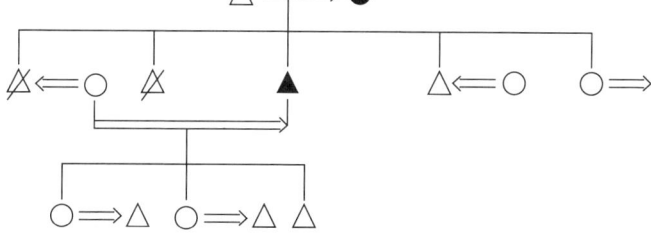

洁布若家的系谱图

达呱尔家的系谱图

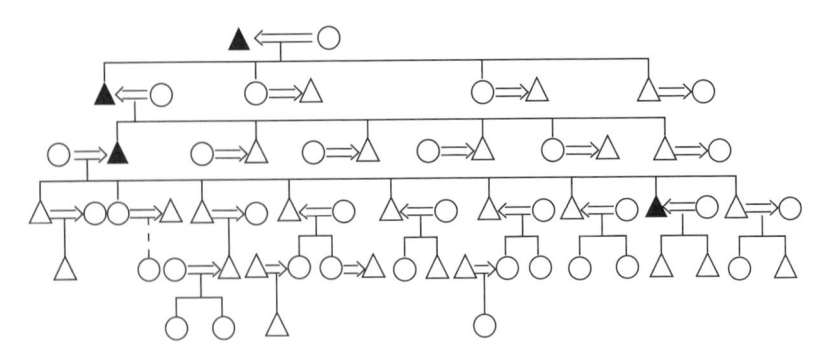

森提家的系谱图

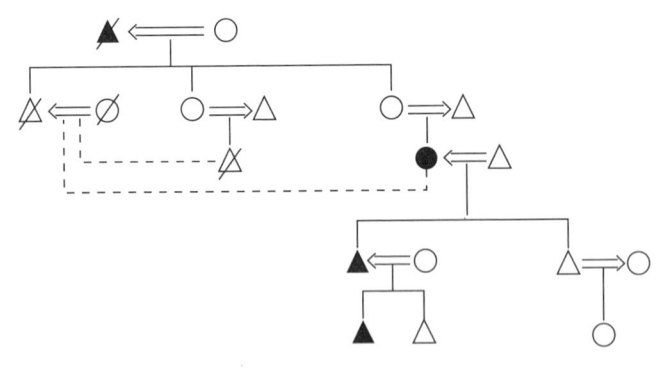

卧嘎龙家的系谱图

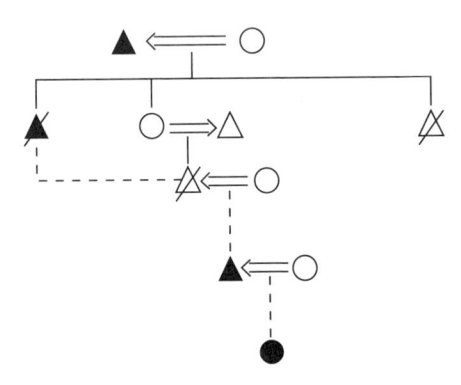

阿夸耳家的系谱图

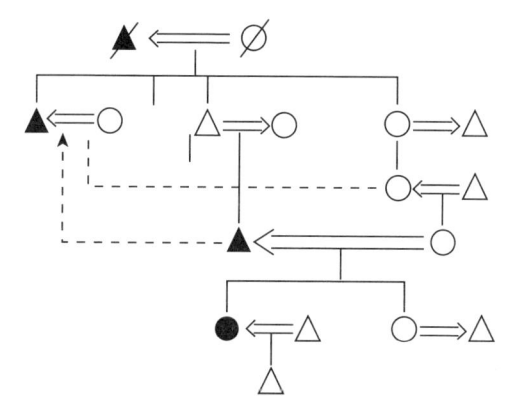

呷尔达家的系谱图

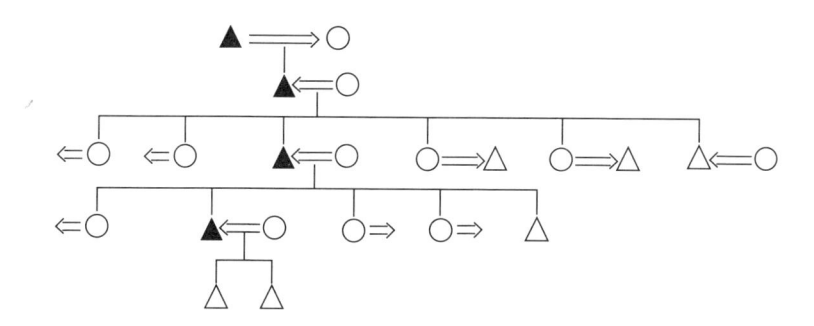

达尔嘎家的系谱图

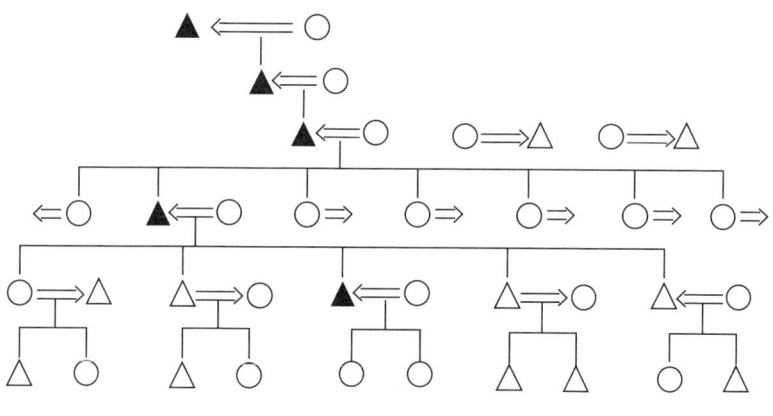

雅它家的系谱图

273

家屋与嘉绒藏族社会结构

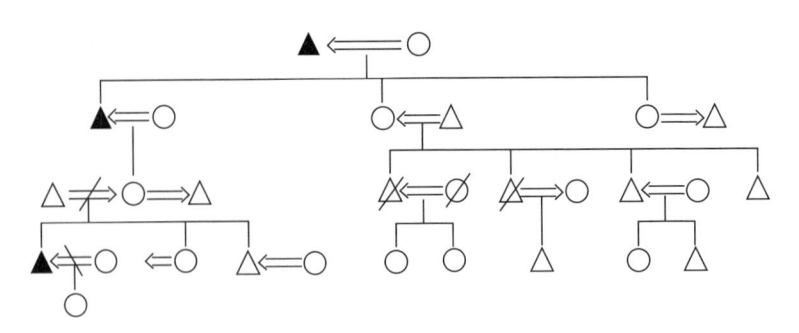

卡若家的系谱图

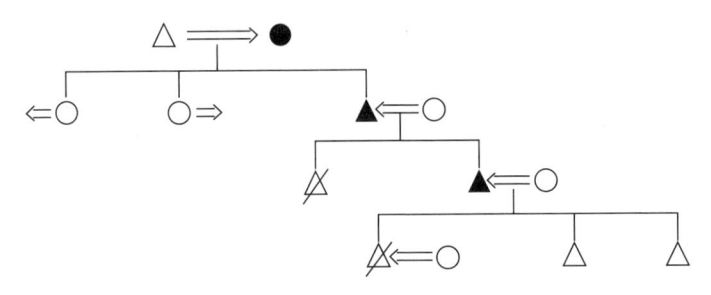

阿利家的系谱图

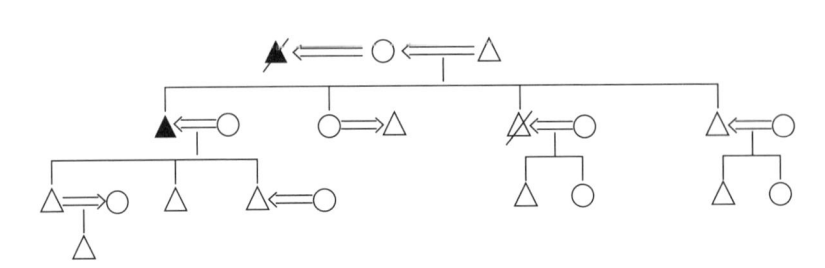

得拉家的系谱图

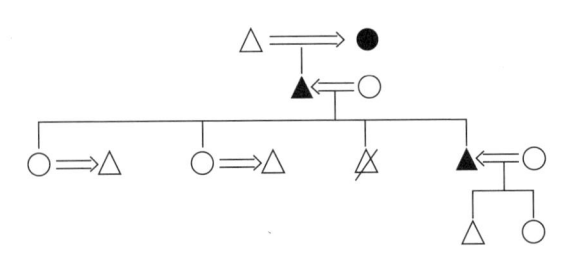

阿强家的系谱图

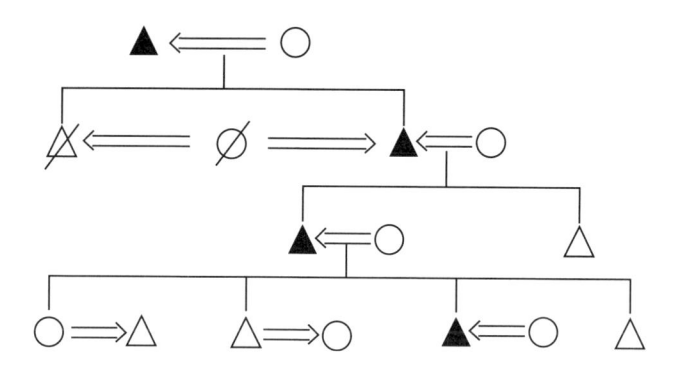

特克若家的系谱图

后　记

　　窗外是成都难得的冬日阳光，书桌上的芍药和康乃馨闪烁着金色的温暖。花开花落，光阴倏忽而逝，我终于可以敲打键盘，写下这篇后记。

　　本书是在我的博士论文基础上修改而成的，也是我主持的国家社会科学基金项目"藏彝走廊民族文化生态空间特征研究"的成果之一。藏族社会的人类学研究，一直是中国人类学研究的重要领域。藏族社会本身具有多样性和复杂性，其社会结合方式因区域文化不同而有很大差异。本书研究的嘉绒藏族，是一个位于汉藏边缘、文化面貌具有一定特殊性的藏族支系。其以房名为中心的社会结合方式，符合"家屋社会"的特征。这样的社会结合方式，在藏彝走廊中也具有一定的代表性，有助于理解中国西南少数民族社会的特质。

　　本书的研究，首先受益于我的导师麻国庆教授，他关于民族、家和社会结构的相关研究，是我能够发现问题、开展研究的基础。三年来，他耳提面命，谆谆教诲，传道授业，不遗余力。在他身上，我看到了严谨的学风与飞扬的激情怎样完美地结合在一起，感受学问如天籁般的旋律，心向往之。在他的悉心指导和严格要求下，我得以专心享受学问之美。这份收获，将延续一生。

　　在这里，我要感谢在本书的写作过程中给予我大力帮助的老师和朋友们。四川省民族研究所袁晓文研究员，西南民族大学张建世、杨嘉铭教授，中山大学刘志扬教授，四川大学石硕教授都为本书的完成提出了建设性的意见。感谢罗凉昭、耿静、刘俊波、邹立波、陈东，我们多次一起在田野点的调查，留下了许多美好的回忆。

　　感谢雅安市民委、宝兴县民委和硗碛乡政府的大力支持。感谢宝兴县的苏朝全副县长，我们在雅安市民族干部培训班上的相识，使我萌生了最初的研究兴趣。感谢雅安市民委的邱康主任，在他的大力支持下，田野调查得以开始。感谢宝兴县民宗局和硗碛乡政府的朋友们，在五年的田野调查期间，他们给予的大力支持，是调查顺利进行的条件。感谢和我共同生活的田野点的藏族同胞们，阿若精彩的故事、阿仲爽朗的笑声，都还在我的耳边回响。

感谢我的父亲和尊敬的李绍明先生，希望我的每一点努力和感恩，都可以传达到天国，得到你们的首肯。对我的家人，我的感谢无法用言语表达，只希望我能不断有进步，以报答你们的支持。

图书在版编目(CIP)数据

家屋与嘉绒藏族社会结构/李锦著.-北京：社会科学文献出版社，2017.8（2019.1重印）
（民族与社会丛书）
ISBN 978-7-5201-1207-9

Ⅰ.①家… Ⅱ.①李… Ⅲ.①藏族-社会结构-研究-宝兴县 Ⅳ.①K281.4

中国版本图书馆CIP数据核字（2017）第190806号

·民族与社会丛书·
家屋与嘉绒藏族社会结构

著　　者／李　锦

出 版 人／谢寿光
项目统筹／王　绯
责任编辑／张建中

出　　版／社会科学文献出版社·社会政法分社（010）59367156
　　　　　地址：北京市北三环中路甲29号院华龙大厦　邮编：100029
　　　　　网址：www.ssap.com.cn

发　　行／市场营销中心（010）59367081　59367083
印　　装／三河市尚艺印装有限公司

规　　格／开　本：787mm×1092mm　1/16
　　　　　印　张：18.5　字　数：333千字
版　　次／2017年8月第1版　2019年1月第2次印刷
书　　号／ISBN 978-7-5201-1207-9
定　　价／89.00元

本书如有印装质量问题，请与读者服务中心（010-59367028）联系

▲ 版权所有 翻印必究